本书受到西北政法大学中华法系与法治文明研究院资助

陕派律学文献丛书

闫晓君 陈涛 主编

大清律讲义

吉同钧 纂辑
闫晓君 整理

知识产权出版社
全国百佳图书出版单位

图书在版编目（CIP）数据

大清律讲义 / 吉同钧纂辑；闫晓君整理. —北京：知识产权出版社，2017.4
ISBN 978-7-5130-4727-2

Ⅰ.①大… Ⅱ.①吉… ②闫… Ⅲ.①清律—研究 Ⅳ.①D929.49

中国版本图书馆CIP数据核字（2017）第005145号

责任编辑：齐梓伊　　　　　　　　责任校对：王　岩
封面设计：乔智炜　　　　　　　　责任出版：刘译文

大清律讲义

吉同钧　纂辑　闫晓君　整理

出版发行：	知识产权出版社有限责任公司	网　　址：	http：//www.ipph.cn
社　　址：	北京市海淀区西外太平庄55号	邮　　编：	100081
责编电话：	010-82000860转8176	责编邮箱：	qiziyi2004@qq.com
发行电话：	010-82000860转8101/8102	发行传真：	010-82000893/82005070/82000270
印　　刷：	北京嘉恒彩色印刷有限责任公司	经　　销：	各大网上书店、新华书店及相关专业书店
开　　本：	787mm×1092mm　1/16	印　　张：	22.5
版　　次：	2017年4月第1版	印　　次：	2017年4月第1次印刷
字　　数：	330千字	定　　价：	68.00元

ISBN 978-7-5130-4727-2

出版权专有　侵权必究

如有印装质量问题，本社负责调换。

陕派律学文献编委会

主　编：
　　闫晓君（西北政法大学陕派律学研究所所长、教授）
　　陈　涛（西北政法大学法律古籍研究所所长、教授）
编委会：
　　闫晓君　陈　涛　吕　虹　任亚爱
　　何小平　王　健　汪世荣　齐梓伊

关于"陕派律学"

（代序）

闫晓君　陈　涛

吴建璠曾说，自"拨乱反正"以来，我们的法制史研究取得的成绩不小，但也要看到，不足之处还很多。爱因斯坦以在木板上钻窟窿来比喻搞科研，说人们喜欢在薄的一头钻许许多多窟窿，就是不敢碰厚的地方。他说的是自然科学，其实社会科学也一样。请看法制史领域里不也存在这种现象吗？比较容易的题目，你写，我写，大家写，可以写上几十上百篇论文；而难度比较大的问题无人问津，连一篇文章也没有。大约十五年前，在一次法史界同人的聚会中，有人提出一个问题，沈家本在一篇文章中说，光绪初年律学家分豫、陕两派，豫派以陈雅侬、田雨田为代表，陕派以薛允升、赵舒翘、张成勋为代表。他问，两派除沈氏指明的律学家外还有哪些人，各有哪些代表作，两派的分野何在，对清代法律发展有何影响。大家相顾茫然，答不上来，一致认为这是一个需要研究的问题。然而，十五年过去了，我还未见有哪位学者就这个问题提出过一篇论文。[①] 吴建璠先生的这段话发人深省，迄今为止，有关"陕派律学"的研究仍未有引起足够的重视。

一、"陕派律学"的提出

在晚清同光之际，刑部作为当时"天下之刑名总汇"，由于司法审判等实际工作

---

① 吴建璠："我的研究之路"，载中国社会科学院网站。

的需要，聚集了一批精通律例的法律人才，并逐渐在其内部形成了两个律学学派，即"陕派律学"和"豫派律学"，这两个律学学派分别以陕西、河南两地研究律例之学的人为主，他们都在传统的律例之学上卓然有成，且各具学术特点。"豫派律学"以"简练"为主要特点，但光绪末年，豫派渐衰。陕派以"精核"为主，对传统律学有自己独到的见解和成就，学术成就斐然，学术著作流传于世，受到当时及后来学者的称誉。

"陕派律学"和"豫派律学"的说法，首先是由沈家本提出来的。他在《大清律例讲义》序中说：

"独是《律例》为专门之学，人多惮其难，故虽著讲读之律，而世之从事斯学者实鲜。官西曹者，职守所关，尚多相与讨论。当光绪之初，有豫、陕两派，豫人以陈雅侬、田雨田为最著，陕则长安薛大司寇为一大家。余若故尚书赵公及张麟阁总厅丞，于《律例》一书，固皆读之讲之而会通之。余尝周旋其间，自视弗如也。近年则豫派渐衰矣，陕则承其乡先达之流风遗韵，犹多精此学者。韩城吉石生郎中同钧，于《大清律例》一书，讲之有素，考订乎沿革，推阐于义例，其同异轻重之繁而难纪者，又尝参稽而明辨之，博综而审定之，余心折之久矣。"①

还有一位提到"陕派律学"和"豫派律学"的是董康，他在《清秋审条例》中讲："凡隶秋曹者争自磨砺，且视为专门绝学。同光之际，分为陕、豫两派，人才尤盛。如薛允升云阶、沈家本子惇、英瑞风冈皆一时已佼佼者。"②董康还在《我国法律教育之历史谭》一文中指出了"陕派律学"和"豫派律学"形成的原因。他说，清代学校之科目"一以经义及策论为主，并缺律令一课，固无足称为法律教育"。但在刑部，其官员大多为进士或拔贡出身，在签分到部后，由于职责所在，这些官员"一方读律，一方治事。部中向分陕豫两系，豫主简练，陕主精核。"③

沈家本、董康二人都曾长期在晚清的刑部供职，对于其中的情形稔熟，对秋曹掌故了如指掌，那么，晚清刑部分陕豫两派的说法必确信无疑。

二、"陕派律学"之形成

"陕派律学"形成于同光时期，与薛允升密不可分。

---

① （清）沈家本：《历代刑法考》（第4册），中华书局1985年版，第2232页。
② 何勤华编：《董康法学文集》，中国政法大学出版社2005年版，第420页。
③ 何勤华编：《董康法学文集》，中国政法大学出版社2005年版，第737页。

自有清以来,陕籍人士任职刑部且有声望和影响者,代不乏人。山阴吴怀清为镇安晏安澜作《家传》云:"吾秦当近代京朝官著才望者以秋曹为最,论者多谓有秘授。"①

吉同钧曾在《薛赵二大司寇合传》中指出:

"秦人钟西岳秋肃之气,性情多刚强严威,故出仕之后,其立功多在刑曹。前清入关之初,第一任刑部尚书则为宝鸡党崇雅,诘奸刑暴,颇立功业。然以明臣而仕清,入于《二臣》之传,识者鄙之。康、雍之间,韩城张廷枢作大司寇,崇正除邪,发奸摘伏,权倖为之敛迹,天下想望丰采,然太刚则折,卒罹破家亡身之祸。后虽昭雪,追谥文端,然律以明哲保身之道,未免过于戆直也。"乾隆朝又有王土棻,嘉庆朝有王澧中,道光朝有王鼎。

关于党崇雅的生平事迹见于《清史稿》《清史列传》《续修陕西通志稿》和清人的笔记中。

但"陕派律学"的形成却在同光时期,而且与薛允升这个人有着莫大的关系。换句话说,没有薛允升,就不可能有"陕派律学"。薛允升是"陕派律学"的创始人。作为"陕派"创始人,薛允升具备三个条件:(1)本人有不凡的律学成就和学术造诣;(2)其学术成就和人格魅力产生了巨大影响;(3)受其影响律学家以"陕籍"人士为主。

自1856年考中进士就分在刑部,从此他的一生就和法律结下了不解之缘,而且他本人似乎对法律有着天然的兴趣。吉同钧在《薛赵二大司寇合传》中说:

"允升字云阶,咸丰丙辰科进士,以主事分刑部,念刑法关系人命,精研法律,自清律而上,凡汉唐宋元明律书,无不博览贯通,故断狱平允,各上宪倚如左右手,谓刑部不可一日无此人。不数年,升郎中,外放江西饶州知府,七年五迁,由知府升至漕运总督,以刑部需才,内调刑部侍郎,当时历任刑尚者,如张之万、潘祖荫、刚毅、孙毓汶等,名位声望加于一时,然皆推重薛侍郎。凡各司呈划稿件或请派差,先让薛堂主持先划,俗谓之开堂。如薛堂未划稿,诸公不肯先署,固由诸公虚心让贤,而云阶之法律精通,动[令]人佩服,亦可见矣。后升尚书,凡外省巨案疑狱不能决者,或派云

---

① 参见国家图书馆出版社整理:《近代人物年谱辑刊》(第4册),《晏海澄先生年谱》,国家图书馆出版社2012年版。

阶往鞫,或提京审讯。先后平反冤狱,不可枚举。"

李岳瑞在《春冰室野乘》中说:"其律学之精,殆集古今之大成,秦汉至今,一人而已。"

如果说薛允升仅仅是自己对法律产生极大的兴趣,那么,在清代的历史上,最多再出现一位伟大的律学家。但薛允升偏偏是这样一个人,他不但对法律有着超乎寻常的理解,而且非常重视"乡谊",对刑部中初来乍到者往往给予不惮其烦的指导和帮助,尤其是新分部的陕西乡党。他性格上的这个特点使得刑部内逐渐形成了一个以陕西人为主的学术团体,即"陕派律学"。当然,重视"乡谊"也成了他被人讥讽的把柄。《近代名人小传》就这样说:

薛允升"长身瘦削而意气勤恳,有关中故家之风,掌秋曹日,所属多以律书求解,辄为解导,不惮烦也。然俗学无识,立朝未尝有建白,复私乡谊,卒被弹去。"

《续修陕西通志稿》谓薛允升"尤好诱掖后进,成就颇多,如赵舒翘、沈家本、党蒙、吉同钧辈,乃门生故吏中之杰出者,其它不可枚举"。

俗话说,独木不成林。在刑部,在薛允升的周围,还有很多以陕籍人士为主的律学家。吉同钧在《薛赵二大司寇合传》说:"陕派律学"继起者为赵舒翘。

赵舒翘"同治联捷成进士,以主事分刑部,潜心法律,博通古今,《大清律例》全部口能背诵,凡遇大小案无不迎刃而解。十年升郎中,任提牢、秋审处坐办、律例馆提调。盖律例馆为刑部至高机关,虽堂官亦待如幕友,不以属员相视。展如任提牢时,适遇河南王树汶呼冤一案,时云阶为尚书,主持平反以总其成,其累次承审及讯囚、取供、定罪,皆展如一手办理。案结后所存爰书奏稿不下数十件,各处传播奉为司法圭臬。"

"陕派律学"的出现,在当时的刑部成了一道独特的风景。当时人们就有各种解释。曹允源在《慎斋文集》序中说:

"国家政事分掌于六曹,而秋官一职关人生命,视它曹尤重。为之长者类多擢自曹司重望,谙习法令。即叙劳外简,往往不数年骤跻右职,入掌部纲。故它部长官迁调不常,而秋官任独久,盖非精研其学者不能尽职也。陕西人士讲求刑法若有神解夙悟。自康熙间韩城张文端公为刑部尚书,天下想望风采。厥后释褐刑部者,多本所心得以著绩效,如为学之有专家,如汉儒之有师法。同治间,长安有薛公云阶,声望与文端埒。越十数年,光绪中叶,赵公展如继薛公而起,由刑部郎中出典大郡,洊膺疆寄,内召为侍郎,旋擢尚书,决疑平法有张释之、于定国之风。薛公平反冤狱,啧啧人口,视刑律为身心性命之学,尝以律例分类编订,手录积百数十册,又著《汉律辑存》、《唐明律合刻》、《读律存疑》等书。公亦采古人有关刑政嘉言懿行,成《象刑录》。任提牢厅时,辑《提牢备考》,皆足为后世法。然薛公在刑部先后垂四十年,年逾八秩,虽间关行在,卒以寿终。而公则以尚书兼军机大臣,值拳匪构乱,为外人所持,竟不得其死。其学同,其名位同,乃其所遭悬绝如此,得不谓之命也邪。"

刑部作为天下之刑名总汇,关乎人的生杀大事。在某种程度上,刑部是一个专业性很强的部门,在刑部任职者必须是专业技术人员,这在客观上为律学的繁荣提供了前提条件。但说"陕西人士讲求刑法若有神解夙悟",这仅仅只是一种溢美之辞。当时的清政府中央有六部,在刑部当差被视为最苦的差事,而陕西僻处西北边陲,地瘠民贫,因此陕籍人士在通籍后往往能吃苦耐劳,更加励志。如《旧京琐记》云:

"刑曹于六部中最为清苦,然例案山积,动关人命,朝廷亦重视之。故六堂官中,例必有一熟手主稿,余各堂但画黑稿耳。薛尚书允升既卒,苏抚赵舒翘内用继之。赵诛,直臬沈家本内调为侍郎,皆秋审旧人。凡稿须经沈画方定。余在刑曹时,见满左右堂既不常到,到则各司捧稿,送画辄须立一二小时,故视为畏途,而愈不敢至。其庸沓可笑,然尚虚心,盖每画必视主稿一堂画毕否,既画则放笔书行。若间见有未画者,则曰'先送某堂,看后再送'云。"①

同光时期在刑部形成了以薛允升为中心,以陕籍人士为主的"陕派律学",其人员有雷榜荣、吉同钧、党蒙、张成勋、段燮、萧之葆、武瀛、段维、高祖培等。当然,"陕派律学"不纯粹都是由陕籍人士组成,如从学术关系上看,沈家本的学术成就与"陕派律学"在某种程度上有着密不可分的关系,从学术渊源上讲,沈家本当属于"陕派

---

① 其他文献亦有类似说法,如《国乘备闻》:"部务之不振也,曹郎积资十余年,甫谙部章,京察保一等,即简放道府以去。侍郎多起家翰林,初膺部务,临事漫不省,司员拟稿进,涉笔占位署名,时人谓之'画黑稿'。尚书稍谙练,或一人兼数差,年又耄老,且视六部繁简次序,以调任为升迁(旧例由工调兵、刑,转礼、转户,至吏部,则侍郎可升总宪,尚书可升协办),势不得不委权司曹。司曹好逸恶劳,委之胥吏,遂子孙窟穴其中,倒持之渐,有自来矣。唯刑部法精,例案山积,举笔一误,关系人生死。历朝重狱恤刑,必简一曾任刑曹、熟秋审者为尚、侍。薛允升薨,江苏巡抚赵舒翘内用为尚书。舒翘诛,直隶臬司沈家本内用为侍郎,皆刑部秋审处旧僚也。薛、赵、沈之治刑部也,薛主严,赵、沈主宽。"

律学"。①

三、"陕派律学"的衰落

庚辛(1902年)之后,"陕派律学"渐趋衰落。

辛丑年(1901年),赵舒翘、薛允升先后死去。吉同钧、张成勋、萧之葆在清亡后亦陆续辞官。

吉同钧《送萧小梅郎中归田序》:"小梅仕秋曹十余年,以廉隅气节期许,不屑于法律,而法律知识自非同列所及,事长官羞作婀态,亦非故以崖岸自高,太史公所谓'事亲孝,与士信,临财廉,取与义'者,殆兼有之。当民国建设之初,众人恋恋官职,首鼠两端,甚者多方奔求,惟患失之。小梅独决然舍去,如弃敝屣,宁终老于乡间,而不贪非分之爵禄;宁力农以食苦,而不作伴食员,诚士大夫中之鸿鹄、骅骝也。世俗不察,或目为迂腐不识时势,或嗤为矫激不近人情,是亦燕雀不知天地之高,驽骀不知宇宙之大也,何足怪哉?"

四、"陕派律学"的学术成就

薛允升是清末著名的法学家,是沈家本一生都极为敬重的前辈和老师,其学术成就尤为沈家本所推崇。沈氏在为薛允升的名著《读例存疑》作序时写道:"国朝之讲求律学者,惟乾隆间海丰吴紫峰中丞坛《通考》一书,於例文之增删修改,甄核精详。其书迄於乾隆四十四年。自是以后,未有留心斯事者。长安薛云阶大司寇,自官西曹,即研精律学,於历代之沿革,穷源竟委,观其会通,凡今律、今例之可疑者,逐条为之考论,其彼此抵捂及先后歧异者,言之尤详,积成巨册百余。家本尝与编纂之役,爬罗剔抉,参订再三。司寇复以卷帙繁重,手自芟削,勒成定本,编为《汉律辑

---

① 甚至有些学者认为,"正式的经历及非正式的赞助是仕途当中最明显的部分,但是加入一个律学博士学会也是相当重要的,这类学会同时具有学派以及地方派系的特色。当沈家本被允许加入当时主控刑部的两个学派之一陕派(陕西)之后(另一个是豫派),他自1875年起就开始攀升。"尽管沈家本祖籍非陕西,他与民国时期主持司法部、大理院的著名法律人物许世英、董康等皆为"陕派律学"的门生。参见巩涛(Jérôme BOURGON):"西方法律引进之前的中国法学",林惠娥译,载《法国汉学》丛书编辑委员会编:《法国汉学》(第8辑),中华书局2003年版。徐忠明也在"中国法律史研究的可能前景:超越西方,回归本土?"一文中"顺便指出,虽然沈家本是浙江归安人氏,但是他的律学研究属于陕派范围"。参见徐忠明:《案例、故事与明清时期的司法文化》,法律出版社2006年版,第2页。

存》、《唐明律合编》、《读例存疑》、《服制备考》各若干卷,洵律学之大成而读律者之圭臬也。"①

沈家本在《薛大司寇遗稿序》中说:"大司寇长安薛公,自释褐即为理官,讲求法家之学,生平精力,毕瘁此事。所著有《唐明律合编》、《服制备考》、《读例存疑》、《汉律辑存》诸书。"②

薛允升的律学研究成就对后来的清末法律改革起了重要的作用,曾参预修订《大清现行刑律》的董康说:"《现行刑律》大致采长安薛允升《读律(例)存疑》之说。"③沈家本在《故杀胞弟二命现行例部院解释不同说》中指出:"原任刑部尚书薛允升,近世号称专精刑律者,其所著《读例存疑》一书,於此条颇有微词。大致谓,争夺财产、官职谋杀弟侄分别年岁问拟斩绞办理,尚无歧误。至'仇隙不睦'一层,是否专指胞弟及胞侄之年未及岁者而言,碍难悬拟。盖非素有嫌隙,决不致蓄谋致死。……上年法律馆修改现行刑律,于《读例存疑》之说,采取独多。"④华友根通过详细地研究,认为《读例存疑》为中国近代修订新律的先导。⑤

《薛赵二大司寇合传》:

"至于著书共分四种:尝谓刑法虽起于李悝,至汉始完全,大儒郑康成为之注释。乾嘉以来,俗儒多讲汉学,不知汉律为汉学中一大部分,读律而不通汉律,是数典而忘祖,因著《汉律辑存》;又谓汉律经六朝北魏改革失真,主唐两次修正,始复其旧,明律虽本于唐,其中多参用金辽酷刑,又经明太祖修改,已非唐律真面目,因纠其缪戾,著《唐明律合编》;又刑律所以补助礼教之穷。礼为刑之本,而服制尤为礼之纲目,未有服制不明而用刑能允当者。当时欧风东扇,逆料后来新学变法,必将舍礼教而定刑法,故预著《服制备考》一书以备后世修复礼教之根据,庶国粹不终于湮殁矣。"

薛允升逝世后,沈家本奏请清廷,刊刻其名著《读例存疑》,并对《读例存疑》予以高度评价:

---

① (清)沈家本:《历代刑法考》(第4册),《寄簃文存》卷六,邓经元、骈宇骞点校,中华书局1985年版。
② (清)沈家本:《历代刑法考》(第4册),《寄簃文存》卷六,邓经元、骈宇骞点校,中华书局1985年版。
③ 董康:《中国修订法律的经过》。
④ (清)沈家本:《历代刑法考》(第4册),《寄簃文存》卷三,邓经元、骈宇骞点校,中华书局1985年版。
⑤ 华友根:《薛允升的古律研究与改革——中国近代修订新律的先导》,上海社会科学出版社1999年版。

《薛赵二大司寇合传》：

赵舒翘任提牢时，适遇河南王树汶呼冤一案，时云阶为尚书，主持平反以总其成，其累次承审及讯囚、取供、定罪，皆展如一手办理。案结后所存爰书奏稿不下数十件，各处传播奉为司法圭臬。主要著作如下：

1.《提牢备考》，曹允源在《慎斋遗集序》中说："公采古人有关刑政嘉言懿行，成《象刑录》。任提牢厅时辑《提牢备考》，皆足为后世法。"《慎斋别集》卷一中载有《提牢备考序》："光绪乙酉五月长安赵舒翘识於宣武城南寓斋。"

2.《慎斋文集》，原名《映沣山房文集》十四卷，由眉县王仙洲先生编订。后改名《慎斋文集》十卷，长安沈幼如先生校字，民国十三年（1924年）酉山书局印刷。

3.《慎斋别集》四卷，由《映沣山房文集》十四卷分出。眉县王仙洲先生编订，长安沈幼如先生校字，民国十三年（1924年）酉山书局印刷。

4.《象刑录》。《慎斋别集》卷一中载有《象刑录序》。

5.《雪堂存稿》。

6.《豫案存稿》。

吉同钧，字石笙（石生），陕西韩城人。在其所著的《审判要略》的跋中又有关于其生平的记述："石笙先生本文章巨手。其治律也，直登其乡先生薛云阶尚书之堂而嗽其醴。西曹中久推老宿，比年名益隆，以法部正郎承政厅会办兼光法律馆总纂，并分主吾律学馆及法律、法政两学堂、大理院讲司所四处讲习，一时执弟子礼者千数百人。所著法律书稿綦富，而《大清律例讲义》一种乃至风行半天下。"

清末，沈家本、伍廷芳主持变法修律，修订《大清现行刑律》的五位总纂官中吉同钧名列首位。沈家本、伍廷芳奏请专设法律学堂，开设的课程有《大清律例》，请吉同钧主讲。后来，将吉同钧的讲义编成《大清律例讲义》一书，由当时的法部核定出版，沈家本欣然为之作序，弁诸卷首，此书在当时风行全国。在《大清律例讲义序》中，沈家本对吉同钧的学术成就予以高度评价，他说："韩城吉石生郎中同钧，于《大清律例》一书，讲之有素，考订乎沿革，推阐乎义例，其同异重轻之繁而难纪者，又尝参稽而明辨之，博综而审定之，余心折之久矣。"沈家本又说："其於沿革之源流，义例之本末，同异之比较，重轻之等差，悉本其所学引伸而发明之，辞无弗达，义无弗宣，洵足启法家之秘钥而为初学者之津梁矣。"①

五、"陕派"的司法审判

"陕派律学"的代表人物皆熟读律例,有很高的从事司法审判的能力,这表现在他们对疑难重大刑狱的审判上。

薛允升执掌刑部数四十年,执法不阿,甚有政声。薛允升一生审理了许多大案,其中太监李苌材一案,能够秉公执法,坚决顶住来自慈禧及李莲英等的压力,将罪犯正法,显示其刚正不阿之风骨,并以此被排挤。

"李苌材、张受山等愈无忌惮,竟敢于辇毂之下明目张胆纠众打闹娼遼[寮],行凶殴杀捕人。拿交部问,云阶时为尚书,以此案关系重大,若非严加惩办,涓涓不灭将成江河,前朝刘魏之祸将复起矣,前后分三折大放厥词,痛苦上陈,谓:'皇上开一面之网,不妨量从末减。臣等为执法之吏,不敢稍为宽纵,且从犯或可稍轻,而首犯断不容免死。'其意以为宁可违皇上之命、致一己获咎戾,不能变祖宗之法令、国家受后患也。折上,皇上大为感动,宁可违慈命,而不敢违祖法,降旨依议,李苌材著即处斩,张受山斩监候,秋后处决。当时行刑,民间同声称快。"

薛允升对权贵刚正不阿,但也绝不冤枉任何一个人,"江宁案"即周五杀朱彪案,在他的主持下最终平反冤枉。

《清稗类钞》"江宁三牌楼枉杀二命案":

光绪辛巳(1881年),沈文肃公葆桢督两江,江宁有三牌楼(在仪凤门内)命案,轻率定谳,枉杀无辜,世多冤之。时陈伯潜阁学宝琛方为翰林院侍讲学士,以参将胡金传承缉谋杀朱彪之命盗,妄拿教供,刑逼定案,业将曲学如、僧绍宗处决。虽已由继任总督刘忠诚公坤一另获凶犯周步畛、沈鲍洪供认杀彪,并讯出金传嚇贿眼线教串各节,旋奉旨令忠诚严行刑讯,以成信谳,即疑窦孔多,犹待澈究,遂具疏以上闻。

此案真相,实为步畛挟仇起意杀彪,商同鲍洪潜携篾刀遇彪,以纠邀行窃为名,至三牌楼竹园旁,将彪砍毙,三人同逃,固未移尸,嗣经地保报县验详。文肃遂饬会办营务处洪汝奎悬赏购线,并派金传密访。盖金传时为缉捕委员也,先后拿获学如、绍宗及张克友三人,并赇教方小庚作证,金传与间官候补县严堃同讯,喝令用刑,威

---
① 《寄簃文存》。

逼成招。初供杀死谢某,旋供为薛泳全,继复称为薛春芳。金传辗转诱令改供,汝奎于覆审后,以案情重大,禀请派员覆讯。文肃以为此乃会匪之自相残杀也,即批饬将学如、绍宗正法。及辛巳拿获窃犯李大凤,供出步畛、鲍洪杀彪,与办结前案地方时日相符。当将步畛、鲍洪讯供,不稍讳。

壬午(1882年),德宗以宝琛具疏上闻,遂派麟相国书、薛尚书允升前往查办,时麟为刑部尚书,薛为刑部侍郎也。既至江宁,反覆推勘,步畛、鲍洪均各供认商同杀彪不讳,金传亦以刑讯教供各情,据实供吐,小庚、克友等俱各脗合,于是步畛、金传皆论斩,鲍洪论绞,汝奎、堃均革职,发往军台效力赎罪,文肃以已薨免议。①

清末,"不肖州县玩视民命,多尔草率从事。该管上司不肯认真详细推勘,非巧为弥缝,即多方掩饰。其能平反更正者,百无一二。而固执原拟者,则比比皆是。推原其故,总由各该督抚徇庇属员,回护原审。其尤甚者,明知案情实有冤抑,即据实更正处分,亦轻以为与全省局面有碍,终不肯自认错误。积习相沿,牢不可破。即如河南镇平县王树汶呼冤一案,始而迭经御史参奏,该省仍敢饰词入奏,入人死罪。继而奉特旨提交臣部审办,该前抚李鹤年犹复强词,晓晓置辨,希图摇惑众听,颠倒是非,在已发觉者平反尚如此其难,其余未经发觉者更必任意消弭,安望其自行更正耶。"②而审理河南王树汶临刑呼冤一案的,正是"陕派律学"的第二号重要人物赵舒翘。

《清稗类钞》"王树汶为顶凶案":

王树汶,邓州人,幼以被掠为镇平盗魁胡体安执爨役,体安,镇平胥也。河南多盗,州县故广置胥役以捕盗,有多至数千人者,实则大盗即窟穴其中,时遣其徒党出劫,捕之急,即贿买贫民为顶凶以销案。体安尤凶狯,一日,使其徒劫某邑巨室,巨室廉知体安所为,乃上控。时涂制军宗瀛方抚汴,檄所司名捕之。镇平令捕体安急,则贿役,以树汶伪为之,俾役执之去。树汶初不承,役以非刑酷之,且谓即定案必不死,始诺。树汶年十五,尪羸弱小,人固知其非真盗也。县令马翥闻体安就获,狂喜,不暇审真伪,遽禀大府,草草定案。既定谳,当树汶大辟,时体安已更姓名,充他已緫胥矣,树汶未知也。刑之日,树汶始知之,呼曰:"我邓州王树汶,非胡体安,若辈许我不

---

① 徐珂:《清稗类钞》(第3册),中华书局1984年版,第1154页。
② "河南司议覆光禄寺少卿延茂失入案件宽免处方奏稿",见《慎斋文集》卷三。

死,今乃戮我乎!"监斩官白宗瀛,大骇,命停刑,下所司覆鞫,卒未得要领。树汶自言父名季福,居邓州,业农,乃檄邓州牧朱杏簪刺史光第逮季福为验,未至而宗瀛督两湖去。继任者为河督李鹤年。开归陈许道任恺者,先守南阳,尝谳是狱,又与鹤年有连,于是飞羽书,阻光第,令毋逮季福,且百端诱怵之。光第不为动,慨然曰:"民命至重,吾安能顾惜此官以陷无辜耶!"竟以季福上,则树汶果其子,恺乃大感,鹤年以袒恺故,持初谳益坚,豫人之官科道者,遂交章论是狱。

鹤年悲言路之持之急也,遂力反宗瀛前议,而益傅会律文,谓树汶虽非体安,亦从盗,在律盗不分首从,皆立斩,原谳者无罪。然树汶初止为体安司炊,亦有谓其为娈童者,而实非盗,谳者必欲坐以把风接赃之律,树汶至是遂为正凶。而官吏之误捕,体安之在逃,悉置不问。谏臣益大诧,劾鹤年庇恺,于是朝廷有派河督梅启照覆讯之命。河工诸僚佐,率鹤年故吏,不敢违鹤年恉,启照亦不欲显树同异,竟以树汶为从盗,当立斩。狱成,言者争益力。

时潘文勤公方长秋官,廉知其概,提部研鞫,而赵舒翘方以郎中总办秋审,因以是狱属之。阅数月,乃得实,将上奏矣,而鹤年使故为文勤门生之某道员入都游说,文勤入其说,遽中变。舒翘方力争,文勤忽以父丧去官,南皮张文达公之万继其任,文勤亦知为某道员所卖,贻书文达,亟自引咎。疏上,奉旨释树汶归,戍恺及知府马承修极边,鹤年启照及臬司以下并承审各官皆降革有差。

而光第已先以他事劾罢,则恺嗾鹤年为之也。有以持恺羽书直揭部科讽者,光第笑谢之,贫不能归,竟卒於豫,年五十五。光第去官二十年,邓人谋以其治状上於朝,请祀名宦,以其子祖谋时官礼部侍郎,格于例,不果行。祖谋,字古微,以道德文章著称於时,更名孝臧,学者称沤尹先生者是也。①

六、研究"陕派律学"的意义

"陕派律学"出现在中国法律古今交替的时候,其代表人物具有较高的传统文化素养,出身科举,且长期在刑部供职,具有丰富的司法实践经验和精湛的传统律学知识,既有"理论"又有"经验"。

但是,迄今为止,学术界对"陕派律学"还没有给予足够的重视和进行系统的研

① 《清稗类钞》(第3册),第1133页。

究。因此,研究"陕派律学"有着重大的学术意义。几年前,俞江在《倾听保守者的声音》一文中介绍了"陕派律学"一个代表人物吉同钧及其学术成就,最后他对眼下的法学研究提出批评说:"没有参照系,连经验积累也不系统;没有思想渊源,连方法论传统也被丢弃,法律和法学在虚假繁荣里高歌猛进。"①我们认为,研究"陕派律学"至少有以下学术价值:

首先,"陕派律学"对传统法律做了一个完美的总结。其所取得的传统律学成就无疑是相当高超的,代表着几千年传统律学的最高水平。"陕派律学"的奠基者薛允升对历代刑法的渊源《汉律》有精深研究,著有《汉律辑存》、《汉律决事比》,其中的《汉律辑存》直接对沈家本的《汉律摭遗》产生了学术影响;薛允升还对《唐律》、《明律》进行了比较研究;其《读例存疑》更是集中在长达几十年的司法实践和学术研究中对清代律例的独到见解,被视为第一部"例学"著作。而赵舒翘的《提牢备考》则是反映古代监狱制度的珍稀资料。因此,研究"陕派律学"对于了解传统法律有着非常重要的意义。

其次,"陕派律学"的代表人物在晚清已提出了一些法律改革的建议。虽然这些建议仍跳不出传统法律文化的樊篱,但都是针对清代法律实施过程中存在的一些实际问题而提出的,这些正是中国法律近代化的基础。正如沈家本所说,"不深究夫中律之本原而考其得失,而遽以西法杂糅之,正如枘凿之不相入"。例如,吉同钧《上修律大臣酌除重法说帖》比沈家本著名的《删除律例内重法折》还要早,薛允升、赵舒翘也都曾上过诸如此类建议改进法律制度的奏折,研究这些资料无疑对了解清代法律存在的问题、清末法律改革的历史背景以及清末修律的内容有重要的学术价值。

再次,"陕派律学"中代表人物参与晚清的变法修律活动。例如,吉同钧不但亲自编纂《大清现行刑律》,而且在《大清新刑律》出台后,对修律的工作不断地予以关注和评论,他曾对《大清新刑律》发表这样的看法,"新订之律,表面仅四百余条,初阅似觉简捷,而不知一条之中,实蕴含数条或数十条,将来判决成例,仍当取现行律之一千余条,而一一分寄与各条之内,不过体裁名词稍有不同耳"。② 清末变法,力

---

① 俞江:"倾听保守者的声音",载《读书》2002 年第 4 期。
② 《律学馆第四集课艺序》,见《乐素堂文集》。

主"会通"中西法律,研究"陕派律学"可以了解到传统法律与现代法律之间如何冲突,又如何进行调整并整合的,也可以了解传统的法律人如何面对几千年以来首次出现的法律大变局,这样可以使我们能对中国法律的近代化会有进一步的认识,对今天的法律改革也能提供有益的借鉴。

又次,"陕派律学"的代表人物在长期的司法审判历史中表现出了良好的司法官素质,他们一般都能够严格执法,不畏权势。例如,大司寇薛允升宁肯丢官,也要将太监李苌材等绳之以法。在司法审判中,一丝不苟,认真负责,"与其杀不辜,宁失不经"。例如,赵舒翘审理的河南王树汶临刑呼冤一案,最终水落石出,将庇护地方、草菅人命的河南巡抚等一干官员参劾夺职。研究"陕派律学"中这些刚直不阿的代表人物,继承和发扬传统法律文化中的精华,无疑对构建我们今天的法治文明不无裨益。

最后,"陕派律学"除了薛允升、赵舒翘在清末去世以外,吉同均、张麟阁等一直生活到民国时期,他们的著作一般在民国时期都刊刻印行,但以后就默默无闻,似乎被人们遗忘了。我们今天研究"陕派律学",除了回顾中国法律近百年走过的这段曲折历史,汲取历史的经验与智慧,还可以重新评估陕西人对中国传统法律的继承和发展,对中国法律近代化所做的准备与贡献,振奋我们的学术信心,使陕西乃至西北的法学研究和法律教育在今天取得更大的发展。

七、研究的难点

就目前掌握的资料看,除沈家本、董康二人之外,其他人提到"陕派律学"和"豫派律学"的似乎就没有,因此,研究"陕派律学"首先遇到的难题是史料问题。关于史料的搜集,特别是有关近代历史人物史料的收集,有着其特殊性。梁启超在《中国历史研究法补编》分论——《人的专史》第二章"人的专史的对相"中指出:

"研究近代的历史人物,我们很感苦痛,本来应该多知道一点,而资料反而异常缺乏。我们应该尽我们的力量,搜集资料,作一篇,算一篇。尤其是最近的人,一经死去,盖棺定论,应有好传述其生平。……此时不作,将来更感困难。此时作,虽不免杂点偏见,然多少尚有真实资料可凭。此时不作,往后连这一点资料都没有了。"①

---

① 梁启超:《中国历史研究法》,东方出版社1996年版,第206页。

徐一士在《一士谭荟》中也讲：

"史料为治史者所注重，近代史料为时未远，关系尤切，更应特加之[注]意。从事收集保存，以供镜览，而资史家之要删。乃往往徒知古昔史料之可贵，于近者则忽之。或知其足重矣，而以为得之可不甚废力，未若古昔史料之难于发见，因之不肯亟亟访求，孜孜辑录，不知斯固有稍纵即逝者，久且放失淹没，不易复睹。盖史料缘是而沈冥不彰者甚夥，可唶也。……此种感觉，当不仅梁氏一人为然，其过要在从事搜集之不早耳。"①

徐一士熟悉近代掌故，长期从事近代历史资料的搜集整理与研究，他是有感而发。为了不使"陕派律学"的资料"放失淹没"，为后人不易复睹，本书将对"陕派律学"的史料"亟亟访求，孜孜辑录"。

---

① 徐一士：《一士谭荟》，中华书局2007年版，第211页。

整理说明

1906年,清朝变法修律活动紧锣密鼓地进行着。法政成为一时之显学,仅京师一地就有法部开办的律学馆,沈家本、伍廷芳奏请开办的京师法律学堂,此外还有大理院讲习所、京师法政各学堂等。《大清律讲义》就是吉同钧在以上各学堂主讲中律亦即《清律》时所编的讲义。

吉同钧最先编写的为《大清律例讲义》,仅止三卷,即《名例律》两卷,《刑律》中"贼盗"为一卷。虽未为完璧,但"风行一时,学者得其片纸,珍若拱璧焉"。1908年,律学馆铅印了数千部,"远近征索,不数月而一空"。吉同钧又在《大清律例讲义》三卷的基础上,"续著《刑律》人命、斗殴各项及《吏》、《户》、《礼》、《兵》、《工》各门",至1910年脱稿,即本书《大清律讲义》。脱稿后,清朝《现行刑律》颁布,吉同钧在同人协助下,又以《大清律讲义》为基础,对内容加以调整修改,最后形成《大清现行刑律讲义》。

《大清律讲义》共十六卷,内容除讲义外,卷十六还附有吉同钧教学所作课卷《律例馆季考拟作》一篇,《上修律大臣酌除重法说帖》等说帖五篇,《论大清律与刑律草案并行不悖》论文一篇。卷末还有附有吉同钧所著《审判要略》,已由笔者整理,编入《乐素堂文集》出版,为省篇幅故删除,特此说明。

讲义至少有以下特点和价值:

首先,吉同钧逐条讲解每条律文的沿革,"标明此律根源,或系由《唐律》变通,或系《明律》所创造,某年修改,某年增入,并某年添入小注,务使读者得以因流溯源",寥寥数字,使读者对法律沿革有总体把握。

其次，推阐义例，尤其是对于律与律之同异、例与例之同异、律与例之同异，参稽而明辨之；对于律轻例重之故，律重例轻之故，古律与今律重轻之故，此律与彼律重轻之故，博综而审定之。"更于涣者萃之，以见律义之贯通，幽者显之，以见律义之浑括"。崇芳说吉同钧讲律"有如土人指路，若者为某水，若者为某山，若者为某津梁，若者为某关隘，无不了然于心，决然于口也"，前人的评价都不能以溢美之词视之。

第三，《大清现行律讲义》历引东西各国刑法与中律合参，比较其优劣得失，对当时修订新律提供参考，于新律前途已具明修栈道、暗度陈仓之妙用，非徒撰述博洽。

此外，讲义《给没赃物门》附《六赃比较表》，《强盗门》附《古今中外强盗罪名列表》，《当赦所不原门》附光绪三十四年《恩赦条款》，使治律能一目了然，一览而知。

此次整理，以清宣统二年上海朝记书庄石印本为底本，与《大清律例讲义》、《大清现行刑律讲义》、《大清律例》、《唐律疏议》互相校订，除了施加标点外，对原文有如下调整：

一，原律文中小注，改为与正文同样大小字体，放在圆括号内。

二，文中衍字不删，但放在圆括号之中。误字亦不删，也放在圆括号之中，在方括号中标出正字。脱字亦在方括号中标出。

三，文中所引《唐律》条文及疏议多为节引，在不影响正确理解文义时概不补足全文。间有脱字，亦在方括号中标出。

闫晓君
二〇一六年十一月十四日

大清律讲义序

上古律无专书，《风俗通》云："《皋陶谟》：虞造律。"《易》云：师出以律。《左传》云：百官戒惧，不敢易纪律。观于兵有律、官有律，可知刑亦有律也。特是三代以前，刑律与道德合为一体。试观六经为载道之书，而刑律即寓其中。如《易》之"讼"与"噬嗑"，《书》之《皋陶谟》、《吕刑》，《诗》之鼠牙雀角①，《周礼》之《秋官司寇》，《春秋》之晋鼎、郑书，皆后世言法律者之鼻祖也。

迨及战国，道德衰微，而法律乃为专门之学，当时法家之书，《李悝》三十二篇，《商君》二十九篇，《申不害》六篇，《处子》九篇，《慎到》四十二篇，《韩非》五十五篇，《游棣子》一篇，各立门户，专务深文，从此刑名与道德始分两途。言道德者以刑名为苛刻，言刑名者亦以道德为迂阔，后世儒者薄刑名而不为，皆自战国诸子始。

汉兴，除秦苛政，约法三章，鄒候取李悝《法经》六篇，增益三篇，名曰《九章律》，叔孙通益《旁律》十八篇，文帝除收孥、诽谤律及肉刑，故史迁有"斫雕为朴"、"网漏吞舟"之喻。武帝诏定律令，张汤益《越宫律》二十七篇，赵禹益《朝律》六篇，合旧律为六十篇三百五十九章，渐涉繁密。宣帝时路温舒请删除不果，成帝诏删律为二百章。和帝命陈宠钩校律令溢于《甫刑》者除之，余悉改为故事。宠子忠又奏除蚕室之刑，而马融、郑玄诸儒为之章句，从此律学昌明，士遂不敢鄙刑名为小道矣。

魏太和时命陈群、刘邵等修《新律》十八篇。晋武帝复命贾充、羊祜、杜预等十四

---

① 《诗·召南·行露》："谁谓雀无角，何以穿我屋？谁谓女无家，何以速我狱……谁谓鼠无牙，何以穿我墉？谁谓女无家，何以速我讼？"原谓强暴侵凌引起争讼。后因以"鼠牙雀角"比喻强暴势力。指讼事或引起争讼的细微小事。

人定《新律》二十篇。齐高帝命竟陵王子良、宗躬、孔稚圭等定律为二十卷。梁武帝命蔡法度、沈约、范云等损益旧律为三十卷,又修令三十卷,科三十卷。陈复命范泉、徐陵等定律为二十卷,令三十卷,科二十卷,法网复繁密矣。北齐文宣帝命赵郡王叡删除重刑,造齐律十二卷,新令四十卷。周命赵肃等定律二十五卷。隋文帝命高颎、杨素定律十二卷,后复命苏威、牛宏[弘]等除死罪八十一条,约为十二篇,炀帝又更为十八篇。故律书至隋已可谓简要得中矣。

唐高祖命裴寂等定律五十七卷,太宗命房元[玄]龄等益为九十一卷,大致一依隋律,而改绞罪之半为断右趾,后除断趾改为加役流,又降大辟为流九十余条,高宗又命长孙无忌等十九人定为三十卷,共五百条,撰制为疏,即今所传之《唐律疏义》是也。其后刘仁轨、韦安石、姚崇、宋璟、斐光庭迭有增删,要以永徽之疏议三十卷为最善,论者谓《唐律疏义》集汉魏六朝之大成而为宋金元明之矩矱,诚确论也。

五代承用唐律,周世宗改名《刑统》,宋显德①时定《刑统》二十卷,开宝时益为三十卷,此外又有《编敕》十五卷,天圣四年命夏竦重删《编敕》,咸平时李范等又加删修。降及南宋,辽、金崛兴②,辽始制凌迟重刑而金因之。元初循用金律,世祖简除烦苛,始定新律名曰《至元新格》。仁宗又集格例成书,名曰《风宪宏纲》,英宗复命儒臣大加损益,名曰《大元通制》,其刑较唐宋尤为轻恕,然其失在于缓驰而不知检。

明太祖矫元之弊,初作《大诰》,颇流严刻,后命丞相李善长等总修律令,为律二百八十五条,令一百四十五条。洪武六年,又诏刑部尚书刘惟谦审定《明律》,续律一百二十八条,旧令改律三十六条,因事制律三十一条,掇唐律以补遗一百二十三条,合旧律共为六百六条,分三十卷。九年又厘正十三条,然当时止有律令,尚无条例。十六年,命翰林官同刑部官取历年所增条例以类附入。三十年,又命刑官取《大诰》条目撮要附于律后,从此律令以外又有条例之名。宏[弘]治十年,命尚书白昂等增历年条例经久可行者二百九十七条。嘉靖三十年复加修续。万历十三年,刑部尚书舒化等重定为三百八十二条,此有明一代律例之大凡也。

我朝定鼎之初,即命刑部尚书吴达海、侍郎党崇雅等详译明律,参以国制。书成,命大学士范文程、洪承畴等审定,名曰《大清律集解附例》十卷。康熙六年,命对

---

① "显德",《续修陕西通志稿》卷二百十六卷《文徵》十六《大清律讲义序》作"建隆"。
② "降及南宋,辽、金崛兴",《续修陕西通志稿》卷二百十六卷《文徵》十六《大清律讲义序》作"与宋对峙者为辽、金"。

喀纳等复行校正。十八年,又命刑部将定律之外所有条例应去应存,详加酌定。二十八年,又命尚书图纳、张玉书等为修律总裁,书成进呈,留览未发。雍正元年,复命大学士朱轼等详加分析,至五年颁行。乾隆元年,又命尚书三泰等总修律例,逐条考正,分律为四百三十六门,四十七卷,定例一千四百九条。此后定为十年大修、五年小修。嘉庆、道光、咸丰年间迭次增修,至同治九年纂修以后,例文增至一千九百九十二条。迄今近四十年未加修订,故例外又增章程百有余条。此历代法律之沿革也。

　　总之,法律与时为变通。开创之初,法网疏阔;叔季之朝,科条繁重,其大较也。统观上下四千年来,唐虞三代,刑法简矣。降及春秋,渐失烦密,至秦而刻酷极矣!由秦至汉初,为刑律由重变轻之世;由汉至六朝,为刑律由轻变重之世;周隋以迄唐宋,复由重而变为轻;南宋以迄辽金,复由轻而变为重;元代金而复尚宽大;明代元而改用严威。若专论一代之法,汉律始宽终严,明律始严终宽。秦法始终严酷,元法始终宽纵。得宽严之中者,其惟唐、宋二代乎?

　　国初[朝]虽沿用明律,而修订之本仍根源于《唐律疏议》,此《大清律》所以斟酌百王,为损益尽善之书也。近来条例虽涉纷繁,惟光绪三十一年已经刑部奏请,删除三百四十四条,去[上]年又经修律大臣奏准,删除数十条,现又奉旨大加修订。将来书成,更当删繁就简矣。

　　又尝综观外国法典,《英律》有成文法、不成文法共一百二十余篇。其刑有死刑、徒刑、囚狱、苦役、隘牢、笞刑、罚金数种,而死刑则止于绞。《美律》五千五百余条,其刑分死刑、囚狱、苦役、罚金,死刑亦止于绞。《俄律》十二卷,共一千七百十一条,其刑分处决、罚作苦工、发往极边边远看押监禁身刑、的决、申饬、罚缓并剥夺公权数种,而处决用斩,间有用枪毙者,则为特别之法也。《德律》二十九章,共三百七十条,其刑分死刑、无期惩役、有期惩役、长期禁锢、短期禁锢、长期拘留、短期拘留、罚金、剥夺公权数种,而死刑止用斩不绞。《法律》四编,共四百八十四条,其刑分死刑、徒刑、流刑、囚禁、徒役、追放、剥夺公权、禁锢、罚金等项,死刑亦斩不绞,其弑亲应死者,于刑场使跣足、首蒙黑绢而已。《日本刑法》四百三十条,其主刑分死刑、无期徒刑、流刑、有期徒刑、流刑、重惩役、轻惩役、重禁狱、轻禁狱、重禁锢、轻禁锢、拘留、罚金、科料十四项,此外又有剥夺公权、停止公权、监视、罚金、没收五项为附加之刑,而死刑则用绞不斩,《改正刑法》减缩为二百九十八条,主刑止留死刑、惩役、禁锢、罚金、拘留、科料,而废除流刑、徒刑、禁狱数项,做德法也。至于瑞士,刑法二编,共二百五十六条,其刑止惩役、禁锢、罚金三项。《和兰刑法》三编,共四百七十五条,主刑为禁锢、拘留、罚金三项,附加刑为剥夺权利、工役场入监、物品没收、判决公告四项,而均无死刑。意、比、西、葡诸国,大略同于和、瑞,均无死刑。此外洋各国刑法之大略也。

而论者[谓]①现在变法自强,当改用东西各国法律,反鄙薄《大清律例》,以为不适于用,不知外国法律行之外国则尽善,行之中国难尽通。夫以中国政教统一之邦,而直、奉、川、陕各省犹有专条,蒙古有《蒙古之例》,回民有《回民之例》,苗蛮有《苗蛮之例》,彼此犹难强同,况中外风俗不同,宗教各异,而欲屈我之法就彼之范,岂非削足适履乎?且外国刑法亦各不同矣,无论流徒禁役,各因所宜,即死罪一项,现在法学家均主张废除不用,然如瑞士、和(荷)兰,地狭人少,教养②普及,故可不用死刑。德、法则幅员较广,虽欲废除死刑而势有所不能,若英、俄则更地大物博,不但死刑难废,即身体之刑亦不能遽除。观于英有笞刑,俄有身体的决之刑,其明证也。夫笞杖为五刑之至轻,英俄尚不能全去,中国废之,议者谓其多所窒碍③,况其他重于此者乎?再,无论东西各国均有习惯之法,虽政教日趋新异,而本国习惯之法终不能废,《大清律》即中国之习惯法也,废之是犹乘马驾车而去衔勒,如之何?其可乎?④西儒斯宾塞尔有言:一国之法律必须与本国之历史及国体有同一之性质,否则实行之际,流弊不可胜防云云。此即我国变法之药石,当道大吏有鉴于此,惧新学之心醉欧风,数典而忘其祖也,故法政、法律学堂⑤均设"大清律"一科以示保全国粹之意,延钧分膺讲席,窃以律义精深,非口说能尽,更作讲义以笔代舌。一篇之中,先溯根源,继揭宗旨,如篇幅过长,更为节解支分⑥,俾令脉络明晰,遇有深奥之处,或援经史以阐其理,或引刑案以实其事,此外如王氏之《笺释》、洪氏之《辑注》、吴中丞之《律例通考》、薛尚书之《读例存疑》,苟有发明,均为采入。盖理惟求其显露,故词无取乎文深,篇末又杂引外国之律与中律比较,彼法所长者必加以褒美,彼法所短者不曲

---

① 据《乐素堂文集》补"谓"字。
② 《乐素堂文集》"教养"作"教育"。
③ 《乐素堂文集》作"近来已有窒碍"。
④ 《乐素堂文集》脱"《大清律》"以下文字。
⑤ 《乐素堂文集》后有"并法部律学馆"。
⑥ 《乐素堂文集》"节解支分"作"字梳句栉"。

为附和,或彼此宗旨符合,不过名词文法之歧异,亦必剖析明白,俾阅者不至迷误。虽采辑外国之新法,仍恪守中国之旧典。起自丙午(1906年)秋日,阅两寒暑,粗成《名例》、《刑律》十二卷①,幸不为当世所弃,而外省各学堂群相购取,以为范模。今秋,律学馆学员因纸印含糊,欲付石印以广流传。② 余深惭浅俚无文,贻笑大雅,而又未便违其所请③,故详考律书之源流,并志其事之颠末,列诸简端,以质诸海内之深於法学者。

光绪戊申中秋法部郎中韩城吉同钧石笙氏序于律学馆

---

① 《乐素堂文集》作"粗成二十四卷"。
② 《乐素堂文集》作"法政、法律学堂并律学馆各付铅印,颁行外省以广流传。"
③ 《乐素堂文集》作"拂其美意。"

京师法律学堂开学演说

今日开学之期，修律大臣沈公及日本冈田教习均经次第演说，本无须乎赘言，惟有不能不再为述说者①。同钧承乏中律教习，敢将中律切于实用之理，约略言之。律者，民命所系，根极乎天理民彝，称量乎人情事变，况《大清律例》融会汉唐元明之精意，又经列祖列宗斟酌损益，纂辑成书，义精仁至，巨细靡遗，非特经国治民之圭臬，即寻常应事接物，苟不知律，必至动辄得咎。故《吏律》载有"讲读律令"一条内云：百司[百]官吏务要熟读讲明，若有不晓律意者，官罚俸，吏拟笞，其百工技艺诸色人等有能熟读通晓律意者，如犯过失连累之罪，并免一次云云。此可见凡属军民皆当知律，况学古入官，尤有人民社稷之责，设使临民治国，不能深通律意，但取办于临事之检查，或听命于幕友书吏之手，将一案之误，动累数人，一例之差，贻害数世，岂不大可惧哉！现今新学竞尚，士多数典忘祖，剽窃外国法政学说以为禄利之阶，遂致中国经史旧学渐就荒弃，而法律一门尤为《广陵之散》，不绝如线。平心而论，外国法政各有精意，固当采集所长以资补救，惟《大清律例》恰当乎中国风土，深合乎现今时势，而唐明律书尤为《大清律例》所本祖，均当深切究明，以为判决事务之资。凡我学友，固不可守旧而鄙新，亦不可骛外而忘本。同钧自问德薄能鲜，殊觉有愧皋比，惟供职刑曹十余年，亲承乡先正薛赵二大司寇面命，于律学稍有会悟，历充名司主稿、提牢厅、减等处、秋审处坐办，律例馆提调各要差，及内外城巡捕局承审官，并随往奉天蒙古查办事件，考察蒙旗风俗，参观蒙古刑例，阅历既多，遇事始有把握。近又接

---

① 《乐素堂文集》无"本无须乎赘言"以下。

充法律馆总纂,纵览英、美、德、法、俄、意、日本诸国刑法,与中国《唐律》《明律》及《大清律例》参考互证,乃知法律一道广大精深,非末学浅尝所能窥甚奥妙,益觉欿然不足！今承修律大臣之命,勉就此席,聊作识途老马,惟祈与诸学友相观而善,共相勉励,研究中律精意,并涉猎东西各国刑法大要,总期无负修律大臣造士之苦心,以勉副皇太后、皇上立宪变法、修订法律之至意,是则区区之心所深愿也夫。

光绪三十三年秋月中律教习吉同钧演说

目录

大清律讲义卷一　名例上 …… ００１

大清律讲义卷二　名例下 …… ０２０

大清律讲义卷三　刑律盗贼上 …… ０４８

大清律讲义卷四　刑律贼盗下 …… ０８１

大清律讲义卷五　刑律人命 …… １０６

大清律讲义卷六　刑律斗殴 …… １３７

大清律讲义卷七　刑律骂詈 …… １７７

大清律讲义卷八　刑律诉讼 …… １８０

大清律讲义卷九　刑律受赃 …… １９９

大清律讲义卷十　刑律诈伪 …… ２１０

大清律讲义卷十一 刑律犯奸......二二〇

大清律讲义卷十二 刑律杂犯......二二九

大清律讲义卷十三 捕亡......二三八

大清律讲义卷十四 断狱......二五五

大清律讲义卷十五 吏律职制......二八六

大清律讲义卷十六 吏律公式......二九七

大清律讲义卷一

名例上

名例者，本刑名、法例之约词。《唐律疏议》云：名训为命，例训为比，命诸篇之刑名，比诸篇之法例。又，宋孙奭云：主物之谓名，统凡之谓例。东西各国谓之总则，名异而义则同，其原始于李悝《法经》六曰《具法》，魏改《刑名》，晋分为《刑名》、《法例》，北齐合为《名例》，隋唐至今相沿不改，以其为各律之纲领，故冠于诸律之首。详见《唐律名例序文》，兹不多赘。

五刑

五刑之名始见于《虞书》，穆王作《吕刑》，以墨、劓、刖、宫、大辟列为五刑。汉魏以后，废止肉刑，至隋唐始以笞、杖、徒、流、死为五刑，至今相沿不改。尝考其义：

一曰笞。笞者，击也，又训为耻，薄示惩耻，所以发其耻心，为刑之至轻者。其法自一十至五十，分为五等。

二曰杖。杖者，持也。杖重于笞。两笞折为一杖。凡顽梗弗率之徒，耻心已冥，非笞能动其惧，故所犯重于笞五十者，即出乎笞以入杖，其法自六十至一百，亦分五等。盖杖止于一百，过此，人不能受，则减杖而入徒矣。又，笞杖之法，其名虽为一十以至一百，其实原有折算之法，以十折四又除零数，如笞二十，止折五板，笞三十，止折十[七]板，余可类推。总之，笞杖均为身体之刑，虽即古昔鞭扑之制，惟现在泰西各国文明日进，均废止体加之刑，易为自由之刑，是以上年修律大臣奏请停止刑讯，已将笞杖一项分别折为罚金，不能出金者易为作工。现在笞杖二项不过徒存虚名，近已废而不用矣。至于笞杖之寸尺轻重，并笞杖折作罚金、罚金折为作工各细则，详见条例及新章,兹不复赘。再,笞杖之外,又有鞭责、枷号、夹棍、铁杆石墩、监禁之刑。鞭责专施之旗人以代笞杖。枷号施诸寡廉鲜耻之辈,而旗人犯徒流军遣情轻者,均以枷号代之,枷分轻重二项,用法自五日以至百日,以五日为一等,更有枷至一年、三年至终身者。夹棍之刑,专施之强盗、人命重案,然亦不得任意多用,用时须请上官批准,否则以擅用治罪,其轻重尺寸亦详载于《条例》。铁杆石墩专施诸强盗、会匪,例有专条。监禁之法多半施诸妇女之犯重罪而不便实发及不便处决者,故分别予以监禁。以上数项,亦为身体之刑,惟监禁一法,外国盛行,其余均为外国所无。现在笞杖、枷号、铁杆石墩已废,其余亦在议废之列,但刻下尚仍行用,故附载于后,亦讲刑制者所宜知也。

三曰徒。徒者,奴也,奴辱之,使知所愧。其法创之于周。《周礼》云:其奴,男子入于罪隶,任之以事而收养之。汉谓之城旦舂、鬼薪,盖拘系其身,使供力役也。近世徒罪,则配发于驿站,一听驿吏驱使。所以加夫罪浮于杖一百者,其法分五等,自一年起,以半年为一等,至三年止。此外亦有总徒、准徒五年、四年者,盖特别之法,非通例也。

四曰流。流者,流而不返之义,所谓投之四裔,不与同中国也。其法最古,舜流共工于幽州,《书》云"流宥五刑"是即流之创始,缘人之所犯已近死罪,而不忍遽诛,故流诸远方,使不齿于人类。其法分三等,二千里、二千五百里、三千里。律文,凡犯流罪者,妻妾从之,一至配所,终身不得还乡,虽遇赦亦不赦免。现例办法异是,停止佥妻之法,若携带妻子者准其自便,不准官为资送,一遇恩诏,分别情节准其释回,故律内"流囚家属"及"流犯在道会赦"二条,现已废而不用矣。以上所言徒流本分两项,各不相同,而律内又有徒流并加一法,唐律谓之加役流,现律定为流三千里加徒三年,此既流而又加徒,其法虽不常用,然亦不可不知。

按:五刑之法,流只去死一间,减死即入于流,故律文有"罪止流三千里"之文。自明代创有充军一法,国朝因之,列为刑法,其罪介在流死之间,分作五等,曰附近,曰近边,曰边远,曰极边,曰云贵两广极边烟瘴,自二千里起至四千里止,凡以处乎贼盗恶棍之徒。又于军罪而外定有发遣之刑,亦分两项,一曰发遣为奴,一曰发遣当差,其地有黑龙江、新疆回城伊犁、乌鲁木齐、额鲁特、三姓、宁古塔、珲春等处之分。总之,凡发内地者统谓之军,凡发边外者均谓之遣,军、遣二项本为流、军罪加等之用,惟例文烦杂,有由流加为附近充军者,有由流加为极边充军者,亦有由流径加入绞罪者，体例不一，引用多误，是以上年奏请废止五军之名，止留二遣以为流罪加等之用，故律内充军一项，近将存而不用。现在修订新律，又拟增徒罪年限以五年为止，并拟改三等流罪为有期流罪、无期流罪，不以地之远近为等差，而以期之长短为等差，是亦因时制宜之意，皆读律者所当知也。

五曰死。死分斩、绞。斩者身首异处，血溅泉壤，始于黄帝伐蚩尤，以正其罪，古所谓大辟之刑也。三代以前，罪止于斩，后世刑法严峻，又于斩罪上创有戮尸、剉碎死尸、枭示诸刑，金元以来又创凌迟之法，支解节分，极其惨酷。明代因之，国朝相沿不变。虽为严惩忤逆反叛起见，其实刑至于斩已无于加，再重则涉残忍不仁矣。是以上年修律大臣奏请废止凌迟、枭示、戮尸、剉尸各项，现在无论何等重大之罪，均以斩罪为止。绞则止毕其命，尚得保其全体，其法创之于周。《周礼》云：公族有罪，馨[磬]之于甸人。馨[磬]即绞之谓也。现在东西各国死刑多用绞法，惟法、俄、德尚有斩刑，余则一概用绞。但斩、绞二项有立决、监候之分，立决者决不待时，监候者入于秋审、朝审办理。秋审、朝审又分情实、缓决、可矜三项，而情实之中又分数种办法，有情实即予勾决者，如命盗案中情伤俱重之类是也；有情实声请免勾者，如命盗案中情有可原之类是也；又有名为情实非从严声叙向来不予勾决者，如官犯及服制各犯是也。至于缓决之中，又有一次即准减等者，有三次后逢恩始准减等者，而查办减等又有减军、减流之分，其中节目极细，详见断狱各例及《秋审条款》一编。此外又有杂犯斩绞之法，名曰斩绞，其实准徒五年，不过虚存死罪之名而已，总皆谓之死罪也。此外，又有赎刑一法，此法创于《虞书》，详见《甫刑》，后世因之不废。《唐律》赎以铜斤，《明律》赎以铜钱，国朝以银为主，而有捐赎、纳赎、收赎之分。收赎最轻，少则七厘五毫，多亦不过五线二分五厘，凡老少废疾及妇女犯该枷号各项予以收赎。纳赎赎罪较多，少则二钱五分，多亦不过二十余两而止，凡官员正妻及妇人有力者，并举贡生监，一切有顶戴官员、僧道、官犯过误轻罪者，均准纳赎。至于捐赎更为非常恩典，律例不载，见于乾隆八年章程，不论斩绞军流徒罪，均准捐赎，自一品至七品以下生监，以官职之尊卑定银数之多寡，多至一万三千两，少亦不下三四百两，但银数过多，捐者罕见，是以上年刑部议覆晋抚新章，生监平民议照原定数目，酌量递减，此捐赎之法也。又，去年奏定新章，以旧例收赎过轻，除老幼废疾外，凡妇女有犯，均照新章改作罚金，自五钱起至七十两止。以上赎罪之法，虽非正刑，究为附加之刑，亦凡用刑者所当考究，故附及之。

十恶：一曰谋反，二曰谋大逆，三曰谋叛，四曰恶逆，五曰不道，六曰大不敬，七曰不孝，八曰不睦，九曰不义，十曰内乱。

律重纲常，首严十恶。十恶之犯，皆无君无亲，罪大恶极，为天地间所不可容之罪，故特列篇首以昭炯戒，其中不必尽大辟重典也。如不孝、不敬、不睦三项死罪而外，亦有罪仅徒杖者，然事关名教，虽小难宽，论刑虽不至死，亦为常赦不原。《辑注》云：罪至死者固为法所难宥，即罪不至死者亦俱有乖伦理，即此意也。

谋反谓谋危社稷。

按：臣下将图逆节，危及天下，不敢斥指，故曰社稷也。

谋大逆谓谋毁宗庙、山陵及宫阙。

按：宗庙山陵，先君之辞。宫阙者，一人之辞。不敢明言，故曰宗庙宫阙，以其干纪犯顺，违背道德，故曰大逆。

谋叛谓谋背本国，潜从他国。

按：如翻城投伪、率众外奔之类。

恶逆谓殴及谋杀祖父母、父母、夫之祖父母、父母，杀伯叔父母、姑、兄姊、外祖父母及夫者。

按：五服相亲，自相屠戮，蔑绝人伦，伤残天性，故曰恶逆。

不道谓杀一家非死罪三人及支解人，若采生折割、造畜蛊毒、厌魅。

按：凶忍残贼，背弃正道，《汉律》云：杀不辜一家三人为不道，故曰不道。

大不敬谓盗大祀神御之物、乘舆服御物；盗及伪造御宝；合和御药，误不依本方及封题错误；若造御膳，误犯食禁；御幸舟船，误不坚固。

按：伪造御宝以上数项关系至大，治罪宜重，而和合御药以下数项，不过一时疏忽，然亦列于不敬者，君父之前，不敢言误，误即由于轻忽，不敬莫大焉，故亦曰大不敬。

不孝谓告言、咒骂祖父母、父母、夫之祖父母、父母及祖父母、父母在，别籍异财，若奉养有缺，居父母丧，身自嫁娶，若作乐释服从吉；闻祖父母父母丧，匿不举哀，诈称祖父母父母死。

按：以上各项皆不孝之显著于律者，大曰恶逆，小曰不孝，治罪轻重不同，详见各律。至咒骂之"咒"，据《唐律》及薛氏《存疑》一书，"咒"当作"诅"，求爱媚解，若谓诅欲令死及疾苦,则罪干大辟,应入恶逆,不仅不孝而已也。

不睦谓谋杀及卖缌麻以上亲,殴告夫及大功以上尊长、小功尊属。

按:《书》云:九族既睦。此条皆亲族相犯之事,彼此不相协和,故曰不睦。凡与父同辈者曰尊属,与己同辈曰尊长,谋杀及卖,《唐律》无问尊卑长幼,《明律》专指尊长言,各不相同,而《现行律》注谓卑幼犯上则重,尊长犯下则轻,可见原包尊长卑幼在内,且止言谋杀而不言故、斗杀,若故、斗杀讫,亦在不睦之列。凡律之意,举重以赅轻,此谋杀未伤,轻者尚为不睦,况故、斗杀讫,较谋杀未伤更重,自在包括之中。至卖缌麻以上亲,卖者卖为奴婢也,如卖为妻妾,未便即入此条。

不义谓部民杀本属知府、知州、知县,军士杀本管官吏,卒杀本部五品以上长官,若杀见受业师及闻夫丧匿不举哀,若作乐释服从吉及改嫁。

按:上条五服亲属以天合者,此项部属、师生、夫妇皆非天合,以义相维,背义而行,故曰不义。

内乱谓奸小功以上亲、父祖妾及与和者。

按:此专指小功以上亲而言,若小功亲之妻不在此限。至父祖之妾,虽无服制而分亲义重,不问有子无子,并同。"及与和者"谓妇人共男子和奸,亦问此律,此皆禽兽其行,朋淫于家,紊乱礼经,故曰内乱。

此条律目、律注系《唐律》之文,明仍用之,小有异同,国朝迭加修改。十恶之名,古书不见,起于后周、后齐,当时仅有其名而无其目,至隋开皇始创制此科,唐遵其制,至今因之。《礼记·王制》云:"凡置五刑必即天伦。"又,"凡听五刑之讼,必原父子之亲,立君臣之义。"可见,《律例》一书,所以正纲纪而明人伦,此篇首严乱臣贼子之防,次设蔑理犯分之戒,圣贤垂戒之意与帝王御世之道毕具于此。独怪当世学士、士大夫高谈《诗》《书》,反目此为法术刑名之家,鄙之不屑寓目,及至身膺民社,一遇疑难,茫然无所措手,反委于幕府胥吏之手,欲不偾事,得乎?因论律义,有感记此,愿我学友发愤读律,一雪此耻。

八议:一曰议亲,二曰议故,三曰议功,四曰议贤,五曰议能,六曰议勤,七曰议贵,八曰议宾。

议亲谓皇家袒免以上亲及太皇太后、皇太后缌麻以上亲,皇后小功以上亲,皇太子妃大功以上亲。

按：以上分有尊卑，故礼有隆杀，虽同属懿亲而差等之不同如此！

议故谓皇家故旧之人，素得侍见，特蒙恩待日久者。

按：此盖指从龙辅佐之人，如宠幸之人不得谓之故也。

议功谓能斩将搴旗，摧锋万里，或率众来归，宁济一时，或开扩疆宇，有大功勋铭功太常者。

按：太常，旂名，古者人臣有大功劳，则书于太常以引驾也。

议贤谓有大德行之贤人君子，其言行可以为法则者。

按：贾谊有言，廉耻礼节以治君子，有祸死而无戮辱，即此议贤之义也。

议能谓有大才业，能整军旅，治政事，为帝王之良辅佐者。

按：贤止言其德行，能必见之军旅政事，非寻常所能及者方是。

议勤谓有大将吏谨守官职，星夜奉公，或出使远方、经涉艰难有大勋劳者。

按：守官奉法必曰大将吏，可见小者不得与也。出使远方，必有大勋劳方谓之勤，寻常涉历外洋，出使之人不得与於其间。

议贵谓爵一品及文武职事官三品以上，散官二品以上者。

按：《周礼》郑司农注云：若今时吏墨绶有罪先请是也。

议宾谓承先代之后为国宾者。

按：《书》曰：虞宾在位。《礼》曰：天子存二代之后，即议宾之典所由昉。

此条律文及注亦仍《唐律》，明添入注，国朝迭次修改。八议之法乃国家优待亲贤勋旧之典，凡有所犯，应于法外优容。《周礼》云：以八辟丽邦法。今之八议，其目全同《周礼》，不过次序之间少有移易耳。程明道先生云：八议设而后轻重得宜。又，《会典》载：八议之条不可为训，虽仍其文，实未尝行。二说不无少异者，各有所指而言也。伏读雍正六年上谕有曰：八议之条，乃历代相沿之文，其来已久，我朝律例于此条虽具载其文，而实未尝照此例行者，盖有深意存焉。夫刑法之设，所以奉天罚罪，乃天下之至公至平，无庸意为轻重者也。若于亲故功贤人等之有罪者故为屈法以示优容，则是可意为低昂而律非一定者矣，尚可谓之公平乎？且亲故功贤人等或効力宣劳，为朝廷所倚眷，或以勋门戚畹为国家所优崇，其人既异于常人，则尤当制节谨度、秉礼守义以为士民之倡率，乃不知自爱而致罹于法，是其违理道而蹈愆尤，非蚩蚩之氓无知误犯者所可比也！倘执法者又曲为之宥，何以惩恶而劝善乎？如所犯之罪果出于无心而情有可原，则为之临时酌量特与加恩，亦未为不可。若豫著为律,是于亲故功贤等人未有过之先即以不肖之人待之,名为从厚,其实乃出于至薄也。且使恃有八议之条,或任意为非,慢无顾忌,必有自干大法而不止者,是又以宽容之虚文而转陷之于罪戾,姑息之爱,尤不可以为优恤矣。今修辑律例各条,务须详加斟酌以期至善,惟此八议之条,若概为删去,恐人不知其非理而害法,故仍令载入,特为颁示谕旨,俾天下晓然于此律之不可为训,而亲故人等亦各儆惕而重犯法,是则朕钦恤之至意也。钦此!

按:《会典》不可为训之说即本于此,可见八议虽古来宽厚优恤之典,惟法行先自贵始,今读谕旨,圣人大公无私之心更有溢于寻常定例之外者,故备录于后以备参考。

应议者犯罪

律文:凡八议者犯罪(开具所犯事情),实封奏闻取旨,不准擅自勾问。若奉旨推问者,开具所犯(罪名)及应议之状先奏请议,议定(将议过缘由)奏闻,取自上裁;其犯十恶者(实封奏闻,依律议拟),不用此律(十恶,或专主谋反、叛、逆言,非也,盖十恶之人,悖伦逆天,蔑礼贼义,乃王法所必诛,故特表之以)。

此系《明律》,顺治三年添入小注,《唐律》谓之"议章",盖言以上八议之人犯罪分作三层办法,前后共奏三次:始则奏闻所犯之事,应否勾问,如奉旨免问,即作罢论。若准其勾问,然后推问是第一层。推问已毕,即将所取供状及所犯罪名应议之处,奏请简派多官会议,是第二层。会议以后仍行具奏,如有死罪,惟云依律合死,不敢正言斩绞,取自上裁是第三层。缘八议之人皆朝廷素所优侍,除十恶之外有犯一切罪名皆当取决于上以定予夺,不许迳自擅拟,其慎重如此,所以笃亲亲、敦故旧、尚功尊贤、劝能恤勤,敬大臣而崇宾礼,盖即《论语》周公谓鲁公之义,而与《中庸》、《九经》之旨隐隐符合也。现例三品以上大员革职拿问不得遽用刑夹,有不得不刑讯者,请旨遵行。又宗室觉罗有犯笞杖、枷号,分别有秩、无秩,罚俸、罚养赡钱粮,其初犯军流徒,或再犯徒罪,或先犯徒后犯流者,免其发配,分别折罚、责打、圈禁。如再犯军流及三犯徒罪以上,分别轻重实发盛京、吉林、黑龙江。如犯死罪,由宗人府会同刑部革去顶戴,照平人一律问拟斩绞,秋审分别实缓,由宗人府进呈黄册。又,已革宗室之红带、已革觉罗之紫带有犯寻常轻罪重罪,交刑部照旗人例办理,应销档者免其销档,仍准系本身带子。其犯习教重情,另行奏明办理。又,宗室犯罪由宗人府会同刑部照例定拟，罪应军流者随时具奏，徒罪按季汇题，笞杖即行完结，毋庸具奏云云，犹见议亲议贵之意，其余多属虚设而已。考之《周礼·甸师》：王之同姓有罪，则死刑焉。郑注引《文王世子》：公族有死罪，磬［罄］之於甸人。又曰：公族无宫刑，狱成，致刑于甸人。又《掌戮》：王之同族与有爵者，杀之於甸氏。李氏光坡谓杀之於甸师氏者谓不踣。踣者，陈尸使人见之。既刑於隐处，故不踣也。此例宗室觉罗有犯，与民人科罪不同即此意也。

应议者之父祖有犯

律文：凡应八议者祖父母、父母、妻及子孙犯罪，实封奏闻取旨，不许擅自勾问，若奉旨推问，其所犯及应议之状先奏请议，议定奏闻，取自上裁，若皇亲国戚及功臣（八议之中，亲与功为最重）之外祖父母、伯叔父母、姑、兄弟姊妹、女婿、兄弟之子，若四品、五品（文武）官之父母、妻（未受封者）及应合袭荫子孙犯罪，从有司依律追问，议拟奏闻，取自上裁（其始虽不必参提，其终亦不许擅决，犹有体恤之意）其犯十恶，反逆缘坐及奸、盗杀人，受财枉法者（许径决断），不用此（取旨议奏封之）律。其余亲属、奴仆、管庄、佃甲倚势虐害良民，陵犯官府者（事发，听所在官司径自提问），加常人罪一等（非倚势而犯，不得概行加等），止坐犯人（不必追究其本主），不在上请之律。若各衙门追问之际，占恡不发者，并听当该官司实封奏闻区处（谓有人于本管衙门告发，差人勾问，其皇亲国戚及功臣占恡不发出官者，并听当该官司实封奏闻区处）。

此亦《明律》，顺治三年添入小注。《唐律》谓之"请章"。《唐律》，皇太子妃大功以上亲不在"八议"之列，而入于"请章"，与此条各项并论，盖因上"八议"而更推恩于其尊卑至亲，而"八议"之中，亲与功更重，故又推恩于皇亲国戚、功臣之以次至亲至四品、五品之官，虽不在议贵之列，然亦官阶尊崇，故亦推恩于其父母、妻、子孙，惟情分亲疏，故法有等差。皇亲国戚之外祖父母以下各项，虽亦不许擅决，其始究不必奏闻请旨，是於体恤优渥之中仍分轻重厚薄之等。至其余亲属奴仆人等每多倚势陵人，狐假虎威，若非从严惩治，则恃宠骄恣，必无恶不作，累及其主，故治罪加凡人一等，而仍不追究其本主，虽以禁遏，实则保全其优待勋戚者至矣。使汉、明二祖依此法以行，何至醢韩、彭而杀李、傅，使后世有薄待功臣之议；使魏晋诸帝依此法以行，何至剪枝叶以伤本根，致当时有相煎何太急之歌。详绎律意，参以往事，可见法律一书仁之至而义之尽,与圣经贤传相表里,元儒柳赟谓经传载道以行万世,律文垂法以正人心,不其信欤?

律文而外又有一例:凡军民人等有犯寻常斗殴及非常赦所不原各项死罪,察有父祖子孙阵亡者,将其事迹声叙入本,恭候钦定。傥蒙优免,一人一次,后不准再行声请云云。此亦律文推恩祖父子孙之意,考之《史记·平原君列传》,李同战死,封其父为李侯。《后汉书·独行传》,小吏所辅捍贼,代县令死,除父奉为郎中。《蜀志》庞统为流矢所中卒,拜其父议郎,迁谏议大夫。以上皆死国事者之父。今例:子孙阵亡声请,即本此意,附录于此以备参考,亦以见例文与史事,其理本相贯通云。

职官有犯

律文:凡在京、在外大小官员有犯公、私罪名,所司开具事由,实封奏闻请旨,不许擅自勾问(指所犯事重者言,若事轻,传问不在此限),若许准推问,依律议拟奏闻区处,仍候覆准方许判决。若所属官被本管上司非礼陵虐,亦听开具(陵虐)实迹,实封径自奏陈(其被参后,将原参上司列款首告,不准行,仍治罪)。凡内外大小文武官犯公罪该笞者,一十罚俸一月,二十、三十各递加一月,四十罚六月,五十罚九月。该杖者,六十罚俸一年,七十降一级,八十降二级,九十降三级,俱留任,一百降四级,调用(如吏兵二部处分则例应降级、革职、戴罪留任者并照例留任)。吏典犯者笞杖决讫仍留役。犯私罪该笞者,一十罚俸二个月,二十,三个月,三十、四十、五十各递加三月(三十,罚六月,四十,罚九月,五十,罚一年),该杖者,六十,降一级,七十,降二级,八十,降三级,九十,降四级,俱调用,一百,革职离任(犯□者不在此限)。吏典犯者,杖六十以上罢役。

以上三条均系《明律》,雍正三年修改,乾隆五年改定,盖言上司不得任意擅勾属员,下属亦不得挟嫌妄控上司也。《唐律》,七品以上官犯流罪以下,减一等。九品以上官犯流罪以下,听赎。又有以官当徒流之法:"诸犯私罪,以官当徒者,五品以上,一官当徒二年;九品以上,一官当徒一年。若犯公罪者,各加一年当。以官当流者,三流同比徒四年"云云,与此不同。凡不系私己而因公事得罪者曰公罪,凡不因公事、己所自犯皆为私罪,此律大致与《吏部则例》相同,惟《吏部则例》公罪杖一百者革职留任,与此降四级调用稍有歧异耳,盖视所犯之公私定处分之轻重,既论其事,又察其心,故犯者不得幸免,而误犯者亦不至冤抑。原系分为三门,兹以先后文义相承迋为一处，从简省也。现例，"文职道府以上、武职副将以上犯罪应审讯者照例题参，奉到谕旨再行提讯，其余文试各员于题参之日即将应质人犯拘齐审究"云云，较律稍为变通者，总系速行审结之意。若官员而外，例载"贡监生员犯徒流以上等罪，地方官一面请革，一面审讯，不必俟学政批回，其轻罪应戒饬者，移会教官发落，详报学政"云云，应与上条一并参看，盖《唐律》减等、听赎、官当之法，固为宽典，即明初运炭运米等法，亦系优待之意，今例官员犯笞，准其罚俸相抵，尚与《唐律》相合。其公罪杖一百，私罪杖六十以上即分降调、革职，已较古律为重。至犯徒不准官当，犯流亦不减等，而近来办法，官员犯徒者从重发往军台，犯军、流者从重发往新疆，不惟较平人不能减轻，反较平人格外加重，古今之不同如此，虽后世文法日趋繁重，亦可以观人心而察世变矣。

犯罪免发遣

律文：凡旗人犯罪，笞杖各照数鞭责，军流徒免发遣，分别枷号，徒一年者枷号二十日，每等递加五日，总徒、准徒亦递加五日，流二千里者枷号五十日，每等亦递加五日，充军附近者枷号七十日，近边者七十五日，边远、沿海、边外者八十日，极边烟瘴者九十日。

此条系旗人犯罪之总则，律文系雍正三年所定，《唐律》无此名目，《明律》之目本系军官、军人犯罪免徒流，国朝改易此名。以旗人犯罪折枷之例载入作为正律，本意原系旗人犯罪一律折枷，并不实发，后来渐次从严，律外另立条例：凡旗人殴死卑幼拟流，情节残忍者，发往黑龙江、三姓等处，不准折枷。旗员诬告讹诈，行同无赖者亦如之。又，满蒙汉各旗人有犯，如系寡廉鲜耻有玷旗籍者，均削去本身户籍，依律发遣。又，内务府所属庄头、鹰户、海户及附京住居庄屯旗人、王公各处庄头有犯徒流以上，照民人一体定拟。又，凡旗人窝窃、窝娼、窝赌及诬告讹诈行同无赖行止，并棍徒扰害教诱宗室为非、造卖赌具、代贼销赃、行使假银、捏造假契、描画钱票、一切诓骗、诈欺取财以窃盗论，准窃盗论及诱拐强奸、亲属相奸者，均销除本身旗档，照民之一律办理。又，旗人家奴犯军流者，俱发驻防为奴，不准折枷；犯徒者分别情节，轻者折枷，如有以上窝窃等项重情者，照民人拟徒，满日释回，仍交伊主管束。又，旗人初次犯窃即销除旗档，徒罪以上照民人一体刺字发配，杖罪以下免其刺字，后再犯窃，以初次论。其情同积匪及赃逾满贯者，子孙一并销除旗档为民户云云。以上各条皆于律外从严者,以国初之时旗下户口稀少,且人情敦朴,犯罪不多,故可以枷号代其发遣。其后生齿日繁,渐染内地奢侈诈伪之习,以致罪犯日益众多,非一切宽大之法所可惩诫,故于律外迭次增立严例,亦迫于时势不得不然,所谓"刑罚世轻世重"者即此意也。现在奏准化除满汉畛域,此律即在所废,惟例内旗人犯寡廉鲜耻销除旗档一节,尚不能除,故讲义仍行列入。

犯罪得累减

律文:凡一人犯罪应减者,若为从减(谓其犯罪以造意者为首,随从者减一等)、自首减(谓犯法,知人欲告而自首,听减二等)、故失减(谓吏典故出人罪,放而还获止减一等,首领不知情以失论,失出减五等,比吏典又减一等,还获又减一等,通减七等)、公罪递减之类(谓同僚犯公罪失於入者,吏典减三等,若未决放,又减一等,通减四等。首领官减五等,佐贰官减六等,长官减七等之类),并得累(减而复)减(如此之类,俱得累减科罪)。

此仍《明律》,国初添小注,雍正三年修改。言一人若犯数罪,其情节俱轻,按之各律,均在可以减等之列者,准其以次递减。盖加罪有限制而减罪无限制,寻常加罪止准加二等,即各律有递加专条者亦只加至满流而止,不能加入于死。若减则不然,如果情有可原,由一等可减至五等,且有减至七等、九等者,更有减尽不科者。再,加罪,则斩绞为两项,三流分三层,逐层递加,共作五层。减罪则二死为一减,均减为流;三流为一减,均减为徒,此皆律之精义,惟恐问官涉于严酷,枉入人罪,故制为定律,所以杜深刻罗织之渐而开宽大轻宥之门,圣人之仁民者至矣。律文止言"为从"、"自首"、"故失"、"公罪"四项,不过略举大概而言,此外可减者尚多,有因物之多寡而累减者,有因情之轻重而累减者,亦有因名分服制之尊卑亲疏而累减者,其事甚多,不能悉举,细绎"之类"二字,可见其余皆在包括之中也。

以理去官(以理谓以正道理而去,非有别项事故者)

律文:凡任满得代、改除、致仕等官与见任同(谓不因犯罪而解任者,若沙汰冗员,裁革衙门之类,虽为事解任降等,不追诰命者,并与见任同),封赠官与(其子孙)正官同,其妇人犯夫及义绝(不改嫁)者(亲子有官,一体封赠),得与其子之官品同(谓妇人虽与夫家义绝,及夫在被出,其子有官者得与子之官品同,为母子无绝道故也,此等之人),犯罪者并依职官犯罪律拟断(应请旨者请旨,应径问者径问,一如职官之法。)

此仍《明律》,雍正三年修改,乾隆五年删定,盖言以道理去官,非有别项事故,所以别于缘事革职得罪者也。《唐律》:"诸以理去官,与见任同。赠官及视品官,与正官同。视六品以下,不在荫亲之列。若藉尊长荫而犯所荫尊长,及藉所亲荫而犯所亲祖父母、父母者,并不得为荫。即殴告大功尊长、小功尊属者,亦不得以荫论。其妇人犯夫及义绝者,得以子荫。其假版官犯流罪以下,听以赎论"云云,《明律》即本于此而不如《唐律》详备。凡以理去官,既不追夺诰命,则原品犹存,故得与见任相同,若未有诰封者,即难同于见任,自应以降等之级论也。妇人与夫家义绝,及夫在被出,犹得与子之官品同者,夫妻之义虽绝而母子无绝道也,此但指未改嫁者而言,若改嫁失节,即不得同子之官。即未嫁受封,若改嫁后亦必追夺原封,盖改嫁虽例所不禁,而失节究不准受封,于体恤孀嫠之中仍寓嘉奖贞节之意。旧注又载有子孙缘事革职,其父祖诰敕不追夺者,仍得与正官同,若致仕及封赠官犯赃与无禄人同科,其任满得代、改除未补,虽未食禄有犯,应照有禄人科断云云。现已另纂为例,律文但言与正官同者,例则兼及不同者,所以补律所未及,其中同而异、异而同之处,俱有精理存焉!详绎合参,自知其妙。

无官犯罪

律文:凡无官犯罪,有官事发,(所犯)公罪笞杖以上俱依律纳赎。卑官犯罪,迁官事发,在任犯罪,去任(考满、丁忧、致仕之类)事发,公罪笞杖以下依律降罚,杖一百以上依律科断本案,黜革笞杖以上折赎俱免,若事干埋没钱粮、遗失官物,虽系公罪,事须追究明白(应赔偿者赔偿,应还官者还官),但犯一应私罪,并论如律,其吏典有犯公私罪名,名依本律科断。

此仍《明律》,雍正三年修改,乾隆五年删定,《唐律》:"诸无官犯罪,有官事发,流罪以下以赎论。十恶及五流,不用此律。卑官犯罪,迁官事发;在官犯罪,去官事发;或事发去官:犯公罪流以下各勿论,余罪论如律。其有官犯罪,无官事发;有荫犯罪,无荫事发;无荫犯罪,有荫事发:并从官荫之法云云",较《明律》为详,而《明律》稍加严厉。

凡律称公罪本系究官职上说,若无官之时似不得有公罪,此所谓公罪。如因人连累不由自己之事,亦可谓之公罪。公字,正不必拘泥至于钱粮官物,无官之时并不得经手,自系专指迁官去任、黜革二项而言,元官一层并不在内,钱粮官物追究明白者,谓应赔偿者须赔偿,应还官者须还官,不得以罪准宽免,并此亦与宽免也。此系慎重公款之意,律文统言有犯公私之罪,若此等人犯赃则另有专条,例载无官犯赃有官事发,照有官提参,以无禄人科断。有官时犯赃黜革后事发,不必提参,以有禄人科断。此足补律所未及。又,《吏部则例》载官员升转后遇原任内事发应以降调者,俱于现任内议以降调。又,已革官员遇有前任内事故议处必分晰应降应革应罚之罪注册,倘事后还职,仍将前任内处分查核,如尚有应革之罪,不得即与还职,有应降之罪,即照原职降级,有应罚之罪,仍于补官日罚俸。其有级可抵者,查明抵销。又《礼律》载:官吏丁忧,除公罪不问外,其犯赃罪及系官钱粮依例勾问。又《刑律》载:书吏差役作弊扰民,系知法犯法,加平人罪一等云云,皆与此律互相发明,当合参之。

除名当差

律文:凡职(兼文武)官犯(私)罪,罢职不叙,(应)追夺(诰敕)除名(削去仕籍)者,官(阶、勋)爵皆除。(不该追夺诰敕者,不在此限。)僧道犯罪,曾经决罚者,(追收度牒)并令还俗(职官、僧道之原籍)。军民灶户,各从本色,发还原籍当差。

此仍《明律》,雍正三年修改,乾隆五年改定。原律本系匠灶,国朝因无匠户,遂改匠灶为灶户。《唐律》:"诸除名者,官爵悉除,课役从本色,六载之后听叙,依出身法。免官者,三载之后,降先品二等叙。免所居官及官当者,期年之后,降先品一等叙。若官尽未叙,更犯流以下罪者,听以赎论。不在课役之限云云",均系弃瑕录用之意。《明律》删去数节,凡官员一经犯罪,即无听叙之法也。凡职官犯罪,私罪重于公罪,而赃罪尤重于私罪,例载凡失陷城池、行间获罪及贪赃革职各官,封赠俱行追夺,其别项革职者,免追。又官员事发,受财不追,夺诰敕云云。此律所谓名,系指有犯贪赃应追夺诰敕,削去仕籍者而言,若止罢职不叙,而例不追夺诰敕,尚不在官爵皆除之列。官阶谓出身以来官,勋爵谓世袭相承之职。至于僧道犯罪,例本分别公私,如系公事失错,或因人连累及过误致罪,悉准纳赎,仍还职为僧道,若犯奸盗一应赃罪,责令还俗,此律所谓决罚还俗,即系有犯私罪之人,若犯公罪不在此例。若军民灶户,系统承上职官僧道而言,谓职官除名、僧道还俗之后仍查其原籍为军为民,或系灶户,各从本色发回,仍当本等之差也。

常赦所不原

律文：凡犯十恶，杀人，盗系官财物，及强盗，窃盗，放火，发冢，受枉法、不枉法赃，诈伪，犯奸，略人、略卖、和诱人口；若奸党，及谗言左使杀人，故出入人罪；若知情故纵听行，藏匿，引送，说事过钱之类一应实犯，（皆有心故犯）虽会赦并不原宥。其过误犯罪，（谓过失杀伤人，失火及误毁、遗失官物之类）及因人连累致罪，（谓因别项[人]犯罪，连累以得罪者，如人犯罪失觉察、关防、铃束，及干连、听使之类）若官吏有犯公罪，（谓官吏人等因公事得罪，及失出入人罪，若文书迟错之罪，皆无心误犯）并从赦宥（谓会赦皆得免罪）。其赦书临时（钦）定（实犯等）罪名特（赐宥）免，（谓赦书不言常赦所不原，临时定立罪名宽宥者，特从赦原）及（虽不全免）减降从轻者，（谓降死从流，流从徒，徒从杖之类）不在此限。（谓皆不在常赦所不原之限。）

此仍《明律》，雍正三年修改，乾隆五年删定。盖分别应赦、不应赦之罪也。十恶以下等项，即《虞书》所谓"怙终贼刑"，《康诰》所云"非眚，乃惟终，自作不典"也，过误以下各项即《虞书》作谓"眚灾肆赦"，《康诰》所云"非终，乃惟眚灾，适尔"也。一不赦，一应赦，劈分两项，俱系专指常赦而言，若赦书临时钦定，或全宥，或减等，乃一时之特恩，谓之恩赦，非常赦所得限制，亦与常赦迥然不同，其应赦不应赦另有章程。大约界限较宽，无论窃盗、犯奸、略卖、和诱各项，均准宽宥。即杀人放火、发冢枉法等罪，稍有可原情节，亦均准其宽减。两者合参，乃知常赦为恒有之事，过宽则人思苟免，反开徼倖之门，故界限不妨从严。恩赦乃非常之典，过严则恩难普及，恐阻自新之路，故条款不妨从宽。其义固各有当也。至于律文而外，另有条例足补律所未备者，择要附录于后，以备参考。

一，凡关系军械[机]兵饷事务，俱不准援赦宽免。

一，诬告叛逆未决拟斩者，不准援赦。又，捕役诬拏良民及曾经犯窃之人，逼认谋故杀、强盗应拟军者，遇赦不免。

一，凡侵盗仓库钱粮入己若逾一万两以上者，遇赦不准援免。

一，凡触犯父母发遣之犯，遇赦查询伊父母，愿令回家，准其分别释放枷号。

一，凡官员、生监、吏役一切有职役之人有犯一应赃私罪名，遇赦取问明白，罪虽宥免，仍革去职役。

一，以赦前事告言人罪者，以其罪罪之。若干系钱粮、婚姻、田土等项罪，虽[遇]

赦宽免，事须究问明白。应追取者，仍[行]追取。应改正者，仍[行]改正。

一，缘坐发遣为奴及强盗免死发遣为奴人犯遇赦不得与寻常为奴人犯一体办理。

一，官员临时先谋出继、归宗预为匿丧恋职地步者，照匿丧例革职，不准原赦。

一，嫡母故杀庶生子、继母故杀前妻子拟绞之犯，遇赦不准减等。

一，勾引教诱蛮獞重犯十年限内遇有恩旨不准查办。

一，官员问案错拟罪名者遇赦免议。

一，原非侵盗入己照侵盗拟罪之犯及亏空军需钱粮系由挪移获罪，或经核减着赔偿与入己军需有间，遇赦豁免。

一，回民行窃发遣脱逃被获，遇赦不准援减。

又，康熙六十一年上谕：赦罪一款，非朕本心，徒开侥幸之门，于事有何裨益？此番援赦豁免人等，详记档案，如不悛改，后再有犯，加一等治罪云云，条例虽无明文，现俱照此办理。又乾隆十九年部议：凡事犯在恩诏以前，而到官羁禁在恩诏以后，例不援免。至妇人事、犯在恩诏以前者，俱应援免，并不以到案羁禁为断云云。从前大恩诏亦有不拘此例者，无论到官前后，但犯在赦前，亦俱准其援免。但此等旷典惟大恩诏有之，非通例也。以上各例散见他门，皆系有关赦典之事，与律文互相发明，必须统筹合参，临时办理方无歧误，否则一隅之见，鲜有不顾此失彼者，此读律所以必须参观例章也。至恩赦条款历次小有增修，其目甚多，不能备举，详见《刑案汇览》。

犯罪存留养亲

律文：凡犯死罪非常赦不原者，而祖父母（高曾同）、父母老（七十以上）疾（笃废）应侍，（或老或疾）家无以次成丁（十六以上）者，（即与独子无异，有司推问明白）开具所犯罪名（并应侍缘由）奏闻，取自上裁。若犯徒、流（而祖父母、父母老疾无人侍养）者，止杖一百，余罪收赎，存留养亲。（军犯准此。）

此仍《明律》，国初添入小注，乾隆五年改定。乃法外之恩，矜恤罪人之亲以广孝治，即经所谓"轻重诸罚有权"，亦即《王政》恤无告之意也。《唐律》："诸犯死罪非十恶，而祖父母、父母老疾应侍，家无期亲成丁者，上请。犯流（徒）罪者，权留养亲，若家有进丁及亲终期年者，则从流。即至配所应侍，合居作者，亦听亲终期年，然后居作"云云。可见留养之律由来已久，惟《唐律》所谓老疾必八十以上及笃疾方是，且所谓成丁者，以年二十一以上、五十九以下为断，现在律注改七十为老，废亦曰疾，十六岁曰成丁，则较《唐律》更从宽矣。王者以孝治天下，犯罪之人虽无可矜而其亲老疾无依，若不许其存留侍养，未免有伤孝治。故设此律以施法外之仁，凡非常赦不原之死罪及军流徒犯，均予决杖一百，以治本犯之罪，其余罪应充发者准其收赎，以存留养亲，情法兼备，义之尽仁之至也。但律文既以常赦为限，则是杀人者概不准请而军流徒罪自应概准存留，不必以常赦不原为限矣。国朝推广律义，其轻重设有条例，虽斗殴杀人之犯，若系情伤稍轻，俱准留养，而军流徒犯之情重者仍不准其留养，盖不以罪之大小为区别而以情之轻重为区别，实足补律所未备。又改收赎为死者埋葬银两，凡斗杀留养之案，追银二十两给付死者家属，本犯照数决杖外，分别枷号。徒流准其留养者枷号一个月，军流四十日，死罪及免死流犯两个月。又孀妇独子，守节逾二十年者亦准留养。殴死妻及故杀妻之案，虽无父母可养，如系独子，准其承祀，此历来未有之旷典，曲体人情之极至。此外，又有数例与律互相发明，择要附后以备参考。

一，凡犯罪有兄弟俱拟正法者，存留一人养亲，请旨定夺。

一，斗殴杀人之犯应准留养者，查明被杀之家有无父母，如被杀之人亦系独子，其亲尚在，俱不准留养。若被杀之人平日游荡弃亲，或不听教训为亲所逐者，仍准留养。其擅杀、误杀、戏杀及军流徒各犯无庸查被杀之家有无父母即准留养。

一，凡触犯父母并素习匪类为父母所摈逐及游荡他乡远离父母，俱属忘亲不孝之人，概不准留养。

一，死罪及军流遣犯留养之案，如该犯本有兄弟与姪出继可以归宗及本犯身为人后、所后之家可以另继者，概不得请留。若该犯之兄弟与姪出继，所后之家无可另继之人，不可归宗凡本犯所后之家无可另继者，仍准留养，徒罪人犯不在此例。

一，各衙门差役倚势滋扰犯罪者，不准声请留养。

合参律例，有律严而例从宽者，亦有律宽而例从严者，其中因时制宜，皆有精义，此乃历朝教孝之典，惟我中国国粹所存。盖百行以孝为先，移孝方可作忠，未有不孝于亲而能忠君者。外国重忠而不重孝，是以律内均无此条，非但无所谓留养也，查俄律，谋杀父母者亦不拟死，日本律殴死父母者虽拟绞罪，而殴伤者仅加平人伤罪二等，虽殴至笃疾亦仅治以无期徒刑，较之中国但殴即拟斩决，虽无伤亦坐，骂父母者亦拟绞决之律，轻重大有不同，此等刑法，各国自为风气，原不能以强合，但我中国现行新政，修订新律，此外各项皆可捨短取长，惟此本原之地，伦纪攸关，不可迁就从人，所愿讲新学者勿以此言为河汉则幸矣！

天文生有犯

律文：凡钦天监天文生习业已成（明于测验推步之法），能专其事者，犯军、流及徒，各决杖一百，余罪收赎。（仍令在监习业。犯谋反、叛逆缘坐应流，及造畜蛊毒，采生折割人，杀一家三人，家口会赦犹流，及犯斗殴伤人，监守、常人盗，窃盗，掏摸，抢夺，编配刺字，与常人一体科断，不在留监习艺之限）。

此专言断理天文生罪之通例也。推测之法，得人为难，况已习学有成，能专其业，若因犯罪发配，终身废弃，殊为可惜，是以制此决杖收赎之法，仍令入监习业，但此指寻常犯罪而言。若反逆缘坐、造畜蛊毒、采生折割、杀一家三人等项，家口应流，及斗殴伤人、监守、常人盗、窃盗、掏摸、抢夺各项不在此限。此律专指天文生，例又补出钦天监官有犯更为周密，例载钦天监官犯事请旨提向与职官一例问断，该革职为民者送监，仍充天文生，该流徒充军者请旨定夺。其不由天文生出身者，悉照例革职充发云云，可以合参。

工乐户及妇人犯罪

律文：凡工匠、乐户犯徒罪者，五徒并依杖数决讫，留住（衙门）照徒役年限拘役。（住支月粮，其斗殴伤人，及监守、常人盗，窃盗，掏摸，抢夺，发配、刺字与常人一体科断，不在留住拘役之限。）其妇人犯罪应决杖者，奸罪去衣（留裤）受刑，余罪单衣决罚，皆免刺字。若犯徒流者，决杖一百，余罪收赎。

此律与上"天文生有犯"《明律》本系一条，雍正三年分作两门，并将此律删改，其小注系顺治三年增修，雍正三年删定。《唐律》："诸工、乐、杂户及太常（寺）[音]声人，犯流者，二千里决杖一百，一等加三十，留住，俱役三年。其妇人犯流者，亦留住，流二千里决杖六十，一等加二十，俱役三年；若夫、子犯流配者，听随之至配所，免居作云云"。此律工、乐户犯徒者决杖留住拘役而末及犯流决杖之法，则与《唐律》不同，且《唐律》惟妇人犯流则决杖免配，仍使应役，并无妇人犯徒免役收赎之法，此律妇女犯徒亦准收赎，盖非古法矣。匠者，工部所隶之匠人，乐户者，教坊所辖之乐人,皆系在官应役之人,若犯徒罪发配,转令得脱职役,是以决杖留住,仍令在本衙门应役。上条天文生有犯兼军流而言,此专言五徒,则军流即应发配而斗殴伤人及窃盗等项亦不在留住之限,至于妇人犯奸,廉耻已丧,故去单衣加刑,余罪连单衣受刑者,所以养其羞恶之心也。若军流则远出异地,非妇人所宜,即徒罪供役亦非妇人能胜,故定为收赎之法,满徒仅收赎银二钱五分五厘,满流仅收赎银三钱七分五厘,即杂斩绞,亦止赎银四钱五分,原以略示薄惩,使知愧悔,并非利其赎金以佐公家之用,立法极为仁恕。无如行之日久,流弊滋生,而刁恶妇女往往恃有赎之一法,故干法纪,故条例定有实发、监禁数项,如妇人挟嫌挟忿、图诈图赖,有意自行翻控者,妇人犯盗发觉致纵容之父母及翁姑自尽者,均不准赎,监禁三年。又,京城奸媒诱奸诱拐应军流者,妇女有犯积匪并窝留盗犯多名及行凶讹诈应拟外遣者,妇女犯奸致纵容之父母翁姑自尽者,妇奸抑媳同陷邪淫致媳自尽者,姑谋杀子妇情节凶残者,妇女殴差哄堂罪应军流者,均实发驻防为奴。又,新章,江苏白马蚁妇女诱拐良家妇女罪应军流者,亦实发驻防为奴,妇女故杀十五岁以下幼媳、情节残忍者,监禁三年,不准收赎。以上各条例、章皆系严惩刁恶妇以济律法之穷。至妇女有犯笞杖,律义本系无论何人、所犯何罪,均予决杖,并无赎之一说。而例又有妇人犯奸盗、不孝者依律决杖,其余有犯笞杖者,无力决罚,审系有力与命妇、官员正妻,俱准纳赎,笞一十纳赎银一钱,以次递加,至杖一百赎银一两,亦系曲全体面,养其廉耻之意,无如日久,亦有流弊,如妇女故杀子媳流二千里者仅赎银一两三钱,故杀奴婢徒一年者仅赎银一两七分五厘,无怪养成妇女残忍之性,而凌虐折磨致死之案层见迭出,是以上年奏定新章:凡妇女有犯笞杖徒流,惟老幼残废仍照旧律收赎外,其余应实发者改为作工十年,应监禁者亦改作工,其不应实发者,均照新章与男子一体折为罚金,笞五十者罚银二两五钱,以次递加,至杖一百罚银十五两,徒一年罚银二十两,以次递加,至满徒罚银四十两,满流七十两,军罪同于满流。若无力出银,照章折令作工。其旧律、旧例收赎、纳赎之法,一概删除,虽系与时变通之意,但矫枉过正,古法全失。将来日久,恐亦有窒碍难行之处,是在司法君子随时补救,泥古固非,而尽废古制,亦恐不能无弊耳!又考之《后汉书》,光武四年诏女徒雇山归家,注:女子犯徒,遣归,家每日出钱雇人于山伐木,名曰雇山。此妇女犯徒办法,《明律》收赎之法即本于此。现章采用西法,废止笞杖,与徒流均改为罚金、作工,此律亦属虚设,因溯其源流,备记于右,认为读律之一助。

徒流人又犯罪

律文：凡犯罪已发（未论决）又犯罪者，从重科断。已徒、已流而又犯罪者，依律再科后犯之罪。（不在从重科断之限。）其[从]重犯流者，三流并决杖一百，于配所拘役四年。若（徒而又）犯徒者，依后所犯杖数，该徒年限，（议拟明白，照数）决讫，（仍令）应役（通前）亦总不得过四年。（谓先犯徒三年，已役一年，又犯徒三年者，止加杖一百，徒一年之类，则总徒不得过四年。三流虽并杖一百，俱役四年。若先犯徒年未满者，亦止总役四年。）其（徒流人）又犯杖罪以下（者），亦各依（后犯笞杖）数决之，（充军又犯罪，亦准此。）其应加杖者，亦如之。（谓天文生及妇人犯奸，亦依律科之。）

此系《明律》，其小注系国初修改，言犯罪已发已决而又犯罪之通例也。《唐律》："诸犯罪已发及已配而更为罪者，各重其事。即重犯流者，依留住法决杖，于配所役三年。若已至配所而更犯者，亦准此。而累流、徒应役者，不得过四年。其杖罪以下，亦各依数决之，累决笞、杖者，不得过二百"云云，与此律大致相同，惟《唐律》流又犯流止役三年，此役四年。《唐律》杖不得过二百，现律杖一百，则稍有异耳。盖犯罪尚未论决，自应依二罪俱发从重从一之律，若既论决到配复犯他罪，即应再科后犯之罪，不准仍援从重之律，所以恶其怙终也。然重犯虽曰不悛，而立法者宜有限制。如重犯流者，倘再加流，则地过远，故有拘役之法。重犯徒者，如再加徒，则年过久，故有不过四年之法。律文只言流又犯流，徒又犯徒及流徒又犯笞杖，不言流又犯徒及徒又犯流者，已该括于"再科后犯"一句之内，如徒人又犯流者，自应定地决遣，流人又犯徒者，仍于配所拘役，盖律之义例重可该轻，轻不可该重也。再，律止言徒流又犯，例又补出军遣又犯各条，如免死遣犯在配复犯斩绞监候者改为立决，复犯徒罪以上者拟斩监候，复犯笞杖者枷号三个月，鞭一百。平常遣犯在配复犯死罪，仍按律定拟，不必加重复犯，遣罪枷号六个月，复犯军流枷号三个月，复犯徒罪枷号两个月，俱鞭一百，复犯笞杖照数鞭责。又，军犯在配复犯徒罪分别枷号，徒一年者枷号一个月，每徒一等递加五日，复犯军流加等调发，仍加枷号一月，原系极边烟瘴军罪者，加为发遣新疆种地当差，又发遣为奴人犯在配行窃，初犯枷号一年，再犯枷号二年，三犯枷号三年，四犯永远枷号，遇赦不免云云，皆足补律未备，当并参之。

大清律讲义卷二

名例下

老小废疾收赎

凡年七十以上，十五以下，及废疾，(瞎一目、折一肢之类。)犯流罪以下，收赎。(其犯死罪，及犯谋反、叛逆缘坐应流，若造畜蛊毒、采生折割人、杀一家三人、家口会赦犹流者，不用此律。其余侵损于人一应罪名，并听收赎。犯该充军者，亦照流罪收赎。)八十以上，十岁以下，及笃疾，(瞎两目、折两肢之类。)犯杀人(谋、故、斗殴)应死(一应斩、绞)者，议拟奏闻，(犯反逆者，不用此律。)取自上裁；盗及伤人(罪不至死)者，亦收赎；(谓既侵损于人，故不许全免，亦令其收赎。)余皆勿论。(谓除杀人应死者，上请；盗及伤人者收赎之外，其余有犯皆不坐罪。)九十以上，七岁以下，虽有死罪不加刑；(九十以上犯反逆者，不用此律。)其有人教令，坐其教令者；若有赃应偿，受赃者偿之。(谓九十以上，七岁以下之人，皆少智力，若有教令之者，罪坐教令之人。或盗财物，旁人受而将用，受用者偿之。若老小自用，还着老小之人追征。)

此仍《明律》，国初及乾隆五年增入小注，盖恤老慈幼矜不成人之义也。律文全用《唐律》原文，不过稍易数字，《唐律疏议》：笃疾，戆愚之谓。此律注以瞎两目、折两肢为笃疾，则与《唐律》解释不同。考之《周礼》："七十以上及未龀者并不为奴"，此律首段"七十以上"云云即本于此。又，《周礼》"三赦之法"：一曰幼弱，二曰老耄，三曰戆愚，此律次段"八十以上"云云即本于此。又《礼记》云："九十曰耄，七岁曰悼，悼与耄，虽有死罪，不加刑"云云，此律三段"九十以上"云云即本于此。律注谓瞎一目，折一肢之类为废疾，而条例又指出瞎一目之人不得以废疾论赎，盖以此等人原与平等人无异也。杀人谓谋故杀、斗杀应抵偿之罪，若杀一家三人、采生折割、造畜蛊毒等项杀人重罪不在此限。应死谓杀人而外一切应斩应绞之罪,此律分作三等。七十以上、十五岁以下及废疾犯流罪收赎,惟反逆缘坐应流及造畜蛊毒等项家口应流者不用此律,凡充军者亦照流罪收赎,此一等也。八十以上、十岁以下及笃疾除杀人应抵者上请、盗及伤人者收赎外,其余皆不坐罪,惟犯反逆者不用此律,此一等也。九十以上、七岁以下虽犯杀人及死罪皆不加刑,而九十以上犯反逆者仍科其罪,盖以力虽不能任事,智犹可以与谋。至七岁以下智与力皆不及此,虽反逆,亦不加刑,此一等也。致坐其教令之人亦有分别,如教小儿殴打父母,坐教令者以殴凡人之罪,不以殴父母论。教老人故杀子孙,坐令教者以杀凡人之罪,不以杀子孙论。此本律注,现已纂为条例。此外又有数例较律从重,如律文笃疾犯死罪上请,例则仍照本律问拟,毋庸声请,入于秋审,分别实缓,如系缓决,候查办减等时减为军流,再行收赎。又律文十岁以下杀人上请,例则十岁以下斗殴杀人如死者长于凶犯四岁以上方准依律声请,若所长止三岁以下按例拟绞,不得概行声请。又七十以上、十五以下及废疾犯流准其收赎一次,再犯不准收赎。又老疾之人挟嫌挟忿、图诈图赖、有心翻控之案审系虚诬、罪应军流以上者,即行实发,不准收赎云云。此皆律宽例严,现在问案,有例概不用律,此例应与律文一并参究,是以择要附后。

犯罪时未老疾

律文:凡犯罪时虽未老疾,而事发时老疾者,依老疾论。(谓如六十九以下犯罪,年七十事发;或无疾时犯罪,有废疾后事发,得依老疾收赎。或七十九以下犯死罪,八十事发;或废疾时犯罪,笃疾时事发,得入上请。八十九犯死罪,九十事发,得入勿论之类。)若在徒年限内老疾,亦如之。(谓如六十九以下,徒役三年,役限未满,年入七十;或入徒时无病,徒役年限内成废疾,并听准老疾收赎。以徒一年,三百六十日为率,验该杖徒若干,应赎银若干,俱照例折役收赎。)犯罪时幼小,事发时长大,依幼小论。(谓如七岁犯死罪,八岁事发,勿论。十岁杀人,十一岁事发,仍得上请。十五岁时作贼,十六岁事发,仍以赎论。)

此亦《明律》,国初添入小注,与《唐律》原文一字不差,盖承上条恤老慈幼矜不成人之义而更推广之也。依老疾幼小论者,谓或赎、或请、或勿论,俱依老小三等年岁及废疾、笃疾分别拟断,流罪已至配所不能复还,徒罪限内年入七十及成废疾时俱请听赎,若小时犯罪,事发年虽长大,仍以幼小论,盖优老则据其现在发觉之年,矜幼则原其从前犯罪之岁,所以补前律之不及,而国家宽大忠厚之意亦可于言外见之。至于徒罪限内老疾除役过年月折算收赎余罪之法,另有详例,略举一节可以类推,如杖一百徒三年全赎,应该出银三钱,除已受过杖一百,准去银七分五厘,下剩银二钱二分五厘,以三年一千八十日计算,每日该银二毫零八忽三微三纤零,如已役过一年之三百六十日,准去银七分五厘,未役二年之七百二十日,该赎银一钱五分,此等细微末数,虽不必见诸实事,惟公牍之上,丝毫不能含糊,自应照数计算,亦以见读律之家,不可不兼明算术也。

给没赃物

律文:凡彼此俱罪之赃(谓犯受财枉法、不枉法,计赃,与受同罪者)及犯禁之物(谓如应禁兵器及禁书之类)则入官。若取与不和,用强生事,逼取求索之赃并还主。(谓恐吓,诈欺,强买、卖有余利,科敛及求索之类。)

其犯罪应合籍没财产,赦书到后,罪(人)虽(在赦前)决讫,(而家产)未曾抄劄入官者,并从赦免。其已抄劄入官守掌及犯谋反、叛逆者,(财产与缘坐家口不分已未入官。并不赦免。若除谋反、谋叛外)罪未处决,(籍没之)物虽(已)送官,(但)未经分配(与人守掌)者,犹为未入。其缘坐(应流)人(及本犯)家口,虽已入官,(若)罪人(遇赦)得免(罪)者,亦从免放。

若以赃入罪,正赃见在者,还官、主。(谓官物还官,私物还主。又若本赃是驴,转易得马,及马生驹,羊生羔,畜产蕃息,皆为见在。其赃)已费用者,若犯人身死勿征,(别犯身死者亦同,若不因赃罪而犯别罪,亦有应追财物,如埋葬银两之类。余皆征之。若计雇工赁钱私役弓兵,私借官车船之类)为赃者,(死)亦勿征。

其估赃者,皆据犯处(地方)当时(犯时)中等物价估计定罪。若计雇工钱者,一人一日为银八分五厘五毫,其牛、马、驼、骡、驴、车、船、碾、磨、店舍之类,照依犯时雇工赁值(计算,定罪追还),赁钱虽多,各不得过其本价。(谓船价值银一十两,却不得追赁钱一十一两之类。)

其赃罚金银,并照犯人原供成色从安追征入官给主。若已费用不存者,追征足色。(谓人原盗或取受正赃,金银使用不存者,并追足色。)

此系《明律》,国初加入小注,盖于追赃之中仍存矜恤之意也。《唐律》分为三门,一为"彼此俱罪之赃",一为"以赃入罪",一为"平赃"者,明合为一章,大致悉依

《唐律》原文,惟《唐律》赃费用者死囚配流均勿征,现律删去配流一层,惟死勿征,则较严矣。又《唐律》小注:凡赃皆征,正赃惟盗赃倍备,若盗一尺须征二尺之类,现律无此。再,《唐律》计庸者,每人一日为绢三尺,现律改为银八分五厘,亦与《唐律》不同。通章分五段看,首节言赃物入官给主之法,二节言入官财产赦免不赦免之法,三节言赃物应征勿征之法,四、五节言估赃追赃之法,总之赃物有入官、有给主、有还官,而入官、给主、还官三项中又有赦免者,有勿征者,必罪恶重大而始不赦,如谋反叛逆之事,此外即应遇赦免免矣,必人赃见存而始追征,如其人已死即不必征,或未死而十分赤贫者,亦有量追一半及勘实治罪豁免之例,其中纤细毕具,情与法可谓兼尽矣。至于断付死者之财产遇赦不得免追一项,本系律后总注,现已纂为条例,缘断付死者之家财产系优恤生者以备养赡之用,与应合入官不同,盖入官者可免而优恤死者之家不可免也,当分别观之。此外,又有与律互相发明者,如律称身死勿征,然官员侵盗钱粮入己者,该员身故,仍有将伊子监追之例。又,侵盗应追之赃,著落犯人妻及未分家之子名下追赔,如果家产全无,取结豁免,不得株连亲族。又,应行查抄赀产而兄弟未经分产者,将所有产业按其兄弟人数分股计算,只将本犯名下应得一股入官,其余兄弟名下应得者概行给予。又,官员应追因公核灭及分赔代赔之项,查明家产尽绝者,照例题豁,毋庸再于同案各员摊追,亦不追其妻子。又抢窃之赃定案时严行比追,如果力不能完,即将本犯治罪,取结豁免。又,命案内减等发落应追埋葬银两,勒限一个月追完,如系十分贫难者,量追一半,如限满勘实力不能完,取结豁免。又,应该偿命罪囚遇赦宥免,追银二十两给其家属,赤贫量追一半。又强盗赃不足原失之数,将无主赃物赔补,如仍不足,将盗犯家产变价赔偿。又监守侵盗仓库有限四个月、八个月、十二月监追及一年、二年、三年监追之条,以上数例散见各门,皆与此律互相牵涉,宜一并参考。再,给没一法,外国均有,日本谓之征偿没收,其没收之法分为三项,一为法律禁制之物,二为供犯罪所用之物,三为因犯罪而得之物。征偿之法,如犯人放免,若被害者请求应还给赃物及赔偿损害,仍不得免。若赃物尚在犯人之手,虽无请求,即还给之云云,与中律大意相同,特文法与细则略有变通耳。诸学友现习日本刑法,故将中律与日法符合之处附录于后,以为好学者深思之一助。

犯罪自首

凡犯罪未发而自首者,免其罪,(若有赃者,其罪虽免),犹征正赃。(谓如枉法、不枉法赃,征入官。用强生事,逼取诈欺,科敛求索之类及强、窃盗赃,征给主。)其轻罪虽发,因首重罪者,免其重罪。(谓如窃盗事发,自首又曾私铸铜钱,得免铸钱之罪,止科窃盗罪。)若因问被告之事,而别言余罪者,亦如(上科)之。(止科见问罪名,免其余罪,谓因犯私盐事发被问,不加拷汛,又自别言曾窃盗牛、又曾诈欺人财物,止科私盐之罪,余罪俱得免之类。)

其(犯人虽不自首)遣人代首,若于法得相容隐者(之亲属)为(之)首及(彼此诘发,互)相告言,各听如罪人身自首法。(皆得免罪,其遣人代首者,谓如甲犯罪,遣乙代首,不限亲疏,亦同自首免罪。若于法得兼容隐者为首,谓同居及大功以上亲,若奴婢、雇工人为家长首及相告言者,皆与罪人同得免罪。卑幼告言尊长,尊长依自首律免罪,卑幼依干犯名义律科断。)若自首不实及不尽者,(重情首作轻情,多赃首作少赃)以不实不尽之罪罪之;(自首赃数不尽者,止计不尽者科之),至死者,听减一等。其知人欲告及逃(如逃避山泽之类)、叛(是叛去本国之类)而自首者,减罪二等坐之。其逃叛者,虽不自首,能还归本所者,减罪二等。

其损伤于人(因犯杀伤于人而自首者,得免所因之罪,仍从本杀伤法。本过失者,听从本法,损伤)于物不可赔偿(谓如弃毁印信、官文书、应禁兵器及禁书之类,私家既不合有,是不可偿之物,不准首。若本物见在,首者听同前法免罪。)事发在逃,(已被囚禁越狱在逃者,虽不得首所犯之罪,但既出首,得减逃走之罪二等,正罪不减。若逃在未经到官之先者,本无加罪,仍得减本罪二等。)若私越度关及奸者,并不在自首之律。

若强、窃盗,诈欺取人财物而于事主处首服,及受人枉法、不枉法赃,悔过回付还主者,与经官司自首同,皆得免罪。若知人欲告,而于财主处首还者,亦得减罪二等。其强、窃盗若能捕获同伴解官者,亦得免罪,又依常人一体给赏。(强、窃盗自首免罪后再犯者,不准首。)

此乃《明律》,国初及乾隆五年增入小注,大致与《唐律》相同而稍有增删,《唐律》私习天文者亦在不准首之列,现律删去此句,其末后一段,《唐律》谓之盗、诈取人财物,另列一门,现律合为一篇。自首者将己身所犯之罪自作词状而首告于官,必在事未发觉、人未到官之先方见悔过畏法出于本心,故律准免罪,所以重改过也。然情必实,赃必尽,事必不由人告发方得全免其罪。若稍有不实、不尽及知人欲告而首,均不全免其罪,即全免其罪者犹必追取其赃以给主还官。通篇分为四节:首、二节言犯罪准自首,所以开人自新之路,三节分别不准免,所以绝人侥免之心,未节推广自首之法,使人知免于罪而获同伴者,既免本身之罪,仍赏获盗之功,弭盗微权并寓于是,此为律文最长之篇,意思委曲详尽,而文法仍简老该括,其中一句一字均有精义,读者宜详味之。至于现行条例有足补律未备及与律互相发明者,如律云大功以上亲首告得免其罪,例又补出小功缌麻一项,如小功缌麻亲首告,正犯虽不得全免,其罪得减本罪三等,无服之亲首告减一等,其谋反叛逆未行而亲属首告,正犯同自首律免罪,若已行者,正犯不免,其余缘坐人俱免。又律云知人欲告而首,减罪二等,例又补出闻拿投首之犯于本罪上减一等科断云云,诚以闻拿投首与知人欲告而首,虽均无悔罪之真心,而情节稍有缓急之分,故此准减一等,彼准减二等也。又律云逃叛而首得减二等,例又有被掳从贼、不忘故土乘间来归免罪之条,盖以被掳从贼与有心逃走不同,故全免其罪,不仅如律得从末减也。又如律云越狱在逃者不免本罪,仅免逃罪,例又补出越狱半年投首者仍照原拟罪名,如同伙越狱有一人于限内投首供出同伙于半年内尽行拿获者,减原罪一等。又监犯因变逸出投归者,除反逆外,余但减原罪一等,拿获者不减云云,盖因变而逸,与自行越狱不同,故此得减等而彼仍不免也。又诱拐之案,已被奸污者不准自首,若未被奸污分别到案远近减一等、减二等拟罪。至于强盗自首,律本从轻,悔过还主者免罪,知人欲告而于财主处首还者减二等,捕获同伴者又准给赏,现例从严,立有专条,除杀人放火、奸人妻女、殴事主折伤以上不准免外,其未伤人并伤轻平复之强盗,以事未发而自首与闻拿投首分别量减。又伙盗指获同伴者,以五日内外拿获分别量减。近来例外又有伙盗共获首盗及首盗伙盗供获伙盗于四个月内拿获分别减等章程,皆较律文加严,而其中区分亦过于烦琐,远不如律文之简易可行,惟《功令》所垂,现俱遵照办理,学者须将律与例异同之处并例与章程轻重之别苦心分明,考其沿革之原,察其创制之意,临事方有把握,不致无所依据,授人指驳之具。再,自首之法,外国亦设此例。日本刑法,凡犯罪,除谋故杀外,于事未发觉以前首官者减一等,犯财产罪自首而还给赃物、赔偿损害者,于自首减等外仍照本刑减二等,其偿还不及全数而在半数以上者减一等。又犯财产罪而向被害人首者,与首于官同,此与中律大意相同而办法略异。损伤于人者不准首,此则除谋故杀外均准首,可见斗杀、斗伤、奸罪均准首矣,此较中律界限为宽。而中律事未发觉,首者全免其罪,此则仅减一等、二等,又较中律稍严。再,中律必给还赃物方准自首免减,若赃物未追偿即不准首,此则全偿赃物者通减三等,还半者减二等,可见未偿还而首者仍准减一等矣,此又较中律为宽。总之,刑法因时因地因人而异,一国有一国之风俗,法制即因此而立,或宽或严,其中各有作用,无论殷监于夏,周监于殷,秦汉唐明各有损益,不能强同,现在之例如直奉川陕亦各有专条,不能尽合,况乎五洲之大,地隔数万里,人分数十类,风俗嗜好种种殊异,而醉心欧化,辄欲吐弃中国一切法律,尽改换面目以效他人,不但削足就屦,未适于用,即揆诸言称先职乐操土风之道,毋乃非仁人君子之用心乎?愿我学友深表同情,共保国粹,或者障百川而回狂澜,于世道人心不无小补也夫!

附六赃细数比较

监守盗(监守者有管掌仓库钱粮之责,非但官吏,凡经管官之人如经纪车户、船户之类均是,盗者不分首从,并赃论罪。)

一两以下(杖八十)一两至二两五钱(九十)五两(一百)七两五钱(杖六十徒一年)十两(杖七十徒一年半)十二两五钱(杖八十徒二年)十五两(杖九十徒二年半)十七两五钱(杖一百徒三年)二十两(杖一百流二千里)二十五两(流二千五百里)三十两(流三千里)四十两(斩)

以上流罪斩罪均系杂犯,杂犯三流总徒四年,杂犯斩绞准徒五年,现例一一千两以上实拟斩候,一百两以上分别实拟流罪。

常人盗(常人对监守者而言,无论军民官吏,凡无监守之责者均是,若盗仓库钱粮亦不分首从,并赃论罪。)

一两以下(杖七十)一两至五两(八十)十两(九十)十五两(一百)二十两(杖六十徒一年)二十五两(杖七十徒一年半)三十两(杖八十徒二年)三十五两(杖九十徒二年半)四十两(杖一百徒三年)四十五两(杖一百流二千里)五十两(流二千五百里)五十五两(流三千里)八十两绞

以上流绞亦系杂犯,现例从重,一百两以下不分多寡,首犯发烟瘴充军,一百两以上实拟绞候,为从减等。

窃盗(以一主为重,并赃论罪,为从减一等,掏摸者罪同。)

一两以下(杖六十)一两以上二十两以下(七十)二十两(八十)三十两(九十)四十两(一百)五十两(杖六十徒一年)六十两(杖七十徒一年半)七十两(杖八十徒二年)八十两(杖九十徒二年半)九十两(杖一百徒三年)一百两(杖一百流二千里)

一百一十两(流二千五百里)一百二十两(泫三千里)一百二十两以上绞监候

枉法赃(谓受有事人财而曲法处断者,通算全科,无禄人减一等,一百二十两绞监候。)

一两以下杖七十,至八十两实拟绞监候,计数之法与常人盗相同,但彼流、绞系杂犯,此是实流实绞耳。

不枉法赃(虽受有事人财而判断并未曲法者,各主者通算,折半科罪,一主亦折半科罪,无禄人减一等,罪止流三千里。)

一两以下杖六十,至一百二十两以上绞监候,计数之法与窃盗同。

坐赃致罪(凡官吏人等非因事而受财,如馈送庆贺,或私借所部内牛马衣物之类,又如被人盗财赔偿之外多受人财,或科敛财物,多收斛面而不入己者,或造作虚费人工物料之类,非赃而分不应受,无赃而罪不能免,故不曰计赃而曰坐赃,在凡人为交际之常,在官吏即为坐赃,所以杜贪污之渐也。此六赃之最轻者。)

一两以下(笞二十)一两以上二十两以下(三十)二十两(四十)三十两(五十)四十两(杖六十)五十两(七十)六十两(八十)七十两(九十)八十两(一百)一百两(杖六十徒一年)二百两(杖七十徒一年半)三百两(杖八十徒两年)四百两(杖九十徒二年半)五百两(罪止杖一百徒三年)

六赃而外,又有挪移出纳一项,虽非监守自盗,亦有应得之罪。律系计赃,准监守自盗论,罪止满流,例则分别五千两以下者照律拟杂犯,五千两以上者实流三千里,一万两以上发近边充军,二万两以上斩监候,仍勒限一年、二年、三年追完,分别减免。

二罪俱发以重论

律文:凡二罪以上俱发,以重者论。罪各等者,从一科断。若一罪先发已经论决,余罪后发,其轻若等,勿论。重者,更论之,通计前(所论决之)罪,以充后(发之)数。(谓如二次犯窃盗,一次先后[发],计赃一十两,该杖七十;一次后发,计赃四十两,该杖一百,合贴杖三十。如有禄人节次受人枉法赃四十两,内二十两先发,已杖六十、徒一年;二十两后发,合并取前赃通计四十两,更科全罪徒三年。不枉法赃及坐赃,不通计全科。)其应(赃)入官(物)、赔偿、(盗)刺字、(官)罢职罪止者,(罪虽勿论,或重科,或从一,仍)各尽本法。(谓一人犯数罪,如枉法、不枉法赃,合入官;毁伤器物,合赔做;窃盗,合刺字;职官私罪杖一百以上,合罢职;无禄人不枉法赃一百二十两以上,罪止杖一百、流三千里之类,各尽本法拟断。)

此仍《明律》,国初添入小注,乾隆五年删改,盖拟断数罪俱发之通例也。与前徒流人又犯罪不同,彼谓一罪已决而日后又犯,此谓平时曾犯数罪或一时俱发,或先后并发,一曰又犯,一曰俱发,犯字发字用义各别,故彼则重科后犯,此则通计前罪也。盖罪不再科,既不失于严,仍尽本法,又不流于纵,此正用法之权衡。然其中亦有涉于轻纵致滋流弊者,如人命之案,一命与数命同一拟罪,并不加重,岂不启凶徒多杀之机,是以此外又有杀一家三人加重之律,而例内斗杀三命及杀一家二命均拟加重。又,人命案件律不应抵罪止军流徒之犯如至三命以上俱按人数以次递加,罪止发遣新疆为止,至过失杀数命者按死者名数各追银十二两四钱二分给各亲属云云,此皆变通律法而补律所未备,须彼此合参方无挂漏之弊。

又按:此律虽本《唐律》原文,而较《唐律》为轻,《唐律》此外尚有以赃致罪者累科,若罪法不等,以重赃并满、轻赃各倍论之语,倍者谓二尺为一尺,如三处受绢一十八疋,倍为九疋件科断。现律删去此层,是止有从一从重之法,而无累科之法,殊失古意。考之日本现行法,所载一罪先发,已经论决,余罪后发,其轻或相等者不论,其重者更论之,以先发之刑通算,后发之刑但没收、征偿、处分各从本法云云,不但与中律用意相合而文法亦复相同,当是采用唐明律意而仍其原文者,但《改正刑法草案》已变其宗旨,谓从一处断之规是犯一数与犯数罪受刑相同,自犯人计之,犯一罪不若犯数罪之利益矣。刑法之目的本为豫[预]防犯罪,而此法却有奖励犯罪之趋向,是与刑法之本旨相背矣。复采德意志刑法并科主义,除死罪及无期惩役、禁锢不科他刑外,余俱于并合罪中加其刑期之半,盖其改正之法虽较现行律从严,实与《唐律》用意吻合,且切中近今情弊,附记于此以备参考,即此可见外国立法不惮再四推斟,精益求精,其所长人者在此,其可取法者亦在此,独怪新学之家仅于文法名词之间袭其皮毛,讵非买椟还珠乎?

犯罪共逃

律文:凡犯罪共逃亡,其轻罪囚能捕获重罪囚而首告,及轻重罪相等但获一半以上首告者,皆免罪。(以上指自犯者言,谓同犯私事发,或各犯罪事发而共逃者,若流罪囚能捕死罪囚,徒罪囚能捕流罪囚首告。又如五人共犯罪在逃,内一人能捕二人而首告之类,皆得免罪。若损伤人及奸者不免,仍依常法。)其因(他)人犯罪连累致罪而(正犯)罪人自死者,(连累人)听减本罪二等。(以下指因人连累而言,谓因别人犯罪连累以得罪者,如藏匿引送资给罪人,及保勘供证不实,或失觉察关防、钤束听使之类,其罪人非被刑杀而自死者,又听减罪二等。)若罪人自首告(得免)及遇赦原免,或蒙特恩减罪、收赎者,(连累人)亦准罪人原免减等赎罪法。(谓因罪人连累以得罪,若罪人在后自首告,或遇恩赦全免,或蒙特恩减一等、二等,或罚赎之类,被累人本罪亦各依法全免,减等,收赎。)

此仍《明律》,其小注系乾隆五年修改,与《唐律》大致相同,盖即古者以功赎罪之义。前自首律内犯在逃者,不准首免。此又推广在逃之因有捕首逃亡者,亦准免罪也。分二节看,上是自犯罪者,下是因人连累致罪者。自犯罪者既能服罪,又能除恶,故得全免。因人连累者,一则正犯既死,则首恶已除,一则首恶既恕,则余可矜悯,故得分别减免收赎也。但必轻罪捕获重罪及罪相等者捕获一半以上方准免罪,若捕获不及一半及重罪捕获轻罪,律无明文,应同损伤于人及奸者不免本罪,得免在逃之罪,盖于赏功之中仍防倖免之弊,此与自首门内捕获同伴解官相同,而彼兼给赏此仅免罪者,彼尚未到官原无在逃之罪,此已被禁兼有在逃之罪,故彼给赏而此止免罪也。律文细若毫发,参观详绎,方知字字均有精义,不但文法奥妙也。

同僚犯公罪

律文:凡同僚犯公罪者,(谓同僚官吏连署文案,判断公事差错,而无私曲者)并以吏典为首,首领官减吏典一等,佐贰官减首领官一等,长官减佐贰官一等。(官内如有缺员,亦依四等递减科罪。本衙门所设官吏无四等者,止准见设员数递减。)若同僚官一人有私,自依故出入人罪(私罪)论,其余不知情者,止依失出入人罪(公罪)论。(谓如同僚联署文案官吏五人,若一人有私,自依故出入人罪论,其余四人虽联署文案,不知有私者,止依失出人人罪论,仍依四等递减科罪。)

若(下司)申上司,(事有差误,上司)不觉失错准行者,各递减下司官吏罪二等。(谓如县申州,州申府,府申布政司之类。)若上司行下,(事有差误,而)所属依错施行者,各递减上司官吏罪三等。(谓如布政司行府,府行州,州行县之类。)亦各以吏典为首。(首领、佐贰、长官,依上减之。)

此仍《明律》,其小注系国初修改,与《唐律》大致相同而稍有删易。《唐律》亦分四等，各以所由为首，与现律统以吏典为首者不同，盖言同官犯罪，其轻重各有差等也。公罪即下"失出入人罪"之类，分两节看，首节言同僚共犯，以吏典、首领、佐贰、长官分为四等递减科罪，官内如有缺员，亦以四等递减，其本衙门所设官吏无四等者，只准见设员数递减，若同僚四人连署文案内中一人有私，故出入人罪，其余三人不知有私，则一人以故出入人罪论，余俱以失出入论罪，仍依上递减。如失出应减五等，吏典为首减以五等，以次递减，至长官则应减八等也。后节言下司申上司，止减二等，而下司得减三等者，盖上临下得以专制，故议罪稍重，所以责上司之怠忽，而下奉上难以拒违，故议罪略轻，所以原下司之受制也。各递减云者，所谓官减官而吏减吏，如县吏为首，州吏减县吏二等，府吏减州吏二等，通减四等，司吏又减府吏二等，通减六等之类。官亦类是，递者依次挨推，各者彼此分承，一竖一横，用意各殊，故上节止是递减之法而下节加一各字，则大有区别，律法之细如此，读者不可忽过。

公事失错

律文：凡（官吏）公事失错，自觉举者免罪；其同僚官吏同署文案，法应连坐者，一人自觉举，余人皆免罪。（谓缘公事致罪而无私曲者，事若未发露，但同僚判署文案，官吏一人能检举改正者，彼此俱无罪责。）

其断罪失错（于人）已行论决者，（仍从失入人罪论，）不用此律。（谓死罪及笞杖已决讫，流罪已至配所，徒罪已应役，此等并为已行论决。官司虽自检举，皆不免罪，各依失入人罪律减三等，及官吏等级递减科之，故云不用此律。其失出人罪，虽已决放，若未发露，能自检举贴断者，皆得免其失错之罪。）其官文书稽程（罪）应连坐者，一人自觉举，余人亦免罪。（承行）主典（之吏）不免。（谓文案，小事五日程；中事，十日程；大事，二十日程；此外，不了是名稽程。罪人自检举者，并得全免。惟当该吏典不免。若主典自举者，并减二等。（谓当该吏典自检举者，皆得减罪二等，余全免。）

此仍《明律》，其小注系国初修改，文义一本《唐律》而字法稍有改易，盖承上条而言同僚犯公罪，虽共有处分而能检举即得免罪，即上条自首免罪之意，同僚一人检举，余人俱免，亦即上条亲属代首之意，彼以情当相隐，此以义当相纠，故同得免罪也。若失错论决，则死者不可复生，刑者不可反挽，犹上条损伤于人不可赔偿之意，故不准免，仍科以失入之罪，若失于出者，或其人脱逃不能贴断，仍难免罪。若放决之后，检举贴断，则事可挽回，故注云准其免罪，所以补律之未备也。至文书稽程觉举，主典不免罪者，以承行文书是其专责，而稽程之罪亦多由于主典，若概免罪，是开怠忽之门矣，故止减二等坐之，而官仍得免，是亦严于吏而宽于官之意。

共犯罪分首从

律文：凡共犯罪者，以（先）造意一人为首，（依律断拟。）随从者，减一等。

若一家人共犯，止坐尊长。若尊长年八十以上及笃疾，归罪于共犯罪以次尊长。（如无以次尊长，方坐卑幼。谓如尊长与卑幼共犯罪，不论造意，独坐尊长，卑幼无罪，以尊长有专制之义也。如尊长年八十以上及笃疾，于例不坐罪，即以共犯罪次长者当罪。又如妇人尊长与男夫卑幼同犯，虽妇人为首，仍独坐男夫。）侵损于人者，以凡人首从论。（造意为首，随从为从。侵谓窃盗官物，损谓斗殴杀伤之类，如父子合家同犯，并依凡人首从之法，为其侵损于人，是以不独坐尊长。）若共犯罪而首从本罪各别者，各依本律首从论。（仍以一人坐以首罪，余人坐以从罪，谓如甲引他人共殴亲兄，甲依弟殴兄，杖九十、徒二年半，他人依凡人斗殴论，笞二十。又如卑幼引外人盗己家财物一十两，卑幼以私擅用财加二等笞四十，外人依凡盗从论，杖六十之类。）

若本条言皆者，罪无首从，不言皆者，依首从法。

其（同）犯擅入皇城宫殿等门及（同）私越度关，若（同）避役在逃及（同）犯奸者，（律虽不言皆，）亦无首从。（谓各自身犯，是以亦无首从，皆以正犯科罪。）

此仍《明律》，其小注系国初及乾隆五年修改，大致与《唐律》相同而稍有删节，《唐律》分作两条，此合为一。《唐律》强盗及略人者亦无首从，若共监临主守为犯，虽造意仍以监主为首，凡人以常从论。现律删此数语，未免阙略，盖此律之意详言断罪首从各有不同也。造意为首，随从共谋之人为从，此法之常也。然有不可概论者，如一家共犯，虽系卑幼造意，而尊长有专制之责，不可以常法首从论，应以尊长，或以次尊长为首矣。小注所谓罪坐男夫，又推广律文所未尽，盖妇人虽系尊长，而不能在外专制，故独坐男夫之卑幼者，则不可以尊长为首也。然此就户婚、田土等事而言，若侵损于人，如盗窃殴伤之类，不论尊幼长幼，仍以造意为首，随从者为从，则又不拘一家共犯罪坐尊长之法也。如一家同他人犯罪，各有本条应得罪名者，或轻或重，各依本律，往往有首犯之罪反轻于从犯而从犯反重于首犯者，此又特别之法，非首从之常例所可拘也。至于律言皆者，无首从不言皆者依首从法，本属律之通例，然亦有律不言皆而仍无首从者，如擅入皇城、越关、犯奸等项，此又出乎通例之外，不可以常律论矣。总之，律者有定而无定，无定而有定，详绎此条文义，往复回环，层层衔接，笔笔转换，百余字中具有千变万化之观，非特义蕴宏深，即以文章论，亦当与《史》《汉》并传，非魏晋以下所可及矣。当此欧学醉人、国文堕落之会，此等文字实为国粹攸寄，学者作律文读可也，即作古文论亦无不可也。

再，律言损伤于人，以凡人首从论，例又补出一家共犯奸盗杀伤等案，如子弟起意而父兄同行助势，仍于为从本罪上加一等，不得引用为从字样。又律文造意为首而同谋共殴杀人之案，则以下手伤重者抵命，原谋减一等，此皆补律之未尽，不能以常律拘者。又例载妇人犯罪，罪坐夫男。若夫男不知情及无夫男者，仍坐本妇云云，与此律小注互相发明，但彼曰夫男，此曰男夫，颠倒之下用意即大不同。男夫犹言男子也，夫男者二人之称，男夫者一人之称，即此一端可见律文字法之细，而国文之精妙不可及处亦在于是，自此以后，斯道如《广陵散》矣。

再者，首从之法，外国刑法亦有此说，而范围不同。如日本之法，二人以上共同实行犯罪者皆为正犯，教唆犯罪者亦为正犯，知人犯罪而给与器具，或诱导、指示帮助正犯者为从犯，减正犯刑一等云云，推其治罪之法与中律同而办法迥异，中律数人共犯，只以一人为首，除律言皆者无首从外，此外从无一案办数人为首之法，彼以二人以上皆为正犯，则是一案中有无数首犯矣。又，中律教唆者虽与正犯同罪，至死减一等，仍以从论，彼以教唆犯罪者为正犯，与中律至死减等者异矣。至于为从之法，中律凡同行犯罪除造意一人为首外，其余均为从犯，至于给予器物或诱导指示之人若未同行，中律并不以为从论，彼概以此等各项为从，亦较中律为严。总之，中国刑法斩绞错出，罪名虽重而办法实宽，日本刑法有绞无斩，罪名虽轻而办法甚严，且中律死刑虽多于外国，而外国生刑实重于中国，若概谓中刑重而外刑轻，是犹皮相之见耳！此皆读律者所当知也，故附及之。

犯罪事发在逃

律文：凡二人共犯罪，而有一人在逃，现获者称逃者为首，更无（人）证佐，则（但据其所称）决其从罪。后获逃者称前（获之）人为首，鞫问是实，还（将前人）依首论，通计前（决之）罪，以充后（问之）数。

若犯罪事发而在逃者，众证明白，（或系为首，或系为从）即同狱成，（将来照提到官，止以原招决之。）不须对问。（仍加逃罪二等，逃在未经到官之先者，不坐。）

此仍《明律》，乾隆五年增添小注，上段原本《唐律》而略为删减，下"众证明白即同狱成"一段，《唐律》不载，全系明代所纂，本律之义盖承上条而分别在逃与现获者办理之法也。上条言共犯罪分首从，此言共犯中有在逃者，先定现获人首从之法。证佐谓亲见亲闻之人及现获赃物可以为证者，前段言更无证佐，后段言众证明白，可见证佐二字是两段关键之处。上段言别无证佐，若止据见获而悬坐为首，恐后日难以复改，故不嫌于少宽。下段言众证已明，若不同狱成而停囚对待，恐日久或多避脱，故又不嫌于果决。总是罪疑惟轻、不准迁延之意，律言先决罪，例又补出监候待质之法。律文无证佐者先决从罪，例则必众供确凿指证有据方准先决从罪，若无事主尸亲证佐指认其现获之犯，除斩绞死罪无庸监候待质外，余俱按例拟罪监候待质。若正犯日久无获，即将待质之犯分别发配保释，内中惟强盗人犯不应宽释，其余人命等案原拟遣军流罪已过十年、徒罪已过五年、杖罪已过三年未定罪名之人，已过二年者遣军流即行发配，杖罪与未定罪之人取保释放，俟缉获正犯再行质审云云，此变通律意而为问案者开一方便之门，虽非古法，然近来俱照此例办理，而律文反成虚设矣。长安薛氏称为刑典中为一大关键，洵为过来人语。再，监候待质而外，又有咨部展限一节更拖累无穷，监候待质业已拟定罪名年限，满日尚可出狱，展限之犯未定罪名，证佐一日未到，犯人常此羁禁，势必瘦[瘐]毙后已。近来虽有遇赦查办之法，然例内不载，办理诸多参差，此亦断狱中一大弊政，故附记之。

　　又律云：事发在逃者，众证明白即同狱成，现例又补出未逃办法，必须取有输服供词，毋得节引众证明白即同狱成之律，如有实在刁健不招者，徒罪以上仍具众证情状奏请定夺，笞杖以下分别奏咨完结云云，虽系慎重之意，但与律意不符，此律据证定罪，犯在逃者尚可定拟完结，其未逃者即可以此类推，若舍律遵例，必取输服供词，则是众证不足为据，而酷刑拷掠畏罪诬服之弊从此生矣。《唐律》云：若赃状露验，理不可疑，虽不承引即据状断之。《疏议》谓计赃者现获真赃，杀人者验得实状也，此律"众证明白即同狱成"之论即本于此。现查东西各国虑囚之法，均系重证而不重供，深得唐明律意。长安薛氏谓案情以众证为凭，固已十得八九，舍众证而信犯供，供亦未可尽信，亦是此意，是以上年修年大臣议覆江广总督变法折内，奏请嗣后断案，除死罪须取输服供词外，徒流以下本犯狡不承认，果系众证确凿，即按律定拟，本年奏定《民刑诉讼法》第七十五条亦有被告如无自认供词，而众证明白确凿无疑，即将被告按律定拟云云,可见据证定罪之法,古今中外同此机括,而现例必取输服供词一节,刻下虽尚通行,日久必在所废矣,此亦刑典中一大关键,附录于后,以备参考。

再,律注加逃罪二等,逃在未经到官之先者不加,可见逃罪之加与不加总以是否到官为断,而现例则有人命重案脱逃二三年后就获应监候者改为立决一条,共分六十八项,则是不论是否到官,但脱逃逾二三年者即按例加重办法较律加严矣。凡律法罪至死者无可复加,此由监候加为立决,亦为特别之例,与通例不合,当以此法比较外国,更有大相不反眸。查《日本刑法》有"期满免除"一节:凡死罪脱逃过三十年,无期徒流过二十五年,有期徒流过二十年,重惩役禁狱过十五年,轻惩役禁狱过十年,禁锢罚金过七年,拘留科[科]过一年者,均免其刑云云。其办法与中律大不相同,中律脱逃年限愈多,拿获时治罪愈重,日本法脱逃多年者,拿获不但不为加重,反为全免其刑,一是恶其倖稽显戮,不容再为轻纵,一是因其犯事年久,证据湮没,被害之人渐忘其仇,且日久再未续犯,或本人已有改悔之意,故从宽免除其罪,二者各有命意,未可厚非,但较其利弊,中例加重之法固涉刻苦而日法免除一节更觉弊多利少,大凡越狱脱逃,多系强悍梗顽之徒,而安分守法之人罕有其事,今未脱者照例治罪,而已逃者日久免除,是安分守法者不得稍从宽宥,而强梗不率之徒反得逍遥法外,卒免重戮,不但非法之平,而立法之意反有纵之使逃之机。现值去旧谋新之时,应有折中採择之法,若一律舍己从人,诚恐诸多窒碍,而此律其尤甚者耳,似宜删去。现例二三年后被获加重或脱逃加二等治罪之条,无论到官未到官,凡犯罪脱逃后拿获者,不分年月久近,均照原拟定罪,既不须加重,亦未便免除,似得情法之中,附记于此,以备修律採择。诸学友不乏识时通律之人,未知以此论为然否?

亲属相为容隐

律文:凡同居,同谓同财共居亲圃,不限籍之同具,虽无服者亦是。若大功以上亲,谓另居大功以上亲属,系服重。及外祖父母、外孙、妻之父母、女婿,若孙之妇、夫之兄弟,及兄弟妻,系恩重。有罪,彼此得相为容隐;奴婢、雇工人,义重。为家长隐者,皆勿论。家畏不得为奴婢、雇工人隐者,义当治其器也。

若漏泄其事,及通报消息,致令罪人隐匿逃避者,以其于法得相容隐,亦不坐。谓有得兼容隐之亲属犯罪,官司追捕,因而漏泄其事,及暗地通报消息舆罪人,使令隐避逃走,故亦不坐。

其小功以下相容隐，及漏泄其事者，减凡人三等，无服之亲减一等。谓另居小功以下亲属。

若犯谋叛以上者，不用此律。谓虽有服亲属，犯谋反、谋大逆、谋叛，但容隐不首者，依律科罪。故云不用此律。

此仍《明律》，国初增添小注，大致与《唐律》相同而稍有修改。"妻之父母、女婿及无服之亲减一等"数语，《唐律》不载，均系明所增添，本律之义是寓情于法，使恩义不相妨也。凡人知情藏匿罪人及容隐漏泄、指引、给赀致罪人逃避者减罪人一等治罪，此则亲属容隐皆得免罪，所以重人伦厚风俗也。同居共财之亲属，情之最亲者也。大功以上之亲属，服之最重者也。外祖父母等服虽轻而情亲者也，至奴婢雇工于家长，则以恩义睽属，又不论同居另居，皆可为之容隐，家长不可为奴婢、雇工隐者，以义相临，当治其罪。《唐律》所谓部曲奴婢主不为隐，听为主隐是也。此皆指事未发觉之先而言，即事发之后官司拘捕而漏泄通报致令逃避者亦不坐罪。至于小功以下，恩义渐杀，有容隐者虽不全免其罪，然亦得分别减等，此皆权恩义之中而教人以亲睦之道，若谋反谋叛则大义灭亲，理当举发，又不得拘于此律矣。以上各节皆言亲属犯罪官司未经拘执入禁，故设此容隐之法，使得以恩掩义，若拘执到官，即当以义断恩，故刑律又有窃放囚徒，亲属与常人同科，即与囚金刃解脱，子孙奴雇止减狱卒一等治罪之条，两比合参，自知义各有当也。再者，此律与干名犯义犯罪留养各律均系扶植纲纪、敦叙伦常之精义，刑罚之可弼教化者在此，中律之所以为国粹者亦在此，检查东西各国刑法均无此条，亦可知其好尚之所在矣！夫证父攘羊，群称为直，以方城汉水之名区，民望如岁之慈父，尚不解此道理，而何论于异俗异教之人乎？现奉明诏尊孔，此即孔教之精粹，而由父子推及亲属更为周密无遗，朱子以为天理人情之至，足见律义经义、法学理学，其道一而已矣。此外又有与律互相发明者，如奴婢可为家长隐系指奴婢在家或放出为良者而言，若将奴婢转卖与人则恩义已绝，当以凡论，不得援此律容隐矣。又女婿、妻父母得相容隐，若翁婿义绝如逐婿嫁女、纵女犯奸及以妻为妾、殴妻折伤之类，则亦不得容隐矣。又如亲属行强窃盗，其被盗之亲属得相告发，亦不在容隐之例。又亲属犯军流罪而逃回者，惟祖父子孙夫妻奴仆得相容隐，其余亲属均不得援引此律容隐。又此项亲属非但得相容隐也，若代为自首则有免罪之律，到官以后更有不许为证之律，详见各门，足资参考。

又，此律后又有一例，父为母杀，其子隐忍者分别拟杖，若母为父杀，其子准其依律容隐云云。又考之史鉴，东魏时颁《麟趾新例》有母杀其父，子不得告，告者死一条，时窦瑗上议，谓如有此事，可临时议罪，无庸豫制斯条云云，二者议论不同而此例现已删除，惟其事甚奇，录之以备参考。《唐律疏议》云：有五服内亲自相杀者，疏杀亲合告，亲杀疏不合告，亲疏等者，卑幼杀尊长得告，尊长杀卑幼不得告，其应相隐者，疏杀亲，义服杀正服，卑幼杀尊长，亦得论告，其不告者亦无罪云云，此皆伦常之变，律虽不设专条，然亦事所或有，备录于后，当亦研究律学者所愿闻也。

处决叛军

律文：凡边境（重地）城池，若有军人谋叛，守御官捕获到官，显迹证佐明白，鞫问招承，申报督抚提镇审问无冤，即依律处治，具由奏闻。如在军前（有谋叛，能）临阵擒杀者，（事既显明，机系呼吸。）不在此（委审公审之）限。（事后亦须奏闻。）

此仍《大明律》，国朝[初]及雍正三年修改，原系鞫问承招行移都指挥司委官审问无冤，依律处治，具由申达五军都督府奏闻，若有布政司、按察司处公同审问处治，此改为申报督抚提镇审问，无冤依律处法，具由奏闻，以本朝权归督抚统辖文武，武职并无指挥司、都督府等官，而文职布按二司亦归督抚节制，官制不同，故办法稍异。此外又有吏卒犯死罪并杀害军人及在京犯罪军民三条，凡各衙门吏典禁子有犯死罪，从各衙门长官鞫问，不须禀申，依律处决，死后申报上司转达刑部。又，杀死军人者依律处死，仍将正犯人余丁抵数充军。又，在京军民若共犯杖八十以上者，军发外卫充军，民发别郡为民云云。本朝军民无甚分别，犯罪一同问拟，吏典虽有加等治罪之例，而死罪亦不区分，故现律删去前后三条，止留此处决叛军一条，其实此条现亦虚设，近来督抚权重，动即就地正法，而依律处治具由奏闻者盖寥寥矣。此律之意盖言边城重地，当用军法以申国法也，边方军叛事系安危，机贵神速，若待请命而后处治，恐有外援内应，迟留生变，故即依律处治，具由奏闻，所谓先斩后奏，不必如寻常之命盗重案，必待奏请、交议、核准，然后行刑，亦须委审覆审，招承无冤方可处治者，恐有擅杀也。至军前对敌，如有谋叛之人，机系呼吸，更宜迅速擒杀，则可不拘委审公审之限，然亦必事后奏闻，防其滥杀也。均系慎重人命之意，东西各国普通刑法而外，另有陆海军刑法别于普通刑法，亦较普通法稍严，中国虽有《兵律》而简略不完，且夹杂普通律内，未有专书，似属缺点，现在陆海军设立专部，应即仿照修订，俾昭完备，是亦整军经武之要旨也。

化外人有犯

律文：凡化外（来降）人犯罪者，并依律拟断。隶理藩院者，仍照原定《蒙古例》。

此仍《明律》，国初及雍正三年增修添入隶理藩院者，照《蒙古例》一层，《唐律》系化外人相犯："凡化外人同类自相犯者，各依本俗法；异类相犯者，以法律论"。此律言化外之人既来归降，是即王民，若有犯罪，一律科断，不得另为问拟，所以示王者无外之意，而法令须昭平也。惟隶理藩院者如内外及青海各蒙古部落风俗不同，嗜欲不通，若照口内地方一律问拟，未免窒碍实多，是以另设《蒙古条例》以示因地制宜之意。但律只浑言照《蒙古例》办理，例则条分缕析，如蒙古与民人交涉之案，地方官与旗员会讯，如蒙古在内地犯事者，照刑律办理，民人在蒙古地方犯事者照《蒙古例》办理。又，蒙古地方抢劫案件俱系蒙古人，专用《蒙古例》，俱系民人专用刑律。如蒙古与民人伙抢，核其罪名，《蒙古例》重者俱照《蒙古例》，刑律重者俱照刑律。又热河地方抢案，如事主系蒙古人，不论贼犯是蒙古是民人，专用《蒙古例》；事主是民人，不论贼犯是蒙古是民人，专用刑律。倘有同时并发之案，事主一系蒙古，一系民人，即计所失之赃，蒙古所失赃重照《蒙古例》，民人所失赃重照刑律。又蒙古案件送刑部审理者，理藩院须派通晓蒙语一员赴部公同会审，仍分别内地蒙古及外藩蒙古，依律及《蒙古例》科断云云。此皆补律所未备，宜并研究。再，化外人所包甚广，本门止言蒙古一项，此外苗族土蛮各种均属化外之人，犯罪有照此律一体拟断者，亦有独设专条者，散见各门参差不齐，必须参合比较，临事方免歧误。兹将散见各门条例附录于左：

此外如回民旗人犯罪，亦有特别之例，与民人多半不同，以其均非化外之人，故不录入此门。统观以上律例，足徵刑法因人因地而异，风俗不同，嗜好各殊，若概治以普通之法，必多扞格不入，非但中国立法如此，即考之泰西各国，如德之刑法，帝京柏林即与各联邦少异，英之伦敦三岛即与印度少异，俄之欧洲地方即与西比利亚少异，甚则各省自为一法，不必尽同。惟东瀛三岛地势狭小，现行刑法整齐划一，然新属之台湾，其治法亦有与本岛不同之处，此可见因利而利，以人治人，修其教不易其俗，齐其政不易其宜，法律所垂，悉本经传遗义，即外国法律日新月异，矜言改良，然亦不外此因地制宜之道，期于变通宜民而已。今日墨守旧法者无足论矣，而新学变法，则又尽弃所学，依样葫芦，不特离经背本，恐反为外国法学家所窃笑矣。总之，形下之器,我固不如彼巧,而形上之道,彼实不如我精。法律之学固形而上者之道,非形而下之器也。中律义理精深,文词简奥,实足包含万象,彼法所刺刺不休、矜为创获者,皆我律所吐弃之、删除之而不屑载诸简册也,世有知律之士窃愿以此说证之。

再者,此律所言化外人系指向化归附,地方已属于我,故可操纵由己。若列强并峙,势均力敌,彼此人民交涉相犯之案即不可骤以此律相加,然现在各强国逞其势力,均援此律之意悉使外国人民受其范围,其法惟德国最详,日本仿之,采入《改正刑法》,名为关国交罪,缘非此则主权不伸,不可列于同等之国,故刑法以此项冠于篇首,良有深意,中国各埠外国领事裁判有权,彼法可加我民,我法不能施于彼族,以致民人受负,酿成交涉,论其表面,均藉口中法严重不受约束,现拟改轻刑法,拒回各国领事治外法权,未知能否如愿以偿,拭目俟之。

本条别有罪名

律文:凡本条自有罪名,与名例罪不同者,依本条科断。

若本条虽有罪名,其(心)有所规避罪重者,(又不限于本条)自从(所规避之)重(罪)论。

其本应罪重,而犯时不知者,依凡人论;(谓如叔侄别处生长,素不相识,侄打叔伤,官司推问,始知是叔,止依凡人斗法。又如别处窃盗,偷得大祀神御之物。如此之类,并是犯时不知,止依凡论,同常盗之律。)本应轻者,听从本法。(谓如父不识子,殴打之后,方始得知,止依打子之法,不可以凡殴论。)

此仍《明律》,其小注顺治三年增修,与《唐律》大意相同,惟字句略有修改,盖惟断狱者明其引律之法也。《名例》虽为诸律纲领,而文义简要,不能尽为赅括,亦有自见于各条者,故本条自有罪名,即当依本条科断,不得拘用名例,如《名例》逃叛自首者减罪二等,而《兵律》官军在逃一百日内能自出官首告者免罪,此本条较《名例》为轻,则当用《兵律》也。又《名例》犯罪以造意为首,而《刑律》同谋共殴下手伤重者绞,原谋减一等,此本条与《名例》首从办法不同,则当用刑律之类是也。如本条虽有罪名而有规避求脱之情重于本罪,则当从重科断,又不拘于本律。如越府城者本罪杖一百,但因避窃盗赃重而逃,则当坐窃盗赃重之罪,不得仅论越城之轻罪。又如漏报文卷一宗,本罪笞二十,但因避侵欺库银而漏报,则当坐监守自盗之罪,不得仅论漏报轻罪之类是也。其本犯罪重而犯时不知,依凡人论,如叔侄别处生长,素不相识,侄打叔伤,官司推问,始知是叔,止依凡人斗法。又如别处窃得大祀神御之物,止依凡论,同常盗法之类是也。若本应轻罪而犯时不知,仍听从轻罪本法,如父子不识子,殴打之后方始得知,止依打子之法,不可以凡殴论之类是也。此皆权事情之轻重而务得其中,盖人之情伪百出,故律之权衡亦异,引律者必须知此活动之法而诛心定案,然后奸人乃无所逃于法矣。查《日本刑法》载有"刑法上无正条,而于他法律规则有刑名者,各从其法律规则。若于他法律别无总则者,从此刑法总则"云云,与中律用意相合,可见此系古今中外通行之法,读者更宜留意。

加减罪例

　　律文:凡称"加"者,就本罪上加重。(谓如人犯笞四十,加一等,即坐笞五十。或犯杖一百,加一等,则加徒减杖,即坐杖六十徒一年。或犯杖六十徒一年,加一等,即坐杖七十徒一年半。或犯杖一百徒三年,加一等,即坐杖一百流二千里。或犯杖一百流二千里,加一等,即坐杖一百流二千五百里之类。)称"减"者,就本罪上减轻。(谓如人犯笞五十,减一等,即坐笞四十。或犯杖六十徒一年,减一等,即坐杖一百。或犯杖一百徒三年,减一等,即坐杖九十徒二年半之类。)惟二死、三流,各同为一减。(二死谓绞、斩,三流谓流二千里、二千五百里、三千里,各同为一减,如犯死罪减一等,即坐流三千里;减二等,即坐徒三年。犯流三千里,减一等,亦坐徒三年。)加者,数满乃坐。(谓如赃加至四十两,纵至三十九两九钱九分,虽少一分,亦不得科四十两之罪之类。)又加罪止于杖一百流三千里,不得加至于死;本条加入死者,依本条。(加入绞者,不加至斩。)

　　此仍《明律》,其小注国初修改,亦即《唐律》原文,惟删去篇末数语耳。盖总括各律言加言减之通例也。二死三流各同一减者,二死不分绞斩,皆减满流。三流不分远近,皆减满徒。若至于徒,则依五徒年分逐层递减,不得同减为杖,杖罪亦由五等递减,不得同减为笞。盖死流罪重,故可同为一减,徒杖罪轻,必须层累而下,既不失之于刻,亦不失之于纵。至于加罪,由徒至死分作四等,而减罪止作二等者,显开宽厚之门而隐杜深刻之渐,圣王仁恤之怀毕露于斯。然亦有本条加入死罪者,如《刑律·斗殴门》奴婢殴家长缌麻亲至笃疾,妾殴夫及正妻至废疾者,皆得加入于绞,所谓本条自有罪名者依本条科之,不得以《名例》为拘。再,律文加罪止于满流,而例文又有由满流加军,由军加遣之法。律文二死一同减流,而例文又有由凌迟改为立决,由立决减为监候，由斩绞监候减遣减军之法，此皆变通律法，不得以律为拘也。又例载审拟罪名，除奉特旨发遣新疆外，其余军流徒杖人犯悉照本条律例问拟，不得用不足蔽辜、无以示惩、从重加等及加数等字样，擅拟改发新疆等处，或实在案情重大，罪浮于法，仍按本律例拟罪，均于疏内声明，恭候圣裁云云。盖律之不加于死，固系慎重人命之意，而例不准擅加发遣，尤见钦恤惟刑之心。近来督抚跋扈，凡参革职官，动辄发遣新疆，若不知有此例者，以至[致]良法仁政视同具文，是以上年二月经刑部奏请申明此例，凡官犯军流应改发新疆效力赎罪者，仍恭候钦定，其罪应革职及杖徒之犯，不准以不足蔽辜等词率请从重发遣新疆云云，经此次通行之后，此例或不至虚设矣。

再者，加减罪例，东西各国均有此法，而日本更为详备。日本之刑分违警罪、轻罪、重罪三等。违警罪，拘留科料之刑，止得由十日加至十二日，由二圆加至二圆四十钱，不得加入轻罪。轻罪禁锢之刑止得由五年加至七年，不得加入重罪。无论轻重罪，不得加入死刑。其减法，则死刑一减为无期徒流，无期徒流一减为有期徒流，有期徒流一减为重惩役、重禁狱，[重惩役]重禁狱一减为轻罪禁锢罚金之刑，禁锢、罚金之刑得递减为违警罪拘留科料之刑，而禁锢罚金应加应减者以本条所载刑期金额四分之一为一等，如应禁锢五年者，减一等只禁锢三年九个月，应罚金一百圆者减一等只罚七十五圆之类。《现行刑法》又改四分之一为二分之一，则更轻简。总皆减法从略，加法从详，易于减而难于加，与中律节目虽殊，要皆同此钦恤宽厚之意。诸君现习东法，故详释此节于后以备参证。

称乘舆车驾

律文：凡（律中所）称"乘舆"、"车驾"及"御"者，（如御物、御膳所、御在所之类，自天子言之，而）太皇太后、皇太后、皇后并同。称"制"者，（自圣旨言之，而）太皇太后、皇太后、皇太子"令"并同。（有犯毁失制书、盗及诈为制书、擅入宫殿门之类，皆当一体科罪。）

此仍《明律》，顺治三年加入小注，雍正三年修改。上半与《唐律》同，下半称制一层，《唐律》太皇太后、皇太后、皇后、皇太子令减一等，此则并同。又，《唐律》称制有皇后一项，此则称乘舆车驾有皇后，而称制内无之，亦有深意，或者鉴唐时武后、韦后之专政而酿为乱阶，不[故]稍抑其权而不使与天子同尊也。天子所临曰御，律称御者如擅入御膳所、御在所之类。天子所言曰制，律称制者，如制书有违之类。盖臣下事上，尊同则敬同。凡律称乘舆服御物之类，自天子言之，而太皇太后、皇太后至尊，皇后齐体，一并同论。如擅入御膳所绞监候，车驾行处，军民冲突仪仗者杂犯绞罪，而擅入三后住所及冲突三后仪仗者亦同上拟绞也。制书自天子言之，而太皇太后、皇太后懿旨、皇太子令旨并同，如有违制书者，杖一百。诈为制书者，斩监候，而违犯及诈为两宫、皇太子令旨亦同上拟杖拟斩也。

称期亲祖父母

律文：凡（律）称"期亲"及称"祖父母"者，曾、高同。称"孙"者，曾、元同。嫡孙承祖，与父母同。（缘坐者，各从祖孙本法。）其嫡母、继母、慈母、养母，（皆服三年丧，有犯）与亲母（律）同。（改嫁义绝及殴杀子孙，不与亲母同。）称"子"者，男女同。（缘坐者，女不同。）

此仍《明律》，其小注系顺治三年及乾隆五年增修。大致与《唐律》相同，惟删去《唐律》篇末数语耳。盖言亲属之情义相等者有犯，皆同科也。一年之丧曰期，如伯叔兄弟及在室之姊妹，至祖父母皆服期年，曾祖止服齐衰五月，高祖三月，虽无期年之服，而皆天亲伦理之重，有犯依期亲及祖父母，与其他五月、三月之服不同，如谋杀祖父母及期亲尊长皆凌迟处死，犯高曾者亦同。闻期亲尊长丧匿不举哀杖八十，高曾亦同之类是也。祖为嫡孙服期年，众孙大功，曾孙、元孙缌麻，服虽有降，然既统称曰孙，则曾高祖有犯曾元孙者，仍依祖孙本法，与其他缌麻服亦不同。如故杀亲孙者杖六十徒一年，故杀缌麻侄孙者绞监候。若高曾祖故杀曾元孙，则依亲孙拟徒，不依缌麻拟绞之类是也。至于长子死而嫡孙承重者，一切干犯祖父母则依犯父母律科断。惟缘坐之罪仍从祖孙本法，如犯交结近侍官员，其子当流，不得因子死而以承重孙代之也。若妾子谓正妻曰嫡母，母死、父后娶之妻曰继母，所生母死、父令他妾抚养曰慈母，自幼过房与人曰养母，此四者虽非亲母，然礼皆服三年之丧。若未改嫁及非殴杀孙，其余一切有犯皆与亲母同论。惟亲母改嫁及被出者，其子降服期年，而嫡继慈养母改嫁被出，则无服。亲母殴杀子，杖一百，而嫡继慈养杀者加一等，致令绝嗣者绞监候。例又有嫡母、继母之分，如因奸杀子，嫡母拟绞监候，继母慈母拟斩监候，则较律注更细矣。凡称子者，包装男女而言，惟缘坐之罪，言子者专指男子，女不在缘坐之列也。盖律文断罪之例，本以服制分别轻重，惟此数项恩义名分至重，不以服制为拘,故设此专条以示变例。惟其间异中有同,同中又有异,须统小注读之,不可专执律文也。又养母一项,此律及服图均注三年之丧,道光四年经大学士、九卿奏明改为齐衰期服,与现在律注已有不同,亦所当知。

再者,服制一项,历代相传,虽少有变易,而大纲严正,乃中华国粹所存,西法诸多精细,惟此从略。《日本刑法》虽有亲属一条,亦与中律诸多不合,如谓高曾祖父母、外祖父母均称祖父母,继父母、嫡母均称父母,庶子、曾元孙、外孙均称子孙,异父异母之兄弟姐妹均称兄弟姊妹云云。夫高曾父母均称祖父母,继母、嫡母均称父母,庶子、曾元孙均称子孙,此尚与中律不差。若外祖父一项,虽较寻常小功服为重,中律有犯,比之期亲已觉尊严。若统与本宗祖父母并论,未免无外内之分矣。至于异父异母之兄弟姊妹,中律大有分别,异母之兄弟姊妹固可与同胞兄弟姊妹并论,若异父之兄弟姊妹,则系异姓,不同一宗,并无服制。中律虽有犯奸较凡加重之文,然究与同父兄弟[姊]妹轻重悬绝,彼则相提并论,不但无内外之别,并无同姓异姓之分矣。再彼法所称配偶者之兄弟姐妹之子,是即中国之妻姪也,配偶者之父母之兄弟,是即中国之叔岳也,在中律有亲无服,有犯均以凡论,而彼均列亲属之中,亦与中律不合。若以中学论之,殊觉骇人听闻矣。现在变法,诸倣东律,此等恐不易行。因论期亲之文而纵言及此,仍未脱平日守旧积习,恐不值新学高明家一噱也。

称与同罪

律文:凡(律)称"与同罪"者,(谓被累人与正犯同罪,其情轻。)止坐其罪。(正犯)至死者,(同罪者)减一等,罪止杖一百流三千里。(正犯应刺,同罪者免刺,故曰)不在刺字、绞、斩之律。若受财故纵与同罪者,(其情重)全科。(至死者绞。)其故纵谋反、叛逆者,皆依本律斩、绞。凡称"同罪"者,至死减一等;称"罪同"者,至死不减等。称"准枉法论"、"准盗论"之类,(事相类,而情轻。)但准其罪,亦罪止杖一百流三千里,并免刺字。称"以枉法论"及"以盗论"之类,(事相等而情并重)皆与正犯同,刺字、绞、斩皆依本律科断。(然所得同者律耳,若律外引例充军为民等项,则又不得而同焉。)

此仍《明律》,其小注系顺治三年、雍正三年增修。下二节与《唐律》大致相同,只添"刺字"二句。上节稍有变易。《唐律》:称"与同罪"者,止坐其罪;死者,止绞而已。今律罪止流三千里,又添受财故纵数语,则可见惟受财故纵一项,与同罪去始坐以绞,此外与同罪者均止于流,并无死罪,较《唐律》界限为宽。首节言称同罪与罪同之异。后二节言称准、称以之异。同罪者,此之所犯即照彼罪名科之,而犯罪之因则异。罪同者,谓推其过恶,情与相类,权其轻重,实与相等。同罪系被相累之人与正犯有别,故止坐其罪而不尽本法,如正犯系窃盗应刺字,同罪者止坐窃盗之罪而不刺字,正犯系斩绞之罪,同罪者减一等,止流三千里也。此皆指不受财言之。若正犯之罪应死,受其财而故纵,则又不拘罪止满流之例,亦与正犯同科死罪。但虽科死罪,仍止于绞,不坐以斩,此同罪之中有不同者如此也。其故纵谋反大逆者,又与寻常故纵不同,不问受财与否,则依本律坐以斩绞。虽非受财故纵而科斩绞之罪,此又故纵之中有不同者如此也。至于称准称以,读律八字分析已明,称准即同罪之义,称以即(同罪)[罪同]之义。盖律定在前,例增在后,凡引例者不得援《名例律》同论,故注曰:律外引例,又不得而同焉。此等精细文法,乃中学擅长之处,亦即国粹所存,读者宜细玩之。

称监临主守

律文:凡(律)称"监临"者,内外诸司统摄所属,有文案相关涉及(别处驻扎衙门带管兵粮水利之类)虽非所管百姓,但有事在手者即为监临。称"主守"者,(内外各衙门)该管文案吏典专主掌其事及守掌仓库、狱囚、杂物之类,官吏、库子、斗级、攒拦、禁子并为主守。其职虽非统属,但临时差遣管领提调者,亦是监临主守。

此仍《明律》,其小注系顺治三年增入。大意本之《唐律》而名色字句较为充畅完备。监临专指官言,主守兼官役言。库子掌库藏,斗级掌仓廒,攒谓攒典,拦谓巡拦,禁子,守狱囚之人。监临谓监察而临莅也,以上下统摄言。主守谓主掌而看守也,以经费责任言。监临之官分得自专,势可相制,统摄之权至重。主守之人收掌在己,出入自由,经管之责至重。文案相关涉,谓于所属下司有申呈劄帖文书往来之类。律内称监临者,如监临官吏盗钱粮及娶为事人妻女并中盐放债、嘱托求索、借贷财物之类。称主守者,如主守盗仓库、损坏财物及不觉失囚、故纵、教囚反异之类。以其事权财物(已在)[在己],故犯罪较凡人为重。至于虽非统摄而既奉差遣,即有管领提调之责,则权势可行,亦是监临守掌其事,亦是主守。故上节是当[常]时之监临主守,下节是暂时之监临主守。东律虽无此项名目,而官吏不守法律规则,犯罪者亦较凡人加重,即是此意。

称一日者以百刻

律文：凡（律）称"一日"者以百刻（犯罪违律，计数满乃坐）。计工者，从朝至暮（不以百刻为限）。称"一年"者，以三百六十日。（如秋粮违限，虽三百五十九日，亦不得为一年）。称"人年"者，以籍为定（谓称人年纪，以附籍年甲为准）。称"众"者，三人以上。称"谋"者，二人以上（谋状显迹明白者，虽一人同二人之法）。

此仍《明律》，亦即《唐律》原文。顺治三年增修小注。盖解律中称日称年称人之义，使断罪不致错误也。称日百刻，乃沿律之旧文，明历十二时，[每时]八刻，子、午二时十刻，合为一日百刻。今时宪书子午亦八刻，每日共九十六刻，与此稍有不同。计日论罪，如人命保辜之类，不满刻者不得以限满论。如初一日辰时伤人，保辜二十日者，必至二十一日辰时方为限外，卯时犹为限内也。至于计工，则夜无役理，止今朝作暮息，不得以刻为论。计年论者，如追赃缉盗之类，不满三百六十日，不得以限满论。小建之月，则增算遇闰之年，亦扣算也。计年论罪者，如老幼收赎、存留养亲之类，恐其增减捏报，故以附籍入册之年数为准。众者，人多之词，如聚众打夺、斗殴之类，不及三人不可谓众。谋者，共为之事，如同谋共殴、共谋为盗之类，若止一人，不可谓谋。惟谋杀律内，独谋诸心，虽一人亦称曰谋，故注云：同二人之法。律义如此，惟现在成案办法亦有不尽遵此者，如计算工料钱粮者，照律扣小建、增闰月。若限年承追承催之案，则今年二月初一日起至明年正月三十日即为一年限满，不照三百六十日计算。又丁忧俸银，俱不计闰，而徒犯著役及承审等项仍计闰月，亦不照三百六十日之律也。又嘉庆十六年上谕：凡以年定罪之案，如谋杀十岁幼孩及奸十二岁以下幼女之类，罪名出入甚巨，遇有此等，只应核其现在年岁为定。若照生年月日核算，恐犯供有心欺饰，反开官吏挪移高下之弊云云，皆足补律未备，当并参之。至于称年以籍，现在户籍淆乱，无可查究，办案并不依此。凡关犯人年岁者，只取具亲族邻里干[甘]结，并不关查户籍，是亦变通办理之法。若日本刑期计算，凡称一日者，以二十四点钟计。称一月者，以三十日计。称年者从历云云。与中律小有参差，中律无称月一层，而现定《诉讼法》第七条：称时者，即时起算。称日者，二十四小钟。称月者，三十日。称年者，三百六十日。是称年仍遵用中律而称日称月则参用东律也。

称道士女冠

律文：凡（律）称"道士"、"女冠"者，僧、尼同。（如道士、女冠犯奸，加凡人罪二等，僧、尼亦然。）若于其受业师，与伯叔父母同。（如俗人骂伯叔父母，杖六十徒一年；道、冠、僧、尼骂师，罪同。受业师谓于寺观之内，亲承经教合为师主者。）其于弟子，与兄弟之子同。（如俗人殴杀兄弟之子，杖一百徒三年；道、冠、僧、尼殴杀弟子，同罪。）

此仍《明律》，其小注系顺治三年增修，亦即《唐律》原文，惟删去末节数语。凡出家之人，教而兼养，衣钵相传，师弟之恩义最重。道士、女冠与僧尼虽不同，而皆系出家之人，故犯罪同论。如道士、女冠犯奸，加凡人罪二等，僧、尼亦然。犯受业师者，同伯叔父母，如俗人骂伯叔父母杖六十徒一年。道冠僧尼骂师亦然。其余［于］弟子，与兄弟之子同。如俗人殴杀胞侄杖一百徒三年，道冠、僧尼殴杀弟子亦然。若同师僧道并无尊卑长幼之分，相犯者仍照常人论。此皆指亲承经教者而言。如未经受教，止依雇工人或乞养子孙论。又如年未四十，违例招徒，或避役或私自簪剃投拜者，皆系例应还俗之人，有犯均照凡人科断，不得援此为例。又例载弟子谋故殴杀殴伤业师者，业儒弟子照期亲卑幼论，道冠僧尼及匠人照大功卑幼论。如因弟子违犯教令以理殴责死者，儒师照期亲尊长拟徒，道冠僧尼及匠人照［大功］服尊长拟绞。若因奸盗别情谋杀弟子及挟嫌故杀弟子并持金刃非理殴杀弟子者，均照凡人拟罪云云，见《刑律·斗殴门》，与此律互相发明，足补律所未备，须合参之。外国并无簪剃之事，亦无道士女冠名目，故不设专律。

断罪依新颁律

律文：凡律自颁降日为始，若犯在以前者，并依新律拟断。（如事犯在未经定例之先，仍依律及已行之例定拟。其定例内有限以年月者，俱以限定年月为断。若例应轻者，照新律［例］遵行。）

此仍《明律》，乾隆五年添入小注，《唐律》无此一条，当系明代所纂，盖律设大法，历代不易，而斟酌损益，又必因时制宜，故事犯未经结案，即当依新颁之律科断，又得仍泥旧文。注云：新律轻者，照新律遵行，可见此言新颁之例较旧例为轻，故当从轻照新例科断。若新例重者，其犯在例前，仍当遵照旧例，不得拘泥此条仍以新律处断,致涉苛刻,此与犯罪未老疾律同一宽恤之意。又例载:律例颁布之后,问刑衙门敢有恣任喜怒引拟失当,或移情就例故入人罪,刻苛显著者,各依故失出入人罪论云云,与此律相辅而行,均系恐人拟罪游移不引本律,故律后明设条例以示警诫。又,《日本刑法》第三条云:法律不得及于颁布以前之犯罪,若所犯在颁布以前未经决判者,比照新旧法从轻处断云云,与中律用意正相符合,而文义亦极简明,当并参之。

断罪无正条

律文:凡律令该载不尽事理,若断罪无正条者,(援)引(他)律比附应加、应减定拟罪名,(申该上司)议定奏闻。若辄断决,致罪有出入,以故失论。

此仍《明律》,雍正三年删定,易"转达刑部"四字为"申该上司",其小注系顺治三年增入。《唐律》亦有此目,而文稍不同。《唐律》云:**"诸断罪而无正条,其应出罪者,则举重以明轻;其应入罪者,则举轻以明重"**云云,虽未明言比附而举此明彼即隐寓比附加减之意,盖天下之事变无穷而律例之所载有限,若不比照加减则高下出入无所准绳,故承审官临时裁酌,务祈平允,申该上司议定奏闻,不得以律无正条辄任一时之臆见迳自决断,致罪有出入也。又引用律例,如律内数事共一条,全引恐有不合者,许其指引所犯本罪,若一条只断一事,不得任意删减以致罪有出入。其律例无可引用,援引他条比附者,刑部会同三法司公同议定罪名,于疏内声明律无正条,今比照某律某例科断,或比照某律某例加一等、减一等科断,详细奏明,恭候谕旨遵行。如律例本有正条,承审官任意删减以致情罪不符及故意出入人罪,不行引用正条,比照别条以致可轻可重者,查出指明题参,书吏严拿治罪云云,较律文更为详晰,总系戒其深刻、示以慎重之意,凡有司法之责者均宜书绅。

再者,比附之法由来已久,《书》云"上下比附",《礼》云"比以成之",汉尚书有《决事比》,公府有《辞讼比》,《刑法志》云:比者,例也。三千之律不能尽天下之罪,不免上下以求其比,可见事变无穷,法制有限,全在比附酌量以适于中,故律后有"比引律条"一门,而刑部亦称为比部,即此意也。现在泰西各国刑法,惟《俄律》尚有比例一法,其余各国均无此例,日本采用法德二国刑制,凡法律上无正条者,无论何种所为不得处罚。现在修订《民制[刑]诉讼法》第七十六条采用其意,亦有"律无正条,不论何项行为不得判为有罪"之语,此法若行,则此律即应议废。惟中国情形不同,比附一法恐不能骤除,现在外省亦有顶驳者,将来能否行之无弊,尚难预决也。

《名例》上下共四十六条,其上卷军籍有犯及流凶[囚]家属暨流犯在道会赦三条,前以现在变通军流办法,二律均属无用,而军籍有犯一门业经奏准删除,是以不登讲章。其下卷此条律后尚有徒流迁徙地方及充军地方二门,现章军罪俱改为流徒罪,收入本地习艺所作工,流罪亦分别轻重,重者发配,轻者亦改为作工,与徒罪均不发配,迁徙一项迁离乡土一千里外,远近介在徒流之间,且专施之苗蛮,民人并不用。此二项中条例纷繁歧异,与现在办法诸不相合,多属具文,故不列入讲义,不欲以诸学友有用之精力耗于虚牝之地也。阅者谅之!

按:律目次序,《名例》而后,《吏》、《户》、《礼》、《兵》为先,《刑》、《工》次之,现在《各[名]例》讲完,应即接讲《吏律》,惟念法律学本为预备裁判人才而设,而任裁判之责者必以《名例》、《刑律》为最要。盖《名例》为各律纲领,《刑律》设治罪专条,此二律不通,裁判即无从下手,至于《吏》、《户》、《礼》、《兵》、《工》诸律虽与《刑律》互相发明,惟较之《刑律》尚非切要必需,且各部均有《则例》专书,此编所载不过关系罪名各条,并非完全之编,其中参差歧异、无关引用者颇多,似可暂作缓图,况速成一科为时甚促,但能略通《名例》、《刑律》,办事即不至棘手。今若依次换讲,将来速成一科未能通晓《刑律》,岂不先其所缓、后其所急乎?是以此次讲义即从《刑律》接讲,一俟《刑律》讲完,然后再及他律,在完全科既得闻其全体,即速成科亦可知其切要,是亦两便之道也。

大清律讲义卷三

刑律盗贼上

《笺释》：贼者，害也。又《辑注》：杀人曰贼，窃物曰盗。盖害及生民，流毒天下，故曰贼。盗则止于一身一家而已。李悝《法经》六篇：一《盗法》，一《贼法》。汉魏改为《贼律》、《盗律》，后周易作《贼叛律》、《劫盗律》。贼盗本分两门，隋合为一，名曰《贼盗律》；唐宋以来至今不改。此篇惟首三门《谋反》、《谋叛》、《造妖书妖言》系贼，其余皆盗也。

谋反大逆

律文：凡谋反（不利于国，谓谋危社稷）及大逆（不利于君，谓谋毁宗庙、山陵及宫阙），但共谋者，不分首从（已未行），皆凌迟处死。（正犯之）祖父、父子、孙、兄弟及同居之人（如本族无服亲属及外祖父、妻父、女婿之类）不分异姓及（正犯之期亲）伯叔父、兄弟之子不限（已、未析居）籍之同异，（男）年十六以上，不论笃疾、废疾，皆斩。其（男）十五以下及（正犯之）母女、妻妾、姊妹，若子之妻妾，给付功臣之家为奴。（正犯）财产入官。若女（兼姊妹）许嫁已定，归其夫。（正犯）子孙过房与人及（正犯之）聘妻未成者，俱不追坐。（上止坐正犯兄弟之子，不及其孙。余律文不载，并不得株连。）知情故纵、隐藏者斩。有能捕获（正犯）者，民授以民官，军授以军职。（量功授职。）仍将犯人财产全给充赏。知而首告，官为捕获者，止给财产。（虽无故纵，但）不首者，杖一百流三千里。（未行，而亲属告捕到官，正犯与缘坐人俱同自首，免。已行，惟正犯不免，余免。非亲属首捕，虽未行，仍依律坐。）

此仍《明律》。其小注系顺治三年增修，雍正六年删定。较《唐律》治罪为严，《唐律》无凌迟，正犯罪止于斩，缘坐之父子年十六以上皆绞，十五以下及母女妻妾、祖孙、兄弟姊妹皆没官。男夫年八十及笃疾，妇人年六十及废疾者并免。伯叔父、兄弟之子皆流三千里。此律沿明之旧，祖父、子孙、兄弟及伯叔父、兄弟之子皆拟决斩，未免过于严厉。嗣后改为监后［候］。嘉庆、道光年间累次修改从轻，现例反逆案内，其子孙实不知情者，无论已未成丁，均交内务府阉割，发往新疆给官兵为奴；十岁以下牢固监禁，俟十一岁再行阉割。其余应缘坐男犯并非逆犯子孙年十六以上者，发往新疆为奴，十五以下俟成丁时再行发遣；缘坐妇女发各省驻防给官兵为奴云云。除正犯外，一概不拟死罪，不但较《明律》为轻，即较《唐律》亦为宽恕。盖反逆之法，汉代最严，《唐律》稍宽，《明律》复严于唐。我朝律文虽沿于明，而条例改从宽典，深仁厚泽已足超越汉唐。上年减轻刑章，凌迟改为斩决，并删去一切缘坐法规。现在反逆案之除正犯处斩外，其余远近亲属非但不依律处斩，并不依例发遣，深合文王治岐、罪人不孥、帝德好生、罚弗及嗣之道。岂不追踪三代，媲美唐虞？又按：反逆之罪，东西各国均从重典。法国谓之妨害国家安宁之罪；德国谓之大逆谋杀之罪；俄国谓之谋危皇族，谋危社稷之罪；日本谓为关皇室，关内乱之罪。虽处绞处斩各有不同，皆不得贷其一死，此可见天经地义，中外所同，政体虽有专制、立宪、共和之殊，而干犯至尊，即民主之国亦当立置重典。至于凌迟缘坐之法，各国均无，一旦划而除之，宜其为外国称颂也。此为六律中最重之罪，故列于刑律之首。律文设此严法，使人望而知畏，庶可遏恶于初萌，悔悟于未发，亦即火烈民畏之意，未可以现例之宽而訾此例之苛。《周礼》云：新国用轻典，乱国用重典；《书》云：刑罚世轻世重；《传》曰：宽以济猛，猛以济宽。盖刑罚之轻重各因其时，若一味从宽，则水懦民玩，反贻姑息养奸之祸。此又减轻刑法者不可不知也。

谋叛

律文：凡谋叛（谓谋背本国，潜从他国），但共谋者，不分首从皆斩，妻妾子女给付功臣之家为奴，财产并入官。（姊妹不坐。）女许嫁已定，子孙过房与人，聘妻未成者俱不坐。父母、祖孙、兄弟不限籍之（意）［异］同，皆流三千里安置。（余俱不坐。）知情故纵、隐藏者绞。有能告捕者，将犯人财产全给充赏。知（已行）而不首者，杖一百流三千里。若谋而未行，为首者绞，为从者（不分多少）皆杖一百流三千里。知（未行)而不首者杖一百徒三年。(未行则事尚隐秘,故不言、故纵隐藏。)若逃避山泽不服追唤者,(或避差,或犯罪,负固不服,非暂逃比)以谋叛未行论。(依前分首从。)其拒敌官兵者,以谋叛已行论。(依前不分首从律。以上二条,未行时事属隐秘,须审实乃坐。)

　　此仍《明律》,雍正三年增定,添入"女许嫁已定,子孙过房与人,聘妻未成者俱不坐"数语。其小注系顺治三年修改。正犯与《唐律》罪名不差,而缘坐较严。《唐律》缘坐仅及父母妻子。若率众不及百人,止坐妻子,虽父母亦不缘坐,即缘坐,罪止于流。今律添入妾、女、祖、孙、兄、弟六项,而妻妾、子孙并给为奴,其法似涉严厉。惟现章删除缘坐,正犯应斩决者改为绞决,应绞决者改为绞候,此律已属无用,然又不可不知。盖不先明旧律之严,则不知现章之宽。必合新旧律例而合参之,引用方无错误矣。日本谓之外患罪,凡交结外国以抗本国者,处死刑,即此谋叛之意。此律以后尚有结会结拜条例数则,虽非谋叛,实与谋叛相类,故附于谋叛律后。刻下会匪蠢起,此例较律尤有裨于实用,故择要节录于后,以备参考。其无关引用者不录。

　　一,凡异姓人但有歃血订盟,焚表结拜弟兄者,照谋叛未行律,为首绞监候,为从减一等。若聚众至二十人以上者,为首绞决,为从烟瘴充军。其无歃血盟誓、焚表情事,止序齿结拜弟兄聚众至四十人以上,为首绞候,四十人以下二十人以上,为首满流。不及二十人,为首杖一百,枷号两月,为从各减一等。若年少居首,并非依齿序列,即属匪党渠魁,聚众四十人以上,为首绞决,为从烟瘴充军。未及四十人,为首绞候,为从满流。其有抗官拒捕,持械格斗等情,无论人数多寡,各按本罪分别首从,拟以斩绞。如为从各犯系良民被胁勉从,并无抗官拒捕者,于为从本罪上再减一等。仅止畏累出钱,未经随同结拜者,杖一百。其闻拿投首及事未发而自首者,分别减免。若免后复犯结拜,不许再首,均于本罪上酌予加等治罪。若结会树党阴作记认,鱼肉乡民,凌弱暴寡者,不论人数多寡,为首极边充军,为从减一等。被诱入伙者杖一百,枷号两月,各衙门兵丁胥役随同结会树党,照为首一体拟军。若止系乡民酬社赛神,偶然洽比事竣即散者,不在此例。

　　一,凡内地汉、回在回疆地方,如有甘心剃发从夷助逆者,照谋叛不分首从律拟斩立决。若系被胁剃发,并无随同焚汛戕官、抗拒官兵情事,后经悔罪投回者,实发烟瘴充军。如有擅娶回妇者,到配加枷号一年。其并未剃发从逆,止于擅娶回妇者,流二千里。所娶回妇离异。

一，凡不逞之徒歃血订盟，为害良民，据乡邻首告，地方官如不准理，又不辑拿，惟图掩饰，或至蠭起为盗，抄掠横行，将地方文武各官革职，从重治罪。其平日失察之后不自隐讳，即能擒捕者免议。至乡保、邻佑知情不首者，亦从重治罪。如旁人确知首告者，酌量给赏。倘借端妄告，仍照诬告律治罪。

造妖书妖言

律文：凡造谶纬、妖书、妖言及传用惑众者，皆斩（监候。被惑人不坐。不及众者流三千里。）若（他人造传）私有妖书，隐藏不送官者，杖一百徒三年。

此仍《明律》。其小注系顺治三年修改。较《唐律》拟罪略严，《唐律》止拟绞罪，又有言理无害一项，谓妖书妖言虽说变异，无损于时，若豫言水旱之类，造与传用，只杖一百；私有者杖六十。现律删去此层，添入"谶纬"二字。谶者，符验也；纬者，组织也。谓组织休咎之事，以为将来之符验，如赤伏符、图录之类，或妄谈已往怪诞之事，或妄载未来兴废之征，或假托鬼神作为妖妄不经之语。总系关国家祸福、世道盛衰，意在煽惑人心，图谋不轨。故立重法附于反叛之后，载于《盗贼》之门，与《礼律·禁止师巫邪术》条内左道异端煽惑人民一项似同而实异。彼假托神道，意在诳骗愚民之财；此则奸宄不逞，意在祸乱国家。其用意不同，故拟罪有斩绞之分。又《礼律》私藏天象器物、图谶应禁之书者杖一百，与此隐藏妖书徒三年之律，情事似同而拟罪各异者，虽均系应禁之书，彼是前代流传，原有此书；此则奸人造作，假托以惑众，其实究有不同，故一载《礼律》，一载《刑律》。此中界限甚微，须细参之。《辑注》"惑众"二字，统承上造与传用而言，造原有惑众之心，传用则有惑众之事，造者或自传用，而传用者不必自造。细玩"及"字，其意自见。若将"惑众"二字专承传用，则失律义矣。日本现行法不设此条，《改正刑法》：军人为利敌计，造言飞语者处死刑。《德国刑法》：以大逆之目的，公然张贴陈列及其他隐画公布为挑发者，处十年以下惩役。又《俄律》：编造揭贴书画传播，煽惑人民作乱者，罚作八年以上苦工云云。其情节与此律相似而拟罪不同，德俄均不处死，日本与中国均处死刑，此可见欧亚风俗相近，故刑法大致不差。律后尚有条例数则，辅律而行，节录于右[左]，以备参考：

一，凡妄布邪言，书写张贴，煽惑人心，为首斩立决，为从斩监候。若造谶纬、妖书、妖言，传用惑人不及众者，发回城为奴。至狂妄之徒因事造言，捏成歌曲，沿街唱和及以鄙俚亵嫚之词刊刻传播,实非妖言惑众者,坐以不应重罪。(按:此例末项即《唐律》言理无害之类,故治罪从轻。)

一,凡坊肆市卖一应淫词小说,官弁严禁,务搜板书尽行销毁。有仍行造作刻印者,系官革职,军民杖一百流三千里;市卖者,杖一百徒三年;买看者杖一百。

一,各省钞房在京探听事件,捏造言语录报各处者,系官革职。军民杖一百流三千里。其在京大臣家人子弟滥交匪类,有前项事发者,并将不行约束之家主分别议处治罪。

以上三例俱涉严厉,首项妄布邪言,即律传用妖书之事,律分首从拟以绞候满流,已较《唐律》为重,例又改为立决为奴,未免过严。以下二项亦不过寻常不应为之事,此等情事各处都有,亦属办不胜办,概以流徒处之,亦觉太重。无怪现在多置不问,例文反为虚设矣。

盗大祀神御物

律文:凡盗大祀(天曰)神(地曰)祇御用祭器、帷帐等物及盗飨荐玉帛、牲牢、馔具之属者,皆斩。(不分首从,监守常人。谓在殿内及已至祭所而盗者。)其(祭器品物)未进神御及营造未成,若已奉祭讫之物及其余官物(虽大祀所用,非应荐之物)皆杖一百徒三年。若计赃重于本罪(徒三年)者,各加盗罪一等,(谓监守、常人盗者,各加监守、常人盗罪一等。至杂犯绞斩不加。)并刺字。

此仍《明律》,其小注系顺治三年增修。《唐律》亦有此项,而罪止流二千五百里,若盗玉帛牲牢止徒二年,较此律轻数等矣。此律之意盖在重祀典而严不敬,故载在十恶之内,天地、宗庙、社稷皆为大祀,余则中祀、小祀也。郊社禘尝,典礼森严,故御物不容亵视。祭器帐帷幔等物系神祇所用者,玉帛牲牢馔具系飨荐于神祇者,盗之则为大不敬。然亦有二等,若祭器等物已在殿内,玉帛馔具已在祭所,盗之则亵慢已极,故拟以斩。若以上等物未进神御,及其余官物如釜甑之属,虽大祀所用而不系临时飨荐者,究与盗于祭所有间,故罪止满徒。赃重于本罪加一等者,如计赃轻微,不论多少均拟满徒。若计赃重者,如监守盗寻常官物十七两应徒三年,今盗大祀神物值十七两亦拟满徒,则与寻常监守盗无异,故加一等流二千里;如常人盗官物四十五两,流二千里,今盗大祀神物值四十五两,亦流二千里,则与寻常常人盗无异,故加一等流二千五百里;但加不至死者,《名例通义》注云:至杂犯斩绞不加。可见,此项盗罪虽计赃满贯,止可加至徒五年,不得加入实绞也。去年奉有明诏:孔子升入大祀以后,如盗孔庙祭器等物,应依此律办理。此项罪名,《日本刑法》所无,欧西各国崇尚异教,凡盗及教堂者治罪加严。《德律》:盗礼拜堂内器具及供礼拜神祇之建造物者,处惩役。《俄律》:盗教堂神物,及供奉灯烛杯盏经卷,罚作苦工云云。虽名色各有不同,而其尊敬神道则一也。拟罪均不至死,与中国《唐律》相合,较之现律则轻矣。又嘉庆年间有窃挖关帝神像内所藏银什及像前供器者,比照大祀神物减斩候,秋审入于情实。成案可见此律专指大祀,其中祀、小祀俱不得援引也。

盗制书

律文:凡盗制书者(若非御宝,原止抄行者,以官文书论),皆斩(不分首从)。○盗各衙门官文书者,皆杖一百,刺字。若有所规避者(或侵欺钱粮,或受财买求之类),从重论。事干(系)军机(之)钱粮者,皆绞(监候,不分首从)。

此仍《明律》,原文"制书"下有"起马御宝圣旨、起船符验"数字,雍正三年删定,其小注系顺治三年添入。较《唐律》治罪为严。《唐律》盗制书者仅徒二年;重害文书较官文书加一等,拟徒一年。而又有盗纸券及应除文案二项,现律删去下二项,上二项分别以绞决、绞候,而又不分首从,则较《唐律》重六七等矣。此律之意重在制书,而因及官文书也。制书,凡用御者宝皆是,官文书系公事行移。制书,所以诏令天下,关系至重,故盗者不分首从,皆拟斩决。官文书,不过寻常申上行下之事,故罪止满杖。若于事有所规避,各从其重者论之。盗罪重以盗科之,规避罪重以所避罪科之。军机如飞报军情之类,钱粮如申索军需之类,原是两项小注,添一"之"字者,谓此钱粮必关系军机者方是,若寻常钱粮征收支解之类,不得援引此律,亦非谓止军机钱粮一项,而无止干军机一项。若关系军机,虽无钱粮,亦拟绞罪。此中分明甚微,细玩自知。此外,有弃毁制书者斩,弃毁官文书者杖一百,误毁减三等,遗失制书印信者徒二年半,见《吏律·公式门》。又诈为制书及增减者皆斩,传写失误者杖一百,见《刑律·诈伪门》。但彼斩罪俱系监候,此则立决,情节不同,故治罪稍异,须合参之。《日本刑法》有伪造诏书、毁弃诏书处无期徒刑,伪造弃毁官文书处轻惩役二条,而无盗制书及官文书之罪,岂以律无正条不治其罪乎?抑该国并无此项罪犯乎?是当质诸深通东律之人,而不敢妄为臆断也。

盗印信

律文：凡盗各衙门印信者（不分首从），皆斩（监候。又伪造印信、《时宪书》，条例云，钦给关防与印信同）。盗关防印记者，皆杖一百，刺字。

此仍《明律》，原文印信下有"夜巡铜牌"四字。雍正三年删定，顺治三年添入小注，乾隆五年修改。《唐律》盗御宝者绞。盗官文书印信者徒二年。余印杖一百。《疏议》：印者，信也。即今印信之谓。现律无盗御宝一层，而盗印信皆斩，亦较《唐律》加重六七等矣。印信，谓一品至九品文武衙门方印，所以传信于四方，颁（至）[自]朝廷，关系机密重要。钦给关防，系钦差所掌，如督抚、提学、兵备、屯田、水利等官所掌关防，均为钦给，故盗者与印信同科。若下项关防印记或为私刻，或系杂职衙门（条）[戳]记，关防与钦差所掌者不同，故止拟杖。本律专言盗去，与盗用者不同。盗用印信载于《诈伪门》诈伪制书律内，而治罪有斩绞之分者，盖盗用则印用于空纸而印犹存，盗则并印信而窃取之，情节大有不同，故治罪分别轻重。此外，伪造各衙门印信者绞监候；伪造印信及钦给关防，事关军机，冒支钱粮，假冒官职者，斩立决；止图诓骗财物为数多者，斩监候；银不及十两者流三千里，亦见《诈伪门》。又弃毁印信者斩监候；遗失印信者徒二年半；擅用调兵印信者杖一百；文书漏使印信者杖六十；全不用印者杖八十；因而失误军机者斩监候。均见《吏律·公式门》。须与此律互相比较，方见律文准情定罪，因罪用刑，轻重权衡不爽锱铢。又《日本刑法》：伪造御玺、国玺，处无期徒刑；盗用者减一等；伪造官印及使用伪印者处重惩役；伪造私印使用者处重禁锢。俱较中律为轻，而亦无盗印信一项，似属缺点。

盗内府财物

律文：凡盗内府财物者皆斩（杂犯，但盗即坐，不论多寡，不分首从。若财物未进库，止依盗官物论。内府字要详）。

此仍《明律》。其小注系顺治三年修改，雍正三年改定。《唐律》盗御宝者绞；乘舆服御物，流二千五百里；其拟供服御及供而废阕，若食将御者徒二年；拟供食御及非服而御者，徒一年半，较现律治罪从轻。而服御食御分作三层，界限亦较明显。《明律》删去盗御宝一层，而统言内府财物，不分服食器具，拟罪维均，似涉缺略。且初拟斩罪，固失之重。而注作杂犯又涉于轻，是以国朝补设条例，以补律所未备。现俱照例办理，此律亦为虚设矣。天子之库曰内府，财物如金银器物及九库、二十四监局、钱粮、光禄寺品物之类，以事关皇城禁地，故治罪从严。初拟斩监候改为杂犯，但有死罪之名而无死罪之实，以其罪难免而情有可矜，故准徒五年以贷之。虽贷其死而不易其名，所以示戒也。外国宫禁不似中国森严，有犯应与凡盗同论，故不另立专条。此项律简例详，律轻例重，审理此等案犯，必须详参条例，兼查成案，未可据律为断。附录条例于左，以备研究：

一，凡盗内府财物，系御宝、乘舆服御物者，俱作实犯死罪，其余银两、钱帛等物分别监守、常人，照盗仓库钱粮各本例定拟。

一，凡偷窃大内及圆明园、避暑山庄、静寄山庄、清漪园、静明园、静宜园、西苑、南苑等处乘舆服物者，照律不分首从拟斩立决；偷窃各省行宫乘舆服物者，[为]首拟绞监候，为从发烟瘴充军；其偷窃行宫内该班官员人等财物，仍照偷窃衙署例问拟；若遇翠华临幸之时，有犯偷窃行宫物件者，仍依偷窃大内服物例治罪。

一，行窃紫禁城内该班官员人等财物，不计赃数、人数，照偷窃衙署拟军例上加一等发遣新疆当差，赃重者仍从重论。如临时被拿，拒捕杀人者斩立决。金刃伤人者斩监候。他物伤人及执持金刃未伤人者，拟绞监候。手足伤人并执持器械非金刃未伤人者，发遣新疆为奴。

又《刑案汇览》载例内"乘舆服物"四字，凡大内御用物件及存贮供器等物皆是。嘉庆四年有行窃清漪园帘布钩绳等物一案，道光三年有行窃热河避暑山庄备赏物件一案，均依例拟斩立决，奉旨改为斩监候，秋审入于情实。嘉庆六年有偷窃养心殿天沟内拆卸旧锡片一案，比照窃大内服物斩例，减一等拟流（二）[三]千里。以上三案虽均系盗之禁地，而帘布钩绳并备赏物件究较内库服物稍轻，旧锡片又较帘钩赏物为轻，故分别依例量减，聊举一隅，可见办案引例之法必须详细查核，不可稍涉含混。

盗城门钥

律文：凡盗京城门钥，皆（不分首从）杖一百流三千里。（杂犯）盗府州县、镇、城关门钥，皆杖一百徒三年。盗仓库门（内外各衙门）等钥，皆杖一百并刺字。（盗皇城门钥，律无文，当以盗内府物论。盗监狱门钥，比仓库。）

此仍《明律》，顺治三年添入小注，雍正三年以监狱关系甚重，而律文及注未言，因于小注添入比照仓库一层。《唐律》有盗宫殿门符一项，门符与门钥并举，而钥究轻于符,盗宫殿门符流二千里。皇城京城门符徒三年,门钥减三等。盗州、镇及仓厨、厩库、关门等钥,杖一百。县戍等门钥,杖六十。此律止言门钥而无门符,且止言京城门钥,注虽补出紫禁城门钥而无宫殿门钥,《唐律》京城、皇城并举,治罪从同。此律紫禁城比照内府,较京城加重,《唐律》州镇仓库从同,县轻于州,此律州、县、镇从同,而仓库轻于州、县,且《唐律》有戍无府,此有府无戍,而拟罪亦较《唐律》加重三等。其中参差互异之处,良由时代变易、制度不同,故罪名不能强合。观于律法一端,而世道之升降、民俗之盛衰,从可见矣。夫门禁所以防奸,而门必设锁,锁必有钥,以谨启闭而戒不虞。门钥非财物之比,盗者必有窃启为奸之意,京城关系重大,府州县镇次之,然其中均有狱囚、库藏,亦所当严。至于仓库以储官物,盗狱以禁囚犯,均非寻常门钥可比。故以所关之大小,定罪之轻重,律止言盗去,尚未及用也。若用以为奸,或窃取财物,或纵放罪囚,或暗通奸细,自当以所犯之罪从重定拟,不得谨依此律矣。此外,如各处城门,误不下锁者杖八十。非时擅开闭者杖一百,京城门加一等,皇城门误不下锁者,发边远充军。非时擅开闭者,绞监候,见《兵律·宫卫门》。又遗失京城门锁钥,比遗失印信徒两年半,见比引律条,皆与此律互相发明,宜合参之。中国盗律甚细,条例固涉纷繁。然此律以下各门,外国均无专条,亦未免缺略不备矣。

盗军器

凡盗(人关领在家)军器者(如衣甲、枪刀、弓箭之类),计赃以凡盗论。若盗(民间)应禁军器者(如人马甲、傍牌、火筒、火炮、旗纛、号带之类)与(事主已得)私有(之)罪同。若行军之所及宿卫军人相盗入己者,准凡盗论,(若不入己)还充官用者,各减二等。

此仍《明律》,顺治三年添入小注,雍正三年修改。《唐律》:盗应禁兵器者,徒二年。甲弩流二千里。若盗罪轻,同私有法,盗余兵器及旌旗旛职者,杖九十。若盗守卫宫殿兵器者,各加一等。即在军及宿卫相盗还充官用者,各减二等云云。军器分作四项:禁兵器一层,甲弩一层,余兵器一层,守卫宫殿兵器一层。盗守卫兵器重于余兵器,而盗应禁兵器更重于守卫兵器,盗甲弩者尤重于禁兵器。此律止分二项,其治罪较《唐律》稍轻,而计赃计件更为详细。盖枪刀弓箭,所以习武防身,用备非常,不在禁限。若人马甲、傍牌、火筒、火炮、旗纛之类,乃战阵所用,私家有之,即不轨之具也,故为应禁军器。凡有弓箭枪刀,必军人关领在家方为军器。若民间自有之弓箭刀枪,自是民间私物,不得谓之军器。注中添出"关领在家"数字最为明显。凡盗此者,计赃以凡盗论。计其军器所值之价以为赃数,如一两,杖六十,以次递加,至一百二十两以上,绞监候。若盗应禁军器,则不计赃科罪,而以件数为断。查《兵律》私藏应禁军器,一件杖八十。每一件加一等,罪止流三千里。民间私有,依此科罪,而盗者罪同,不过有刺字、不刺字之分,盗者仍尽本法刺字耳。至于军人俱系应用军器之人,既与常人不同,而行军之地,宿卫之时,军器原不收藏,又与常时有异。如彼此相盗,其法不妨稍宽,仍分别入己、官用以为轻重,不入己者固得减等,即入己者亦止准凡盗论,罪止满流,与上以凡盗论赃至逾贯即拟死罪者不同。须细观之。此外,如私造军器者加私藏罪一等,又私铸红衣大小炮位及抬枪者斩,私藏者减一等满流。又将领弃毁军器者,一件杖八十,每一件加一等,二十件以上斩监候。遗失及误毁者减三等。又军人私卖军器者杖一百,发遣边远充军。私当者减私卖一等,收当军器者照私有律减一等,止满徒,加倍重利收当者枷号三个月,发极边充军,私买者以私藏私论,俱见《兵律·军政门》,与此互相发明,须合参之。外国凡关军器之案,亦不少贷。《日本刑法》:未受官命制造枪炮火药,处重禁锢二年以下,加罚金。其由外输入者亦同,私贩者处重禁锢一年以下。私有者,罚金百圆以下云云。治罪较中国为轻,且亦有私造、私贩、私有之罪而无盗罪,似亦不如中律完密。

盗园林[陵]树木

　　律文:凡盗园林[陵]内树木者,皆(不分首从)杖一百徒三年。若盗他人坟茔内树木者,(首)杖八十(从减一等)。若计(入己)[赃]重于(徒杖)本罪者,各加盗罪一等。(各加监守、常人窃盗罪一等。未驮载,仍以毁论。)

　　此仍《明律》,顺治三年添入小注,雍正三年修改。《唐律》盗园陵内草木者徒二年半。盗他人茔内树木者杖一百。赃重者以凡盗论,加一等。此律盗陵树者徒三年,较《唐律》重一等。而盗他人茔树者杖八十,又较《唐律》轻二等矣。且易草木为树木,其中亦有关系。《三秦记》云:帝王之陵有园,故曰园陵。园陵本属重禁之地,而树木尤为护廧之物。陵树较诸官物为重,茔树亦较别物为重。故盗凡物者皆计赃论罪,此则不论多少,但盗即坐。系陵树即徒三年。系他人茔树,即杖八十。赃重者各加凡盗一等,仍分别监守盗、常人盗、窃盗三项,各按各赃,加等治罪。如寻常监守盗,计赃二十两,流二千里。若盗陵树值二十两,则加一等,流二千五百里。寻常常人盗官物,计赃四十五两,流二千里。若盗陵树值四十五两,加一等流二千五百里。寻常窃盗计赃一百两,流二千里,若盗他人坟树值一百两,加一等流二千五百里。其余倣此。凡计赃在杖八十以上者,即分别监守、常人、窃盗各加一等。此条律文虽较《唐律》少有参差,而浑括简当,自足包扫一切。现在条例纷烦[繁],但有例而不引律,自应律例合参,办理方无歧误。如律止浑言园陵,例于陵内分出红桩、白桩、青桩三层;律止浑言盗砍树木,例又补出开山取土、取石烧窑及在陵寝打牲畜、挖人参数项,且于树木内分出盗砍树枝一项。至于盗砍他人坟树一项,现例分别初犯、再犯,次数、株数,较《唐律》加详而治罪从严。且律止言他人盗砍,例又补出子孙盗卖一层;律止言盗卖之罪,例又补出盗买者之罪。皆为律所未及,为判案者不可不知之端,故逐条节录于右[左]以备研究。

一,陵山各有禁限,如红桩以内盗砍树株、取土取石、开窑烧造、放火烧山者,比照盗大祀神御物律拟斩,为从近边充军。若红桩以外、白桩以内除樵采枝叶并取土不及丈余及砍自种私树一概不禁外,其盗砍官树、开山采石、掘地成濠、开窑烧造、放火烧山者,为首近边充军,为从满徒。如在白桩以外青桩以内者减一等,为首满徒,为从徒二年半。如在青桩以外官山以内者又减一等,计赃重于徒罪者各加一等。弁兵受贿故纵,本犯罪应军徒者,与囚同罪。赃重者计赃以枉法从重论。本犯罪应斩决者,弁兵绞决。其未得贿,潜通信息致逃者,本犯罪应军徒,亦与囚同罪。本犯罪应斩决者,减发烟瘴充军。仅止疏于防范者,兵丁杖一百,官弁议处。

一,凡在红桩以内,盗砍树株、取土取石、开窑烧造、放火烧山者,为首拟绞监候,为从流二千五百里。若红桩以外,官山界限以内,除采樵枝叶并民间修理房茔,取土刨坑不及丈余,取用山上浮石长不及丈及砍取自种私树者一概不禁外,其有盗砍官树、开山取石、掘地成濠、开窑烧造、放火烧山者,在红桩以外白桩以内流二千五百里,白桩以外青桩以内徒三年,在青桩以外官山以内徒二年半,为从各减一等,计赃重于徒罪者各加一等。官山界址在二十里外,即以二十里为限,若在二十里内,即以官山所止之处为限。弁兵受贿故纵,与囚同罪。赃重者,计赃以枉法从重论,其止疏于防范者,兵丁处十等罚,官弁交部议处。

一,私入红桩火道以内偷打牲畜,为首枷号两个月,发烟瘴充军。为从枷号一个月,徒三年。如遗失火种延烧草木者,枷号两个月,发新疆种地当差。为从枷号一个月,徒三年。如延烧殿宇墙垣,为首绞监候,为从流三千里。

一,旗、民在红椿以内偷挖人参至五十两以上,为首比照盗大祀神御物拟斩,为从发新疆为奴。二十两以上,为首发新疆奴,为从流三千里。十两以上,为首发烟瘴充军,为从流二千里。十两以下,为首近边充军,为从徒三年。在新[红]椿以外白椿以内偷挖人参五十两以上者,为首绞监候,为从近边充军。二十两以上,为首发烟瘴充军,为从流二千里。十两以上,为首近边充军。十两以下,为首满流。为从俱徒三年。在白椿以外青椿以内者,照偷挖山场人参例治罪,未得参者减已得一等。知情贩卖者减私挖罪一等。参物入官。弁兵受贿故纵,本犯罪不应死者,与犯人同罪。本犯罪应斩决者,弁兵绞决。本犯应绞候者,弁兵发新疆为奴。失于防范者分别拟杖议处。

一,凡在陵寝围墙以内盗砍树木枝杈者,为首枷号两个月,发近边充军。其无围墙之处,如在红椿以内,即照围墙以内科罪。若在红椿以外白椿以内盗砍者,为首徒三年。白椿以外青椿以内,为首杖一百,均枷号一个月。青椿以外官山以内,为首杖一百。为从俱于首犯罪上各减一等。弁兵受贿故纵及潜通消息致逃避者,各与囚同罪。

一,盗砍他人坟树,初犯杖一百枷号一个月,再犯杖一百枷号三个月,赃重于满杖者,加窃盗罪一等。犯三次者照窃盗三犯例计赃,分别拟以军流绞候。其纠党成群,旬日之间连窃六次以上,而树数又在三十株以上者,照积匪例拟军。六次以下三次以上,树数在三十株以下十株以上,量减拟徒。盗卖他人坟茔之房屋、碑石、砖瓦、木植者,计赃准窃盗论。

一,凡子孙将祖父坟茔前列成行树木及坟旁散树高大株颗私自砍卖者,一株至五株,杖一百枷号一月。六株至十株,杖一百枷号两月。十一株至二十株,杖一百徒三年。赃重者准窃盗加一等,二十株以上,旗人发吉林当差,民人发边远充军。(如坟旁散树并非高大株颗,止问不应重杖。)若系干枯树木,不报官私卖者,照不应重拟杖。看坟人及奴仆盗卖者,罪同。盗卖坟茔之房屋、碑石、砖瓦、木植者,子孙奴仆并准窃盗罪加一等。

一,奸徒知情私买坟树者,系子孙盗卖,减子孙罪一等。若系他人盗卖者,私买人无论株数,已伐者,初犯杖一百枷号一月。再犯杖一百枷号三月。犯至三次者,流三千里。为从减一等。未伐者各减一等。不知情者不坐。私买坟茔之房屋、碑石、砖瓦、木植者,均减盗卖罪一等。树木等物分别入官给主。

以上各例虽较例分别详细,惟其中多涉纷纠,如盗卖他人坟树,既以次数论,又以株数论,后以所犯之数论,诸多参差。子孙砍卖坟树,本非盗也,因其迹近不孝,治罪尚属可通,但究较他人为轻,兹拟计赃,加凡窃一等,未免严矣,然犹可曰坟树有关风水也。至于房屋、砖瓦,较之祖父生前住屋轻重奚若,住房准卖而茔房不准卖,似不近情,且砍一枯木,必责令报官,亦涉烦扰。《读例存疑》驳之谓如有祖父病危,子孙将祖坟树木卖作医药棺椁之费,经人告发,即治以罪,似非情法之平。科条愈多,即有窒碍之处云云,洵为妙论。然条例究属当王之制,有例不准用律。若例文未经奏定删除以前,未可轻言弃取矣。此外如于历代帝王陵寝樵采、牧放畜牲者杖八十。又于天地坛内纵放畜牲者杖一百,枷号一月,均见《礼律》。又毁伐人树木者计赃准窃盗论,官物加二等。误毁官物者减三等。毁人坟茔内碑碣者杖八十。又子孙盗卖祀产至五十亩者发边远充军,不及前数及盗卖义田者,一亩杖七十,每五亩加一等。盗卖历久宗祠一间,杖七十。每三间加一等,罪止徒三年。知情谋买之人与犯人同罪。盗砍近边应禁树木,发烟瘴充军,均见《户律》。盗取坟冢器物砖石者,计赃准窃盗论,见《刑律·发冢门》。与此律例互相发明,宜并参之。外国刑法,均无此项名目,想其陵寝之地不似中国尊严也,俟考。

监守自盗仓库钱粮

律文:凡监临主守自盗仓库钱粮等物,不分首从,并赃论罪。(并赃,谓如十人节次共盗官银四十两,并各分四两入己通算作一处。其十人各得四十两罪,皆斩。若十人共盗五两,皆杖一百之类。三犯者绞,问实犯。)并于小臂膊上刺盗(官银官粮官物)三字。

一两以下,杖八十。

一两之上至二两五钱,杖九十。

五两,杖一百。

七两五钱,杖六十徒一年。

一十两,杖七十徒一年半。

一十二两五钱,杖八十徒二年。

一十五两,杖九十,徒二年半。

一十七两五钱,杖一百徒三年。

二十两,杖一百流二千里。

二十五两,杖一百流二千五百里。

三十两,杖一百流三千里。(杂犯三流总徒四年。)

四十两斩(杂犯徒五年)。

此仍《明律》,顺治三年修改。雍正三年增定。《唐律》监临主守自盗及盗所监临财物者,加凡盗二等。三十疋绞。唐以绢之尺疋计赃,凡盗一尺,杖六十。监守加二等,杖八十。一疋加一等。自宋改疋为贯,明因之,国朝以银为主,现俱改贯为两矣。再《唐律》凡盗五十疋加役流,并不拟绞。监守盗三十疋即绞,严于官而宽于民。现律凡盗一百二十两以上问拟实绞,过五百两者秋审即予勾决。而监守盗四十两,只拟杂犯绞罪,则又严于民而宽于官矣。例虽有一千两以上问拟实绞之条,而限内完赃仍得减二等。即三限不完,亦止永远监禁,不实予勾决,名严而实仍宽,刑罚世轻世重,古今不同如是。盖监临有统摄案验之权,主守有管领典守之责,一切仓库钱粮及在官等物皆在掌握之中,若有意为盗,多寡惟其所取,故曰:自盗、凡盗有得财、不得财之分。若监守之人盗监守之物,自无不得之理。故常人盗窃,盗皆有不得财之罪,此则不言,非从略也,此必当下现任监守之责,若已经交卸,或已革职役,或此处库斗而盗别库,即同库之库斗而盗非所管之物,或新役库斗尚未接收与库上宿人为盗,此等俱无监守之权,俱以常人盗论,不得援引此律。此律四十两拟以实绞,本与《唐律》相合,改为杂犯,虽系宽恤之意,其实反多窒碍。四十两拟徒五年,若盗四百两、四千两,亦止于徒,则是平常窃盗一百二十两以上即实犯死罪,而监守盗逾百逾千仅止于徒,是岂情法之平?是以雍正、乾隆年间复定有条例,以补律文之穷。现在赃少者依律,赃多者依例,律例相辅而行,故附录例文于后,务当一并研究。

一,监守盗仓库钱粮,除审非入己者各照挪移律例定拟外,其入己数在一百两以下至四十两者,仍照本律问拟准徒。其自一百两以上至三百三十两,杖一百流二千里。至六百六十两,流二千五百里。至一千两,流三千里,一千两以上者,拟绞监候,勒限一年追究,如限内全完,死罪减二等发落。流徒以下免罪。不完,再限一年。全完者,死罪及流徒各减一等。如不完,流徒以下即行发配。死罪监禁,均再限一年,著落犯妻及未分家之子追赔,三年限外不完者,死罪永远监禁。全完者,奏明请旨,减罪一等。至本犯身死,实无家产者,取结豁免。减免后如再犯赃,俱在本罪上加一等治罪。

一，侵盗之案,者[著]落犯妻及未分家之子追赔。如果家产全无,取结保题豁免,不得株连亲族。

一，侵贪之案,如该员身故,实系图饱私囊者,即将伊子监追。

以上二例,一系将该员监追日久身故,一系该员故后其事始发,故有豁免不追之例。此外又有挪移钱粮、私借钱粮及监守虚出通关、监守诈取财物各条,如监守将官钱粮私有借用,或转借与人及将己物抵换官物者,计赃以监守自盗论。又监守挪移出纳还充官用者,计赃准监守自盗论。五千两以下依律准徒四年,五千两以上流三千里,一万两以上发近边充军,二万两以上拟斩监候。一年限内全完免罪,不完,二年追完者减二等,三年追完者减一等。三年不完,照未完之数治罪。又主典擅开官封者杖六十。又监守收受钱粮不足而虚出通关及不收本色折收财物虚钞者,均以监守自盗论,见《户律》。又监守诈取所监守之物者,以监守自盗论。见本门《贼盗下》。又有经纪花户并车户人等,凡有监守之责,窃盗漕粮六百石,斩候。一百石绞候。六十石以下至五石,分别拟以军流徒,勤限四个月追完,仍分别初限、再限、三限以次量减。以上各条,均与此律互相发明,宜并参之。《日本刑法》:官吏窃取自所监守之金谷物件者,处轻惩役。官吏征收租税各项,于正数外多征者,处重禁锢附加罚金,所犯与中律情节相同,而拟罪似不如中律计赃之详细也。

常人盗仓库钱粮

律文:凡常人(不系监守外皆是)盗仓库(自仓库盗出者坐)钱粮等物,(发觉而)不得财者杖六十(从减一等),但得财者,不分首从,并赃论罪(并赃同前),并于右小臂膊上刺盗(官银、官粮、官物)三字。

一两以下,杖七十。

一两以上至五两,杖八十。

一十两,杖九十。

一十五两,杖一百。

二十两,杖六十徒一年。

二十五两,杖七十徒一年半。

三十两,杖八十徒二年。

三十五两,杖九十徒二年半。

四十两,杖一百徒三年。

四十五两,杖一百流二千里。

五十两,杖一百流二千五百里。

五十五两,杖一百流三千里。(杂犯三流总徒四年。)

八十两,绞。(杂犯徒五年。其监守、值宿之人,以不觉察科罪。)

此仍《明律》,其小注系顺治三年增删,雍正三年改定。《唐律》无此名目,已包括于监守自盗律内,与监守自盗拟罪从同。明分为二,另立此门。常人者,别于监守而言,凡无监守之责,无论军民官役皆是。盖虽系钱粮官物,必从仓库中盗出方坐此罪。若从他处,不知为官物而盗者,自依窃盗法。即非官物,而从仓库内盗出仍以盗官物论。此律严于窃盗而轻于监守窃盗,自杖六十起,以十两为一等。监守盗自杖八十起,以二两五钱为一等。此盗自杖七十起,以五两为一等。盖监守、常人二项科罪,虽严于窃盗,然窃盗满数是真绞,监守、常人满数是杂犯。推立法之本意,不欲以盗官物而即杀之也。但拟罪涉于宽纵,办理诸多窒碍,是以雍乾年间另设条例。现在此等案犯俱系依例办理,此律已为虚设矣。附录条例于右[左],当并参之。

一,穿穴壁封窃盗库银仓粮,未得财为首满徒,为从减一等。但经得财之首犯,一百两以上绞监候。不及一百两者不分赃数多寡,发极边烟瘴充军。为从者,一两至八十两,准徒五年,至八十五两,流二千里,九十两,流二千五百里,九十两至一百两以上,流三千里。窃盗饷鞘银两,照此办理。

一,京城守城兵丁,由城上钓搁偷窃仓米,未经得赃,首为满流,为从减一等。其得赃至一百石以上,为首绞立决,为从发新疆为奴。不及一百石,首犯发新疆为奴,为从流三千里。旗人销除旗档。常人串通兵丁偷窃仓米者,罪亦如之。

以上二例,系因律文流绞俱系杂犯,并非真流真死,名为从严,其实反较窃盗为轻,是以从严定例以补律文之穷。但律文计赃定罪之法固涉细碎,而例不分多寡,一百两以下概拟军罪,又未免过于严厉。后例专为京城兵丁盗仓而设,首犯加至绞决,较前条更严。现在外国窃盗均无死罪,《日本刑法》亦无因盗官物加重之法,有犯当与凡盗并论。此条律文杂犯固失之轻,而例又过于重,似均不得其平。其酌中定制,是在修律大臣自当另有办法,惟刻下新例尚未告竣,仍照此例办理。

强盗

律文：凡强盗已行而不得财者，皆杖一百流三千里。但得（事主）财者，不分首从皆斩。（虽不分赃亦坐。其造意不行又不分赃者杖一百流三千里。伙盗不行又不分赃者杖一百）。〇若以药迷人图财者，罪同（但得财皆斩）。〇若窃盗临时有拒捕及杀伤人者皆斩（监候。得财、不得财皆斩，须看临时二字）。因盗而奸者，罪亦如之（不论成奸与否，不分首从）。共盗之人不曾助力，不知拒捕杀伤人及奸情者，（审确）止依窃盗论（分首从、得财、不得财）。其窃盗，事主知觉，弃财逃走，事主追逐因而拒捕者，自依罪人拒捕律科罪。（于窃盗不得财本罪上加二等，杖七十。殴人至折伤以上，绞。杀人者斩。为从各减一等。凡强盗自首不实不尽，只宜以名例自首律内至死减等科之，不可以不应从重科断。窃盗伤人自首者，但免其盗罪，仍依斗殴伤人律论。）

一，强盗杀人放火、烧人房屋、奸污人妻女、打劫牢狱、仓库及干系城池衙门，并积至百人以上，不分曾否得财，俱照得财律斩，随即奏请审决枭示（凡六项有一于此，即引枭示，随即摘引所犯之事。）若止伤人而未得财，首犯斩监候，为从发新疆给官兵为奴。如未得财，又未伤人，首犯发新疆给官兵为奴，从犯杖一百流三千里。

此前一条系《明律》，其小注系顺治三年添入，雍正三年修改，乾隆五年复添不行、不分赃两项。后一条系明条，顺治三年添入小注，嘉庆年间迭次修改。此二条律例为强盗罪名之大纲，其余现行条例章程甚多，俱系后来添补以推阐律所未备未尽之意，要皆以此二条为总纲领。《唐律》强盗不得财徒二年，一尺徒三年，二疋加一等，十疋及伤人者绞，杀人者斩。其持杖者，虽不得财流三千里，五疋绞，伤人者斩。又《元刑法志》：强盗持杖伤人，虽不得财者，皆死；不伤人不得财，徒两年半；但得财，徒三年；至二十贯，首犯死；余人徒三年。又《宋刑统》：强盗一贯徒两年。十贯及伤人者绞。因盗奸人及用药酒迷人，从强盗法，死者加一等云云。皆以赃数之多寡及有无持械并伤人杀人分别徒流绞斩。明改从严，不分赃数多少、有无持械杀伤，概拟斩决，情重者又加枭示，相沿至今不变。**虽因世道风俗日趋险诈，盗情百出不穷，不得不设重法以示惩警。然立法过于严厉，现已行之数百年而盗风仍未少戢，且法愈重而犯愈多，以古律例今律，此可见弭盗之方在教养不在文法也。**外国强盗均无死罪。《俄律》凡强劫住宅村落者，罚作十年以上苦工。如在街衢大道，或乡村支路及江湖河海者减一等；又强劫不在住宅及穷乡僻壤者，又减一等；如强劫时伤残人或毁拆者加一等。又《德律》：凡强盗者处惩役；如强盗伤害人或致死者处无期惩役。又《法国律》：凡以暴行犯盗罪者处有期徒刑；若致被害者受有斫伤，处无期徒刑。又《英律》：强取财物五磅以上，处五年至十四年徒刑，或二年囚狱加苦役隘牢；如持凶器或纠众，处五年至终身徒刑，或处囚狱加笞刑。又《美律》：凡向邮吏行强盗者，处五年至十年囚狱加苦役；伤人及持凶器者，终身囚狱加苦役。又《日本刑法》：惟强盗杀人处死；强盗伤人及强奸妇女处无期徒刑。若无以上重情，虽结伙持械、用药迷人俱分别处以惩役云云。**互相比较，彼法轻而盗风日减，我法重而盗案日增，以外国比中国，更可见严刑重法仅治盗之标，非弭盗之本也。**现在修例拟将强盗罪名略为轻减，而议者群相诟病，皆未尝统古今中外刑法源流而合参之也。但此中道理甚微，解人难索，试先就现行律文逐节详解以通其义，然后再及其他。此律之意，首言强盗之罪，而因及类于强者，有差等也。**所谓强者，须先定有强谋，执有器械，带有火光，公然攻打门墙者皆是。**《据会》云：强盗与抢夺相似，人少而无凶器，或途中或闹市，见人财而抢夺者，抢夺也。人多有凶器，不分人家道路，夺人财物，或见人财物在前，先打倒而后劫财者，强盗也。若先抢夺后打，或虑事露抢回而打，仍是抢夺而非强盗。又有先行窃盗，潜入人家，然后明火执仗，此暗进明出，乃临时行强，仍应以强盗论。又《辑注》：临时行强与临时拒捕总分在得财先后，如将事主捆缚打伤之后攫赃而去，或一人架住事主而群盗入室搜赃，皆为临时行强。若赃先入手，事主惊觉追逐，因而格斗，即临时拒捕也。此中分别细微，最宜详慎。凡不拘何物，在事主家者皆谓之财，一入盗手即谓之赃。劫取而去谓之得财，各分入已谓之分赃。强盗之赃，虽未分而事主之财则已失，故但论财之得与不得，不论赃之分与不分。凡上盗之人，虽不分赃，亦坐斩罪，与他律各计入已之赃以定罪者大不同也。共分四节，而第一节、第三节又各分二项。第一节以得财不得财分轻重。不得财，虽与事主无损而其强已行，故不分首从满流。但得财，则不计财之多少，不论伙盗之分赃不分赃，皆坐绞决。盖强盗之罪本以强论，不以赃论也。第二节言迷人图财之罪。以药迷人，使人不能动觉，与强盗无异，故得财同斩，不得财同流也。第三节言窃盗似强之罪。窃盗尚知畏人，若临时事主知觉，不走而拒及逞凶杀人者，其人虽窃，其事则强，故不问得财不得财，皆坐斩候。须知临时拒捕，即不杀伤人亦斩。观"及"字，可见奸不论妻妾奴婢，因窃盗而强奸，亦如拒捕拟斩。若强盗行奸，则照例枭示矣。共盗之人，或在外先

[未]人，或得财先出，不知拒捕奸事者，止依窃盗论。第四节言追逐拒捕之罪。弃财逃走，追而逐之，不得不拒，故与临时拒捕不同。盖临时拒捕是格斗以图财，追逐拒捕乃弃财而求脱，其情异，故其罪异。拒捕本窃盗之事，以其迹同强，故不入《窃盗门》而载于此律也。律意如此解释。但现在办法，惟"得财不分首从皆斩"一语系用律文，其余另设条例，较律详细，现俱依例办理，律文已为虚设。兹将例之切于实用及与律互相发明，足补律所未备，并现行新章节要分门附录于右[左]。

一，响马强盗执有弓矢军器，白日邀劫道路者，不分人数多寡，曾否伤人，依律处决，枭首示众。其江洋行劫大盗，俱照此例加枭。

一，粤东内河盗劫，如聚众四十人以上，或不及四十人而有拜会结盟、拒伤事主、夺犯伤差、假冒职官，或行劫三次以上，或脱逃二三年后就获各犯应斩决者，均加枭示，恭请王命先行正法。

一，洋盗案内被胁在船为匪服役，或事后被诱上船及被胁鸡奸并未随行上盗者，自行投首，照律免罪。拿获者徒三年。年未及岁仍照律收赎。

一，响马强盗执有弓矢军器，白日邀劫道路者，不分人数多寡，曾否伤人，依律处决，枭首示众。其江洋行劫大盗，俱照此例加枭。

一，捕役并兵丁为盗照例斩决，如捕役兵丁为首，加拟枭示。其情节重大者，酌量分别枭示。如捕役兵丁分赃通贼及与巨盗交结往来、奉差承缉走漏消息及本非承缉走漏消息致令脱逃者，不分曾否得财照本犯一体治罪，至书差人等临时得赃放卖亦照本犯一体治罪。

一，粤东内河盗劫，如聚众四十人以上，或不及四十人而有拜会结盟、拒伤事主、夺犯伤差、假冒职官，或行劫三次以上，或脱逃二三年后就获各犯应斩决者，均加枭示，恭请王命先行正法。

一，两广二省强盗如有行劫后因赃不满欲，复将事主人等捉获勒赎者，首犯斩决加枭，恭请王命先行正法，从犯仍按强盗本律科断。

一，光绪十三年章程：强劫之案，但有一人执持鸟枪洋枪者，无论曾否伤人，不分首从均拟斩决，加以枭示。

一，京城地方盗劫之案，照律斩决，加拟枭示。如有持火执械、入室威吓、掷物打人重情，虽未得财伤人，为首拟绞监候，为从烟瘴充军。

一，光绪二十八年章程：强盗杀人案件，正犯及帮同下手之犯，俱拟斩加枭，其仅止在场目击者如已得财,照律问拟斩决,未得财者目击杀人之犯拟斩监候,秋审入于缓决。

按:从前强盗惟旧例六项加枭,余则斩决而止。后来盗风日炽,现例又添出以上数条,皆系情节重大,非寻常行劫可比,故均照六项加枭。此外尚有粮船水手及山东捻匪强劫并川省差役扫通三项亦加枭示,现已删除,故不登入。此强盗之中尤为凶暴者,共七条。

一,强盗内有老瓜贼,或在客店内用闷香药面迷人取财,或五更早起在路杀害行客者,照强盗得财律不分首从皆斩立决。及老瓜贼传授技艺在家分赃者,照强盗窝主造意不行分赃律斩决,跟随学习之人虽不同行,俱发新疆为奴。

一,强盗引线,除仅止听从引路者照例以从盗论外,如首盗并无立意欲劫之家,其事主姓名、道路悉由引线指出,又经分赃者,虽未同行,即与盗首一律拟罪。

一,投首之贼借追赃名色将平人捏称同伙,或挟仇扳害,或索诈财物,不分首从、得与未得财,皆斩立决。

一,御驾驻跸之处,匪徒偷窃附近仓廒官廨拒伤官兵者,如在宫墙一里以内刃伤及折伤,首犯斩立决,为从及伤非金刃、伤轻平复之首犯均发伊犁为奴,为从满流。如在三里以内刃伤、折伤之首犯绞立决,为从满流,伤非金刃、伤轻平复之首犯满流,为从满徒。若拒杀官兵者,无论一里、三里以内,首犯加枭,为从帮殴之犯如刃伤折拟绞立决,伤非金刃折伤者绞监候,未经帮殴者发伊犁为奴。

按:老瓜贼行踪诡秘,引线诬扳贼用意险恶。至匪徒于驻跸之所行窃拒捕,亦为憨不畏法,虽非强盗而情节不亚于强盗,故附于《强盗门》内。此类于强盗而与强盗拟罪惟均者,共四条。

一,强盗案内知而不首,或强逼为盗临时逃避、行劫后分与赃物以塞其口,与知强盗后而分盗赃数在一百两以下者,俱杖一百徒三年。如分赃至一百两以上,按窃盗为从律递加一等,一百二十两以上发近边充军。

一,强盗同居父兄伯叔与弟,其知情而又分赃者,如强盗问斩,减一等流三千里。如强盗发遣,亦减一等徒三年,其得财而实不知情,照本犯之罪减二等。

一,伙盗内年止十五岁以下被人诱胁随行上盗者,无论分赃不分赃,俱拟满流,不准收赎。

一，洋盗案内被胁在船为匪服役，或事后被诱上船及被胁鸡奸并未随行上盗者，自行投首，照律免罪。拿获者徒三年。年未及岁仍照律收赎。

一，共谋为强盗，伙犯临时畏惧不行，事后分赃者流二千里，赃重者从重论，不分赃者杖一百。如因患病不行及别故不行、事后分赃者发新疆为奴，不分赃徒三年。

按：以上各项，或为强盗从犯，或为强盗家属，其情节有分赃不分赃之分，而分赃又有多少之别，且同一未行而有畏惧、患病之分，同一被胁而有投首、拿获及年未及岁之异。此皆强盗中之情节较轻者，共五条。

一，强盗除杀人、奸人妻女、烧人房屋及殴事主至折伤以上首伙各犯俱不准自首外，其伤人伤轻平复，如事未发而自首及行劫数家止首一家者，均发新疆为奴，系闻拿投首者拟斩监候，未伤人各盗及窝家盗线事未发而自首者满流，闻拿投首者烟瘴充军。至放火烧人空房及田场积聚之强盗自首，依故烧本律拟流，赃重者近边充军。

一，强盗首伙各犯于事未发觉及五日以内果能悔罪捕获他盗及同伴解官投首者，系伤人盗犯，于遣罪上减一等，拟徒三年。未伤人盗犯，照律免罪。若在五日以外，或闻拿将他盗及同伴捕获解官投首者，系伤人盗犯，于死罪上减一等，流三千里；未伤人盗犯徒三年。

一，光绪五年章程：拿获盗犯之眼线，曾为伙盗，悔罪将同伴指获，致被供出者如在五日外一月以内，于现例斩罪减一等发新疆为奴。五日以内减为流三千里，倘原伙较多，能获三名以上者，再减一等。

此项现有此条章程，例已不用。

一，光绪十四年新章：伙盗被获，供出首盗逃所，于四个月限内拿获，系旧例法无可贷之犯，减为绞监候，秋审入于缓决。系旧例情有可原之犯，减发新疆为奴。其伙盗能将全案首伙供出，于限内尽行指获者，系法无可贷者减为满流，情有可原者减为徒三年。如供获伙盗在一半以上，并首盗能将全案伙犯供出，于限内指获，均减为绞监候，秋审核其情节分别实缓。以上各犯当堂供出，按名指获，方准以供获论。如私向捕役告知，指拿到官，不得以供获论。

此项现有此条新章，旧章亦可不用。

按：以上二例二章系强盗自首专条，一系自行投首，一系捕获他盗投首，一系眼线指获同伴，一系首伙供出首伙。各盗既分伤人未伤人，又分事未发自首与闻拿投首,有以五日内外为限者,亦有以四个月外为限者,而伙盗供出首盗及首盗供出伙盗,并伙盗供出首盗各盗与伙盗供出伙盗一半以上,其中情节虽极细微而界限乃极严明,此强盗中之情节可原宥者,共四条。

一,用药迷人得财之案,为首及下手用药并迷窃为从二次及首先传授药方之犯,均照强盗律斩决,其余为从俱发新疆为奴。其人已被迷,经人救醒虽未得财,将首先传方及下手用药之犯拟斩监候。甫经学习,虽已合药即行败露,或被迷之人当时知觉未经受累,均发伊犁为奴。

一,用药及邪术迷拐幼小子女,人药并获,即照用药迷人例,分别拟以斩决及发新疆为奴。其药已丢弃未获,必须供证确凿,迷拐有据,方照此例办理。

按:此因律文以药迷人图财之意而分析之,又增入迷拐人口一项。律文得财皆斩立决,未得财皆流。此于得财中分出数项分别拟以斩决发遣,又于未得财中分出轻重,重者照律加等拟以斩候,轻者亦从重拟遣,此亦行同强盗者,共二条。

一,盗劫之案,把风接赃等犯虽未分赃,亦系同恶相济,照为首一律问拟,不得以情有可原量减。

按:强盗案件,国初沿明之律,不分首从皆斩。康雍以后渐从宽宥,分别法所难宥及情有可原两项,如转纠党羽、持火执械、涂脸入室、助势搜赃、架押事主、送路到案、诬扳良民并行劫二次及沿江滨海行劫、过船搜赃皆系法无可贷者也。至在外瞭望、接递财物,并未入室过船搜赃,并被人诱胁上盗,或行劫一次并无凶恶情状,皆情有可原者也。难贷者照律斩决,可原者免死发遣。至乾隆二十六年将此节著为定例,百余年来法令宽大,盗贼稀少,天下晏然无事。至咸丰年间复改从严,照律不分首从。同治九年将分别情有可原、法无可贷之例删除,续纂此条,从此强盗之案惟中途折回不行者,始分别畏惧、患病量减。若一到事主门首,无论瞭望把风,一概斩决。至今三十余年,严刑峻法,似可遏止盗风矣。乃近年正法之犯日多,上年吉林一省强盗正法多至一千余名,即以京城论,每年亦不下数百人。且从前盗案,各省必奏奉谕旨方行处决,近又创为先行就地正法,后始按季按年汇奏,更有并不奏闻者。法愈加愈严,而盗日杀日众。教化、吏治之不修,而徒事重法,亦何益哉!

一,凡问刑衙门鞫审强盗,必须赃证明确者,照例即决。如赃迹未明,招扳续缉涉于疑似者,不妨再审,或有续获强盗无自认口供,赃迹未明,伙盗已决无证者,俱引监候处决。

一，强盗重案交与印官审鞫，不许捕官私行审讯，番捕等役私拷取供，违者，捕官参处，番役等枷杖革役。承审官于初审之时先验有无伤痕，若果无伤痕，必于招内开明"并无私拷伤痕"字样，若疏忽不开，扶同隐讳及纵容捕官私审者，题参议处。

一，官员因畏疏防承缉处分，恐吓事主抑勒讳盗，或改强为窃者，均照讳盗例革职，承行书办杖一百。若抑勒苦累事主致死，或刑伤至笃疾者，除革职外照故勘平人律治罪。

一，强盗初到案时，审明伙盗、赃数，及起有赃物，经事主确认，即按律定罪。其伙盗数目以初获强盗所供为确，初招即定，不许续报。如事主冒开赃物，杖八十。其盗贼供出卖赃之处，如有伊亲党并胥役人等藉端吓诈者，计赃加窃盗一等治罪。

一，盗犯到案，先将各犯家产封记，候题结之日，将盗犯家产变赔。如该犯之父、兄弟、伯叔知情分赃，并另有窝家者，审明治罪，亦著落伊等追赔。倘各盗并无家产及外来之人无从封记开报者，将案内盗犯及窝家有家产者，除应赔本身赃物外，或有余剩，概行变价代赔。倘将无干亲族及并未分赃之亲属株连赔累，查参议处。

一，强窃盗现获之赃，令各事主认领外，如强盗赃不足原失之数，将无主赃物补赔，余剩者入官。如仍不足，将盗犯家产变价赔偿。若典当收买盗窃赃，不知情者勿论，止追原赃，其价于犯人名下追征给主。

一，事主报盗，止许到官听审一次，认赃一次，所认赃物即给主领回，不许往返拖累。违者，严加议处。

按：以上各例皆言审讯盗案定罪取供、追赃补赔之法，而首条尤为扼要，盖强盗罪名重大，审实应即立决，更须格外慎重。至赔赃之法，近来照此办理者虽百无一二，然亦不可不知。此因盗罪而并及审盗之法，共七条。

一，事主报盗案失单，逐细开明，如赃物繁多，一时失记，准于五日内续报。至起获盗赃，须委捕员眼同起认，如捕役私起赃物，或借寻赃逐店搜察，或混认瞒赃等弊事发，除将捕役治罪外，其不严禁之承审官题参议处。

一，事主报盗，不许捏饰，倘并无被劫而谎称被劫，及以窃为强，以奸为盗者，俱杖一百。以人命、斗殴等事报盗者，其本身无罪，亦杖一百。若本有应得之罪，重者从重问拟，轻者加一等。若奸棍、豪绅凭空捏报盗劫，藉以陷害平人，讹诈官役者，照诬告人死罪未决律拟流加徒,甲长、邻佑扶同者,各照事主减一等。

一,强盗邻右知而不协拿者杖八十,如拿获强盗一名,官给赏银二十两,受伤者照军伤例,将无主马匹等物变价给赏。如营兵捕贼受伤及受伤身亡者,仍照阵亡例给与身价银两。

按:以上各条系言事主报盗及捕役起赃并邻右纵盗捕盗分别治罪给赏之法,皆强盗案中必有之事,亦办盗案者应知之端,故连类而及,共三条。

一,律载强盗窝主造意,身虽不行,但分赃者斩。若不行又不分赃者满流,共谋者行而不分赃及分赃而不行皆斩,若不行又不分赃杖一百。

一,强盗窝主造意,不行又不分赃,发新疆为奴。若非造意,又不同行分赃,但知情存留一人,发近边充军,存留二人发新疆为奴,三人以上发遣处加枷号三月,五人以上加枷号五月。知情而又分赃,无论人数,仍照窝主律斩。

一,强盗案内知情买赃之犯,不论多少,一次满徒,二次近边充军,三次以上发新疆为奴。其知情寄赃及代为销赃者,一次徒二年,二次徒二年半,三次徒三年。

一,窝线同行上盗,得财者仍照强盗律定拟。如不上盗,又未得财,但为贼探听消息引路者,照窝主不行不分赃例改发新疆为奴。

一,曾任职官及在籍职官窝藏强盗,按平民应拟斩决者加拟枭示,罪应绞监候者加拟绞决,应徒流充军者发遣黑龙江当差。

一,同治十一年章程:窝留东三省马贼,知情分赃即照强盗窝主拟斩。若并击分赃,但知情容留,或受托寄顿,或代为销售,均发新疆为奴,遇赦不赦。

按:以上各律例专言强盗窝主及买赃、寄赃、销赃之罪,载在《盗贼窝主门》内,虽非强盗,而为强盗渊薮,与强盗律一并参看,共六条。

此外又有情罪凶暴,比照强盗问拟者数项,如纠伙骑马持械并聚至十人以上倚强肆掠抢夺者,抢夺纠伙三人持械威吓动手者,大江洋海官弁兵丁遇船遭风尚未覆溺不救反抢取财物者,纠众发冢起棺索财取赎者,发冢后将尸骨抛弃并将控告人杀害者,广东省匪徒作为打单名色伙众三人以上带有鸟枪刀械者,捉人勒索纠伙三人以上入室掳捉者,纠众图财放火故烧房屋者,谋杀人因而得财者,盐徒聚众十人以上擅用兵仗拒杀官兵及伤三人以上者,皆散见各门。比照强盗不分首从治罪之犯,亦应与强盗律合参,共十项。

	日本	英吉利	美利坚	德意志	法兰西	俄罗斯
强盗	轻惩役	五磅以上,处五年至十四年徒刑,或二年囚狱,或苦役隘牢	五年至十年囚狱加苦役	惩役	有期徒刑	十年以上、十二年以下苦工
强盗杀人	绞			无期惩役	无期徒刑	
强盗伤人	无期徒刑		终身囚狱加苦役	无期惩役		由十年以上苦工加一等
强盗持械	重惩役	处五年至终身徒刑,或处囚狱加笞刑	终身囚狱加苦役			

	唐	宋	元	明	清
强盗杀人	斩			斩枭	斩枭,现改斩决
强盗伤人	不持杖伤人者绞,持杖伤人者斩	绞	死	斩决	斩决,现改绞决
强盗得财	一尺徒三年,二疋加一等	一贯徒二年	徒三年		斩决,现改绞决
强盗赃多	不持杖,十疋绞。持杖,五疋绞	一十贯绞	不持械者四十贯首死从徒。持械者二十贯首死从流		
强盗不得财	不持杖者徒二年。持杖流三千里		持械不伤人徒二年半,不持械又不伤人徒一年半	满流	未伤人律满流,例发遣新疆,伤人者斩监候。现改绞监候

强盗,旧例斩枭,现改斩决各项:

一,强盗杀人者。

一,放火烧人房屋者。

一，奸人妻女者。

一，关系城池衙门者。

一，打劫牢狱仓库者。

一，积至百人以上者。

一，兵役强盗为首者。

一，强劫执持鸟枪洋枪者。

一，响马强盗持有军器者。

一，江洋大盗行劫者。

一，御驾驻跸，窃匪拒杀官兵者。

斩决现改绞决各项：

一，强盗得财者。

一，强盗引线分赃者。

一，御驾驻跸，窃匪于宫墙一里以内拒捕杀死官兵者。

一，窃盗强奸妇女已成者。

一，窃盗临时盗所拒捕杀人者。

一，用药迷人迷拐为首，下手用药并迷窃二次及首先传授药方并甫学习拟遣到配，故智复萌者。

一，强盗窝主造意不行分赃及共谋行而不分赃者。

一，窝线同行上盗得财者。

一，投首之贼诬扳平人者。

一，捕役为盗及分赃通贼致令脱逃者。

一，强盗得财杀人在场目击未下手者。

斩候现改绞候各项：

一，强盗伤人未得财为首者。

一，强盗未得财目击杀人者。

一，强盗伤人伤轻平复闻拿投首者。

一，伙盗供获首盗系法无可贷及伙盗供获伙盗一半以上并首盗供获全案伙盗者。

一，窃盗临时盗所拒捕刃伤及折伤以上为首者。

一，窃盗弃财逃走拒捕杀人为首者。
一，用药迷人经人救醒未得财为首，并首先传授药方转传贻害及下手用药者。
一，强盗赃迹未明无自认口供伙盗已决无证者。

绞决现改绞候一项：
一，御驾驻跸窃匪拒杀官兵为从帮殴刃伤及折伤者。

绞候各项：
一，御驾驻跸，窃匪拒伤官兵、帮殴刃伤、并杀死官兵为从帮殴者
一，窃盗强奸妇女未成者。
一，窃盗拒捕杀人，为从帮殴刃伤及折伤者，窃盗弃财逃走拒捕刃伤折伤者。
一，窃盗拒捕刃伤绞犯投首别无证据者。

遣罪各项：
一，强盗案内情有可原者。
一，强盗伤人未得财为从者。
一，强盗未得财未伤人为首者。
一，强盗伤人事未发自首及行劫数家止首一家者。
一，用药迷人得财并迷拐为从者。
一，用药迷人案内甫经学习败露者。
一，御驾驻跸，偷窃伤官案内为从及伤非金刃折伤为首并杀人案内未经帮殴者。
一，接买盗赃至三次以上者。
一，强盗窝主造意不行又不分赃及存留强盗三人以上者。
一，强盗窝线未上盗得财探听消息者。
一，拿获盗犯眼线五日以外将同伴指获者。

旧例充军现改流罪各项：
一，强盗未伤人及盗线闻拿投首者。
一，强盗烧人空房自首赃重者。
一，窃盗临时杀人案内帮殴非折伤刃伤及未成伤者。
一，窃盗弃财拒捕杀人案内伤非金刃折伤者。

流罪各项：
一，伙盗供获首盗情有可原者。

一，造意不行又不分赃者。
一，未得财未伤人为从者。
一，捏报盗案陷害平人讹诈者。
一，强盗同居父兄伯叔知情分赃如强盗罪应拟斩者。
一，十五岁以下被人诱胁上盗者。
一，强盗未伤人及盗线事未发自首者。
一，窃盗弃财拒捕杀人案内未经帮殴成伤及刃伤人案内为从者。
一，窃盗拒捕刃伤绞犯闻拿投首者。
一，御驾驻跸三里以内偷窃刃伤弁兵未伤人为从者。
一，强盗伤人五日外捕获他盗及闻投首者。
一，拿获盗犯眼线五日内将同伴指获者。
一，伙盗供获全案首伙各盗系旧例法无可贷者。
一，盗后分赃至一百二十两以上者。
一，窃盗临时盗所刃伤人案内为从并伤非金刃伤轻平复为首者。
一，窃盗弃财逃走拒捕杀人案内，为从伤非金刃伤轻平复并未经帮殴成伤者。
一，接买盗赃二次者。

徒罪各项：
一，官吏讳盗抑勒苦累事主致死及刑伤至笃疾者。
一，强盗案内知而不首及强盗后分赃数在百两以下者。
一，强盗同居父兄伯叔知情分赃情轻及不知情分赃者。
一，洋盗案内被胁为匪服役后被拿获者。
一，窃盗临时拒捕伤非金刃折伤及未成伤为从者。
一，强盗伤人拿捕他盗自首及未伤人五日外捕获他盗投首者。
一，强盗患病及别故不行事后不分赃者。
一，强盗案内知情寄赃及代为销赃并接买盗赃一次者。
一，拿获强盗眼线五日内指获同伴三名者。
一，伙盗供获全案首伙各盗系旧例情有可原者。
一，强盗畏惧不行事后分赃者。
一，强盗五日内捕获他盗送官者。

旧例杖罪，现改工作及罚金各项：

一，捕役查缉强盗不力者。

一，谎称被窃及以窃为强以奸为盗妄报者。

一，以人命斗殴报盗者。

一，官员书吏抑勒讳盗及改强为窃者。

一，番役私拷取供及捕官私审者。

一，事主冒开赃物者。

一，强盗邻佑不协拿者。

一，强盗畏惧不行事后不分赃者。

一，强盗窝主不行又不分赃及不知盗情暂时停歇者。

劫囚

律文：凡劫囚者，（不分首从）皆斩（监候。但劫即坐，不须得囚）。若私窃放囚人逃走者，与囚同罪。至死者减一等。（虽有服亲属，与常人同。）窃而未得囚者，减（囚）二等，因而伤人绞（监候），杀人者斩（监候。虽杀伤，被窃之囚亦坐前罪，不问得囚与未得囚）为从各减一等。（承窃囚与窃而未得二项。）若官司差人追征钱粮、勾摄公事及捕获罪人，聚众中途打夺者，（首）杖一百流三千里，因而伤差人者绞（监候），杀人及聚至十人（九人而下，止依前聚众科断），为首者斩（监候），下手致命者绞（监候）。为从各减一等。其率领家人随从打夺者，止坐尊长。若家人亦曾伤人者，仍以凡人首从论。（家长坐斩，为从坐流。不言杀人者，举轻以该重也。其不于中途而在家打夺者，若打夺之人原非所句捕之人，依威力于私家拷打律。主使人殴者，依主使律。若原系所句捕之人自行殴打，在有罪者依罪人拒捕律，无罪者依拒殴追摄人律。）

此仍《明律》，原有小注，顺治三年增修，比较《唐律》为重。《唐律》：诸劫囚者流三千里；伤人及劫死囚者绞；杀人者皆斩。若窃囚而亡，与囚同罪。窃而未得减二等，以故杀伤人者从劫囚法云云。此劫囚者，不问是否死囚，但劫皆斩，虽不伤人亦斩。治罪较为加重，其窃囚一项与《唐律》尚无轩轾，后又添出中途打夺及率领家人打夺二项，亦较为完密。盖言强劫囚狱及窃放打夺之罪，共分八项：劫囚一层，窃囚一层，窃而未得一层，因窃囚杀伤人一层，聚众打夺一层，因打夺伤人一层，杀人及聚至十人一层,率领家人打夺一层。劫者,强取之谓。劫囚,如强盗之行劫。窃囚,如窃盗之偷取也。已招服罪而锁杻拘禁者,谓之狱囚。已审供取词、未招服罪而散行拘禁者,谓之罪囚。犯罪事发,已拘在官,尚未审录者,谓之罪人。强劫重在行强,不论得囚不得囚。窃放重在失囚,故罪有得囚不得囚之分。若因窃而杀伤人,则有似乎劫矣,故亦不分得囚不得囚。惟究与真劫者不同,故上有皆字,则不分首从,下无皆字,为从得减一等也。律文之细如此。此律已较《唐律》从严,现例又较律为严。律文劫囚皆斩监候,不言杀人伤人,亦止于斩。例则分别杀伤,又分别杀伤是官弁是役卒,层层加重矣。如例载:凡劫囚杀官者,为首及为从杀官者,依谋反律凌迟处死,亲属缘坐。下手帮殴有伤者,斩枭,其余斩立决。若拒伤官弁及杀死役卒者,为首并预谋助殴伙犯,俱拟斩枭;止伤役卒者,为首及帮殴有伤之犯俱斩立决。虽同助势未伤人者斩候,秋审情实。若未伤人,为首斩决;为从斩候,秋审情实云云。其斩候而加立决,又由立决而加枭示,并由枭示而加至凌迟缘坐,与反逆同论,深恶之也。又律文:聚众中途打夺杀人者,斩候;下手者亦绞候。余止于流。例则从严,分别改为立决、充军矣。如例载:官司捕获罪人,聚众中途打夺殴死差役者,为首斩立决;为从,下手致命伤重者绞立决,帮殴有伤者绞监候,未曾殴伤者极边充军,其伤差未死为首照律绞候,虽未伤者亦照伤人律绞候云云。其杀差与未伤差均较律加重,惟伤差一项尚仍照律办理。又尊长家长率领卑幼奴仆人等打夺杀人者,除尊长拟斩监候外,其卑幼等无论伤之轻重,律止均照为从拟以满流。例又补出杀二命加重一条。如例载官司补[捕]获罪人,尊长率领卑幼等杀死差役一命案内,为从卑幼曾经杀伤人者,照律满流,未伤人者满徒外,其杀差非一家二命以上案内,为从下手之卑幼等拟绞监候,帮殴伤轻者满流,未伤人者满徒云云,是亦较律从严矣。例又于途中打夺外补出在家打夺一条,又于聚众中途打夺外补出人不及众打夺一条,如例载官司勾摄罪人,在该犯家拿获,如聚众打夺伤差,即照中途夺犯例治罪。若未聚众,一时争斗,致有杀伤,仍照本律定拟。又官司捕获罪人,仅止一二人中途打夺,无论有无伤差,均拟满流,为从减一等,如殴差致死即照聚众打夺律治罪云云,不但较律治罪从重,而分别过于详密,未免失之琐屑矣。此与罪囚反狱及故纵罪囚治罪不同者,彼系狱囚自内反狱,此系外人从外打狱劫囚;彼系看守之人纵令囚逃,此系旁人私窃放囚,情节不同,故各入各门也。又《日本刑法》:劫夺囚徒,以暴徒[行]胁迫助囚逃走者,处重禁锢五年以下附加罚金。若囚系处重罪者,处轻惩役。欲使囚徒逃走,给与器具，或指示方法者，处重禁锢三年以下，亦加罚金。致囚逃走者，加一等云云。较中律轻至数等，且因囚之罪重，而劫囚者罪亦加重，亦与《唐律》劫死囚者由流加绞之意相符。彼此合参，各有所长，是在人善为采择焉耳。

白昼抢夺

　　律文：凡白昼抢夺人财物者，（不计赃）杖一百徒三年，计赃（并赃论）重者，加窃盗罪二等（罪止杖一百流三千里）。伤人者，（首）斩（监候），为从各减（为首）一等，并于右小臂膊上刺"抢夺"二字。〇若因失火及行船遭风著浅而乘时抢夺人财物及拆毁船只者，罪亦如之（亦如抢夺科罪）。〇其本与人斗殴，或勾捕罪人因而窃取财物者，计赃准窃盗论。因而夺去者加二等，罪止杖一百流三千里，并免刺。若（窃夺）有（杀）伤者，各从故、斗论。（其人不敢与争而杀之曰故。与争而杀之曰斗。）

　　此仍《明律》，顺治三年添入小注。《唐律》无抢夺一门，已包于强盗之内。如所云本以他故殴击人因而夺其财物者，计赃以强盗论，至死者加役流云云。此即抢夺之本祖，明始专立《抢夺》一门，罪名介在强、窃之间，盖白昼抢夺与邀劫道路形迹相似，而其实究有不同。注云：人多有凶器为强劫，人多无凶器为抢夺。又，出其不意攫而有之曰抢，用力而得之曰夺。此数语辨别抢夺、强劫最为明晰。但后来条例纷繁，与律文诸多参差，而办法亦不遵守。律注明明应以强盗论者，而概照抢夺科断，律文已为虚设。现惟三人以下徒手抢夺者，方照律办理，数过三人或二人持有器械，例俱加重问拟。且律浑言伤人者斩监候，而未及杀人一项，例则杀人问斩立决，而伤人则分别刃伤、折伤及伤非金刃、伤轻平复数层，不得照律一概拟死，不但较律从轻，而拟罪亦最平允，足补律所未备。惟现在迭次增添，愈多愈歧，有计赃定罪者，有分杀伤定罪者，有分别省分定罪者，有分别人数定罪者，有分别器械定罪者，有分别次数、犯数定罪者，而省分有奉天、四川、湖北、河南、安徽，江苏之徐、淮、海，山东之衮、沂、曹之别，人数有二人、三人、五人、九人、十人、四五十人、百人之别，器械有鸟枪、洋枪、金刃、他物、木棍、军器、刀械之别，次数有一二次、三次、五次、八次以上之别。又同一抢夺，所因不同而罪名亦异，有因失火、因行船遭风覆水、因斗殴、因勾捕、因争地、因仇怨、因地方歉收之别，又所抢之物有钱财、货物、粮食、洋药、妇女、田禾、盗赃、窃赃之分，犯抢之人有苗人、回民、粮船水手、差役、官弁、兵丁、沙民、饥民、采捕船户、白撞手、红胡子之分，行抢之地有市场、在途、在野、大江、洋海、湖港、无人空室之分,总计现在例章不下三十条,即上年删除数条,此刻尚有二十余条,其中剖析过细,头绪甚繁,以致彼此轻重歧异,问官检查稍疏,即开书吏舞文作弊之隙。查外国并无所谓抢夺名目,《日本刑法》止分窃盗、强盗两项,不言抢夺,有犯即按照强盗加减问拟,最得《唐律》之意。盖抢夺即系强盗,《孟子》所谓:"御人于国门之外。"《康诰》所谓杀越人于货者本是一类,自《明律》分为两项,现又增出无数例章,纷繁错杂,互相牴牾。长安薛氏已有改归画一之议,有志未逮。今奉明诏修订新律,此项亟应删繁就简。兹将均于现今实用各例择要附录于后,其余既不登入。

一,问白昼抢夺,要先明事犯情由,然后揆情剖决。在白昼为抢夺,在夜间为窃盗,在途截抢者虽昏夜仍问抢夺,止去白昼二字。若抢夺不得财及所夺之物即还事主,止问不应。如系割田禾,依抢夺科之。探知窃盗人财而于中途抢去,准窃盗论,系强盗赃,止问不应。若见分而夺,问盗后分赃,其亲属无抢夺之文,比依恐吓科断。

一,白昼抢夺杀人者斩立决。为从帮殴刃伤折伤及以上者,俱绞监候。伤非金刃又非折伤者,烟瘴充军。未经帮殴成伤者,极边充军。其伤人未死,如刃伤及折伤以上,首犯仍律拟斩监候,为从边远充军。伤非金刃,伤轻平复之首犯,烟瘴充军。未经成伤之首犯,近边充军。为从各徒三年。

一,白昼抢夺,除赃在七十两以下,依律拟以满徒外,其赃至八十两以上,即按律递加窃盗罪二等,罪止流三千里。一百二十两以上,仍照盗窃律拟绞监候。

一,抢夺窃盗杀人之案,如数人共杀一人,无论金刃他物手足,以致命重伤者为首,在场助势,或致命而非重伤,或重伤而非致命者,以为从论。如俱系致命重伤,以金刃者为首,手足、他物为从。如俱系金刃及俱系他物手足致命重伤无可区别者,有主使以主使者为首,下手为从。无主使以先下手者为首,后下手者为从。其同案抢窃、不知拒捕情事者,仍各照抢窃本律首从论。

一,抢窃拒伤事主,平复之案,如两人同场拒伤一人,一系金刃,一系他物,无论下手先后,以金刃伤为首。如金刃伤轻,他物伤重,而未至折伤,仍以金刃伤者为首。如一系刃伤,一系他物折伤,刃伤重以刃伤为首,折伤重以折伤为首。刃伤与折伤俱重,无可区别者,以先下手者为首。若俱系金刃,俱系他物,以致命重伤为首。如俱系致命重伤,或俱系他物折伤,亦以先下手者为重[首]。若两人共拒一人,系各自拒伤,并不同场者,即各科各罪,各以为首论。

一,凡白昼抢夺三犯者,绞立决。若因抢夺问拟军流徒罪,在配在逃复犯抢夺,本系烟瘴军者发新疆种地当差。其余军流徒罪复抢一二次者,发烟瘴充军。三次以上发新疆种地当差。其抢夺问拟军流徒罪释回后复犯抢夺一二次、赃未满[贯]者,发极边充军,三次以上发烟瘴充军。五次以上发新疆种地。如抢夺初犯五次以上,发烟瘴充军。八次以上发新疆种地。至抢窃同时并发之案,除抢多窃少,不得以窃作抢,各从其重者论外,如窃多抢少即将抢夺并计,照纠窃次数科罪。

一,抢夺之案,如结伙骑马持械并聚众十人以上,倚强肆掠凶恶众著者,均照强盗律不分首从拟斩,被胁同行者发遣新疆为奴,聚众不及十人而数在三人以上,但经持械威吓及捆缚按捺并伤事主者,为首及在场动手之犯,亦照强盗律斩立决。为从未动手者均发新疆为奴。结伙仅止二人,但有持械威吓事主情事及虽未持械而结伙已至十人以上者,首犯烟瘴充军,为从满流。结伙不及十人,俱系徒手抢夺,为首满流,为从满徒。数在三人以下者,仍照本律定拟。

又,光绪十三年章程:结伙十人以上抢夺之案,但有一人执持鸟枪洋枪,无论曾否伤人,俱拟斩立决枭示。至结伙三人抢夺,执持鸟枪洋枪之人,首犯斩决加枭示,从犯斩决,伤人者亦加枭示。至一二人抢夺,执持鸟枪之犯,虽未拒捕,均发极边充军。

以上各例,首条系前明问拟抢夺通例,下四条系抢夺计赃及杀人伤人分别首从之法,足补律所未备,最为切要。后三条,一系分别犯数次数加重之法,一系分别人数是否持械加重之法,一系因执持鸟枪加重之法,俱系近年所定,现俱按此办理,尤在所重。此外,各省专条用处甚少,只好从略缓讲,留待学者自行参考可也。

大清律讲义卷四

刑律贼盗下

窃盗

律文：凡窃盗已行而不得财，笞五十，免刺。但得财（不论分赃不分赃）以一主为重，并赃论罪。为从者各（指上得财、不得财言）减一等（以一主为重，谓如盗得二家财物，从一家赃多者科罪。并赃论，谓如十人共盗得一家财物，计赃四十两，虽各分得四两，通算作一处，其十人各得四十两之罪。造意者为首，该杖一百。余人为从，各减一等，止杖九十之类。余条准此）。初犯，并于右小臂膊上刺"窃盗"二字。再犯，刺左小臂膊。三犯者绞（监候），以曾经刺字为坐。○掏摸者，罪同。

一两以下，杖六十。

一两以上至一十两，杖七十。

二十两，杖八十。

三十两，杖九十。

四十两，杖一百。

五十两，杖六十徒一年。

六十两，杖七十徒一年半。

七十两，杖八十徒二年。

八十两，杖九十徒二年半。

九十两，杖一百徒三年。

一百两，杖一百流二千里。

一百一十两，杖一百流二千五百里。

一百二十两，杖一百流三千里。

一百二十两以上，绞（监候）。三犯，不论赃数，绞（监候）。

此仍《明律》，原系以贯为计，国朝改贯为两，《明律》一百二十贯，罪止流三千里。顺治四年改一百二十两流罪为绞监候。康熙年间改为一百二十两以上绞监候。又添"三犯，不论赃数绞监候"一语。从此为窃盗始拟死罪矣。《唐律》窃盗一尺，杖六十。一疋加一等。一疋一尺杖七十，以次递加，至满赃五疋，不更论尺，即徒一年。五疋加一等，至四十疋流二千里。五十疋加役流。以《唐律》之一疋数合银一两计算，则笞杖之罪与今律轻重相同，而徒流则较今为轻矣。再《唐律》计赃有累而倍论之法，如盗数家之物累作一处倍论者，谓倍二尺为一尺，若有赃多累倍不加重者，止从一重为断。与今律以一主为重、并赃论罪之法不同。宋改疋为贯，窃盗一贯杖六十，二贯加一等，十贯徒一年。元律十贯以下处杖六十，二十贯加一等，至一百贯徒一年，每一百贯加一等，罪止徒三年。较今律为更轻矣。总之，唐以前不可考，自唐至明，窃盗均无死罪。**汉人有言：皋陶不为盗制死刑。又汉高祖约法三章：杀人者死，伤人及盗抵罪。可见，自汉以来，窃盗亦不拟死也。现在外国刑法无论窃盗、强盗均不处死。**《日本刑法》惟强盗杀人者始处死，窃盗无论有何重情，罪至重禁锢而止，与中国古律尚属符合。本朝顺治初年，以大乱初平，人心未靖，不得不设重法以遏绝乱萌。凡窃盗一百二十两即拟以绞，此窃盗处死之始。嗣又益以三犯拟绞之法，重财物而轻人命，已非古法。后又迭次加严，条例日益繁多，律文三犯而外，更有再犯加枷之例。计赃而外，又有计次数、计人数之例，次分八次、六次、四次、三次、一二次，人分三人以上、十人以上，而三人十人又有持械、不持械之别，且同一持械，鸟枪与凶器刀械不同，凶器刀械又与绳鞭、小刀、棍棒不同。行窃之人如系店家、船户、脚夫、车夫、回民、捕役、兵丁、地保等项则加重，如系亲属及旗人犯窃则从轻。如系衙署、外国使馆、公馆、围场则加重，如系田野则从轻。所窃之物如系仓库饷鞘官物、蒙古畜牲、矿产、人参、珠子、坟树等项则加重，如系田野谷麦、菜果等项则从轻。其尤纷乱者，直隶一例，山东、安徽一例，湖广、福建、广东、云南共一例，四川、陕甘又一例。又于杖罪以上、军流以下，添出枷号一项，又以枷号不足以示惩，添出锁系铁杆石墩一项，**例愈多愈杂，刑愈加愈重，定例之意原在求其详备，反致失于烦琐**。加重之初，原为严惩匪徒，反致易长盗风。然则法不必设与？非也。太史公曰：法令者，治之具也。而非制治清浊之源也。然则盗不可治与？亦非也。孔子曰：苟子之不欲,虽赏之不窃。夫当今之世,而欲高谈古(治)[之],矜言德化[者],诚为迂阔之论。惟自古迄今,治盗之法多矣,曾未闻畏法而人不敢为盗者。法不足胜奸,汉之武帝,明之太祖,其明验与?《老子》云:民不畏死,奈何以死惧之。《孔丛子》述孔子之言曰:民之所以生者,衣食也。上不教民,(空)[民]匮其生,饥寒切于身而不为非者鲜矣。古之于盗,恶之而不杀也。观此二说,可得弭盗之道焉。今不必空言,清心寡欲,潜移默化也。第采东西各国之法,广兴工艺、农桑、森林、牧畜各实业,使民衣食有资,然后遍设警察以稽查其出入,使之无所潜藏窝顿,庶几盗少息焉。而其要尤在能得良吏,苟无良吏,则以上二者皆具文也。至于窃盗各例,不过治标之法,现因过于密苛,上年奏请,以将各省专条删除,惟其中参差之处,犹复不少。兹择其切于紧要、通常引用者,节录数条,其余概从割爱。

一,窃盗再犯,计赃罪应杖六十者,加枷号二十日。以五日为一等,以次递加,至杖一百加枷号四十日,交保管束。至行在拿获窃盗罪应杖笞者,枷号一个月,满日杖一百。徒罪以上仍照本律定拟。

一,窃盗三犯,除赃至五十两以上照律拟绞外,其五十两以下至三十两者,改发烟瘴充军。三十两以下至十两以上者,边远充军。如银不及十两者,杖一百流三千里。

一,窃盗三犯,应按其第三犯窃赃多寡,照例拟罪,毋得将从前初犯、再犯业已治罪之赃通算重科。

按:以上三科,第一条系于律内初犯、三犯中间补出再犯一项,第二、三条系因律文不论赃数拟绞一语未免过严,且不平允,仍于三犯中分别赃数多少拟以绞候军流,皆足补律所未备。

一,寻常窃盗,除并无伙众持械及虽伙众持械而赃至满贯罪无可加,或犯该军流发遣者,均仍照律例办理外,其有纠伙十人以上但有一人执持器械者,不计赃数、次数,为首发烟瘴充军,为从满徒。若纠伙十人以上并未持械及纠伙三人以上但有一人持械者,不计赃数、次数,为首满徒,为从减一等。如未得财,于军徒罪上递减一等问拟。

一,窃盗抢夺掏摸等犯到官,应将从前犯案次数并计。若遇恩赦,其从前所犯原案咸予赦除,免其并计,并免刺字,仍以初犯论。如得免并计之后再行犯窃,复遇恩赦,后犯案到官,审系再犯、三犯,俱照初次恩诏后所犯次数并计科罪。若遇清理庶狱恩旨，免罪不免刺者，仍行并计，按照从前次数定拟。

一，窃盗于得免并计之后，因窃问拟军流徒罪，在配释回，复行犯窃，如止一二次，仍照得免并计后，各分初犯、再犯、三犯科罪。若犯至三次以上同时并发者，照积匪猾贼例拟军。

一，未经得免并计之犯，因窃问拟军流徒罪，在配释回不知悛改，如为首纠窃四次，或虽未纠伙而被纠叠窃及独窃至六次者，并初犯、再犯之贼为首纠窃六次，或被纠叠窃及独窃至八次者，均照积匪猾贼拟发极边烟瘴充军。其未经得免并计之犯，因窃问拟军流徒罪，在配释回，为首纠窃三次，或被纠叠窃及独窃四次，并初犯、再犯之贼为首纠窃四次，或被纠叠窃及独窃六次并发者，均照积匪猾贼例量减一等，满徒。其三犯及赃重者，仍按本例从重论。

又光绪十三年章程：窃贼施放洋枪拒捕成伤，为首并帮同放枪之犯皆斩监候，秋审情实，杀人者加以枭示，寻常行窃持枪之犯，虽未拒捕，发极边充军。

按：以上五条，首二条系于律文计赃而外，又分出结伙持械持枪各重情，从严治罪。后三条系分别贼犯是否遇赦免其并计以为治罪轻重等差，总是恩典，准其只邀一次，不可再邀之意，而于律文计赃外又分出计次一法，均为办理窃盗者所当知也。

一，贼匪偷窃衙署服物者，不论赃数多寡，发烟瘴充军。未得赃者，徒三年，仍分别首从问拟。

一，现任官员乘坐船只、住宿公馆被窃者，计赃照寻常窃盗例加一等治罪。若寓居民房店铺，与商民杂处，无从辨识者，仍按寻常窃盗办理。

一，凡捕役兵丁地保等项在官人役有应捕之责，自行犯窃罪应军流徒杖，无论首从，各加枷号两个月，兵丁仍插箭游营。

一，店家、船户、脚夫、车夫有行窃商民，除计赃科断外，仍照捕役行窃例加枷号两个月。

一，回民行窃结伙三人以上但有一人持械，不分首从，发烟瘴充军。若三人以上徒手行窃者，徒三年。十人以上，虽未持械，仍照三人持械例拟军。未得财者各减一等。

一，旗人初次犯窃，即销除旗档。除徒罪以上，照民人一体刺字发配外，如罪止笞杖，照律科罪，免其刺字。后再行窃，以初犯论。其情同积匪、赃逾满贯者，子孙一并销除旗档为民。

一，窃盗逃走，事主仓皇追捕，失足身死及失财窘迫自尽者，如赃少罪轻不至满徒，照因奸酿命例徒三年。

按：以上七条，或因地加重，或因人加重减轻，或因酿命加重，皆窃盗案中特别之法，不可不知。

盗马牛畜产

律文：凡盗民间马牛、驴骡、猪羊、鸡犬、鹅鸭者，并计（所值之）赃以窃盗论。若盗官畜产者，以常人盗官物论。○若盗马牛（兼官私言）而杀者，（不计赃即）杖一百徒三年。驴骡，杖七十徒一年半。若计赃（并从已杀计赃）重于（徒三年、徒一年半）本罪者，各加盗（窃盗、常人盗）罪一等。

此仍《明律》，顺治三年采《笺释》语添入小注。《唐律》盗官、私马牛而杀者，徒二年半，赃重者加凡盗一等。若盗杀犙牛不用耕驾者，以凡盗论。盖以牛马军国所用，与余畜不同，若盗而杀，故拟罪较重。现律于马牛外又添出驴骡、鸡犬等项，与《唐律》之义不同。《唐律》系盗而兼杀，不分官私。现律官私分科，又分出盗而未杀一层，盗则分别官私，若盗而兼杀则官私同罪，无所区分，较《唐律》似为详备。此外，又有非盗而杀之罪，见《兵律·厩牧门》宰杀马牛律，宰杀又分私宰自己马牛与故杀他人马牛及亲属马牛罪，止徒一年半，较此盗杀为轻。盗杀止言牛马四项，不言猪羊各项，均系应杀之物也。律文盗牛盗马俱系计赃定罪，例则牛以只数论，马以匹数论，至二十匹只者拟绞，不至二十者从重加以枷号。律文盗杀罪止满徒，例则从重加枷号一月，充军。律盗官马者亦系照常人盗计赃，例则二匹以下照律计赃，三匹以上加重拟满流，十匹以上拟绞，均较律加严。且律浑言官马，例于官马中又分御用郭什哈马、多罗马、驽马及太仆寺官马、察哈尔牧厩并蒙古马匹，又于牛马外添出盗驼一项，更添盗蒙古四项牲畜专条。盖蒙古牲畜较官马虽轻，究较平人之牲为重。《日本刑法》虽无盗牛马明文，而窃盗罪内于牧场窃取兽类一条，亦即中律盗官畜之意，但彼法处重禁锢二月以上、二年以下，较凡窃处重禁锢四年以下者稍轻，中律则较凡盗为重。又《俄律》偷窃马匹者发西伯利亚安插，或交教养局习艺一二年。盖俄国北地为产马之地，故亦立有专条，他国不载。**即此可见，刑律各因其俗，各有取意，不能强同，亦不必强效也。**此项律轻例重，现俱照例办理，故附录条例于后。

一，盗官马二匹以下，以常人计赃论。三匹以上，流三千里。十匹以上，首绞候，为从烟瘴充军。二十匹以上者,不分首从绞监候。窝主及牧马人自盗者亦如之。

一,盗牛一只,枷号一月杖八十。二只,枷三十五日杖九十。三只,枷四十日杖一百。四只,枷四十日徒一年。五只,枷四十日徒二年。五只以上,枷四十日徒三年。十只以上,流三千里。二十只以上,绞监候。盗杀者,枷一月,附近充军,俱刺字。窝家知情分赃,与同罪。知情不分赃,杖一百。

一,行围巡幸地方,偷窃马匹五匹以上,绞立决。三匹、四匹,烟瘴充军。一二匹,湖广等省充军,为从及知情故买者,减一等。

一,盗御用郭什哈马者,首绞决,从监候。盗多罗马,枷号六月,边远充军。盗驾马,枷三月,近边充军。牧马官兵盗者罪同。

一,偷窃蒙古牛马驼羊四项牲畜(羊四只作牛马驼一只)三十匹以上,不分首从绞监候,秋审首实,从缓。二十匹以上,不分首从绞。十匹以上,首绞监候,为从烟瘴地方充当苦差。六匹至九匹,首发烟瘴,从发湖广等省。三匹至五匹,首发湖广等省,从发山东等省。一二匹,首发山东等省,从鞭一百。窃羊不及四只,首鞭一百,从减一等。

一,外边官兵及跟役盗蒙古马匹者,即在本处正法,其蒙古偷盗官兵马匹,或官兵自相盗马者,仍照旧例。

一,察哈尔等处牧厂偷卖官牲畜及宰食者,官革职,发黑龙江当差。牧丁发烟瘴充军。十匹以上,为首绞监候,从烟瘴充军。二十匹以上,首从俱绞监候。知情故买者减一等。

按以上各例,大抵官牲重于私牲,而边地蒙古尤重于内地,故特立专条,不照律文定罪。惟窃蒙古四项畜牲,理藩部新例与此参差。用时须彼此合参,从其轻者引之。

盗田野谷麦

律文:凡盗田野谷麦、菜果及无人看守器物(谓原不设守及不待守之物)者,并计赃准窃盗论,免刺。○若山野柴草、木石之类,他人已用工力砍伐积聚而擅取者,罪亦如之。(如柴草、木石虽离本处,未驮载间,依不得财笞五十。合上条,有拒捕,依罪人拒捕。)

此仍《明律》,顺治三年及雍正三年增入小注。《唐律》无此名目,而有山野之物已加功力砍伐积聚而辄取者以盗论一条,与此律后一段情罪相同。此律当着眼田野、山野等字,若谷麦等物收取到家及有人看守,即不得引此,或原有人看守而偶然无人,亦不得谓之无人看守。盖物虽在外,原各有主,乘人不见而盗之,其情与盗相似,故准窃盗论罪。惟究系在外之物,与盗之家中者有间,故得免刺,其罪止于满流也。律文器物二字所包甚广,例则提出矿砂、人参及围场野鸡、鹿只、柴草等项,盗者从严论罪,又于人参以外补出偷挖黄芪、偷砍果松、私藏珠子、私带米石、貂皮等罪。律本计赃定罪,例则偷人参者以两数计,复以人数计,矿砂分别金银、铜锡折银定罪,又以聚至三十人者不论赃数,从重拟军;盗围场茶蔬者复以初犯、再犯、三犯定罪,而木植以斤数为计,畜牲以只数为计,果松以根数为计,头绪纷繁,办理诸多参差。上年已将偷窃果松、黄芪二条删除,其余亦多无关引用之条,只可择要讲习。查《日本刑法》于田野窃取谷类、菜果,山林窃取竹木、矿物,川泽、池沼窃取人所畜养产物,均处重禁锢一年以下一月以上,较踰越门户墙壁行窃处五年以下禁锢者减轻数等。《法国律》亦有盗田野已刈之谷草及沼内所养之鱼者,处以十五日至两年禁锢刑,其情事皆与此律相似,而拟罪轻重不同,则各因其俗也。此门条则甚多,兹择其现当常用者,节录于右[左]。

一,凡盗掘金银、铜锡、水银等矿砂,每金砂一斤折银二钱五分。银砂一斤折银五分。铜锡、水银等砂一斤折银一分二厘五毫,俱计赃准窃盗论。若在山洞捉获拒捕者,伤非金刃,伤轻平复,不论人数、砂数发边远充军。若杀人及刃伤、折伤,为首照窃盗拒捕律斩,为从减一等。不曾拒捕而聚至三十人以上者,不论砂数,初犯、再犯,为首近边充军,为从枷三月,照窃盗罪发落。若不拒捕又人数不及三十名者,为首枷三月,照窃盗罪发落,再犯近边充军,为从照窃盗罪发落。

一,旗民人等偷刨人参,如有身充财主雇人刨采及在外已过三冬,人数未及四十名,参数未至五十两者,发烟瘴管束。若人至四十名以上,参至五十两以上,为首及头目并窝家俱绞监候,为从发烟瘴。未得参者各减一等。如一时乌合,只身潜往得参者,一两以下徒一年。一两至五两,徒一年半。一十两,徒二年。一十五两,徒二年半。二十两,徒三年。二十两以上至三十两,流二千里。每十两加一等,罪止流三千里。为从及未得参各减一等。私贩,照私刨减一等。拟徒之犯释回复犯,发附近充军。

一,民间农田,如于己业地内费用工力挑筑池塘蓄水,擅自窃放灌己田者,照侵占他人田一亩以下笞五十，五亩加一等，罪止徒二年。有拒捕者，以罪人拒捕科断。如被应捕人杀伤，依擅杀伤罪人问拟。若于公共江河沟渎筑堰，及于公共地内筑塘占为己业者，俱不得滥引此例。

一，私入木兰等处围场及南苑偷窃菜蔬、柴草、野鸡等项，初犯枷号一月，再犯枷两月，三犯枷三月，满日杖一百。若盗砍木植、偷打牲畜及刨鹿窖者，初犯徒三年。再犯及初犯偷窃木植五百斤以上，牲畜至十只以上，或雇倩多人者，俱发极边充军。三犯者发新疆种地。为从及偷窃未得者各减一等，贩卖者又减一等。看守兵丁有犯，加一等。至察哈尔及札萨克旗下蒙古有犯，亦照此例问拟。

按：以上各例亦系盗矿，一系盗参，一系偷窃围场，均属专条。至农田蓄水，分别己业与公共以为问拟斗杀、拒杀之根由。此外，又有旷野白日盗田园麦谷等项，擅杀拟徒拟绞之例，载在《夜无故入人家》门内，当与此例一并参之。

亲属相盗

律文：凡各居（本宗、外姻）亲属相盗（兼后尊长、卑幼二款）财物者，期亲减凡人五等，大功减四等，小功减三等，缌麻减二等，无服之亲减一等，并免刺。（若盗有首从而服属不同，各依本服降减科断，为从各又减一等。）若行强盗者，尊长犯卑幼，亦（依强盗已行而得财、不得财）各依上减罪，卑幼犯尊长以凡人论（不在减等之限）。若有杀伤者（总承上窃、强二项），各以杀伤尊长、卑幼本律从（其）重（者）论。○若同居卑幼将引（若将引各居亲属同盗，其人亦依本服降减，又减为从一等科之。如卑幼自盗，止依擅用，不必加）他人盗己家财物者，卑幼依私擅用财物论，加二等，罪止杖一百。他人（兼首从言）减凡盗罪一等，免刺。若有杀伤者，自依杀伤尊长、卑幼本律科罪。他人纵不知情，亦依强盗（得财、不得财）论。若他人杀伤人者，卑幼纵不知情，亦依杀伤尊长、卑幼本律（仍以私擅用加罪及杀伤罪权之）从（其）重（者）论。○其同居奴仆、雇工人盗家长财物及自相盗者，（首）减凡盗罪一等，免刺。（为从又减一等。被盗之家亲属告发，并论如律，不在《名例》得相容隐之例。）

此仍《明律》，顺治三年添入小注，雍正三年删改。《唐律》分作二门：一系盗缌麻小功财物，一系卑幼将人盗己家财物。《明律》合为一门，又添雇工盗家长及自相盗一项。《唐律》止言窃盗而未及强盗，若行强者照通律加二等，此则卑幼强盗尊长以凡论，尊长强盗卑幼以次递减，似较《唐律》为严，而《唐律》减罪止分三等：期亲减三等,大功二等,小功缌麻同减一等,现律缌麻、小功分作二等,又添无服之亲一层,共减五等。且《唐律》亲属止言本宗,外姻不在其内。现律小注系兼本宗外姻在内,则又较《唐律》为宽,惟是外姻无服之亲名色甚繁,引拟每致失当,故现例载明以律图为断,其律图不载者,不得滥引减等。律文共分六层:各居亲属相盗一层,亲属行强盗一层,因盗殴伤一层,同居卑幼引他人同盗一层,亲属他人杀伤一层,同居奴雇盗家长及自相盗一层。此律止言亲属强、窃盗而未及抢夺,故抢夺例内有亲属无抢夺,止依恐吓科断之语也。律止同居卑幼引他人窃盗而未言强盗,故例补出同居卑幼引他人强劫己家者依凡人论斩奏请定夺一条。律止奴雇窃盗家长,例又补出奴雇强劫家长及勾引外人同劫者,照凡人强盗律,其有杀伤家长者,依律从重论一条。且律文奴雇窃盗家长得减一等,例则不减,仍照窃盗律治罪。若系起意勾引外人同盗者,又计赃递加一等。例又于律外补出无服亲属内若素有周恤或讬管田财肆窃肥己者,即以凡人窃盗论,不得减等,仍免刺字。若赃至满贯,系尊长得照律拟以满流,系卑幼,拟绞监候缓决云云。大抵律轻例重,以上皆律例歧异之处,所当一并合参者。《日本刑法》:祖父母、父母、夫妻、子孙或同居之兄弟姐妹互相窃财者,不在以窃盗论之限。又《改正刑法》:凡直系血族及同居亲族犯窃取财物者,免除其刑,若系其他亲属,须待告诉而后论罪云云。虽不如中律以服制之远近为减罪之层次较为详细平允,然其敦睦亲厚、教人恤族之心则一也。至于亲属因盗杀伤律外,又有总例分断甚明,足补律所未备。备录于右[左],以备研究。

一,亲属相盗杀伤之案,除卑幼行强盗及尊长放火强劫图奸谋杀卑幼各以凡论外,如期服以下至无服尊长强、窃盗及抢夺卑幼财物杀伤卑幼者,各就服制中杀伤卑幼及同姓亲属相殴并亲属相盗各本律相比,从其重者论。卑幼窃盗及抢夺尊长财物杀伤尊长者,以凡盗杀伤之罪与服制杀伤及同姓亲属相殴各本律相比,从其重者论。若期服以下至无服尊长强窃盗及抢夺卑幼财物,并卑幼窃盗及抢夺尊长财物杀伤并无尊卑名分之人(如兄弟妻及无名分雇工人之类),亦各就亲属相殴及凡斗杀伤并亲属相盗各本律相比,从其重者论。其因抢窃亲属财物,被尊长卑幼及并无尊卑名分之人杀伤者,亦各依服制杀伤及同姓亲属相殴并凡斗杀伤各本律问拟,均不得照凡人擅杀伤科断。

恐吓取财

律文：凡恐吓取人财者，计赃准窃盗论加一等（以一主为重，并赃分首从，其未得财者亦准窃盗不得财罪上加等），免刺。若期亲以下自相恐吓者，卑幼犯尊长，以凡人论（计赃准窃盗加一等），尊长犯卑幼，亦依亲属相盗律递减科罪。（期亲亦减凡人恐吓五等，须于窃盗加一等上减之。）

此仍《明律》，顺治三年添入小注。《唐律》谓之恐喝取财。诸恐喝取人财物者，准窃盗论，加一等。虽不足畏忌，财主惧而自与，亦同。口恐喝亦是。展转传言而受财者，皆坐为从。若为人所侵损，恐喝以求备偿，事有因缘之类者，非缌麻以上自相恐喝者，犯尊长以凡论，犯卑幼依本法。又监临恐喝所部取财，准枉法。若知有罪不虚恐喝取财者，合从真枉法断云云。其拟罪与现律相同，而分晰较为详细。至监临恐喝，律虽无文而条例补出，亦与《唐律》情罪符合。此等匪徒内蓄穿窬之心，外托公强之势，恶其情逾窃盗，故准窃盗论而加一等，原其实非真盗，故免刺而无死罪也，轻重之间者皆有至理。《日本刑法》：凡恐喝骗取财物及证书类者，处重禁锢二月以上、四年以下，与窃盗拟罪从同。此外又加罚金四圆至四十圆，又较窃盗为重。盖即中律准窃盗论加一等之意，不过罪名不同耳。其名不曰恐吓而曰恐喝，尚沿《唐律》旧文。盖日本维新以前，刑法遵用《唐律》，现虽改用欧律而名词仍多未变，即此可见。恐吓以外又有捉人勒赎，刁徒酿命，棍徒扰害及光棍各例，以其情近恐吓取财，故附此门。现在用处甚多，而捉人一项又有新章，均当参考。故并录之。至于各省专条，如广东之打单吓诈，苗人之伏草捉人及擅入苗境藉差欺凌，江苏、山东、河南、陕西、安徽之带刀挟诈逞凶，黔省之帽顶大五小五，盛京之横河拦绠诈索，江西之拜会抢劫，山东、安徽之结捻结幅强当讹索，安徽之水烟箱主及旗民之指称隐匿逃人诈财、太监出外索诈并绰号棍徒各项，皆系一时一事，非通用之例，现在有删除者，亦有未删者。兹特约举名目，略知大概，其详情可不必深究，以惜精力。

一，监临恐吓所部取财，准枉法论。若知人犯罪而恐吓取财者，以枉法论。

一，凶恶棍徒屡次生事行凶，无故扰害良人，确有实据者发极边足四千里安置。（凡系一时一事实在情凶势恶者，亦照例拟发）。如并无凶恶实迹，偶然挟诈逞凶及屡次藉端索借，赃数无多，尚非实在凶恶者，仍照所犯定拟，不得滥引此例。

一，恶棍设法索诈官民，或张贴揭帖，或捏告各衙门，或勒写借约吓诈取财，或因斗殴纠众系扼谎言欠债逼写文券，或因诈财不遂竟行殴毙，此等情罪重大实在光棍，不分曾否得财，为首斩决，为从绞监候。犯人家主父兄各笞五十，家主父兄首者免罪。犯人仍照例治罪。

一，刁徒无端肇衅，平空讹诈欺压乡愚，致被诈之人因而自尽者，绞监候。拷打至死，斩监候，秋审入实。为从各减一等。如死者实系奸盗等项及一切作奸犯科有干例议之人，虽非凶犯干己事情，究属事出有因，为首减等满流，为从满徒。若凶犯所藉之事，在死者本无罪可科，或虽曾实有过犯而凶犯另捏别项虚情讹索者，均属无端肇衅，不得率予量减。

一，捉人勒索之案，除用强房捉逼令上盗依强盗律斩决，或被捉之人因病身死依威力制缚及主使各本律例拟绞外，如将被捉之人拒伤身死，或于房捉后谋故殴杀者，首犯斩决，为从谋杀加功者绞候，不加功者烟瘴充军。若拒杀斗杀，为从帮殴刃伤折伤者，绞监候，非金刃、非折伤者，发新疆为奴。未经帮殴成伤者，烟瘴充军。如将被捉之人任意凌虐，或未凌虐而致被捉之人自尽者，为首斩监候，为从帮同凌虐或无凌虐而助势逼勒者，发新疆为奴。仅止听从房捉关禁，尚无助势逼勒情事者，烟瘴充军。至审无凌虐重情，止图获利关禁勒索，为首发新疆为奴，为从极边充军。其因细故逞忿，并非图利勒索，止于关禁数日，服礼后即放回者，为首满徒，为从减一等。如聚众拒杀兵役，首斩立决，为从分别是否帮殴刃伤、折伤及非刃伤折伤，绞监候、发遣为奴。其伤人未死，刃伤及折伤，首犯斩候，为从新疆奴。如勒索本罪已至斩决者，加枭。已至斩绞监候者加拟立决。若并未聚众拒捕及伤非金刃折伤者，仍照拒捕律加本罪二等。至遣罪无可复加者，到配加枷号三个月。

一，两广捉人勒索之案，如被捉数在三人以上及房捉已至三次或将十岁以下幼童捉赎，除被胁同行或本罪至斩决无可复加外，其余罪应斩绞监候者加拟立决，罪应遣军者加拟绞监候，罪应徒者发极边充军。其有勒赎得赃数至一百二十两以上，首犯亦由遣加拟绞监候。

按：此例本系两广专条，光绪十三年经直督奏准通行各省一体照办，现已成为通例，与他省专条不同，故舍被而录此。

又，光绪二十四年新章，嗣后捉人勒赎之案，如结伙三人以上持械入室倚强掳捉已成形同强盗者，即照强盗不分首从律皆斩立决，其执持鸟枪洋枪者加枭。若拒捕杀伤事主，亦照强盗杀伤人例科断。在途掳捉数在三人以上或所捉系十五岁以下幼童或掳捉已至三次以上,或勒赎得赃在一百二十两以上四项中兼有两项,即由绞候改为绞决。若无前项重情,仍照旧例办理。

按:《唐律》:诸有所规避而指[执]持人为质者皆斩,部司及邻伍知见避质不格者,徒二年。**质期亲及外祖父母者,听身避不格云云**。即今捉人勒赎之罪,《唐律》另立专门,不与恐嚇附合。明代删去此律,举世并不知有此等罪名。至国朝乾隆年间因苗人有伏草捉人之犯,始设立专条附于恐嚇取财门内。近年两广直隶此风甚炽,渐至沿及各省,是以改为通例,现又定有新章,从重照强盗治罪,亦时势所趋,不得不然者也。考之《汉律》,捉人勒赎谓之持质,《赵广汉传》富人苏回为郎,二人劫之为质,令家将财物赎之。又《后汉·桥元传》亦有此事,且云乞下天下,凡有劫者,皆并杀之,不得赎以财宝,开张奸路云云。又光[建]武九年,盗劫阴贵人母弟,吏以不得拘执迫盗,盗遂杀之也。又,《三国志》降人共执持夏侯惇,责以宝货,其将韩浩勒兵诣惇所,叱持质者曰:汝等凶逆,乃敢执劫大将军,复欲望生耶?吾受命讨贼,岂敢以一将军之故而纵汝乎?泣谓惇曰:当奈国法何?促召兵击持质者。持质者惶遽叩头,言我但欲乞资用去耳。浩叹责,皆斩之。惇乃免,魏太祖闻之,谓浩曰:卿此可为万世法,乃著令。可见现例本之《唐律》,而《唐律》仍本之《汉令》,《明律》不载此条,未知何故。

诈欺官私取财

律文:凡用计诈(伪)欺(瞒)官私以取财物者,并计(诈欺之)赃,准窃盗论,免刺。若期亲以下(不论尊长、卑幼,同居、各居)自相诈欺者,亦依亲属相盗律递减科罪。○若监临主守诈(欺同监守之人)取所监守之物者,(系官物)以监守自盗论。未得者减二等。○若冒认及诓赚、局骗、拐带人财物者,亦计赃准窃盗论,(系亲属亦论服递减)免刺。

此仍《明律》,顺治三年添入小注。《唐律》:诈欺官私以取财物者,准盗论。注云:诈欺百端皆是。若监主诈取者自从盗法,未得者减二等。知情而取者坐赃论,知而买者减一等,藏者减二等。此律删去末后数语,而添入冒认诓赚一节。盖诈欺与恐吓不同,恐吓者,其人怵于恐吓之势,无奈而与之。诈欺者,设计以罔人之不知,而其人自与之。恐吓近乎强盗,故加一等。诈欺近乎窃盗,故准窃盗不加。诈欺分别官私,诈欺官者,如领官银办公,用计诈为费用,虚数瞒官而取之之类。诈欺私者,如见人有财，用计诈为营谋事情以瞒人而取之之类。至物非己有而妄冒他人之名认为己有，曰冒认。诓者，哄也，谎也。赚者，卖也。设为谎言而卖其人以取人财曰诓赚。局者，博以行棋之具，犹圈套也。骗者，乘也，跃上马曰骗。装成圈套，使人入其中而不得出，因得其财而乘之曰局骗。因事遇便而携取人财物曰拐带，皆诈欺取财之类。《日本刑法》：凡恐吓取财物者，为诈欺取财。又乘幼者之知识浅薄，或人之精神错乱，使之授与财物，或贩卖物件，交换之时变其物质，或伪为分两交付人者，或冒认他人之产贩卖交换，或作为抵当典物，或自己之产已作为抵当典物而欺隐卖与他人者，或重为抵当典物者，均以诈欺取财论，处重禁锢二月以上、四年以下云云。与中律之局骗、诓赚名异而实相同，而恐吓统于诈欺，不分两项，亦与《唐律》相近。律文浑言诈欺，例则指出随考棚试枪手、指称衙门打点及赌赛市价涨落并钱铺关闭各项，皆诈欺中之尤著者，均有关于引用，故节录之。

一，学臣考试，有积惯随棚代考之枪手，审实，枷号三个月，发烟瘴充军。雇倩枪手及包揽之人同罪。知情保结之廪生杖一百。窝家不知情者，照不应重律治罪。傥有别情，从重科断。有赃者以枉法从重论。

一，生童考试，有棍徒捏称给与字眼记论骗财者，枷号三月，发烟瘴充军。被骗生童徒三年。若仅用虚词诓骗未成者，分别量减杖枷。

一，代请枪手，如场外经提调访拿，或被生童禀首者，为未成。如已顶名入场，无论当时被获、事后发觉，俱为已成。未成者，分别已成量减治罪。

一，凡指称买官买缺，或称规避处分及买求中式等项诓骗听选，并应议官吏及举监生员人等财物者，如诓骗已成，财已入手，无论多寡，不分首从，俱枷号三月，发烟瘴充军。其夤缘营干致被诓骗者，免枷，照前发遣。若诓骗未成，议有定数，财未接受，减一等徒三年，加枷号两月。被诓者杖一百，免枷。但经口许，并未议有定数，杖一百，枷号一月，被骗者杖八十。若甫被诓骗即行首送者，诓骗人照恐吓未得财律治罪，被骗者免议。

一，指称官员名头并各衙门打点使用名色诓骗财物，计赃，徒罪以上不分首从发近边充军。情重者枷号两月，发遣。（如亲属指官诓骗，依律，不可引例。）

一，京城钱铺令五家联名互保，如有侵蚀、藏匿、闭门逃走者，立即拘拿监禁，一面将寓所资财及原籍家产行文查封，仍押追在京家属勒限两月，全数开发完竣，其起意关闭之犯枷号两月，杖一百。逾限不完，统计数在一百二十两以下者，照诓骗财物律论罪。至一百二十两发附近，一百二十两以上至三百三十两发近边，六百六十两发边远，至一千两发极边四千里，均充军。一千两以上，发黑龙江当差。一万两以上绞，均勒限一年，全完，枷责释放，不完，再限一年。全完者，死罪减二等，军流以下枷责发落。若不完，军流以下即行发配，死罪再限一年，不完，永远监禁。所欠银钱勒令互保之四家均匀给代发，免其治罪。如四家不愿代发，或代发未完，准窃盗为从律减一等，徒三年。地方官遇有关闭，不行严拿，致人远扬，严参议处。

一，京城钱铺关闭，如有包揽票存、折扣开发者，照棍徒生事例治罪。如有通同作弊，包揽折扣者，与犯同罪。受财以枉法论。其有藉名取钱，踹毁门窗，抢去什物者，照棍徒例治罪。

一，奸民卖空买空，设局诱人，赌赛市价长落，其卖空者照诈欺局骗人律准窃盗论，买空者照为从律减一等。

按：此律[例]本系京城专条，光绪二十五年由江督奏请交部议准，嗣后开设公司钱铺，如有侵蚀、倒闭、捲逃股本、移匿客货者即照京城钱铺关闭例定拟，现已通行各省，一律照办矣。又，去年商部定有《破产律》更加详密，可与此律例一并参之。

略人略卖人

律文：凡设方略而诱取良人（为奴婢）及略卖良人（与人）为奴婢者，皆（不分首从、未卖）杖一百流三千里，为妻妾子孙者，（造意）杖一百徒三年。因（诱卖不从）而伤（被略之）人者，绞（监候），杀人者斩（监候，为从各减一等）。被略之人不坐，给亲完聚。○若假以乞养过房为名，买良家子女转卖者罪亦如之。（不得引例。若买来长成而卖者，难同此律）。○若和同相诱（取在己）及（两）相（情愿）卖良人为奴婢者，杖一百徒三年，为妻妾子孙者杖九十徒二年半。被诱之人减一等（仍改正给亲）。未卖者各减（已卖）一等。十岁以下，虽和亦同略诱法（被诱略者不坐）。○若略卖和诱他人奴婢者，各减略卖和诱良人罪一等。○若略卖子孙为奴婢者杖八十。弟妹及侄、侄孙、外孙、若己之妾、子孙之妇者杖八十徒二年。（略卖）子孙之妾，减二等，同堂弟、妹堂侄及侄孙者杖九十徒二年半。和卖者减（略卖）一等，未卖者又减（已卖）一等。被卖卑幼（虽和同以听从家长）不坐，给亲完聚。○其（和、略）卖妻为婢及卖大功以下（尊卑）亲为奴婢者，各从凡人和略法。○若（受寄所卖人口之）窝主及买者知情，并与犯人同罪（至死减一等），牙、保各减（犯人）一等，并追价入官。不知者俱不坐，追价还主。

此仍《明律》,顺治三年添入小注。《唐律》分作四门,略人略卖人为一条,略和诱奴婢为一条,略卖期亲卑幼为一条,知略和诱、和同相卖为一条,现律并作一门而分为七节。《唐律》拟罪多轻于《明律》,惟此项《唐律》反较《明律》为重。《唐律》略卖人为奴婢者绞,为部曲者流三千里,为妻妾子孙者徒三年,因而杀伤人,同强盗法,若和同相卖为奴婢者,皆流二千里。略奴婢者以强盗论,和诱者以窃盗论,罪止流三千里。略卖期亲以下卑幼为奴婢,并同斗殴杀法,和卖者减一等,卖余亲者从凡人和略法。诸知略和诱而买之者,减卖者一等。知祖父母、父母卖子孙及子孙之妾,若已妾而买者,各加卖者罪一等云云。惟略卖为妻妾子孙满徒一项与现律相同,余俱从重而办法亦有不同。至因略诱而杀伤人及略奴婢,均以强盗论,似乎过重。但《唐律》强盗不似现律之严,虽同强盗而其中仍有区别,非尽拟以死罪也。律文方略之略与略卖之略不同。方略,计谋也。又《字书》:不以道取曰略。如劫略、掳略则兼有威劫之意,诱取与略卖俱蒙上设方略言,谓设为方法谋略而将良人诱取为己之奴婢及略卖为人之奴婢也。取于家曰诱,卖于人曰略。此等阴行诡计,欺罔无知,散离其骨肉,残辱其身体,其情至重,其法应严。律虽罪止于流,非有杀伤不拟以死。现例已改从严,不分诱拐良人、奴婢及卖为子孙、奴婢,但系和同相诱,均拟军罪。若被诱之人不知情,即拟绞候,较律似为直截简当,而罪名亦与《唐律》相合。盖略诱子女为奴婢,古律本系死罪,见顾氏《日知录》,非自《唐律》始也。现俱依例办理,律文久成虚设。惟因略和诱而杀伤人,例无明文,有犯仍须用律。再,律止言亲属略和诱卖,例又于略和诱中指出有奸情者从重定拟。律止言卖期亲卑幼及大功以下尊长,例又补出卖期亲尊长一项,皆与律互相发明。至兴贩妇女及卖受寄子女,并奴雇略卖家长亲属,奸民诱骗愚民卖给洋人等项,皆足补律未备。此门必须律例合参,故节录条例于后以备研究。《日本刑法》:略取未满十二岁幼者,或诱拐,或交付他人,处重禁锢一年以上、五年以下,附加罚金四十圆以上、百圆以下。略取十二岁以上至未满二十岁幼者,减一等。其诱拐者又减一等。知略取诱拐之幼者而作为家属仆婢,但略取诱拐之幼者,从礼式成婚姻之时无告诉之效。又略取诱拐为满二十岁之幼者,交付外国人者处轻惩役云云。详绎此法,止言二十岁以下幼者,可见诱拐二十岁以上之长者即不论罪矣。而略取诱拐后以礼成婚者,即不得告诉,此亦中国难行之事,勉强行之,不但伤风败化,必致酿成杀伤劫夺之祸,至于乱而后已。

一，凡诱拐妇人子女，或典卖，或为妻妾子孙者，不分良人奴婢，已卖未卖，但诱取者，被诱之人若不知情，为首绞候，为从满流，被诱之人不坐，如拐后被逼成奸亦不坐。其和诱知情之人，为首极边充军，为从及被诱之人减等满徒。若并无和同诱拐，分赃暂寄留数月者，枷号两月。妇人有犯，罪坐夫男。夫男不知情及无夫男者，仍坐本妇，照例收赎。

一，诱拐内外大功以下、缌麻以上亲及亲之妻，审无奸情者，仍依和略卖大功以下尊卑亲本律问拟徒流。若因奸而拐及因拐而和奸，除从祖祖母、祖姑、从祖伯叔母、从祖伯叔姑、从父姊妹、母之姊妹及兄弟妻、兄弟子妻者各依律绞决外，余俱照凡人诱拐例拟军。至诱拐期亲以下、缌麻以上亲之妾，毋论曾否通奸，概照凡人诱拐例定拟。惟奸父祖妾者依律斩决，不在此例。诱拐者仍以凡论。

一，和诱、略卖期亲卑幼依律分别拟徒外，若略卖期亲尊长照强抢期亲尊属例拟斩监候。和者减一等满流。如因和诱而奸，仍依律各斩立决。

一，奴及雇工略卖家长之妻女及子者，拟斩监候。其因略卖而又身犯杀伤奸淫等罪，仍各照本律分别斩决凌迟，从重科罪。至略卖家长之期功以下亲属，仍照例拟绞。和者即发极边烟瘴充军。

一，兴贩妇人子女转卖与他人为奴婢者流三千里，为妻妾子孙徒三年，为从各减一等。

一，凡将受寄他人十岁以下子女卖为奴婢者极边充军，为子孙者徒三年，为从各减一等。若将受寄十一岁以上子女和同卖为奴婢子孙者，分别首从各递减一等。子女不知情者，仍照前例问拟。被卖之人不坐，给亲领回。知情故买者减一等，不知者不坐。

一，内地奸民诱骗愚民雇与洋人承工，其受雇人并非情甘出口，因被拐卖威逼致父子兄弟离散者，但系诱拐已成，为首斩立决，为从绞立决，仍一面按约照会外国领事官将被拐之人释放送回。其华民情甘出口在外国承工者，仍准其立约，赴各口下船，毫无禁阻。

发冢

律文：凡发掘（他人）坟冢见棺椁者，杖一百流三千里，已开棺椁见尸者绞（监候），发而未至棺椁者杖一百徒三年。（招魂而葬亦是。为从减一等。）若（年远）冢先穿陷及未殡埋而盗尸[柩]（尸在柩未殡或在殡未埋）者,杖九十徒二年半,开棺椁见尸者亦绞（杂犯）。其盗取器物、砖石者,计赃准凡盗论,免刺。○若卑幼发（五服以内）尊长坟冢者同凡人论,开棺椁见尸者斩（监候）。若弃尸卖坟地者罪亦如之。买地人、牙保知情者各杖八十,追价入官,地归同宗亲属。不知者不坐。若尊长发（五服以内）卑幼坟冢开棺椁见尸者,缌麻杖一百徒三年,小功以上各递减一等。（祖父母、父母）发子孙坟冢开棺椁见尸者杖八十。其有故而依礼迁葬者,（尊长、卑幼）俱不坐。○若残毁他人死尸及弃尸水中者,各杖一百流三千里。（谓死尸在家或在野未殡葬,将尸焚烧、残毁之类。若已殡葬者,自依发冢开棺椁见尸律从重论。）若毁弃缌麻以上尊长（未葬）死尸者,斩（监候）。弃（他人及尊长）而不失（其尸）及（毁而但）髡发若伤者,各减一等。（凡人减流一等,卑幼减斩一等。）○（毁弃）缌麻以上卑幼（死尸）,各依凡人（毁弃依服制）递减一等。毁弃子孙死尸者杖八十。其子孙毁弃祖父母、父母及奴婢、雇工人毁弃家长死尸者,（不论残、失与否）斩（监候）。律不载妻妾毁弃夫尸,有犯依缌麻以上尊长律奏请）。○若穿地得（无主）死尸不即掩埋者杖八十。若于他人坟墓（为）熏狐狸因而烧棺椁者杖八十徒二年,烧尸者杖一百徒三年。若缌麻以上尊长各递加一等。（烧棺椁者各加为杖九十徒二年半,烧尸者递加为杖一百流二千里。不可依服属各递加,致反重于祖父母、父母也。）卑幼各（因其服）依凡人递减一等。若子孙于祖父母、父母及奴婢、雇工人于家长坟墓熏狐狸者杖一百,烧棺椁者杖一百徒三年,烧尸者绞（监候）。○平治他人坟墓为田园者,（虽未见棺椁）杖一百（仍令改正）。于有主坟地内盗葬者杖八十,勒限移葬。（若将尊长坟冢平治作地,得财卖人,止问诓骗人财,不可作弃尸卖坟地断。计赃轻者仍杖一百。买主知情则坐不应重律,追价入官。不知情追价还主。）○若地界内有死人,里长、地邻不申报官司检验而辄移他处及埋藏者杖八十,以致失尸者（首）杖一百。残毁及弃尸水中者（首）杖六十徒一年（残弃之人仍坐流罪）,弃而不失及髡发若伤者各减一等（杖一百。若邻里自行残毁仍坐流罪）。因而盗取衣服者计赃准窃盗论,免刺。

此仍《明律》,原有小注,顺治三年增修,雍正三年改定。较诸《唐律》似为详备,而拟罪亦不大差。《唐律》:诸发冢者,加役流;已开棺椁者绞;发而未彻者徒三年。其冢先穿及未殡而盗尸柩者徒二年半;盗衣服者减一等;器物、砖版者,以凡盗论。又《疏义》问答云:尊长发卑幼之坟,不可重于杀罪;若发尊长之冢,止同凡人法云云。

可见《唐律》不言尊长、卑幼互相发冢之罪，已包括于问答之中。卑幼发尊长止同凡人，罪止于绞。现律卑幼发尊长冢，见尸者斩，已较《唐律》为重，而尊长发卑幼之冢究与《唐律》拟罪不同。且《唐律》止言发冢，现律添出毁弃死尸及烧棺烧尸、移尸不报并平治坟墓等罪，共分七节。首节言凡人发冢之罪。二节言亲属发冢之罪。三、四节言毁弃他人及亲属死尸之罪。五、六、七节因发冢毁弃之事而附及之。凡人发冢之罪重于毁弃亲属，毁弃之罪重于发冢。考之葬法，高者曰坟；封者曰冢；平者曰墓；开动曰发；穿地曰掘；在床曰尸；在棺曰柩。又《辑注》：见棺见尸，二"见"字，音胡甸切，显也，露也，作视解者谬。律文字法各有精意。总之，此律已较《唐律》为繁，而现行条律[例]更加细碎，于律文开棺见尸内又分出锯缝凿孔、尚未显露尸身一项，虽较开棺见尸者稍轻，究较仅见棺者为重。又于为从内分出帮同下手及在外瞭望二层，且律罪止绞候，例则改为立决，更由绞候改为斩决而奴仆犯主人者加以枭示，子孙犯父母者加以凌迟，较律重至数倍。近更增出许多名色，如指称旱魃刨坟毁尸，惑于风水发掘检视骸骨，争坟阻葬，开棺易罐，暗埋他骨、豫立封堆，伪说廞基、贪人吉壤，盗发远年坟冢埋葬，并发掘历代帝王、先贤，前代分藩郡王、亲王，本朝贝勒、贝子、公等项陵墓，名愈出愈奇，罪愈加愈重，意在严惩匪徒，反致失其平允，何者？凡发冢之犯与窃盗皆意在得财，《唐律》窃赃计数（赃）虽多，并无死罪，而一经发冢见尸即应拟绞，恶其因图财而祸及死尸，故不计得赃多少也。《辑注》云：在野之坟，虽发掘而不得同于强盗；已死之人，虽残毁弃而不得同于谋杀。可见，发冢祸及死尸，与杀人害及生命者有间。盖《礼》云：葬者，藏也，欲人之不得见也。《唐律疏义》引礼以释律文，罪与斗殴杀人同科，虽似稍严，亦尚得中。至现定之例，首犯立决，从亦监候，不但较斗杀为重，即较之谋故杀人亦为严厉，似未得平。《日本刑法》：发冢坟墓见棺椁死尸者，处重禁锢二月以上二年以下，加罚金三十圆以下。因而毁弃死尸者加一等。若毁弃应葬死尸者减一等。即《俄律》发冢剥尸者，亦止罚作十二年以下苦工。彼此互相比较，亦可见死尸轻于生命，而例内发冢见尸之拟斩决，未免过于重矣。但现在俱系照例办理，则例文似较律有裨实用，故择要节录于后，以备参考。

一，发掘常人坟冢开棺见尸，为首斩立决，为从绞监候。其发冢见棺，锯缝凿孔，抽取衣饰，尚为[未]显露尸身，为首绞立决，为从绞监候。见棺椁，为首近边充军，为从满徒。其有卑幼发掘尊长坟冢开棺见尸及锯缝凿孔之案，无论期服功缌，均照此例办理。

一，盗未殡未埋尸柩，锯缝凿孔，为首一二次满徒，三次总徒四年，四次以上边远充军，六次以上烟瘴充军。为从一二次徒二年半，三次徒三年，四次五次总徒四年，六次七次边远充军，八次以上烟瘴充军。

一，盗未殡未埋尸柩及发年久穿陷之冢，未开棺椁者徒三年，为从减一等。开棺见尸，为首一次边远充军，二次烟瘴充军，三次绞。为从一次总徒四年，二次边远充军，三次烟瘴充军，三次以上亦绞。

一，纠众发冢起棺索财取赎已得财者，将起意及为从下手之犯，俱照强盗律不分首从，皆斩立决，在场瞭望者发新疆为奴。未经得财，首犯斩决，从犯发新疆为奴。如发冢后将尸骨抛弃道路，并将控告人杀害者，亦斩立决。

一，发掘坟冢各案，但经得财，俱计所得之赃照窃盗赃科断。如赃轻者依本例，赃重者从重治罪。

按：以上数条俱系目前常用之例，此外如奴婢盗家长、子孙盗父母并服制内尊长卑幼互相发塚盗柩之条，俱较律文一概加重，其例繁多，不及备录。

夜无故入人家

律文：凡夜无故入人家内者杖八十，主家登时杀死者勿论。其已就拘执而擅杀伤者，减斗杀伤罪二等，至死者杖一百徒三年。

此仍《明律》，与《唐律》大同小异。《唐律》夜无故入人家者笞四十，此杖八十。《唐律》若知非侵犯而杀伤者，减斗杀伤二等，此则删去此层。《唐律》已就拘执而杀伤，各以斗杀伤论；至死者，加役流。此则添一"擅"字，减斗杀伤二等；至死拟以满徒，较《唐律》减轻二等。此律之意盖防奸盗而并戒擅杀也，重在"无故"、"登时"四字，无故入人家内，其意不测，少缓之，祸即及己，故杀死勿论。至于已被拘执，自当送官而擅行杀伤，故减斗杀伤罪二等，至死亦止满徒。欲防奸盗之衅，故宽擅杀之罪。此与《罪人拒捕门》已就拘执而杀，以斗杀论，拟罪有绞、徒之分者，彼之罪人已属在官人犯，脱逃拘执，其事已定，如有杀伤，必是捕人凌虐所致，故不减等。此则虽就拘执，尚在本家，主家疑虑彷徨，莫测其故，因有杀伤，其情可原，故宽其杀伤之罪，准减二等。情有各别，故罪不一律。考之古书，此律由来已久。《周礼》朝士职曰：盗贼军乡邑及家人，杀之无罪。注：军，言攻也。攻一家一人与一乡一邑同，杀之皆无罪。郑康成曰：即今律无故入人家及上舟车牵引人欲为匪者，杀之无罪是也云云。

可见汉时已有此律，《唐律》加入"夜"字，分别登时拘执，虽失古义，而其听民杀贼则同。《明律》诸重于唐，惟此项由加役流改为满徒，深得古人之意。夫人至不能保守身家，又不能忍受穷饿，小而鼠窃狗偷，大则明火执仗，此国家之乱民，所当锄治者也。此律听民自杀，虽擅杀罪止于徒，良有深意。盖良民，上所深爱，今以窃盗之故而不得安居，忿激一时，邂逅致死，罪至杖徒而害已深，原不忍迁徙良民之身家以偿盗贼之命也。若以良民之命而偿盗贼，不更失情法之平哉？现行条例于律文黑夜而外增出白日偷窃，又于律文入人家而外增出市野偷窃。律既分别登时、拘执，例又分别登时、事后、倒地向[拘]获。若系事后及倒地拘获，殴死从重拟绞，虽为慎重人命起见，究与古法大相背戾。钱氏维城有言：盗贼固命，良民亦命也。与其惜窃盗已死之命，何如惜良民未死之命。且恶其擅杀者，谓其不告官司耳。岂知告官司而仆仆讼庭，吏役需索，所失有过于贼者，即使无之，而废农荒业，民且不堪，又况事起倥偬，计不旋踵乎？或者谓事起黑夜，易起诈伪，不知案疑，则治案不宜移律以就疑，果使情涉游移，即当穷究根源，分别谋故、斗杀，又不得仅以罪人不拒捕颟顸了事也。或又谓盗固无论窃贼，不至死而轻杀之，彼特逼于贫耳。夫不能使民各安其生，不得已而为盗贼，此固在上者之责，不特窃贼可悯，盗亦可悯，而不可以此责之于民。且牧民者既已不能使民无盗贼矣，又以盗贼之故而杀民，是益之咎也。夫奸所获奸，杀之有无论者矣，奸亦不至于死也，律有不得捕奸之人，无不得捕盗之人，捕贼固重于捕奸矣。《孟子》论井田曰：守望相助，古人惧事主之力不足治贼，而责之于邻里，若并事主而禁之，毋乃长贼盗之势而夺民财乎云云。此段议论甚得律意，而长安薛氏《读例存疑》亦有窃贼为间阎之害，既予事主以捕贼之权，即不应以事主抵贼犯之命之语，所见大略相同。《日本刑法》：凡昼间无故入人住宅，因防止而杀伤者，宥恕其罪。又防止对财产放火并盗犯及防止夜间无故入人住宅，不得已而杀伤者，不论其罪云云。不但较现例为轻，即较唐明诸律亦轻，深得《汉律》、《周礼》遗意。现在俱系照例办理，例亦未可弃置，故节录于后，以备参考。

一，事主（奴仆雇工皆是）因贼犯黑夜偷窃，或白日入人家内院内偷窃财物，并市野偷窃有人看守器物，登时追捕殴打至死者，不问是否已离盗所，捕者人数多寡，贼犯已未得财，俱徒三年，余人杖八十。若贼犯已被殴跌倒地及已就拘获辄复叠殴致毙，或事后殴打致死者，均照擅杀罪人律绞监候。其旷野白日偷窃无人看守器物，殴打致死者，不问是否登时，俱拟绞监候，余人杖一百。如贼犯持仗拒捕，被捕者登时格杀,仍依律勿论。(凡刀械石块皆是持仗,事在顷刻,事出仓猝,登时抵格而杀,谓之格杀。)

一,邻佑人等因贼犯黑夜偷窃,或白日入人家内院内偷窃携赃逃遁,直前追捕,或贼势强横,不能力擒送官,登时仓猝殴毙者,徒三年,余人杖八十。若贼已弃赃或未得财,辄复捕殴致毙并已被殴跌倒地及就拘获后辄复叠殴,又捕人多于贼犯倚众共殴致毙者,仍照擅杀罪人律绞监候,余人杖一百。其贼犯持仗拒捕,登时格杀者勿论。

一,贼犯旷野白日盗田园谷麦蔬菜柴草木石等类,被事主邻佑殴打致死者,不问是否登时,有无看守,各照擅杀罪人律绞监候。其贼犯持仗拒捕,登时格杀者仍勿论。

按:以上三条,第一条言事主殴杀窃贼,只以倒地前后及是否拘获迭殴为拟绞拟徒之分。第二条言邻佑殴死窃贼,不但以倒地前后及是否拘获分别生死,又以是否得财弃赃及捕者人数多寡为拟徒拟绞关键,较事主不问人数多寡及有无得财俱拟满徒者治罪略严。至第三节[条]统言事主邻佑旷野白日殴死偷窃谷麦蔬菜之贼,与上二节[条]白日入人家内及黑夜偷窃者不同,且田野谷麦虽有人看守,究与市野之器物亦不同,故均拟绞抵,并无依律减等之文。一曰市野,一曰旷野,一曰器物,一曰谷麦等类,各有命意,不容含混,须细玩之。

盗贼窝主

律文:凡强盗窝主造意,身虽不(同)行,但分赃者斩。(若行,则不问分赃不分赃,只依行而得财者不分首从皆斩。若不知盗情,只是暂时停歇者,止问不应。)若不(同)行又不分赃者,杖一百流三千里。共谋(其窝主不曾造谋,但与贼人共知谋情)者,行而不分赃及分赃而不行皆斩。若不行又不分赃杖一百。○窃盗窝主造意,身虽不行,但分赃者为首论。若不行又不分赃者为从论(减一等)。以临时主意上盗者为首,其(窝主若不造意而但)为从者行而不分赃及分赃而不行,(减造意一等)仍为从论。若不行又不分赃笞四十。○若本不同谋,(偶然)相遇共(为强、窃)盗,(其强盗固不分首从,若窃盗则)以临时主意上盗者为首,余为从论。○其知人略卖和诱人及强、窃盗后而分(所卖、所盗)赃者,计所分赃准窃盗为从论,免刺。○若知强窃盗赃而故买者,计所买物坐赃论。知而寄藏者,减(故买)一等,各罪止杖一百。其不知情误买及受寄者俱不坐。

一，推鞫窝主窝藏分赃人犯，必须审有造意共谋实情，方许以窝主律论斩。若止是勾引容留往来住宿，并无造意共谋情状者，但当以窝藏例发遣，毋得附会文致，概坐窝主之罪。

此前一条系《明律》，顺治三年添入小注，惟三节"若本不同谋"数语系《唐律》原文，余均明所纂定。《唐律》止有容止盗贼之律而无窝主律。其容止盗者，里正笞五十，三人加一等，罪止徒三年，强盗加一等。明立此贼盗窝主之律，拟罪过于严厉，恐人附会滥杀，故复设此后条问刑之例，以明用律之法，与别项律外之例不同。故读此律者，须与此例合参，方无流弊。细玩例文，"必须"、"方许"、"但当"、"毋得"八字何等慎重，即此可见古人用律详审之意。《辑注》：窝主与窝藏不同，律与例不同，今人以容留即为窝家者非是。又《笺释》云：窝主者，凶谋自伊始也，窝藏不过为窝顿赃物之主家耳。情有不同，故罪分轻重。又《读律佩觿》云：窝主者，主其谋以为上盗之地也，窝家不过利其财，为盗之主家耳，凶念不自伊始云云。其分别窝主、窝藏甚为明晰。盖律之本意，原是重窝主之罪以靖盗源，造意共谋是此律之纲领，行不行、分赃不分赃是此律之条目。与强盗律相似而各有不同，强盗律以行劫为重，既不同行，虽以盗论，故无分赃不行之文。窝主身虽不行，亦得坐地分赃，故有分赃而不行之律。盖强盗重在上盗，故不行者并无死罪。此律虽重分赃，故不行而分赃者，亦同拟斩也。至于盗后分赃及买赃藏赃各项，律文系不分强、窃，一概问拟。现例分别窃赃、强赃，定有专条，不但强盗赃重于窃赃，即窃赃亦较律从重，律文已为虚设矣。《日本刑法》：知为强窃盗赃物而收受或寄赃故买及为牙保者，处重禁锢一月以上三年以下，附加罚金三圆以上三十圆以下，又付监视二年以下，亦系不分强窃拟罪，惟均尚与律文用意相同，不过罪名轻重有异耳。至于盗贼窝主，《日本刑法》亦无此名，惟《俄律》有窝藏偷窃减二等及知情容止贼匪发西伯利亚安插之罪，亦与中律相近，但此项罪名现俱舍律用例，故节录例文于后。

一，知窃盗赃而接买受寄若马骡等畜至二头匹以上、银货坐赃至满数者，俱问罪，不分初犯、再犯，枷号一月发落。若三犯以上，不分赃数多寡，俱免枷号，发近边充军。（接买盗赃至八十两为满数。受寄盗赃至一百两为满数。盗后分赃，至一百二十两以上为满数。）

一，窝留积匪之家果有造意及同行分赃代卖，改烟瘴充军。如有脱逃被获，即改发新疆当差。其未经造意又不同行,但经窝留分得些微财物,或止代为卖赃者,均减本犯一等治罪。至窝藏回民行窃犯至遣戍者,亦照窝藏积匪例分别治罪。

一,凡造意分赃之窝主,不得照窃盗律以一主为重,应统计各主之赃,数在一百二十两以上者拟绞监候。其在一百二十两以下亦统计各赃科罪。

一,顺天府五城及直隶、山东二省窝藏窃盗二名徒三年,三名以上近边充军,五名以上烟瘴充军。窝留积匪之家,无论贼犯在彼行窃与否,但经知情窝留,亦实烟瘴充军。

一,强盗窝主造意不行,又不分赃,发新疆为奴。若非造意,又不同行分赃,但知情存留一人,近边充军。二人,新疆为奴。三人以上,于发遣处加枷号三月。五人以上,枷号六月。如知情而又分赃,无论存留人数多寡,仍照窝主律斩。

一,洋盗案内知情接买盗赃之犯,不论赃数多寡,一次徒三年,二次近边充军,三次以上新疆为奴。

一,强盗案内知情买赃之犯照洋盗例定拟。其知而寄藏及代为销赃者,一次徒二年,二次徒二年半,三次以上徒三年。

以上三条,前已登入强盗门内,因系此门专条,有切实用,故仍载入,俾各以类相从。

按:盗贼窝主一项,律与例不同,新例又与旧例不同,情节介在几微而罪名显分生死。律言窝主,旧例言窝藏,系以有无造意共谋为拟斩拟遣界限,新例又变其法,止以分赃不分赃为斩遣之分,立法显有参差,引用每致其异,惟薛氏《存疑》折中律例,著有论说,言此最为详明,可作折狱准绳,附录于后以备参考:

强盗窝主情节亦有不同,造意共谋,或行而不分赃,或分赃而不行,均系同伙,虽窝主亦正盗也,自应与盗犯一律同科。若先不知情,盗后在家存留。或知其为强盗而容留往来,则应以窝藏论,分别人数定拟亦属平允。如行劫之前,因伊与事主家相近,先向商明在家停留。行劫后又至伊家分给赃物,无论造意共谋与否,即应以窝主论斩。又或招集亡命豢养在家,或与盗贼交结往来,坐家分赃,倚恃势力挺身架护者即巨盗也,更应以窝主论。

共谋为盗

律文:凡共谋为强盗,(数内一人)临时不行,而行者却为窃盗,此共谋(而不行)

者(曾)分赃,(但系)造意者(即)为窃盗首,(果系)余人并为窃盗从。若不分赃,(但系)造意者即为窃盗从,(果系)余人并笞五十,(必查)以临时主意上盗者为窃盗首。○其共谋为窃盗,(数内一人)临时不行,而行者为强盗,其不行之人(系)造意者(曾)分赃,知情、不知情并为窃盗首。(系)造意者(但)不分赃及(系)余人(而曾)分赃,俱为窃盗从。以临时主意及共为强盗者不分首从论。

此仍《明律》,顺治三年添入小注。《唐律》谓之"共谋强盗不行",明改为"共谋为盗",律文罪名全同《唐律》,惟字句稍有增改。其两节末后"以临时主意"句,《唐律》所无,系明所增。此律是专论共谋不行之人,但有谋窃行强、谋强行窃之法。至共谋为强,临时不行,而行者仍为强;共谋为窃,临时不行,而行者仍为窃。若系强盗,则当依后例分别办理;系窃盗,则当视情之轻重、赃之多少分别酌定,即与此律情节不符。《辑注》引公羊子曰:君子之恶恶也疾始,其善善也乐终。故谋强行窃者,不行之人从重;虽不分赃之余人,犹笞五十,所以谨其始也。谋窃行强,不行之人从轻,其不分赃之余人即不著其罪,所以与其终也。惟不行分赃之人,无论谋强行窃、谋窃行强,但系造意者,均以为窃盗首,系共谋者,均为窃盗从。盖谋强而分窃赃者,心虽可诛,而事究堪原;谋窃而分强赃者,事虽可恶,而心实无他,其情一,故其罪同也。此中律之最精细处,外国均无此法。现例又有共谋强盗临时不行而行仍为强盗一项,足补律所未备,故并录之。

一,共谋为强盗伙犯,临时畏惧不行而行者仍为强盗,其不行之犯事后分赃者流二千里,赃重者仍从重论,不分赃者杖一百。如因患病及别故不行,事后分赃者发新疆为奴。不分赃者徒三年。

此例《强盗门》内业已附入,因系此门专条,故复登之。

公取窃取皆为盗

律文:凡盗公取、窃取皆为盗。(公取,谓行盗之人公然而取其财,如强盗、抢夺。窃取,谓潜行隐面私窃取其财,如窃盗、掏摸,皆名为盗。)器物、钱帛(以下兼官、私言)之类须移徙已离盗所(方谓之盗)。珠玉、宝货之类据入手隐藏,纵(在盗所)未将行亦是(为盗)。其木石重器非人力所胜,虽移本处,未驮载间犹未成盗,(不得以盗论)。马牛、驮骡之类须出阑圈,鹰犬之类须专制在己乃成为盗。(若盗马一匹,别有马随,不合并计为罪。若盗其母而子随者皆并计为罪。)○此条乃以上盗贼诸条之通例。未成盗而有显迹证见者，依已行而未得财科断。已成盗者依律以得财科断。

此仍《明律》，原有小注，顺治三年增修。《唐律》仅"止公取窃取皆为盗"一语，以上数行系采取《唐律》小注、《疏议》而纂辑成律，本朝顺治三年又增入末后一段。此乃盗贼之通例，故列于诸盗之后，总束各门以为问盗之法。首句总言为盗之等类，以下各项乃分论已成盗、未成盗之法则也。必须公取、窃取方谓之盗，若他律所称擅取、擅用、擅食、擅将取之类，皆不在公取、窃取之例，即不加以盗贼之名。盖盗以赃为凭，若未成盗则无赃可据，故必须有显迹证见，方拟为不得财之罪。至律注，盗马一匹，别马随之，不并论；而盗其母，子随之，故并论罪者，盖盗此马而别马随之，乃偶然之事，非有意盗之。若盗母子随，乃必然之理，即属有意盗之，故有并论、不并论之分。此说亦系《唐律疏议》所载，《明律》采取入注，至今因之。即此一端，可见古律精微细密，非躁心人所能定，亦非躁心人所能读矣。此后尚有起除刺字一项，现章业经删除，故不收入。自"谋反"至此共二十七项，合为《盗贼》一门。盖人之恒情，财与命相连，故《贼盗》之后即以《人命》继焉。

大清律讲义卷五

刑律人命

按:《唐律》无人命之目,盖杀人曰贼。凡各项杀人已包括于《贼盗》、《斗讼》二律之内。相沿至明,始将各项杀人归为一门,名曰《人命》。大概以谋杀、故杀、斗殴杀、戏杀、误杀、过失杀统之。《辑注》所谓六杀是也。至威逼致死,虽不在杀人之列,究有关于人命,故亦附于此门之内,共二十条。

谋杀人

律文:凡谋(或谋诸心,或谋诸人)杀人,造意者斩(监候),从而加功者绞(监候),不加功者杖一百流三千里。杀讫乃坐(若未曾杀讫而邂逅身死,止依同谋共殴人科断)。〇若伤而不死,造意者绞(监候),从而加功者杖一百流三千里,不加功者杖一百徒三年。〇若谋而已行,未曾伤人者,(造意为首者)杖一百徒三年,为从者(同谋、同行)各杖一百。但同谋者(虽不同行)皆坐。〇其造意者(通承已杀、已伤、已行三项)身虽不行,仍为首论。从者不行,减行(而不加功)者一等。〇若因而得财者,同强盗不分首从论,皆斩。(行而不分赃及不行又不分赃皆仍依谋杀论)。

此仍《明律》,顺治三年添入小注。罪名与《唐律》不差而文较详晰。《唐律》:诸谋杀人者徒三年,已伤者绞,已杀者斩,从而加功者绞,不加功者流三千里,造意者虽不行,仍为首。即从者不行,减行者一等。现律分作五节:第一节言已杀之罪;第二节言已伤之罪,而已杀已伤中又分造意、加功、不加功三项;三节言未伤人则无加功、不加功可辨,故但曰为从而已;四节言造意者则不分亲行与否,无论已杀、已伤、已行仍为首论;五节言因而得财,则有行而不分赃及不行又不分赃之别。总之,律贵诛心,故杀人以谋为重,杀而用谋,情最深毒,故为《人命》诸条之首。**谋杀与故杀均为**

有意杀人而情有不同者,故杀起意于临杀之时,谋杀则造意于未杀之先。故故杀、斗杀则止一人拟抵,惟谋杀则造意加功均为死罪。 容有杀一人而数人均为实抵者,盖造意虽止一人,而加功非止一人也。谋杀之事不一,或以金刃,或以毒药,或驱赴水火,或陷害刑戮,或伺于隐处即时打死,凡处心积虑设计定谋,立意杀人而造出杀人方法者,均是造意。盖造意为谋之主,注曰:独谋诸心,则无同谋之人可凭,必实有仇恨情由,具有造谋显迹,或追出凶器与伤痕相符,或所用毒药造卖有据,方可论谋。功者,杀人之事也,加者用力之谓也,故下手杀人伤人方谓加功。若在场盼望、恐吓逼迫、拥卫之人,皆不得谓之加功。若谋用毒药杀人而为之和合者,方为加功。盖谋杀律重法严,恐人误引,致杀多人,故例有毋得据一言为造谋,指助势为加功之语也。至于杀讫乃坐者,慎重之意,恐人误谓但谋即坐,故特著此语。若未曾杀讫,则有下节伤而未死之法注云:邂逅身死,止依同谋殴人。邂逅之字书训为适然相值,夫适然相值以致其死,是因他故,非由谋杀矣。所谓杀讫者,已死之谓,并非必系登时杀死乃坐谋杀。假如谋以刀杀,受伤未深,脱逃数日而死,或谋推堕山岸,越日始死,仍须问以谋杀。细玩下文伤而未死尚坐谋罪,况受伤已死反不问谋罪乎?律文精深细微,一字不可忽过。后节因而得财者同强盗论,细味"因而"字义,是谋杀本非为财,既杀之后乃取其财,若本为谋财而杀人,自依强盗本律,不得谓之因而得财也。但此律同强盗不分首从皆斩,未免过严,故后例另有图财害命专条,此律近已不用矣。谋杀之罪,外国亦严,除俄国谋杀处以十五年以上之苦工,和兰、意大利处以终身禁锢外,其余德、法、英、美均处死刑。《日本刑法》:凡预谋杀人者处死刑,施用毒药杀人者以谋杀论,亦处死刑。惟故意杀人者处无期徒刑,若支解折割惨刻故杀人者,亦处死刑。出于杀人之意,而诈称诱导陷人危害致死,以故杀论。其预谋者,以谋杀论,亦处死刑云云,亦系律贵诛心。但同一有意杀人,而临时起意与平时蓄谋即有生死之分。中律则谋故不分,同一拟斩,特故杀则止一人拟抵,不同谋杀一命而数抵之为严重耳。律意如是,此外又有条例,足资互证,当合参之。

一,凡勘问谋杀人犯,果有诡计阴谋方以造意论斩,下手助殴方以加功拟绞。谋而已行,人赃见获者方与强盗同辟。毋得据一言为造谋,指助势为加功,坐虚赃为得财,一概拟死,致伤多命,亦不得以被逼勉从及尚未成伤,将加功之犯率行量减。

按:此系前明《问刑条例》,缘谋杀一命数抵,罪名最重,故著此条以示人慎重之意。

一，图财害命得财而杀死人命者，首犯与加功俱拟斩决，不加功者斩候，不行而分赃者烟瘴充军。未得财杀人，为首斩候，加功者绞候，不加功者满流。伤人未死而已得财者，首犯斩候，加功者如刃伤及折伤以上均拟绞候，伤非金刃折伤，烟瘴充军，不加功者满流，不行而分赃者满徒。未得财伤人，为首绞候，加功者满流，不加功者满徒。

一，凡谋杀人已行，其人知觉奔逃，或失跌，或堕水，或未受伤，因谋杀奔脱死于他所者，造意者满流，为从满杖。若其人迫于凶悍，当时失跌身死，原谋绞候，为从满流。

一，凡因他事杀人后偶见随身衣物银钱，乘便取去，果系初无图财之心，仍各依本律科断。若杀人掠取家财并知有藏蓄而取去者，仍同强盗论罪。

一，店家船户图财害命为害行旅，照强盗得财不分首从律皆斩，为首加枭。同谋不行，事后分赃者发遣为奴。若杀人未得财及伤人未死，仍照本例办理。

一，谋杀十岁以下幼孩等犯斩决，加功者绞，不加功仍照本律满流。若系图财，或有因奸情事，加以枭示。

谋杀制使及本管长官

律文：凡奉制命出使而（所在）官吏谋杀及部民谋杀本属知府、知州、知县，军士谋杀本管官，若吏卒谋杀本部五品以上长官，已行（未伤）者（首）杖一百流二千里，已伤者（首）绞，（流绞俱不言皆，则为从各减等。官吏谋杀监候，余皆决不待时。下斩同），已杀者皆斩（其从而不加功与不行者及谋杀六品以下长官，并府州县佐贰首领官，其非本属、本管、本部者各依凡人谋杀论。）

此仍《明律》，顺治三年、康熙九年添入小注，雍正三年、乾隆五年修改。罪名同于《唐律》而名目稍异。《唐律》：诸谋杀制使，若本属府主、刺史、县令及吏卒谋杀本部五品以上官长者，流二千里。已伤者绞，已杀者皆斩。工乐及公廨户、奴婢与吏卒同。此律添入军士一层，其余名异而实则同。此律之意，重谋杀官长以惩不义也。奉使之官，不论品级大小者，所以尊朝廷、重制命也。部民言本属者，谓属其统治也。军士言本管者，谓受其管辖也。府、州、县正印官，本营将弁，虽品级崇卑不同，而父母之义，统属之分则一。吏卒兼军民言。本部者谓在其部下，虽有管属而非本管、本属之比，则当有崇卑之别，必五品以上方同论也。谋杀本有造意加功之分，此则不分首从,一概拟斩者,以下谋上至于杀讫,则近乎乱矣。故特严其法,所以重不义也。但罪止斩,不与期亲以上同处凌迟,可见此止统属之义,究不得比于天属之重也。官吏注以监候者,出使之人终与本属、本管、本部者有间,此与《斗殴律》内殴制使本管官各条参看,彼殴六品以下长官与佐贰官、首领官,又流外官及军民吏卒殴非本管三品以上、五品以上、九品以上,皆与凡人不同,此谋杀制使四项外,余俱不言,有犯统依凡论。盖殴则加重者,名分所在,究与平人不同。谋杀同凡者,罪至于斩已为极刑,毕竟与本属、本管、本部有间,其轻重异同之间,俱有精义存焉。外国名分不甚尊严,故不著此律。惟《俄律》:谋杀长官与谋杀祖父母父母同,然罪止无限苦工。《日本刑法》仅有妨害官吏职务,因而殴伤官吏者,照殴打创伤本条加一等之文,然必因抗拒公务命令因而殴伤方拟加等。若挟私殴伤官吏,仍无加重之条。且止言殴伤加等而不言杀死,可见有犯谋、故诸杀,亦同凡论也。盖外国尊重人格,君民犹讲平权,何论官长?中国最严名分,犯上即属不义,罪在十恶不赦,宗旨不同,故立法各异,然以中国而用外律,尊卑不分,上下无等,适长草野桀骜陵嚣之风,未有不至于乱者。风俗性格不同,非参用压制之法,不能使之慑服也。

谋杀祖父母父母

律文:凡谋杀祖父母、父母及期亲尊长、外祖父母、夫、夫之祖父母、父母已行(不问已伤未伤)者,(预谋之子孙不分首从)皆斩,已杀者皆凌迟处死。(监故在狱者仍戮其尸。其为从,有服属不同自依缌麻以上律论,有凡人自依凡论。凡谋杀服属皆仿此。)谋杀缌麻以上尊长已行者,(首)杖一百流二千里(为从杖一百徒三年),已伤者(首)绞(为从加功不加功并同凡论),已杀者皆斩(不问首从)。○其尊长谋杀(本宗及外姻)卑幼已行者,各依故杀罪减二等,已伤者减一等,已杀者依故杀法(依故杀法者,谓各依斗殴条内尊长故杀卑幼律问罪。为从者各依服属科断)。○若奴婢及雇工人谋杀家长及家长之期亲、外祖父母若缌麻以上亲者(兼尊卑言,统主人服属尊卑之亲),罪与子孙同(谓与子孙谋杀祖父母、父母及期亲尊长、外祖父母、缌麻以上尊长同。若已转卖,依良贱相殴论)。

此仍《明律》,依故杀法句原有小注,余注系顺治三年添入,雍正三年、乾隆五年增修。此合《唐律》谋杀期亲尊长及部曲奴婢杀主二条并为一条,《唐律》不言祖父母、父母,举轻以该重也。《唐律》罪止于斩,故不分已行、已伤、已杀,此添已杀者皆凌迟处死一句，以别于已行已伤，可见，若未杀讫，尚止坐斩。末节，《唐律》有部曲而无雇工，此有雇工而无部曲。《唐律》止言主之期亲外祖父母，此更添家长缌麻以上亲一项。总之，此律之意盖以极刑重诛逆伦者也。首节定人伦大逆之罪，此古今希有之事，而律则不容不设。言祖父母，则高曾同也。二节定尊长谋杀卑幼之罪。三节定奴雇杀主及家主亲属之罪，奴婢、雇工人虽不同于服属，而名分之重，亦与子孙不异。此律止言谋杀，若故杀、殴杀则另见于《斗殴门》内，与此不同。如殴杀尊长，则期服、大功、小功同拟斩决，若谋杀、故杀，则期亲与功服即有凌迟、斩决之分。又如殴杀功服缌麻尊长，则有斩决、斩候之分，谋杀则功缌一概斩决。又如谋杀家长，则奴婢、雇工同一凌迟。若殴杀，则奴婢、雇工即有不同，雇工则罪止于斩，不与奴婢同处凌迟矣。其中离合同异，各有精意，互参比较，自知其妙，此正中律之精粹处，若外国则无此谨严矣。查《俄律》：谋杀父母者，罚作无限苦工，遇赦不赦。《德律》：故杀人者，处五年以上之惩役，而故杀尊长，仅处十年以下之惩役。《法律》：谋杀父母及其他尊亲并杀子者，均与谋杀凡人皆处死刑，惟因弑亲受死刑者，单衣跣足，首蒙黑绢带赴刑场，以示特异而已。《日本刑法》：子孙谋杀故杀祖父母父母者，处死刑，殴打致死亦处死刑，伤者加凡人二等。至废疾者处有期徒刑，笃疾者处无期徒刑，虽较欧法轻重分明，然其期功缌麻五服之轻重等差，比之中律则远不逮矣。律外又有条例，足补律之未备，亦宜参究，故节录之。

　　一，尊长谋杀卑幼，除为首之尊长仍依故杀法定拟外，其为从加功之尊长，各按服制减为首之罪一等。若同行不加功及同谋不同行，又各减一等。为从系凡人，仍照凡人为从科断。

　　一，凡尊长故杀卑幼，如有与人通奸，因媳碍眼，抑令同陷邪淫不从，商谋致死灭口者，俱照平人谋杀分别首从拟以斩绞监候。

　　一，姑谋杀子妇情节凶残显著者，实发驻防为奴。

　　一，夫谋杀妻，如系他人起意，本夫听从加功者，减等拟流。

　　一，子孙谋杀祖父母、父母及期亲尊长案内，助逆加功者拟绞立决。

杀死奸夫

　　律文：凡妻妾与人奸通而（本夫）于奸所亲获奸夫奸妇，登时杀死者勿论。若止杀死奸夫者，奸妇依（和奸）律断罪，当官嫁卖，身价入官。（或调戏未成奸，或虽成奸已就拘执,或非奸所捕获,皆不得拘此律。)○其妻妾因奸同谋杀死亲夫者,凌迟处死,奸夫处斩(监候)。若奸夫自杀其夫者,奸妇虽不知情,绞(监候)。

此仍《明律》,原文系"从夫嫁卖",顺治三年改为"入官为奴",乾隆五年复改为"当官价卖",并添"身价入官"一句。其小注系顺治三年添入。《唐律》不载此门,惟谋杀期亲尊长律注有"犯奸而奸人杀其夫,所奸妻妾虽不知情与同罪"一语,即律末奸妇不知情拟绞之说,此律即本是意。至于其余罪名,皆散见各门,如登时杀死奸夫,已有夜无故入人家杀死勿论之律。妻妾因奸杀夫,已有妻妾谋故杀夫本律。奸夫杀死本夫,已有谋杀人本律。是以不另设专门,非遗之也。明始立此一门,专言杀奸之罪。虽非古律之意,惟后世淫风流行,人命案件因奸者十居其五,是以定此专门,原为维持风化而设。首节言奸所获奸者,获奸必在奸所,而杀死又必在登时,方得勿论。稍有不合即当别论。后节言因奸杀夫者,专指杀死而言,如已行已伤及伤而不死,妻妾仍依谋杀夫律,奸夫依凡人,分别首从科断。至于奸夫不与奸妇同谋而自杀其夫,杀人之罪虽坐奸夫,而起祸之原实由奸妇,故亦坐绞。若本夫有纵容抑勒情节,则不在此例矣。律文本自简括,后来条例繁多。如律止言奸所登时杀奸,例则补出奸所而非登时及逐至门外杀之,并既非奸所又非登时杀奸之条例。律止言本夫杀奸,例则补出亲属杀奸及为亲属纠住捉奸并五服以内捉奸杀死之罪。律止言杀死奸夫,例则补出止杀奸妇未杀奸夫之罪。律止言妻妾同谋杀死本夫,例则补出奸夫起意谋杀本夫并杀死本夫后将奸妇拐走,或将其子女拐逃加重之罪。律止言妻妾与人通奸,例则补出未婚妻及童养媳与人通奸本夫杀奸之罪。律止言和奸被杀,例则补出杀死强奸及图奸未成罪人之罪。律止言男子杀奸,例则补出妇女拒奸杀人之罪。律止言杀死妻妾奸夫,例则补出男子鸡奸拒杀之罪。且律言奸妇不知情拟绞,例则补出奸夫不知情,又于奸妇不知情中分出当时喊救与事后首告减流之罪。律止言凡人杀奸,例又补出服制杀奸或尊长犯奸卑幼杀之应声请,或卑幼犯奸尊长杀之应减等,或子杀母奸,或妾因奸杀死正妻各条。统计已有三十六条,愈增愈多,愈多愈杂,意在求其详备,反致彼此牴牾。薛氏《读例存疑》一书详加斥驳,兹择其切要通行者节录数条,余概弃置以省功力。外国奸罪从略,除强奸及奸幼女外,其和奸者,惟有夫之妇治罪,若无夫和奸,均无治罪明文,即和奸有夫之妇,惟本夫有告诉之权。若本夫纵容,亦无告诉之效。至于因奸相杀,并无专条,大约仍照谋故斗杀本律问拟。《日本刑法》:本夫于奸所杀伤奸夫奸妇者,宥恕其罪。又因犯奸淫致人死伤者,照殴打创伤本条从重处断。因强奸致死者,处无期徒刑。又《法国律》:本夫于家中捉得本妇奸夫而杀之者,其罪为可宥恕。此外,并无他人杀人捉奸杀奸之例,以现时中律较之,虽涉缺略轻纵,以《唐律》论之,尚得古书简赅浑括之旨也。

一,本夫奸所获奸,登时将奸妇杀死,奸夫脱逃后被拿获,审明奸情是实者,奸夫拟绞监候,本夫杖八十。若奸所获奸,非登时将奸妇杀死,奸夫到官供认不讳者,将奸夫拟满流,本夫杖一百。其非奸所获奸,或闻奸数日将奸妇杀死者,本夫奸夫均拟徒三年。若将奸妇逼供而杀,审无奸情确据者,仍依殴妻致死论。

一,本夫杀奸,奸夫已离奸所,登时逐至门外杀之者,照不应重律杖八十。若于奸所获奸非登时而杀,照已就拘执而擅杀律拟徒。如捉奸已离奸所,非登时杀死不拒捕奸夫者,照罪人不拒捕而擅杀拟绞监候。如捕获奸夫,以他故致毙者,仍以谋故论。

一,奸妇自杀其夫,奸夫果不知情,止科奸罪。

一,奸夫自杀其夫,奸妇虽不知情,而当时喊救与事后首告,尚有不忍致死其夫之心者,于疏内声明,请旨减流。

一,奸夫并无谋杀本夫之心,其因本夫捉奸拒捕,杀死本夫者,如奸妇已经逃走,或并未在场及虽在场而当时喊救与事后首告,并因别事起衅,与奸无涉者,奸妇止科奸罪。若其奸夫拒捕,奸妇在场并不喊救,事后又不首告,仍照知情律拟绞监候。

一,奸夫起意谋杀本夫,复杀死奸妇期亲以上尊长者,拟斩立决,枭示。如奸夫听从奸妇,并纠其子谋杀本夫,陷人母子均罪罹寸磔者斩立决。若系奸夫起意,加以枭示。

一,亲属相奸,奸夫与奸妇商同谋杀本夫者,亦拟斩立决。

一,母犯奸淫,其子激于义忿,非奸所登时将奸夫杀死,父母忿愧自尽者,照擅杀律拟绞监候,不得概拟立决。

一,非应许捉奸之人有杀伤者,各依谋故斗杀伤论。如为本夫本妇及有服亲属纠往捉奸,杀死奸夫及强奸图奸未成罪人者,无论是否登时,俱照擅杀律拟绞监候。若止殴伤,非折伤勿论,折伤以上仍以斗伤定拟。

一,妇女拒奸杀死奸夫,如和奸之后悔过拒绝有据,后被逼奸,将奸夫杀死者,拟以满流。其因贪利与之通奸,后以无力资助拒毙,或覆与他人通奸情密因而拒绝殴毙者,各依谋故斗殴本律定拟。

一，妇女拒奸杀人，系登时杀死者，无论所杀系强奸、调奸罪人，本妇均予勿论。若捆缚复殴或按倒叠殴、杀非登时者，系调奸罪人拟以满流，系强奸罪人拟以满徒。

一，本夫杀死强奸未成罪人，如系登时者勿论。若追逐殴打致毙及虽在登时而捆殴致毙者，拟以满徒。系事后寻殴致毙者，仍照擅杀律拟绞监候。

一，本夫本妇之有服亲属皆许捉奸。如登时杀死奸夫及奸妇，拟以满徒，伤者勿论。非登时而杀，依擅杀罪人律拟绞监候。若以他故致毙者，仍以谋故论。若止杀奸妇者，系登时杀死，将奸夫拟流，非登时而杀，将奸夫拟徒。如止杀奸夫，不杀奸妇者，仍依登时、非登时分别拟以徒绞，奸妇止科奸罪。其奸夫逞凶拒捕，依罪人拒捕科断。

一，本夫捉奸或本夫本妇之有服亲属捉奸，杀死犯奸有服尊长或杀死强奸未成之尊长，止殴伤者仍予勿论。其杀死者，分别是否登时奸所及期功缌麻，或夹签量改，或量减军流。

一，本夫捉奸或本夫本妇之有服亲属捉奸，杀死犯奸有服卑幼，或杀死图奸亲属之卑幼，亦分别是否登时，或予勿论，或照本律量减。

一，本夫本妇之祖父母、父母捉奸杀死奸夫，与本夫同科。若止杀奸妇者，不必科以罪名。若奸夫系有服尊长，亦照本夫之例夹签请减。

一，童养妻与人通奸，本夫之有服亲属杀死奸夫奸妇，均照已婚妻定拟。

一，与人聘定未婚妻通奸，杀死未婚之夫者，照已婚之夫一律定拟。

一，聘定未婚妻因奸起意谋杀本夫，亦凌迟处死。若未起意，系知情同谋者，量减为斩立决。若奸夫自杀其夫，未婚妻不知情，于绞罪上减为满流，傥实有不忍致死其夫之心，事由奸妇破案者，再减一等，拟以满徒。至童养未婚妻谋杀本夫，仍照谋杀亲夫本律定拟。

一，男子拒奸杀人，分别死者年岁长于凶犯十岁内外及有无供证、生供、尸亲供词，暨是否登时并凶犯年岁十五上下，以为勿论、拟徒、拟绞等差。

一，擅杀奸夫及调戏罪人拟绞之犯者，如奸妇本妇畏累自尽，将擅杀之犯减等拟流。

一，本夫登时捉奸，误杀旁人，奸夫脱逃者，除本夫照误杀人律拟绞外，将奸夫拟以满流。其亲属捉奸误杀旁人，照误杀律科断。奸夫止科奸罪。

一，凡妾因奸商同奸夫谋杀正妻，比照奴仆杀家长律凌迟处死。奸夫分别起意同谋,照本例问拟。

一,杀奸之案,如奸所获奸忿激即时殴毙者,以登时论。若非奸所而捕殴致毙及虽在奸所而非即时殴毙,或捆殴致毙者,俱以非登时论。

谋杀故夫父母

律文:凡(改嫁)妻妾谋杀故夫之祖父母、父母者,并与谋杀(见奉)舅姑罪同。(若妻妾被出,不用此律。若舅姑谋杀已故子孙改嫁妻妾,依故杀律,已行减二等,已伤减一等。)若奴婢(不言雇工人,举重以见义)谋杀旧家长者以凡人论。(谓将自己奴婢转卖他人者,皆同凡人论。余条准此。赎身奴婢,主仆恩义犹存。如有谋杀旧家长者,仍依谋杀家长律科断。)

此仍《明律》,"以凡人论"句下小注云:"自己奴婢转卖与人,以凡论,余条准此"云云系旧有之注,其余注系顺治三年添入,乾隆五年增定。《唐律》云:妻妾谋杀故夫之祖父母、父母者,流二千里,已伤者绞,已杀者皆斩。部曲奴婢谋杀旧主者罪亦同。《疏议》云:故夫,谓夫亡改嫁者。妻妾若被出及和离,即同凡人,不入故夫之限。旧主谓主放为良及自赎免贱者。若转卖及自理诉得脱即同凡人,余条准此云云。与此律及注互相发明。此律奴婢杀旧家长以凡人论者,即《唐律疏议》转卖即同凡人之说也。《唐律》奴婢杀旧主,同故夫父母者,即此律注内赎身恩义犹存,依家长律之说也。至谋杀故夫父母,注内被出不用此律,亦系采取《唐律疏议》。惟《唐律》罪止于斩,此律同见奉舅姑,则已杀者罪干寸磔矣。盖妻妾夫亡改嫁,与被出不同,被出恩义已绝,改嫁则义原未绝,名分犹存。故谋杀故夫祖父母、父母者,同见奉舅姑,已行皆斩,已杀皆凌迟处死。但必系犯祖父母、父母方可如此从严。如犯别亲,则当用《辑注》之说,概同凡论矣。若祖父母、父母谋杀改嫁子孙之妇,注云:依故杀律,但言已行已伤,不言杀者,若已杀讫,则依《斗殴门》内故杀子孙之妇,殴杀者徒三年,故杀者流二千里,妾各减二等也。彼此参看,其义自明。至于奴婢杀旧家长,以凡论者,奴婢原系凡人,特以名分所系而重之。既卖于人,得其身价,名分已无,恩义即绝,非凡人而何?若赎身奴婢,则恩义未绝,故注云:仍依家长本律,即如养婢年长,以礼遣嫁者,即与转卖者不同,仍应比照赎身奴婢科断。若雇工人一日不受钱,即凡人矣。故注云:举重见义也。此律外国均无。《日本刑法》不见舅姑名称,即所谓配偶者之父母也。有犯见奉者,既无加重明文,则改嫁同凡,自不待言。至奴婢一项,外国现讲尊重人格,释放奴隶。二十世纪以前,尚有苛待奴婢旧例,现已一律删除,诚文明之现象。中国从前多有家奴,近则奴已希少,惟婢尚不能去。上年江督周馥奏请禁买奴婢,可见风气渐开,将来修例似当另定新条,不必如旧例之严然。一概弛禁,不论名分,恐亦诸多窒碍矣。

杀一家三人

　　凡杀(谓谋杀、故杀、放火行盗而杀)一家(谓同居,虽奴婢、雇工人皆是。或不同居,果系本宗五服至亲亦是)非(实犯)死罪三人及支解(活)人者,(但一人即坐。虽有罪亦坐,不必非死罪三人也。为首之人)凌迟处死,财产断付死者之家,妻子(不言女,不在缘坐之限)流二千里。为从(加功)者斩。(财产、妻子不在断付应流之限。不加功者依谋杀人律减等。○若将一家三人先后杀死则通论。若本谋杀一人而行者杀三人,不行之人,造意者斩,非造意者以从者不行,减行者一等论。仍以临时主意杀三人者为首。)

　　此仍《明律》,顺治三年添入小注,乾隆十六年改定。大致本于《唐律》,《明律》改斩为凌迟。《唐律》止于缘坐,此又添入断产。《唐律》有"皆"字,明去"皆"字,添入"为从加功分别首从"。《唐律》小注谓同籍及期亲为一家,奴婢部曲非,现注奴婢亦准一家,而易期亲为五服至亲,与《唐律》解释不同。盖《唐律》以奴婢作财物,故奴婢不在家人之列。若奴婢杀别人奴婢三人,或肢解别人奴婢,仍依[律]处斩矣。支解人者,《唐律疏议》云:或杀时即支解,或支解而后杀,皆同支解。若杀讫,绝时后更支解者非,或故焚烧而杀,或杀时即焚烧者,文虽不载,罪与支解义同云云,亦与今例办法不同。今例杀人后,欲求避罪,割碎死尸者,原无肢解之心,仍以殴故杀论。若本欲肢解,行凶时势力不遂,乃先杀讫,随又肢解,仍以支解论。《唐律》论事,今例诛心,则各有用意也。若焚烧而杀,今律不载。《辑注》云:谋杀有极凶恶之事,有将人破腹开膛,活抽出肠者,有捉缚于树,用火烧杀者。此皆酷于支解而应同支解之罪云云,亦即本之《唐律》也。又《唐律疏义》云:杀人之法,事有多端,但据前人身死,不论所杀之状,但杀一家非死罪良口三人即为不道。今律注谓谋杀、故杀、放火行盗而杀方是,可见斗杀不在其内,此亦与《唐律》解释不同,皆当详细参究者也。律意专指谋故而杀,谓其处心积虑,定计划策,必欲杀害其人。至于杀及一家三人,则杀人之心、杀人之事凶恶已极,故列于十恶不义,立此重典以处之。若一时争斗,本无杀人之心,因而杀死一家三人,则当别论。故总注云:此指杀人之最惨毒者言也。如聚众同谋共殴,致死一家三命,若照同谋共殴律,止以下手者绞抵,失于太轻。若照杀一家三人律,为从多人皆坐斩决,又失于太重。应将率先聚众之人坐以斩决,为从下手伤重至死皆坐绞候云云。现已纂为条例,可见此律专言谋故杀人,而斗杀不得并论。虽沿用《唐律》之文,而用意则较宽也。律止言一家三人,极为简该,例则添出杀一家二命及三命非一家并一家二命内一故一斗暨误杀、斗杀一家二命、三命,又分别尊长杀卑幼一家二命、三命及杀同主雇工三命各项,以致错杂歧出,大失本律之意。兹节录例文于右[左],前后合参,自知例求详而反漏,律以简而浑括也。杀一家三人,外国刑法不载,有犯自依数罪俱发及合并治罪二条之法办理。至支解人者,《日本刑法》亦处死刑,与谋杀同科,缘无可再加也。

一,杀一家非死罪二人及三人而非一家内二人仍系一家者,拟斩立决枭示,酌断财产一半。如致死一家二命,系一故一斗及杀三人而非一家者,与本欲谋杀一人而行者杀三人案内,造意不行之犯俱拟斩立决,奏请定夺,毋庸断给财产。

一,聚众共殴殴死一家二命及三命以上者,率先聚众之人不问共殴与否拟斩立决。一家二命者,拟绞立决。为从下手伤重至死者拟绞候。若斗杀之案,殴死一家三命及三命以上,拟斩立决。殴死一家二命或三命而非一家者,拟绞立决。

一,家长杀奴仆非死罪三人者,官员及旗人发黑龙江当差,民人发驻防为奴。若杀期亲奴仆一家三人者绞候,杀内外功缌及族中奴仆一家三人俱斩监候。

一,尊长杀内外缌功卑幼一家非死罪主仆雇工三人者俱斩立决,杀期服卑幼一家主仆三人者绞决。若三人内有功服缌麻卑幼者,仍斩决。至卑幼三命内有一人按服制律应同凡论者斩决枭示。如谋占财产,图袭官职,杀期服卑幼一家三人者斩决,功缌卑幼一家三人者凌迟处死,仍各将财产断付被杀之家。

一,杀功缌卑幼一家二命者,绞决,奏请定夺,断产一半。

一,谋故杀人而误杀旁人二三命非一家者,从一科断。如系一家二命者,斩决。三命以上加枭,俱毋庸断产。

一,谋杀人而误杀其人之祖父母、父母、妻女子孙一家二命及三命以上,除首犯分别拟以斩决斩枭外,其为从下手及知情买药,如误杀一家二命及三命而非一家者,发新疆当差,三命以上为奴。

一,谋故杀缌尊一家二命者斩枭。殴死缌尊一家二命者斩决。

一，杀人罪止斩绞监候之犯，若于杀后挟忿逞凶将尸头四肢全行割落及割取五脏掷弃者，请旨即行正法。

一，杀人罪干斩决之犯，如有将尸身支解情节凶残者，加拟枭示。

一，为父报雠，杀死一家三命，如杀不同时，并非临时逞凶连杀，拟斩立决，免其缘坐。

采生折割人

律文：凡采生折割人者，(兼已杀及已伤言，首)凌迟处死，财产断付死者之家，妻子及同居家口虽不知情，并流二千里安置，(采生折割人是一事，谓取生人耳目、脏腑之类而折割其肢体也。此与支解事同，但支解者止欲杀其人而已。此则杀人而为妖术以惑人，故又特重之)，为从(加功)者斩(财产家口不在断付应流之限，不加功者依谋杀人律减等)。若已行而未曾伤人者(首)亦斩，妻子流二千里(财产及同居家口不在断付应流之限)，为从(加功)者杖一百流三千里(不加功者亦减一等)，里长知而不举者杖一百，不知者不坐，告获者官给赏银二十两。

此仍《明律》，顺治三年添入小注，康熙年间修改。《唐律》无此名目，惟《元刑法》有采生人支解以祭鬼者凌迟处死，仍没其家产，其同居家口虽不知情，并徙远方等语，当是此律所创始。明代因之，著为定律。此与上条支解不同者，彼因雠恨，止杀其人而已，此则并非因雠起衅，特以此行其妖术也。折割之种类不一，《辑注》云：或取人耳目，或断人手足，用木刻泥塑为人形，将各件安上，乃行邪法使之工作；又有采取生人年月生辰，将人迷在山林，取其生气，摄其魂魄，为鬼役使；更有剜人脏腑及孕妇胞胎、室女元红以供邪术之用。《据会》云：取孕腹胎、室女红珠，亦是采生。又《读律佩觿》云：将活人致死，取其官窍以行妖术，或使邪法采取生时年月，迷入深山，杀死割取形骸，剜其五脏生气，为鬼役使。今两广豫闽等处所市鬼葛即是，此一术也。又或诱拐幼童，灸其官骸，配药以神医治各窍之妙，又一术也。又或药迷孕腹以取其胎，为一切资生药，又一术也。又或用人以祭邪神，又一术也。统观各说，总是杀人以行妖术，故治罪较谋杀、支解人更严，即伤而未死，亦凌迟处死，已行未伤亦处斩决，为从分别拟斩拟流，家口不知情亦流三千里，虽会赦不准宥免。立法若是之严，深恶妖术流毒地方，遗祸后世，非但如杀人之害止及一身一家而已。外国刑法不设此专条，岂真绝无其事哉！盖以谋杀已拟死罪，无可复加，故凡一切杀人之罪皆可统于谋杀律内。《日本刑法》：凡支解折割及其它惨刻杀人者，处死刑，即此意也。

造畜蛊毒杀人

律文：凡（置）造（藏）畜蛊毒堪以杀人，及教令（人造畜）者，（并坐）斩（不必用以杀人）。○造畜者（不问已未杀人），财产入官，妻子及同居家口虽不知情，并流二千里安置。（教令者之财产、妻子等不在此限。）若以蛊毒毒同居之人，其被毒之人父母、妻妾、子孙不知造蛊情者，不在流远之限。（若系知情，虽被毒仍缘坐。）若里长知而不举者各杖一百，不知者不坐。告获者官给赏银二十两。○若造魇魅符书咒诅欲以杀人者，（凡人子孙、奴婢、雇工人、尊长、卑幼）各以谋杀（已行未伤）论。因而致死者，各依本（谋）杀法。欲（止）令人疾苦（无杀人之心）者，减（谋杀已行未伤）二等。其子孙于祖父母、父母（不言妻妾于夫之祖父母、父母，举子孙以见义）、奴婢、雇工人于家长者各不减（仍以谋杀已行论斩）。○若用毒药杀人者，斩（监候。或药而不死，依谋杀已伤律绞。）买而未用者杖一百徒三年。知情卖药者与犯人同罪（至死减等），不知者不坐。

此仍《明律》，顺治三年添入小注。大致本之《唐律》，惟正犯罪名较重《唐律》止绞，此改为斩。其缘坐者，《唐律》满流，此止流二千里，较轻二等。里长知而不举，《唐律》亦拟满流，此拟满杖，则更轻矣。《唐律》造畜蛊毒、以毒药药人及憎恶造魇魅系三条，《明律》并为一门，删去"于祖父母、父母及主直求爱媚而厌咒者流二千里，若涉乘舆者斩"数语，仍分作三段，而每段中又各分数层。首段蛊毒中有造者，有畜者，有教令者，有毒同居人者。次段魇魅符书咒诅中有欲以杀人者，有因而致死者，有欲令人疾苦者。三段毒药中有杀人者，有买而未用者，有知情卖药者，各自条分缕晰，一丝不乱。蛊毒之解不一，《唐律疏议》蛊有多种，罕能悉究，事关左道，不可备知。或集合诸虫置于一器之内，久而相食，诸虫皆尽，若蛇在即为蛇蛊之类。又《辑注》云：考之记载，蛊毒之类甚多，有蛇蛊、鹅蛊、小儿蛊、金蚕蛊等名。以蛊毒人，刻期必死，有期在数年后者，惟金蚕蛊最毒，中之必死，闽粤川黔多有之。魇魅之说，《唐律疏议》云：魇事多方，罕能详悉，或图画形像，或刻作人身，刺心钉眼，系手缚足，如此魇胜，事非一绪。魅者，或假托鬼神，或妄行左道之类。书符咒诅者，谓使用邪法书符画篆，或埋帖以召鬼祟，或烧化以托妖邪，并将所欲杀人之生年月日书写咒诅之类。毒药，《唐律疏议》谓以鸩毒、冶葛、乌头、附子之类，律注谓砒霜、银黝等项，总皆堪以戕生杀人者，现在服鸦片烟致死者十居八九，并不用砒霜信石矣。总之，蛊毒是堪以杀人之物,但造但畜即坐斩罪,并无首从可分,故止言堪以杀人,不言用以杀人,虽造畜而未用,亦拟斩也。魇魅符书咒诅,若本意欲以杀人,则依谋杀法,如本意欲令人疾苦,原无杀人之心,故有减科之法,而惟子孙于父母、雇工于家长不减,虽止欲令疾苦,亦依谋杀已行论斩也。至于毒药,乃现成杀人之物,非如蛊毒之待于置造,而攻治疮疾有时需用,又非如蛊之专以杀人,不得藏畜者也。故必用以杀讫,方依谋杀论斩,与蛊毒但造但畜即坐者不同。律文一字一句皆有精义,熟读深思,自知其妙。外国不设此律者,想亦该括于谋杀律内也。《日本刑法》:施用毒药杀人者,以谋杀论,处死。《俄律》亦有毒药杀人同谋杀之条,均系此意。

斗殴及故杀人

(独殴曰殴,有从为同谋共殴。临时有意欲杀,非人所知曰故。共殴者唯不及知,仍只为同谋共殴,此故杀所以与殴同条,而与谋有分。)

律文:凡斗殴杀人者,不问手足、他物、金刃,并绞(监候)。○故杀者,斩(监候)。○若同谋共殴人因而致死者,以致命伤为重,下手(致命伤重)者绞(监候),原谋者(不问共殴与否)杖一百流三千里,余人(不曾下手致命又非原谋)各杖一百(各兼人数多寡及伤之轻重言)。

此仍《明律》,律目、律文小注均系顺治三年添入,与《唐律》罪名虽同而办法大异。《唐律》:诸斗殴杀人者绞,以刃及故杀者斩,虽因斗而用兵刃杀者与故杀同。人以兵刃逼己,因用兵刃拒而伤杀者,依斗法。虽因斗,但绝时而杀伤,从故杀伤法云云。可见斗与故之分,在于用刃不用刃,又在于当时与绝时。斗而用刃,即有害心,惟人以刃来逼,己用刃拒杀方为斗杀。如因斗用刃,杀人即为故杀。又斗殴之际,当时用他物杀人者谓之斗杀,若绝时而杀,如忿竞之后各已分散,声不相接,去而又来,杀人者虽斗亦为故杀,此斗与故之界限也。《明律》改为不论金刃、他物均为斗杀,又去绝时杀伤一节,而以有意欲杀为故,故注云:临时有意欲杀,非人所知。《辑注》谓此十字乃故杀之铁板注脚,一字不可移,一字不可少。若先前有意,不在临时,则是独谋于心矣。若欲杀之意有人得知,则是共谋于人矣。临时,谓斗殴共殴之时也,故杀之心必起于殴时,故杀之事即在于殴内,此故杀所以列于斗殴、共殴两项之中,而不与谋杀同条也。此解故杀虽极详悉,但《唐律》以刃杀为故,是以显然有凭之具为准也。《明律》以有意欲杀为故,是以犯人之供词为准也。设供称无心致死,即金刃十余伤、倒地后恣意迭砍，亦谓之斗，恐奸人狡供者多幸免，而愚民吐实者反抱屈矣！以古例今，似不如《唐律》之平允。故薛氏《读例存疑》云：自不问手足、他物、金刃并绞之律行，而故杀中十去其二三矣。自临时有意欲杀、非人所知之律注行，而故杀中又十去其二三矣。从前应以故杀论者，今俱不为实抵，杀人不死，未免过宽。而近日沈少司寇又著有《故杀解释》一篇，详言现在办理故杀之案未能允当，援古证今，更为法学圭臬。至同谋共殴之案，正犯拟绞，原谋满流，余人满徒，《唐律》最为分明。此律上二项俱同《唐律》，而于余人复改满徒为满杖，未免轻纵。故现律[例]又有刃伤拟徒、凶器拟军二条，所以辅律之不及也。谋殴与谋杀虽同有谋情，而用意迥不相同，故罪名亦因之各异。**谋杀者，其心本杀人之心，其事亦杀人之事，至于杀讫，原在谋者意中，故造意之罪重于加功。同谋共殴，其心本非杀人之心，其事亦非杀人之事，因而致死，殊出谋者意外，故下手之罪重于原谋，故谋杀曰造意，此曰原谋，谋杀曰加功，此曰余人，字法不同，各有命意。**原谋减一等，与《唐律》同，余人杖一百，则较《唐律》为轻。《唐律》殴杀者绞，余人则减二等，徒三年也。外国刑法最重谋杀，除俄国外，英、美、法、德、日本谋杀皆处死刑，其故杀、斗殴二项，处死者甚少，德国故杀处十年以下惩役，法国故杀处无期徒刑，日本亦处无期徒刑，和兰谋杀、故杀均处终身禁锢。惟英国，凡以忿激横暴不法致人死者，虽非预谋，而其心极恶，亦以谋杀论，其故杀亦拟死罪，与各国宗旨不同，而与中国谋、故不分之意殊属吻合。至于斗杀，德国处三年以上惩役或禁锢，法国处有期徒刑，英国处五年至终身之徒刑，或二年之囚狱加苦役，或科罚金。美国处三年以下之囚狱加苦役，并科一千圆以下罚金。日本谓之殴打创伤，处重惩役。俄国处八月以上、二年以下之监禁，和兰处三年以下之禁锢。东西各国均无死罪，中国斗杀虽名为绞罪，其实秋审多半缓决，人实者不过十之一二而已。此条罪名，犯者最多，为刑律中一大问题，是以详采各国刑法以备参考，而例文亦极详悉，足补律所未备，均属应用之条，备录于后，与律文互相研究，临事方无错误。《辑注》有云：**杀人之案全要推究事前有无预谋，临时有无杀意，所谋本欲何如，致命出于谁手，此四语可谓审理谋、故、斗杀、同谋共殴各案切要之语，宜详味之。**

一，凡审理命案，一人独殴致死，无论致命不致命，皆拟抵偿。若两人共殴人致死，则以顶心、顖门、太阳穴、耳窍、咽喉、胸膛、两乳、心坎、肚腹、脐肚、两胁、肾囊、脑后、耳根、脊背、脊膂、两后胁、腰眼，并顶心之偏左、偏右、额颅、额角为致命论抵。

又《洗冤录》云：凡斗殴，有致命之处、有致命之伤，顶心、颡门等处，此速死之处。脑后肋胁等处，此必死之处。骨裂脑出，此致命之伤。致命之伤当速死之处，不得过三日，当必死之处不得过十日。

又薛氏《存疑》云：此例须与《洗冤录》合参。盖指伤痕轻重相等者而言。若致命伤轻，另有不致命伤重，当究明何伤致死，不可止论伤之致命、不致命。律所谓致命，非专指部位而言，盖谓殴伤甚重，足以致人于死，故此致命，即《洗冤录》所谓有致命之处，有致命之伤是也云云。此论甚精，实足阐发律例未尽之意，故附录之。

一，同谋共殴，伤皆致命，如当时身死，则以后下手重者当其重罪。若过后身死，当究明何伤致死，以伤重者坐罪。若原谋共殴，亦有致命重伤，以原谋为首。如致命伤轻，则以殴有致命重伤之人拟抵，原谋拟流。至乱殴不知先后轻重者，有原谋则坐原谋为首。无原谋则坐初斗者为首。

一，共殴余人有执持金刃及凶器伤人者，各照金刃凶器本律例问拟军徒。

一，两家互殴致毙人命，除尊卑服制及死者多寡不同，或故杀斗杀情罪不等，仍照本律定拟外，其两家各毙一命，果各系凶手本宗有服亲属，将应拟抵人犯均免死减发近边充军。

按此例原因，两家之父兄子侄帮殴，至各有殴毙之人，则一命可抵一命，若再行拟抵，被殴者既死于斗，而殴人者又死于法，是两家同死四人，情堪怜悯，是以量为减等，非谓犯属相随助殴致死人命者概行减免也。须重看"本家亲属"一句。

一，两家互殴致死一命，其律应拟抵之正凶当时被死者无服亲属殴死，将殴死凶手之人拟以满流。如被死者有服亲属殴死，再减一等满徒。

一，因争斗擅将鸟枪竹铳施放杀人者，以故杀论。伤人者，无论旗民，均发极边四千里安置。

一，共殴余人内原谋及殴有致死重伤之人实因本案畏罪自尽，及到官以后未结之前监毙在狱，与解审中途因而病故者，准其抵命，将下手应绞之人减等拟流。如致毙非一家三、四命者，虽原谋在途病故及畏罪自尽者，下手之犯均不准减等。其余谋故杀人、火器杀人、威力主使并有关尊长服制之案，悉照本律例定拟，不得援此例请减。

一，同谋共殴人致死，如被纠之人殴死非其所欲谋殴之人，亦非所欲谋殴之父亲兄弟妻女子孙及有服亲属，将起意纠殴之犯不问共殴与否，照原谋律减等拟徒。若谋殴致毙非一家三命以上者,原谋按照致死人数以次加等。

一,斗殴之案,除追殴致被追之人失跌身死并先殴伤人致被殴之人回扑失跌身死及虽未殴伤人因被揪扭挣脱致令跌毙者,均照律拟绞外,如殴伤人后跑走,被殴之人追赶自行失跌身死,及彼此揪扭松放之后复自行向人扑殴,因凶犯闪避失跌身死者,均于绞罪上减等拟流。若仅止口角骂詈,并无揪扭情事,因向人赶殴自行失跌身死,及被死者扑殴闪避致令自行失跌身死者,均照不应重律拟杖。

以上各条均系通例,此外尚有文武生员及土豪恶势倚仗衣顶势力武断诈赖、横行欺压民人、殴死人命拟斩,被人殴死者问拟擅杀。又凶徒好斗约伙寻衅、迁怒于父母毒殴致毙者,分别拟以斩决折绞。又,十岁以下幼孩救护父母,凶犯立时殴毙者,拟斩立决。又死罪人犯在监行凶致死人命者,拟以立决。又闽粤、江西、浙江、湖南等省械斗仇杀,纠众致毙多命者,将主谋纠殴之犯分别人数加重拟以斩绞立决枭示及充军发遣各项专条均应参看。

屏去人服食

律文:凡以他物(一应能伤人之物)置人耳鼻及孔窍中,若故屏去人服用饮食之物而伤人者,(不问伤之轻重)杖八十(谓寒月脱去人衣服,饥渴之人绝其饮食,登高乘马,私去梯辔之类),致成残废疾者杖一百徒三年,令至笃疾者杖一百流三千里,将犯人财产一半给付笃疾之人养赡。至死者绞(监候)。○若故用蛇蝎毒蛊咬伤人者,以斗殴伤论。(验伤之轻重,如轻则笞四十,至笃疾亦给财产。)因而致死者斩(监候)。

此仍《明律》,杖八十下系原有小注,余注系顺治三年添入。故用蛇蝎毒蛊咬人,此蛊字系虫字之讹。查《明律》及国初律本均系虫字,缘毒虫能咬伤人,毒蛊不能咬伤人也。其罪名与《唐律》不差而文义稍异。《唐律》无"故用蝎蛇"一段,而《斗讼门》疏议有以蛇蜂蝎蚛人同他物殴人法之文,其屏去服食之下,又有恐迫人使畏惧死伤者,各随其状,以故斗戏杀伤论云云。现律删去此数语,而增入故用蛇蝎毒虫咬伤人一节,盖指伤人之事类于斗殴及故杀者也。上段屏去服食,虽有伤人之意,原无杀人之心,故以斗殴之法科之,至死者绞。下段故用蛇蝎等项伤照斗殴,死依故杀生斩者,盖毒物足以杀人,与仅止伤人之物不同,若故用之,心已不善,是以至死论斩。若不曾致死,则无故伤加重之法,故仍以斗杀论也。《兵律》故放狂犬马牛,令杀伤者,减斗杀伤一等,与此不同者,马牛狂犬究与毒物之可以杀人者不同,故彼减而此不减也。考之外国,《德国律》:阴以毒物及有害卫生之物食之者,处十年以下惩役;致死者处十年以上惩役或无期惩役。《俄律》:凡暗用毒物损人康健者,罚作四年以上苦工。《法国律》:凡用毒物害人性命者,无论效验迟速,皆处死刑。《日本刑法》:施用毒物杀人者,以谋杀论,处死。其用意各有不同,法与日本均以谋杀论,则较中律为严,德、俄以故杀论,尚与中律符合,但德、俄故杀无死罪,而中律谋、故同一处绞,则名同而实仍不同也。

戏杀误杀过失杀伤人

律文:凡因戏(以堪杀人之事为戏,如比较拳棒之类)而杀伤人,及因斗殴而误杀伤旁人者,各以斗杀伤论。(死者并绞,伤者验轻重坐罪。)其谋杀、故杀人而误杀旁人者,以故杀论。(死者处斩,不言伤,仍以斗殴论。)○若知津河水深、泥淖而诈称平浅及桥梁、渡船朽漏不堪渡人而诈称牢固,诓令人过渡以致陷,溺死伤者(与戏杀相等)亦以斗杀伤论。○若过失杀伤人者,(较戏杀愈轻)各准斗杀伤罪,依律收赎,给付其(被杀伤之)家。(过失谓耳目所不及,思虑所不到,如弹射禽兽,因事投掷砖瓦,不期而杀人者。或因升高险足有蹉跌累及同伴。或驾船使风、乘马惊走、驰车下坡势不能止,或共举重物力不能制损及同举物者。凡初无害人之意而偶致杀伤人者皆准斗殴杀伤人罪,依律收赎,给付被杀被伤之家以为营葬及医药之资。)

此仍《明律》,末段过失杀小注系原本所有,其余则顺治三年添入。此项罪名,旧律较《唐律》为重。《唐律》:诸斗殴而误杀伤旁人者,以斗殴杀伤论,至死者减一等。若以故僵仆而致死伤者,以戏杀伤论,即误杀伤助己者各减二等。诸戏杀伤人者,减斗杀伤二等。谓以力共戏至死和同者。虽和,以刃若乘高履危入水中,以故相杀伤者,惟减一等。其不和同及于期亲尊长、外祖父母、夫之祖父母,虽和,并不得为戏,各从斗杀伤法。诸过失杀伤人者,各依其状以赎论云云。可见误杀、戏杀二项,《唐律》虽各自分别拟以流徒,要皆均无死罪。明改为绞,与斗一体科断,虽失古法,然秋审究从宽宥。若戏杀及误杀他人,则准于本年减等,名虽为绞,实与流罪无异耳。况现在新章更改从轻,戏杀迳改满徒,误杀非其人之亲属及擅杀情轻之案,均改满流,已渐复《唐律》旧法矣。再,《唐律》止有斗殴误杀旁人而无谋故误杀之文,以谋故自各有本律也。《明律》添入谋杀、故杀,而误杀仍以故杀论一语已与《唐律》不合。现例又添出因戏误杀仍以斗杀论及因谋故斗殴误杀其人祖父母、父母、妻女子孙均依谋故斗杀本律,并因谋杀谋[误]杀旁人,造意者以故杀论,下手伤重拟流各条,不惟例与律不合,即例与例亦相参差,更与古法背戾。薛氏《读例存疑》驳之甚详矣。再,律止言过失杀人,例又增疯病杀人一项,则是六杀而外更多一杀,合之擅杀,已有八杀,此皆与《唐律》不相符处。至于戏杀与过失杀均系并无杀人之心而拟罪不同者。戏杀,昔人谓之两和相害,言知其足以相害而两人情愿和同以为之,故注曰以堪杀人之事为戏,如比较拳棒之类。若本非堪以杀伤人之事为戏而陷人不测,即不得比于戏杀之法。《辑注》:近有两人食杏,一人戏以杏核掷之,一人躲避闪跌,撞头于石因而致死,此正过失杀人。谳者以戏杀拟之,误矣! 盖两人原无相害之心,而杏核之掷非堪以杀人之事也。若误杀之案,因斗与故而误,与因谋而误,罪名不同而情节亦异。因殴与故而误者,大半系劝解观看之人。因谋而误者,或在昏夜,或因错认,或下毒于饮食而误进者均是。本条止言凡人误杀,若因凡人而误及亲属,因亲属而误及凡人,并因亲属而误及亲属,当按亲属各律权衡酌量。《据会》云:谋杀卑幼误及尊长者依谋杀尊长,谋杀尊长误及卑幼者亦依尊长论。按:谋杀卑幼而误杀尊长,应以谋[故?]杀尊长论。若谋杀尊长而误杀卑幼,应以故杀卑幼与谋杀尊长已行未伤从其重者论之云云。可为定拟服制误杀之法。过失杀伤者,非但无杀伤人之心,亦并无杀伤人之事,其情本可原宥,故不与戏误同科,但所杀之人究属无辜,亦未便概予宽免,故止准其罪而照律收赎。然亦惟凡人可用此法,若卑幼于尊长、子孙于父母各有本律,不在收赎之限。又《辑注》云:若一人过失杀二人,收赎均给二家。如二人过失杀一人,二人俱令收赎,将一人赎银入官,此皆过失杀伤中常有之事,可并参之。外国统谓过误之罪,而各有不同。查《法国律》:凡疏虞懈怠及不守规则之事,致误杀他人,处三月至二年禁锢加罚金,伤人者处六月至二年禁锢加罚金。《德律》:过误杀人者处三年以下之禁锢,伤人者处二年以下禁锢,或六百马克以下罚金。《俄律》:凡决无害人之意,因疏忽致毙人命者,监禁两月以上四月以下。又明知行为易出危险而不制止,虽非有意害人,但邂逅致死者,罚作八年以上十二年以下苦工。又谋杀人而误杀旁人,依谋杀本人问拟。《日本刑法》:谋杀、故杀而误杀他人者,仍以谋杀故杀论。因殴打而误伤他人,仍科殴打创伤本律。疏虞懈怠,因过失致人死者,处二十元以上二百元以下罚金。伤至残废笃疾者,处十元上百元下罚金。伤至疾病休业者,处五十元以上罚金云云。与中律互相异同,大概死罪较中律虽少,而过失杀罚金均较中律收赎为多,且有误杀伤及过失杀伤名目,而均无戏杀之名,惟《俄律》行为易出危险,虽无意害人而邂逅致死一项与中律戏杀情形符合,而拟罪仍有不同,录之以备参考。此门条例亦甚详悉,择其要者节录于后,可与律文互相研究。

一,捕役拿贼与贼格斗致杀无干之人者,仍过失杀人论。

一,收赎过失杀人绞罪与被杀之家营葬,折银十二两四钱二分。如力不能交者,将该犯照不应重律杖责。

一,因戏误杀旁人者,以戏杀论。

一,谋杀人以致下手之犯误杀旁人,将造意之犯拟斩,下手伤重致死及知情买药者拟流。如系执持凶器,从重拟军。如下手之犯另挟他嫌,并非失误,将下手之犯照谋杀人未伤律拟徒。

一,子孙及子孙之妇过失杀祖父母、父母,照本例拟绞立决。仍照服制情轻之例请旨改为绞候。妻妾过失杀夫,奴婢过失杀主,亦照此例办理。

一,谋故斗殴而误杀其人之祖父母、父母、妻女、子孙一命,均照谋故斗杀各本律科罪。其因谋杀人而误杀一命案内,从犯仍拟满流。

一,因殴子而误伤旁人致死者,满流。因谋杀子而误杀旁人者,近边充军。其因殴子及谋杀子而误杀有服卑幼,各于殴故杀卑幼本律上减一等。若误杀有服尊长,仍依殴故杀尊长及误杀尊长本律本例问拟。

一,妇人因疯及误伤本夫情有可悯者,按律例定拟,于案内将并非有心干犯情节声明,双签进呈,恭候钦定。

一,疯病杀人不能取供者,即行监禁,二、三年内病愈,讯取供招,覆审供吐明晰,依斗杀律拟绞,秋审入缓。其致毙非一家二命者,仍拟绞酌缓。如连杀平人非一家三命及杀一家二命者,均拟绞监候。杀死一家三命以上,拟斩监候,秋审俱入情实。倘系装捏疯迷,仍按谋故斗杀本律问拟。

一,疯病杀人总以先经报官有案为据。如因一时陡患疯病,猝不及报,须讯取尸亲切实甘结,方准拟以斗杀。如无报案,又无尸亲切结,仍按谋故本律定拟。

一,因[疯]致毙期功尊长一家二命或二命非一家,均属期功尊长,或一家二命内一命分属卑幼而罪应绞抵,或于致毙尊长外复另毙平人二命,俱按律斩决,不准夹签声请。其致毙尊长外另毙平人一命,或致毙尊长一家二命内有一命不应抵者,准其比引情轻之例声请。

一，疯病之人，其亲属邻佑容隐不报，不行看守，致自杀者，照不应重律拟杖。致杀他人者，照知人谋害不即阻挡拟杖一百。

按：疯病杀人，《唐律》无文，《明律》亦不载，有犯即照人命拟抵，无他说也。惟《元志》有诸病风狂殴人致死者免罪，征烧埋银一节，康熙年间始著疯病杀人之例，照过失杀人收赎。乾隆年间改为照斗杀拟绞，秋审入缓。道光年间定为非一家一命者仍拟绞入缓，其非一家三命及一家二命均入情实，即上条例文是也。考之史册，后汉陈忠奏狂易杀人得减重论。范氏极驳其谬，师古注曰：狂易者，病狂而改易本性也，即今疯病之说。又，河内民张太有狂病，病发，杀母弟，应枭首，遇赦，谓不当除之，枭首如故。是以《唐律》不著其法。外国刑法惟《俄律》有疯病字样，其余不载。《日本刑法》有因失知觉精神不辨是非而犯罪者，不论其罪之条，与中律疯病相似，然不论其罪，未免太宽。即此一，非但古今中外不同，即本朝前后百余年间而亦屡为变易，如此可见刑法原无一定，所当因时变通以适于宜，而不可执泥古训，为胶柱鼓瑟之见，益可信矣。

夫殴死有罪妻妾

律文：凡妻妾因殴骂夫之祖父母、父母而夫（不告官）擅杀死者杖一百。（祖父母、父母亲告乃坐。）若夫殴骂妻妾因而自尽身死者勿论。（若祖父母、父母已亡，或妻有他罪不至死而夫擅杀，仍绞。）

此仍《明律》，顺治三年添入小注，雍正三年、乾隆五年修改。《唐律》无此罪名，当系明所增设。盖妻妾杀[殴]夫之祖父母、父母者应斩，骂者应绞，是已犯有应死之罪，其夫不告官而擅杀之，为父母而杀妻妾，父母重而妻妾轻，故只拟以满杖。但殴不必伤，骂无凭据，狠戾之夫恶其妻妾，往往因别故殴杀，而借殴骂以图抵饰，为父母者溺爱其子从而附和，代为捏饰，其事恒有，故注云：必亲告乃坐。可见，杀妻到案以后，该父母始供有殴骂情事者，若无伤痕证佐即不得概行引用此律矣。即案情果确，取有尸亲人等供词，只须于秋审时酌量矜原，其定案之初，未便据该犯父母事后一言即为曲原，盖因不孝其亲而擅杀妻妾，固有可宥之情，若非亲告在前，而事后供称，恐开狡避之渐。小注数字，所以补律之未备也。若夫殴骂妻妾因而自尽，即予勿论者，家庭闺阃之内，男女口角争殴，亦属情所常有，未至折伤皆得弗论，自欲轻生，何罪之有？若殴至折伤以上，在妻应减二等，在妾应减四等，因而自尽，仍依本律科断，故条例另设专条,则凡殴伤妻妾致令自尽之案,伤轻者依律勿论,伤重者依例科断,律与例固相辅而行者也。外国无此法律,夫妻平权,有犯应同凡论耳。

一,妻与夫口角以致妻自缢无伤者无庸议。有重伤者,其夫杖八十。

一,妻妾无罪被殴致折伤以上者,虽有自尽实迹,仍依夫殴妻妾折伤本律科断。

按:以上二例亦不画一,后条系采旧律总注纂为条例,缘重伤亦分残废笃疾,按律科断。即罪有轻重,较前条不问重伤如何概拟杖八十似较平允,然后例重而前例轻,引断从其轻者可也。

杀子孙及奴婢图赖人

凡祖父母、父母故杀子孙及家长故杀奴婢图赖人者,杖七十徒一年半。○若子孙将已死祖父母、父母、奴婢、雇工人将家长身尸(未葬)图赖人者,杖一百徒三年。(将)期亲尊长杖八十徒二年。(将)大功、小功、缌麻各递减一等。若尊长将已死卑幼及他人身尸图赖人者,杖八十。(以上俱指未告官言。)○其告官者,随所告轻重并以诬告平人律(反坐)论罪。○若因(图赖)而诈取财物者,计赃准窃盗论。抢去财物者准白昼抢夺论,免刺,各从重科断。(图赖罪重依图赖论,诈取抢夺罪重依诈取抢夺论。)

此仍《明律》,顺治三年添入小注。《唐律》不载此项,惟《元刑法志》有故杀无罪子孙以诬赖仇人者,以故杀常人论之条,明用其意,增立此门,然拟罪较轻数等,以故杀子孙仅止徒一年,此因图赖而故杀,故止加本律一等。定律之意,盖分别指尸诬人之罪以为不孝不慈者警也。与人无干而图谋赖人、私下诈骗者,谓之图赖。首节言祖父母及家长故杀子孙奴婢图赖。二节、三节皆言以已死之尸图赖。四节总承前三节,言诬告到官。五节亦总承前三节言因图赖而诈抢财物之罪。曰身尸,则未殓者也。子孙奴婢借尸图赖人者,其死虽非子孙奴婢之过,但忘哀忘遑,藉为诈骗之端,致有暴露之惨,故拟满徒,其亲谊渐疏即罪得递减。若尊长将卑幼身尸无赖,均杖八十。统言尊长者,不分期功、缌麻,即父母亦在其内,即夫以妻尸、家长以奴雇之尸图赖亦同论可知矣。以上俱指私自图赖,未曾告官者也。若已告官,或诬以威逼,或诬以杀死,则当随所告之轻重依诬告律反坐,不复仍拘此律。如因图赖而诈财,其人畏而自与,故准窃盗论;因图赖而抢去,不由人与,故准抢夺论。从重论者,谓将图赖、诬告、诈取、抢夺四者合而相比,从其重者论罪也。律止言图赖他人,例更补出亲属互相图赖之罪。律止言故杀子孙奴婢图赖,例更补出故杀妾及弟侄与侄孙、子孙之妇图赖之罪。且律止言将父母尸身图赖,例更补出将父母身尸装点伤痕图赖之罪,皆与律文互相发明,当并参之。外国不载此条者,故杀子孙已同凡论,处以重刑,即有图赖,亦在轻罪不议之例,未便再为加重。若借尸图赖,则亦无之,想少此等恶风耳!

一,有服亲属互相以尸图赖者,依干名犯义律。

一,妻将夫尸图赖人,依卑幼将期亲尊长尸图赖律。若夫将妻尸图赖人,依不应重律。

一,故杀妾及子孙、侄、侄孙与子孙之妇图赖人者,无论图赖系凡人及尊卑亲属,俱发附近充军。

一,无赖凶棍遇有自尽之案冒认尸亲,吵闹殴打,或将棺材拦阻打坏,抬去尸首勒指行诈者,均杖一百,枷号两月。若该管地方兵役知而不拿者,照不应重律治罪。

一,兄及伯叔谋夺族人财产,故杀弟侄图赖,酿成重案者,除罪犯应死外,其罪止军流者,既争夺弟侄财产故害例拟绞监候。

一,将父母尸身装点伤痕图赖人者,拟斩立决。

弓箭伤人

律文:凡无故向城市及有人居止宅舍放弹、射箭、投掷砖石者,(虽不伤人)笞四十。伤人者减凡斗伤一等。(虽至笃疾,不在断付家产之限。)因而致死者,杖一百流三千里。(若所伤系亲属,依《名例律》本应重罪而犯时不知者依凡人论,本应轻者听从本法。仍追给埋葬银一十两。)

此仍《明律》,原律首句系凡故向城市,顺治三年改为无故,并添入小注,其律末追给埋银一语系乾隆五年增添。《唐律》诸向城及官私宅若道径射者杖六十,放弹及投瓦石者笞四十,因而杀伤人者各减斗杀伤一等,若故令入城及宅中,杀伤人者各以斗杀伤论。至死者加役流。《元志》有诸扬砖石剥磷之案,误伤人致死者,杖八十七,征烧埋银云云。明本其意,设立此条罪名,与《唐律》不甚悬殊,而追埋一节则系采取元法。盖城市为人烟聚集之所,宅舍则人住居之处,如有杀伤,故照斗殴杀伤减等。若非城市及无人之处,脱有意外,偶遭杀伤,《辑注》谓当以过失杀伤论。而现例则云深山旷野误杀人减拟满徒云云。皆补律所未备,当合参之。

一,凡鸟枪竹铳向城市及有人居止宅舍施放者,虽不伤人,笞四十。误伤人者减汤火一等。致死者满流。若在深山旷野施放伤人者,减汤火伤二等。致死者满徒。皆追埋葬银十两。

一,向城市及有人居止宅舍施放枪箭打射禽兽,不期伤杀人者,依弓箭杀伤人律问拟。若于深山旷野捕猎施放枪箭打射禽兽,不期杀人者照窝弓不立望竿杀人律满徒,各追埋葬银十两。

按:律止言弓箭砖瓦伤人,例补出鸟枪竹铳。律止言城市有人宅舍,例补出深山旷野。再,以上二例,上条言无故施放鸟枪竹铳伤人,下条言施放枪箭打射禽兽误杀人,各有命意,当分别观之。

车马杀伤人

律文:凡无故于街市镇店驰骤车马,因而伤人者,减凡斗伤一等。致死者杖一百流三千里。若(无故)于乡村无人旷野地内驰骤,因而伤人(不致死者不论)致死者杖一百。(以上所犯)并追埋葬银一十两。○若因公务急速而驰骤,杀伤人者以过失论。(依律收赎,给付其家。)

此仍《明律》,顺治三年添入小注。《唐律》:诸于城内街巷及人众中无故走车马者答五十,杀人者减斗杀伤一等,若有公私要速而走者不坐,以故杀伤人者以过失论。其因警骇不可禁止而杀伤人者,减过失二等。《元志》:昏夜驰马误触人死,杖七十七。诸驱车走马致伤人命,亦杖七十七,均征烧埋银。昏夜行车不知有人在地,误致轹死者,答三十七,征烧埋银之半给苦主云云。明兼采其法设立此条,而拟罪稍异,共分做三项:街市、镇店驰骤一层,乡村旷野驰骤一层,因公务急速驰骤又一层。下节因公驰骤正与无故反对也。《辑注》谓重在"无故"二字,若循序缓行,而马警驰骤,骑御之人不得自主,则非无故之比矣。观过失律注有乘马警走,驰车下坡,势不能止之言,正可与此参论。同一车马杀人,而彼照过失收赎,此则科以满流,情节各有不同也。此与上放弹射箭同一误伤人,彼答而此不论者,盖放箭在于隔别,人不及防;驰骤人所共见,可以趋避。至于致死,则人命为重,故同一拟流,然皆指在城市而言,若在旷野则仍有分别,彼拟满徒,此拟满杖,仍各追埋银给主。律义细微如此,不可不察。外国不载此罪,《日本刑法》违警罪内有解放牛马及疏于牛马之牵系,及并牵车马妨害行人,其罪止于科料。而不言致死如何拟罪者,统在宥恕及过失杀伤二节之内也。

庸医杀伤人

律文：凡庸医为人用药、针刺误不如本方，因而致死者，责令别医辨验药饵、穴道，如无故害之情者，以过失杀人论。（依律收赎，给付其家。）不许行医。○若故违本方（乃以）诈（心）疗（人）疾病而（增轻作重乘危以）取财物者，计赃准窃盗论。因而致死及因事（私有所谋害）故用（反证之）药杀人者斩监候。

此仍《明律》，顺治三年添入小注。《唐律》诸医违方诈疗病而取财者，以盗论。又，医为人合药及题疏针刺误不如本方，杀人者徒二年半，其故不如本方杀伤人者，以故杀论。虽不伤人，杖六十，即卖药不如本方，杀伤人者亦如之。又《元刑法志》：诸庸医以针药杀人者，杖一百七，征烧埋银中统钞二十锭。明兼采其意，设立此条，仍分别误与故二项。首节言庸医之误，虽致杀人而其心可原，故但照过失杀人收赎，不许行医。次节言诈疗而故违本方，初无必杀之意，已施可杀之术，其心堪诛，故取财以盗论，致死即以谋故论。盖诈疗取财之事不一，《辑注》谓如本一药可愈，而故违本方，使之难愈，则病久而用药必多；又或病本轻而反重之，使其苦而后医，则功大而报礼必重。凡一切图人之财，不顾伤人之命，皆诈疗之情事也。因事故用者，或与病人有仇，或受他人买嘱，故用反药害人，虽非毒药之比，然既与病反，则与毒药无异。若真系毒药，则又在《蛊毒门》内矣。故《琐言》云故违本方药人致死，皆是谋杀，不必毒药杀人乃坐也。**下节"故"字正与上节"误"字反对，"诈"正与上节"庸"字反对，惟庸故致误用，惟诈故能故违，律文字法精细如此。**外国虽无此名目，而《日本刑法》：凡私营医业误治致人死伤者，照过失杀伤本条从重处断。又医师药商以药物及其它方法堕胎者，处重禁锢一月以上，致死伤妇女者，处重禁锢一年以上云云。与此律情事相同，不过罪名轻重有异耳。此外，又有邪术医人之例，较因事故用虽轻，而较庸医误用为重，当并参之。

一，凡端公道士及一切人等作为异端法术如圆光画符等类，医人致死者，照斗杀律拟绞。未致死者满流。为从各减一等。

窝弓杀伤人

律文：凡打捕户于深山旷野猛兽往来去处穿作坑穽及安置窝弓不立望竿及抹眉

小索者，(虽未伤人亦)笞四十。以致伤人者减斗杀伤二等。因而致死者杖一百徒三年。追征埋葬银一十两。(若非深山旷野致杀伤人者，从弓箭杀伤论)

此仍《明律》，顺治三年添入小注，雍正三年增修。《唐律》：诸施机枪作坑阱者，杖一百。以故杀伤人者，减斗杀伤一等。若有标帜者，又减一等。其深山迥泽及有猛兽犯暴之处而施作者听，仍立标帜，不立者笞四十，以故杀伤人者，减杀伤罪三等云云。此律即本其意，惟将标帜易作望竿、抹眉小索等名，罪名亦大致不差。彼减三等，此减二等，略为加重，其追埋一层仍系采用元法，缘追埋起于元代，《唐律》初无此法也。打捕者，猎户之名。猎户之取猛兽有坑阱、窝弓二法。坑阱者，穿地为穴，上置浮草，待其过而陷入以掩取之。窝弓者，箭敷毒药，以机张弓，待其触而箭发以射取之。二者当防其伤人，故必于近坑阱、窝弓之处设立望竿、小索，使行走之人望而知避也。望之可见，故曰望竿。横设小索，高与眉齐，故曰"抹眉小索"。本以捕兽，原无害人之意，然不立竿索，为术甚疏，实有可以杀伤人之理，非思虑之所不及，故止减斗杀伤二等，而不以过失收赎，即不伤人亦笞四十，以其但图捕兽之利而不计伤人之害也。统观以上四项，《唐律》重而元法轻者，《唐律》但治其罪而不追埋，故不嫌于稍重，元既追取埋银，故罪名较《唐律》从轻。《明律》既采用元人追埋之法，而罪名仍不减轻，犹照《唐律》科断，此《明律》所以涉于严厉也。我朝沿用《明律》，已较《唐律》为重，后又迭次增设条例，较《明律》更为严苛，是以外人群相讥诮，不受约束，伸其治外之法以侵我主权，现在修订新律，不得不从轻减者，亦迫于时势所当然，而非故为宽纵也。

威逼人致死

律文：凡因事(户婚、田土、钱债之类)威逼人致(自尽)死者，(审犯人必有可畏之威)杖一百。若官吏公使人等非因公务而威逼平民致死者，罪同。(以上二项)并追埋葬银一十两(给付死者之家)。○若(卑幼)因事逼迫期亲尊长致死者绞(监候)。大功以下递减一等。○若因(行)奸(为)盗而威逼人致死者斩(监候)。○(奸不论已成与未成，盗不论得财与不得财)。

此仍《明律》，顺治三年添入小注。原律第二段"因事逼迫"四字本系"威逼"，乾隆二十七年以卑幼威逼期亲尊长，"威逼"二字立言不顺，因改为"因事逼迫"，以卑幼原无威之可言也。按《唐律》有恐迫人使畏惧致死者各随其状，以故斗、戏杀伤论，而无威逼致死之法。明始设立此律,不过罪止满杖,除奸盗及有关服制外,以用强殴打致成笃疾及死系一家二三命以上,亦只充军而止,非亲行杀人之事不科死罪。后来条例日烦,死罪日益增多,如刁徒假差蠹役及和奸、调奸、强奸、轮奸等类致令自尽,并其亲属自尽拟死罪者不一而足,均与律意不符。律文"因事威逼"四字不可轻看,威逼之事千态万状,必其人之威势果可以畏,而被其逼迫者果有不堪忍受、无可奈何之情,因而自尽方合此律。盖愚夫愚妇每因小事以致轻生,非必果由威逼也。司刑者多因其法稍轻,容易加入[人]而不知非律意也。故《辑注》云:行威逼之人,必因此事而发。受威逼之人,必因此事而死。若先受威逼后,因别事自尽者非也。律止言卑幼逼迫尊长而不言尊长威逼卑幼之事者,盖尊长之于卑幼,名分相临,无威之可畏,事宜忍受,无逼之可言,故不著其法。设有犯者,在期亲可弗论,大功以下分别科以不应可也。再,律止言逼迫期亲尊长而不言子孙威逼祖父母、父母,妻妾威逼夫及夫之祖父母、父母,非故遗之也,诚以父为子纲、夫为妻纲,凡皆统于所尊,无所用其威逼,谓此是必无之事耳。然事变日纷,情伪叵测,故条例补出其法,此律虽非古法,然意类尚自简括易行。自条例日增日烦,遂不免诸多歧异。统计现例已有二十五条,而事涉奸情者十有七项,其中惟调奸妇女致令自尽,或其亲属自尽,除将妇女请旌外,而将调奸之人拟以实抵绞罪,未免过重,前人议之详矣。袁氏《律例条辨》云:调奸不从,妇女羞忿自尽者拟绞,此旧律所无而新律所未协也。夫调之说不一,或微词、或目挑、或谑语、或腾秽亵之口、或加牵曳之状。其自尽者亦不一,或怒,或惭,或因淫邪本不欲生而藉此鸣贞,或别有他故而饰词诬陷,若概定以绞,则调之罪反重于强也。强不成止于杖流,调不成至于抵死,彼毒淫者又何所择轻重而不强乎?律旌节妇不旌烈妇,所以重民命也。调奸自尽,较殉夫之烈妇尤有逊焉,而既予之旌,又抵其死,不教天下女子以轻生乎?薛氏《读例存疑》云:和奸,《唐律》应拟徒罪,而因奸酿命并无加重明文。今律和奸较《唐律》为轻,而致奸妇自尽又较《唐律》为重,奸妇因奸情败露自尽,系属孽由自作,与人无尤,乃科奸夫以徒罪,似嫌未协。至调戏致妇女自尽拟以绞罪,法已从严论者,犹以为过,又添入亲属自尽一层,更不可为训矣。此等案件,秋审尚有入实者,较之亲手杀人之案办理转严,不特刑章日烦,亦与律意不符。究而言之,律文未尽妥协,故例文亦诸多纷歧。近日沈少司寇著有《威逼致死律书后》一则,谓茅檐妇女,强暴猝膺,受辱无颜,捐躯明志,则胁迫之罪自无可宽,若只手足勾挑,语言调戏,少年佻达,尚无胁迫情形,既非羞辱之难堪,本无死法,乃变生意外,遂罪坐所由,法重情轻,未为允协。更有村野愚民,戏谑一入妇女之耳,遽而轻生,此不独无胁迫之状,并无猥亵之意,以此抵死,乌得为平?立一重法而无数重法相因而至,古人之法岂若是乎?综观以上各论,可见威逼一门,旧例多有可议。在纂定之初,本系劝惩之意。然行之一时,则可警强暴。著为常经,则反多流弊。又以此律参之外国,其用意更有相反者。《英法》:凡自杀者为重罪。按诸《希腊律》,应断手。盖谓凡人受命自天,非由天命不得私自残害,故犯自杀者常坐两重罪,一于宗教则背上帝好生之德,一于国法则违君上爱民之意,故犯自杀者,因罚去身后所遗之财产及分内应得之光荣,以彰其罪,将其财产没官,不得用礼式安葬。又《俄法》:凡无疯痰而自尽者,所有授其子女、生徒、仆役及关于财产之遗嘱俱不准行,如系基督教民,不准用教礼安葬。若临大节不回,杀身成仁,及妇女拒奸自尽,保全名节者免罪。盖西人以生命为重,自杀悬为历禁,英、俄皆明载律内,虽以忠臣烈妇,《俄法》亦仅免罪而已。至自杀而科迫胁者以罪,不独英、俄均无此文,即德、法刑法亦皆不著。《日本刑法》虽与英、俄宗旨不合,但有教唆自杀之罪,而无威逼致死之条,尚与《唐律》用意相符。总而论之,西人自杀为重罪之说,原为情理所未安,盖人非困苦难堪,何肯自戕其生?今不矜之哀之而反加以罪,仁人之心必不出此,而又夺其财产光荣而屏斥之,此更不合于天理者也!使死者而有知也,在黄泉能勿饮恨?使死者而无知也,即重罪乌足为惩!彼杀人有罪之犯,未论决而自杀,即无余罪可科,自杀之人本系无罪,若科以重罪,反较杀人者责备为刻,是岂情理所有也哉?**西法之不宜行于中国,此其一端**。然现在条例以自尽之人而与之抵命,不但外国诧为异事,即中国《唐律》亦无是法。此正当亟筹变通者也。现例择要节录于后,以备参考。其无关引用者,概从摈弃。

一,因奸威逼致死人犯,须有挟制窘辱情状,其死者无论本妇、本夫父母亲属,奸夫亦以威逼拟斩。若和奸纵容而本妇本夫愧迫自尽,或妻妾自逼死其夫或父母、夫自逼死其妻女,或奸妇以别事致死其夫,与奸夫无干者,毋得概坐因奸威逼之条。

一,妇女与人通奸,致并未纵容之父母羞忿自尽,无论出嫁在室,俱拟绞决。其本夫羞忿自尽,拟绞监候。奸夫俱拟满杖。若系父母纵容,后因败露自尽者,妇女实发驻防为奴,奸夫止科奸罪。其本夫纵容自尽者,奸夫、奸妇止科奸罪。如父母、本夫迫于奸夫之强悍,不能报复,并非有心纵容者,仍照未纵容之律科断。

一,强奸已成,将本妇杀死者斩枭。强奸未成,将本妇立时杀死者斩决,殴伤、越数日因伤身死者斩候。若拒捕,立时杀死其夫与父母亲属者,俱斩决。殴伤后越数日因伤死者斩候。至强奸已成,其夫与父母亲属及本妇自尽者,斩候。强奸未成,或但经调戏,其夫与父母亲属及本妇自尽者,俱拟绞候。

一,调奸未成,和息后,其夫与父母亲属及本妇追悔自尽,致死二命者,发边远充军。一命满流。

一,妇女因人亵语戏谑自尽之案,如系觌面相狎,即照调戏自尽例绞候。其因他事口角,彼此詈骂,妇女一闻秽语轻生及未与妇女觌面,止与其夫及亲属戏谑,妇女听闻秽语自尽者,仍拟满流。

一,村野愚民本无图奸之心,不过出语亵狎,本妇一闻秽语轻生者,照强奸未成自尽例减等拟流。

一,强奸内外缌麻以上亲属未成或但经调戏,其夫与父母亲属及本妇羞忿自尽者,斩候。如系强奸已成,加拟立决。

一,因奸威逼致死一家三命者斩立决。

一,与妇女口角村辱,本妇轻生,又致其夫痛妻自尽者,绞候,入于秋审缓决。

一,强奸犯奸妇女已成,将本妇杀死者斩决。致本妇自尽者,发黑龙江为奴。如强奸未成杀死者,斩候,秋审入实。自尽者满流。若犯奸后悔过自新有据,仍以良妇论。

一,和奸之案,奸妇因败露自尽者,奸夫满徒。如系缌麻以上亲属相奸者,加等发近边充军。

一,妇女令媳卖奸不从,折磨殴逼,致令自尽者,绞候。若奸妇抑媳同陷邪淫,致媳自尽者,改驻防为奴。

一,奸夫听从奸妇图奸其媳不从,致被其姑毒殴自尽者,除奸妇发驻防为奴外,将图奸酿命之犯绞候,秋审入实。

一,用强殴打威逼人致死,果有致命重伤及成残废笃疾者,虽有自尽实迹,发近边充军。致命而非重伤或重伤而非致命之处,满徒。如非致命又非重伤,徒一年。若逼迫尊长自尽,除期亲卑幼按伤应拟绞决外,若殴有致命重伤未成残废者,缌麻卑幼加凡人加一等边远,功服极边充军。期亲仍照律拟绞。其致命而非重伤,或重伤而非致命之处者,期服仍绞,功服边远,缌麻近边充军。如非致命又非重伤,除期服外,功服、缌麻各照本律加一等。尊长犯卑幼者,止科伤罪。

一，军民逼迫本管官致死，为首绞候，为从枷号三月，近边充军。

一，奉差员役额外需索逼死印官者，满徒。若受贿者依枉法从重论。

一，威逼致死一家二命及非一家三命以上者近边充军，一家三命以上，边远充军。若豪强凶徒恃财倚势，挟制窘辱令平民冤苦无申自尽，致死一家三命以上斩候，一家二命及非一家三命以上绞候。如无前项情节，仍分别拟军。

一，子孙不孝，如有触忤干犯情节，致祖父母、父母窘迫自尽者，斩决。其无触忤情节，但违犯教令以致自尽者绞候。妻妾于夫之祖父母、父母有犯，罪同。

一，妻妾悍泼，逼迫其夫致死者绞决。若口角细事，并无逼迫情状，其夫轻生者绞候。

一，窃贼遗落火煤，或燃烧门板，或用火照亮，致火延烧，不期烧毙事主一二命及三命而非一家者，照因盗威逼致死律斩候。若一家三命者斩决。三命以上加枭。

一，奸夫奸妇商谋同死，如奸妇殒命，奸夫自戕，经救得生者，拟以满流。若已将奸妇致死，奸夫并无自戕伤痕者，仍照谋故斗杀问拟，不得因有同死之供宽贷。

尊长为人杀私和

律文：凡祖父母、父母及夫，若家长为人所杀，而子孙、妻妾、奴婢、雇工人私和者杖一百徒三年。期亲尊长被杀而卑幼私和者杖八十徒二年。大功以下各递减一等。其卑幼被杀而尊长私和者，各（依服制）减卑幼一等。若妻妾、子孙及子孙之妇、奴婢、雇工人被杀，而祖父母、父母、夫、家长私和者杖八十。受财者，计赃准窃盗论，从重科断。（私和，就各该拟命者言。赃追入官。）〇常人（为他人）私和人命者杖六十。（受财准枉法论。）

此仍《明律》，减卑幼一等句原无"卑幼"二字，系顺治三年所添，并添入小注，雍正四年修改。《唐律》祖父母、父母及夫为人所杀而私和者，流两千里，期亲徒二年半，大功以下递减一等。受财重者，各准窃盗论。虽不私和，知杀期亲以上亲，经三十日不告者各减二等。律文本无奴婢私和家长之文，惟《疏议》问答曰：奴婢部曲，身系于主，主被人杀，侵害极深，其有受财私和，知杀不告全科，虽无节制，亦须比附论刑，岂为在律无条，遂使独为侥幸。然部曲奴婢，法为主隐，其有私和不告，得罪并同子孙云云。《明律》采取其说，与子孙、妻妾组织为一，又删去末后"三十日不告"一层，而增添卑幼被杀，尊长私和及常人私和数语，其罪名亦较《唐律》各加重一等。

再，《唐律疏议》载有五服内亲自相杀者，疏杀亲合告，亲杀疏不合告，亲疏等者，卑幼杀尊长得告，尊长杀卑幼不得告。其应相隐者，亲杀疏，义服杀正服，卑幼杀尊长，亦得论告，其不告者亦无罪云云。现律虽不载此，而议论精微，可资引证。《礼》云：父之仇，不与共戴天，兄弟之仇不反兵，至于为人所杀，其仇至重，若私和不告，则逆理忘仇，不孝不义甚矣，故著此律，所以使人雪其仇而申孝思也。此律以伦之亲属为仇之轻重，以仇之轻重定罪之大小，不甚拘于尊卑老幼之分，故尊长私和，比卑幼止减一等，与他律之论名分者不同，各有精义，不可一概论也。**律文统言为人所杀，则谋故殴戏误诸杀应该抵命者皆是，若威逼、过失杀者，律既不应抵命，即未便拘引此律。然子孙等忘仇私和，则亦不能无罪，当酌量科之可也。**外国不著此律，固因宗旨不同，亦以人命等案，亲属虽不告发，向由检事官代为公诉，故私和之事并不多见。至于受财私和，律准窃盗论罪，现例从重以枉法赃论罪，而子孙等项受贿私和，又加重满流。又添以财行求及过钱人之罪，较律严而且密，当并参之。

同行知有谋害

律文：凡知同伴人欲行谋害他人不即阻当、救护及被害之后不首告者，杖一百。

此《明律》，盖惩人见害不救之罪以教义也。同伴，指偶然同行之伴，所包甚广，如在路同行，作客同寓，贸易同业之类。谋害不止谋财害命，或有怨恨，或因奸情，或杀人夺其官凭文引之类。**凡人若知同伴内有此情事，未行之先能阻挡，则其谋中止；方行之时能救护，则其害可免；即行之后能首告，则其冤得白。若不阻、不救、不告，皆为见害不救，故罪满杖，所以恶其纵容养恶也。然亦有惧发其隐情而不敢阻，见其凶恶而不敢救，畏其牵连拖累而不敢告者，又当原情酌断，未可概论。**外国人命重案，有检事代为公诉，而又优待证人，不加需索，故正人皆乐为证而案易结，**中律虽有此不首告之罪，然旁人一为首告质证，则受累贻害无穷，故良法亦为虚设。**伏读乾隆六十年上谕：谋命重案，凶犯往往饰词狡展，得有从旁质证，使无抵赖，岂不易于完结！地方官于邻佑首告时，量加奖赏，自必闻风踊跃，乃不肖官员不但不加奖赏，转任胥吏勒索，拖累耽延。无怪其畏惧不敢首告，即此可见吏治废弛之一端！各督抚应一体留心查察，俾善良不致苦累方为妥善，钦此！大哉言乎！真乃洞见积弊矣。**方今采用西法问案，重证而不重供，则此谕尤为救世良药也。**

大清律讲义卷六

刑律斗殴

考古律,秦汉至晋止有《系讯》之律而无斗殴之名。后魏太和年始分《系讯律》改为《斗律》,此斗之名所自始。至北齐,以讼事附之,名为《斗讼律》,后周改为《斗竞律》。隋开皇仍复齐律《斗讼》之名,至唐不改。明始分作《斗殴》、《诉讼》二门。国朝因之,《斗殴》分上下二卷,共二十二章。其斗殴、保辜二章,又诸律之通例也。《人命》起于《斗殴》,故《人命》之后即以《斗殴》继焉。

教习吉同钧编纂

斗殴(相争为斗,相打为殴。)

律文:凡斗殴(与人相争)以手足殴人不成伤者笞二十。(但殴即坐。)成伤及以他物殴人不成伤者笞三十,(他物殴人)成伤者笞四十。(所殴之皮肤)青赤(而)肿者为伤。非手足者,其余(所执)皆为他物。即(持)兵不用刃(持其背柄以殴人)亦是。(他物)拔发方寸以上笞五十。若(殴人)血从耳目中出及内损(其脏腑而)吐血者杖八十。(若止皮破血流及鼻孔出血者,仍以成伤论。)以秽物污人头、面者(情固有重于伤所以)罪亦如之(杖八十)。○折人一齿及手足一指,眇人一目(尚能小视犹未至瞎),抉毁人耳鼻若破(伤)人骨及用汤火、铜铁汁伤人者杖一百。以秽物灌入人口鼻内者罪亦如之(杖一百)。折二齿、二指以上及(尽)髡(去)发者杖六十徒一年(髡发不尽,仍堪为髻者,止依拔发方寸以上论)。○折人肋、眇人两目、堕人胎及刃伤人者杖八十徒二年。(堕胎者,谓辜内子死及胎九十日之外成形者即坐。若子死辜外及堕胎九十日之内者,仍从本殴伤法论,不坐堕胎之罪。)○折跌人肢(手足)体(腰项)及瞎人一目者,(皆成废疾)杖一百徒三年。○瞎人两目、折人两肢、损人二事以上(二事如瞎一目又折一肢之类)及因旧患令至笃疾,若断人舌(令人全不能说话)及毁败人阴阳者(以至不能生育),并杖一百流三千里。仍将犯人财产一半断付被伤笃疾之人养赡。(若将妇人非理毁坏者止科其罪。以不妨生育,不在断付财产一半之限。)○同谋共殴伤人者各以下手伤重者为重罪。原谋(或不曾下手,或虽殴而伤轻)减(伤重者)一等。(凡斗殴不下手伤人者勿论。惟殴杀人以不劝阻为罪。若同谋殴人至死,虽不下手及同行知谋,不行救阻者,各依本律并杖一百。如共殴人,伤皆致命,以最后下手重者当其重罪。如乱殴不知先后轻重者,或二人共打一人,其伤同处,或二人同时各瞎人一目,并须以原谋为首,余人为从。若无原谋,以先斗人为首。)○若因斗互相殴伤者,各验其伤之轻重定罪。后下手理直者减(本等罪)二等。至死及殴兄姊、伯叔(依本律定拟,虽后下手理直)者不减。○(如甲乙互相斗殴,甲被瞎一目,乙被折一齿,则甲伤为重,当坐乙以杖一百徒三年。乙被伤轻,当坐甲以杖一百。若甲系后下手而又理直,则于杖一百上减二等,止杖八十。乙后下手理直,则于杖一百徒三年上减二等,止杖八十徒二年。或至笃疾,仍断财养赡。若殴人至死,自当抵命。)

　　此仍《明律》,原有小注,顺治三年增改。原注"兵不用刃"句下系"持其柄以殴人",乾隆五年添入"背"字。《明律》总注:如同时一人先殴瞎一目,则依废疾拟徒一人,后又瞎其一目,则依笃疾律拟流。若人本瞎一目,止有一目能见,如被殴瞎,亦当依笃疾科断。律注未载,似应添入,以资引用。然与《唐律》不合,《唐律疏议》问答云:人目先盲,重殴瞳坏,口或先哑,更断其舌者,止得守文,还科断舌瞎目之罪,与此律因旧患令至笃疾者意各有别也。《唐律》分作六章:一,斗殴手足他物伤;二,斗殴折齿毁耳鼻;三,兵刃砍射人;四,殴人折跌肢体瞎目;五,同谋、不同谋殴伤人;六,两相殴伤论为律。《明律》合为一篇,罪名大同小异,折伤以上悉同,折伤以下稍轻。且《唐律》无秽物污人名目,《明律》添出污人头面、灌入口鼻两项,而删去兵刃斫射人不著杖一百一节,盖斗殴以伤为凭,斫射不著,并未成伤,故不治其罪。然《唐律》称兵刃,谓弓箭、刀稍、矛赞之属,此等皆非民间常用之物,持此斫射,其情可恶,故虽不著,亦拟满杖。现例补出执持凶器未伤人者亦杖一百,即此意也。《辑注》:斗者,口语争讼,彼此扭结,未至捶击也。殴则以手足相打矣。此篇专论伤之轻重以定罪。

若因殴致死则为斗杀,载于《人命门》内,与此篇须互相参看。篇中共七节:首节言手足他物殴人成伤、不成伤之罪;次节、三节言折伤轻重之罪;四节言伤至废疾;五节言伤至笃疾;六节、七节则斗殴各项之通例也。斗殴杀人无手足、他物、金刃之别,若止伤人,则不能无辨者,杀同一死,伤有轻重也。然斗杀虽不论金刃、手足、他物,同一拟绞,而秋审实缓仍有分别。他物如砖石棒槌之类,若以靴踢人,止是足殴,若靴尖坚硬,即作他物论矣。眇者,谓亏损其明,犹能见物。折者,折断其骨。跌者,差失关节而不连属如常也。破人骨,破者,破而未折也。下折肋则骨断矣。抉毁人耳鼻者,谓将人耳鼻破裂之也,若用刀割破则非抉毁,应照刃伤论矣。内损吐血,谓血出自内也,鼻血虽不谓之内损,若殴人痾血亦同内损吐血之法。髡者,剔发也,谓尽拔其发,如髡也。因所患令至笃疾者,如旧患瞎一目,今又瞎其一目,旧患折一肢,今又折其一肢,所殴虽止一肢一目而其人已成笃疾,则当治以殴至笃疾之流罪矣。毁败阴阳,如古者宫刑,割势幽闭,至于不能生育,此皆终生无用,故治罪而外,又断产以养其终身。断产虽是笃疾定例,然亦殴至笃疾而不断产者,如卑幼殴尊属至笃,奴婢殴良人至笃,以其罪已至死,故不断产。又有殴死而仍断产者,如殴杀大功弟妹、小功堂侄、缌麻侄孙,既不抵命拟死,故断产以恤其家属。法律虽有一定而仍变通不拘,故必彼此互参,方能贯通无碍。此条由笞杖以至徒流,俱极详备。例又于刃伤外补出凶器伤人,又于殴人至废疾笃疾外补出故折肢体、挖瞎眼睛改拟充军各条,已属加重,然尚系严惩凶徒之意。其余又有各省专条,不免互相参差矣。外国均有此律,不但治罪不同,而名称亦异。德国谓之伤害身体之刑。法国谓之创伤殴击之刑。俄国谓之伤残疾苦之刑。日本谓之殴打创伤罪。其法,打伤人死者,处重惩役;瞎两目、聋两耳,或折两肢及断舌、毁败阴阳至丧失知觉精神成笃疾者,处轻惩役;瞎一目、聋一耳及其他残败身体成废疾者,处重禁锢二年以上。若打伤人致罹二十日以上疾病,或致不能营职业者,处重禁锢一年以上。其疾病休业之时未成二十日者,处重禁锢一年以下。虽不至疾病休业,但身体已成创伤者,处重禁锢一月以下。谋打伤人者,各照前项加一等。二人以上共打伤人者,从现下手者成伤之轻重各科其罪。若共殴而不知成伤之轻重,照重伤之刑减一等。但教唆者不得减等云云。**与中律罪名不同而办法亦异,各有取义,各有所长,未可偏废。执中律而薄外律者,因不通达时务。若醉心外律而概谓中律不适于用者,则更在不达不通之下矣。**此门条例繁多,择要摘录,可与律互相参考。其各省专条,如护军兵丁刃伤人、回民结伙持械殴人、沿江滨海执持枪棍混打行斗殴、天津锅伙纵持械殴伤人、太监在逃刃伤人等项,均较常律加重,以究非寻常通用之条,概不登入。

一,凶徒忿争,执持腰刀、铁枪、弓箭并铜铁简、剑、鞭、钺、斧、扒头流星、骨朵、麦穗等项凶器及库刀、梭镖、骗鸡尾、黄鳝尾、鲫鱼背、海蚌等刀、朴刀、顺刀,并凡非民间常用之物,但伤人及误伤旁人者,发近边充军。(如民间常用之镰刀、菜刀、小刀、柴斧等器不在此限。)若殴人至笃疾,边远充军。若聚众执持凶器伤人不分首从,边远充军。虽执持凶器而未伤人及自伤者均杖一百。其伤人之犯有能拿获者,分别给赏。

一,凶徒忿争,剜瞎人眼睛,故折人肢体,全抉人耳鼻口唇及断人舌,毁败人阴阳者,近边充军。

一,殴伤罪人成笃毋庸断产。

一,夺获凶器伤人者,减等满徒。

一,自称枪手,受雇帮殴者满流。杀伤人者从重论。若未受雇帮殴,但学习枪手已成者满徒。

又嘉庆十八年部议铁尺拳心铁叉等项均以凶器论。又光绪五年章程:朴枪、札枪、长枪、势刀枪伤人俱以凶器论。

保辜限期

(保,养也。辜,罪也。保辜谓殴伤人未至死,当官立限以保之。保人之伤,正所以保己之罪也。)

律文:凡保辜者,(先验伤之重轻,或手足、或他物、或金刃,各明白立限)责令犯人(保辜)医治。辜限内皆须因(原殴之)伤死者,(如打人头伤,风从头疮而入,因风致死之类)以斗殴杀人论(绞)。○其在辜限外及虽在辜限内,(原殴之)伤已平复,官司文案明白(被殴之人)别因他故死者,(谓打人头伤,不因头疮得风,别因他病而死者,是为他故)各从本殴伤法。(不在抵命之律)若折伤以上,辜内医治平复者各减二等。(下手理直减殴伤二等。如辜限内平复又得减二等。此所谓犯罪得累减也。)辜内虽平复而成残废、笃疾及辜限满日不平复(而死)者,各依律全科。(全科所殴伤、残废、笃疾之罪。虽死亦同伤论。)○手足及以他物殴伤人者,(其伤轻)限二十日(平复)。○以刃及汤火伤人者限三十日。○折跌肢体及破骨、堕胎者,无论手足、他物,皆限五十日。

此仍《明律》，原有小注，顺治三年修改，原律"各减二等"之下有"堕胎子死腹中者不减"一句，是年删去，与《唐律》办法相同而文义加详，限期亦稍有异。《唐律》手足伤限十日，他物伤二十日，刃及汤火三十日，折跌肢体及破骨五十日，殴、伤不相须，此统手足、他物均限二十日，而无"殴、伤不相须"一语。所谓殴、伤不相须者，谓殴及伤各保辜十日也。伤人皆须因殴，亦有因僵仆，或恐迫而伤者，此则不因殴而有伤者，故律云殴、伤不相须也。《明律》既无僵仆恐迫致死之文，故亦无殴、伤不相须之法。凡殴人重伤或可医治平复，或即因伤而死，或成残废笃疾，当下俱难预定，官司验明受伤之处，将被伤时刻明立文案，勒限责令下手人犯延医调治，所谓保辜也。律文分五层看：一，限内因伤而死。一，限内限外伤已平复，别因他故而死。一，限内医生[治]平复。一，限内虽平复已成残废笃疾。一，限外不平复。惟限内因本伤死者抵命，惟限内平复折伤以上不成残废笃疾者减等，其余皆照本殴伤坐罪也。前律言废疾笃疾，此更添出残疾。残疾者，不全之谓，如手折一指，尚能持物，但亏损不完，与废疾之一手全折不能持物已成无用者较轻耳。保辜堕胎者，母子兼保，限内母死则论抵偿，限内子死则坐堕胎之罪。若限内母平，限外子死，则并不科堕胎之罪。此律专言斗杀之罪，若过失杀及谋故杀、拒杀、火器杀人，俱不准保辜。有关服制之斗杀，除缌麻尊长外，亦不准保辜。律例虽无明文，均有成案可据，此律原系慎重人命之意。外国均无此律，以斗杀罪不至死，故无须细为分别也。律文止言正限，例又补出余限及因风身死各条，皆与律互相发明，当并参之。

一，斗殴伤人限内不平复，延至限外。若手足他物金刃及汤火伤，限外十日之内，折跌肢体及破骨堕胎限外二十日之内，果因本伤身死情正事实者，方拟死罪，奏请定夺。此外不许滥拟渎奏。（奏请定夺请其减流也。）

一，斗殴之案，如非致命之处又非极重之伤，越五日因风身死，免其抵偿，拟以满流。如当致命之处而伤轻，或伤重而非致命之处，因风身死者，必在十日以外，方准改流。其致命伤重及虽非致伤至骨损骨断，即因风身死在十日以外，仍拟绞抵。若逾破骨伤五十日正限外尚有[在]余限二十日之内及手足他物金刃伤正限外，余限内因风身死者，俱拟满徒。至余限外因风身死者，止科伤罪。

一，刃伤人至筋断者照破骨伤保辜五十日。

仅[谨]按：保辜限期关系生死出入，而月建时刻又为定期最要关键。《名例》称曰：以九十六刻为断，如过辜限一刻，即为限外。《辑注》载：马宗元少时，其父殴人被系守，辜伤者已死，将按法抵命。宗元推其所殴之时在限外四刻，因诉于官，得原父死。此可见时刻关人性命，有裁判之责者于此更当细心审讯，明立文案，勿因一时疏忽枉坐人死，其积德良非浅矣。又成案，凡殴人内溃内损吐血及跌[踢]伤肾子损破，并毒药灌入人耳溃烂，俱照破骨伤保辜。又殴人伤轻，因睡熟炕中受火毒殒命，及用针扎伤后因洗腿以致伤口侵湿殒命，均比照因风身死量减。又铁锥、铁钻有刃，应照刃伤保辜。若虽持金铁等器未曾用刃，俱照他物伤保辜。又殴折齿牙不照破骨保辜。以上等项，皆足补律例所未备，附录于此，以备参考。

宫内忿争

律文：凡于宫内忿争者笞五十。（忿争之）声彻于御在所及相殴者杖一百。折伤以上加凡斗伤二等。（若于临朝之）殿内又递加一等。（递加者，如于殿内忿争者，加一等杖六十。其声彻于御在之所及殿内相殴者，加一等杖六十徒一年。至于折伤以上，加宫内折伤之罪一等，又加凡斗伤罪二等，共加三等。虽至笃疾，并罪止杖一百流三千里。至死者，依常律断。被殴之人虽至残废、笃疾，仍拟杖一百，收赎。笃疾之人，与有罪焉，故不断财产养赡。）

此仍《明律》，顺治三年添入小注。宫内上原有"燕幸之"三字，雍正三年删去，大致本之《唐律》。惟《唐律》尚有"以刃相向者徒二年"一语，此不载入，而拟罪亦较轻一等。《唐律》声彻御所及相殴者徒一年，此仅杖一百也。凡至尊所御以燕幸者曰宫，所御以临朝者曰殿。宫殿森严之地，正臣下致敬之所，忽敢逞忿相争，则情乖恭肃，故分别拟以笞杖。此律重在不敬，故忿争不问曲直并笞，相殴不问伤否并杖，以其毫无忌惮也。《辑注》：午门以内与宫内、行宫有犯，亦同此科。外国宫禁不似中国森严，故无加重治罪之条。律止浑言争殴，例则分别金刃、他物、手足；律止言伤人，例则添入杀人与自伤；律止言宫殿，例则分别紫禁城内外及行营账房内外；律止言臣民，例则添入太监、跟役工匠，皆补律所未备，而拟罪亦较律为严，须合相参考，然后引断方无歧误。

一，行营地方管辖声音账房以内谋故杀人及斗殴金刃杀人者，斩立决。谋杀伤而未死及斗殴手足他物杀人者，绞立决。金刃伤人者发伊犁给官兵为奴。金刃自伤及手足他物伤人者满流。若在账房以外卡门以内，谋故斗殴金刃杀人者，亦拟斩决。

谋杀伤而不死及手足他物杀人绞监候,入于情实。金刃伤人满流。金刃自伤及手足他物伤人者满徒。以上犯该发遣以下,俱先插箭,随营示众。卡门以外有犯照常办理。

一,常人当差及各营跟役,并内务府人役工匠等在紫禁城内暨圆明园大宫门、大东、大西、大北等门及西厂等处并各处内围墙以内谋故杀人及斗殴金刃杀人者,斩立决。谋杀伤而不死及斗殴手足他物杀人者,绞立决。金刃伤人者发伊犁为奴。金刃自伤及手足他物伤人者满流。若在紫禁城午门以外、大清门以内暨圆明园大宫等门以外鹿角木以内,有犯以上各罪俱照上行营帐房以外卡内以内问拟,犯该军罪以下者,俱枷号三个月,再行发配。其东安、西安等门以内及圆明园鹿角木并各内围墙以外有犯,均照常律办理。

一,太监在紫禁城内持金刃自伤者斩立决。在紫禁城外、皇城内持金刃自伤者斩监候。

谨按:本朝家法,鉴于前明严惩宦竖,故处治太监之法如此其重,一经金刃自伤即拟骈诛,与太监逃出索诈照光棍治罪之例同一用意。此二例俱系康熙年间定例,以后渐从宽弛。咸丰三年纂例,在逃太监滋事,除犯谋故斗殴等案仍照本律例问拟外,但有执持金刃伤人者,发黑龙江给官兵为奴,遇赦不赦一条,**前后合参,自伤即问斩罪,而伤人仅拟发遣,虽因在外在内之不同,而轻重究相悬殊。**且同一在逃,但经索诈即问骈首,而滋事逞凶反拟为奴,一严一宽之间,此可以观世变矣。《兵律》又有太监进殿当差,金刃之物未经带出者杖一百,亦应与此律参看。

宗室觉罗以上亲被殴

凡宗室觉罗而殴之者,(虽无伤)杖六十徒一年,伤者杖八十徒二年,折伤以上(本罪有)重(于杖八十徒二年)者加凡斗二等(止杖一百徒三年),缌麻以上(兼殴伤言)各递加一等(止杖一百流三千里,不得加入于死),笃疾者绞(监候),死者斩(监候)。

此仍《明律》,原律目系皇家袒免以上亲被殴,律文首句亦曰皇家袒免亲,顺治三年添入小注,律目下注曰:袒免系五服外无服之亲,凡系天潢皆是。乾隆三十九年删去律目小注,改为宗室觉罗。唐律目亦系皇家袒免以上亲,与此拟罪轻重相同。惟"笃疾者绞"一句系明增入,《唐律》原文所无也。宗室本系黄带,觉罗本系红带,虽有亲疏远近之分,而皆裔出天潢,列在八议,所当格外致敬,凡军民殴官长者尚应加重,况以齐民而敢犯皇亲,讵可稍从宽贷乎?但殴即坐城旦,伤者加重,死者骈诛,所以明上下之分,以见贱不可以凌贵,卑不可以犯尊也。《日本刑法》谓之"对皇室罪":凡对皇族加危害者,处死刑。将加者,无期徒刑。对皇族有不敬之所为者,处重禁锢二月以上、四年以下,加罚金十元以上、百元以下云云。虽未明言殴伤,然既曰不敬之为,则斗伤即在其内矣。且所谓加危害者,即中律谋杀、故杀之罪。所谓将加者,即中律谋杀未伤之罪,名异而实则同,不过罪稍减轻耳。中律止言殴死,不言谋杀、故杀者,《辑注》谓故杀罪止于斩,则谋杀亦不能加重,此系尊重贵胄之义。必宗室等腰系本身带子,不自菲薄,然后凡人有犯,方照律办理。若宗室等不安分,自轻召侮,即未便绳以此律,故后例又有照寻常斗殴一体定拟之条,须并参之。

一,宗室觉罗在家安分,不法之徒借端寻衅者,仍照律治罪外,若甘自菲薄,在街市与人争殴,如宗室觉罗罪止折罚钱粮,其相殴者亦系现食钱粮之人,一体折罚定拟。若无钱粮可罚,即照凡斗办理。

一,宗室觉罗并未与人争较而常人寻衅擅殴者仍照例治罪外,如轻入茶坊酒肆滋事召侮,或与人斗殴先行动手,不论曾否腰系带子,其相殴之人即照寻常斗殴一体定拟。其宗室觉罗犯该军流徒者,仍照例锁禁拘禁。犯该笞杖应否折罚钱粮,交宗人府酌量示罚,如情罪可恶,在宗人府实行责打。

谨按:以上二条,大致相类,皆以补律所未备。定律之意本系尊崇宗室以抑平人,例意则反警戒宗室以宽平人,彼此相济以补其偏,立法方无流弊。然以此相惩,而近来宗室讹诈寻衅之案犹层见迭出,定法顾可不慎哉?此例可与《应议者犯罪》一门参看。考此二例,一系乾隆四十二年所定,一系四十三年所定,即此可见圣人大我无私之意。**读前太监之例,知圣朝不庇寺宦,读此例,则更不袒护亲近,而近日明诏累敕,化满汉之畛域,一视同仁,此我朝立法所以驾轶前代也。**可惜臣下奉行不力,视为具文,以致酿成今日之弊,而梦梦者不探其本,反归咎于法之不善,日事更变,岂不谬哉。读此例与《八议》门内雍正六年一诏,真所谓大哉王言!度量如天之无不覆也,虽《周书》汉诏亦不过如是宽大耳!何胜景仰!

殴制使及本管长官

凡(朝臣)奉制命出使而(所在)官吏殴之及部民殴本属知府、知州、知县,军士殴本管官,若吏卒殴本部五品以上长官杖一百徒三年。伤者杖一百流二千里。折伤者绞(监候。不言笃疾者,亦止于绞)。若(吏卒)殴六品以下长官,各(兼殴与伤及折伤而言)减(五品以上罪)三等。(军民、吏卒)殴佐贰官、首领官又各递减一等。(佐贰官减长官一等,首领减佐贰一等。如军民、吏卒减三等,各罪轻于凡斗及与凡斗相等,皆谓之)减罪轻者加凡斗(兼殴与伤及折伤)一等。笃疾者绞(监候)。死者(不问制使、长官、佐贰、首领并)斩(监候)。若流外(杂职)官及军民吏卒殴非本管三品以上官者,杖八十徒二年,伤者杖一百徒三年,折伤者杖一百流二千里。殴伤(非本管)五品以上官者减(三品以上罪)二等。若减罪轻(于凡斗伤)及殴伤九品以上(至六品)官者,各加凡斗伤二等。(不言折伤、笃疾、至死者,皆以凡斗论。)○其公使人在外殴打(所在)有司官者罪亦如之,(亦照殴本管官之品级科罪)从(被殴)所属上司拘问。(如统属州县官殴知府,固依殴长官本条减吏卒二等。若统司官小,则依下条上司官与统属官相殴科之。首领殴衙门长官固依殴长官本条减吏卒二等。若殴本衙门佐贰官,两人品级与下条九品以上官同,则依下条科之,若品级不与下条同,则止依凡斗。如佐贰、首领自相殴,亦同凡斗论罪。)

　　此仍《明律》。原本系军士殴本管指挥、千户、百户,雍正三年改为本管官。其小注系顺治三年添入,雍正三年删改。《唐律》原分二章:一系殴制使、府主、县令,一系流外官殴议贵,明合为一篇,罪名虽不大差而名号各不相同。上段,《唐律》止制使及府主县令,并本部五品以上三项,此添军士殴本管官则四项矣。《唐律》有佐职而无首领官,其殴六品以下长官,并殴佐职者减罪,与此相同。死者亦斩。惟无笃疾者绞之文。下段,《唐律》止言流外官,此又添军民吏卒,《唐律》系殴议贵官,此改为非本管三品以上官,而罪名轻重悉同《唐律》。其篇末公使殴打有司一节,则《唐律》所无。《唐律》又有"詈者各减殴罪三等"一语,《明律》删去,而移于《詈骂门》内。此律虽以名分之尊卑定罪名之轻重,而名分尤以本管、本属、本部为重,如系本属本管,虽武职之千总把总、文职之七品县令,但殴即拟满徒,折伤即绞,较非本管之三品以上官亦重。如非本管,虽一品大员亦不能与县令等论。殴至折伤以下加重,若笃疾至死亦与凡人同论也。制使奉王命而来,不论职之崇卑,但须官吏有犯,方拟此重罪。若军民,则何知王命之尊,犯者虽同,此论部民于本属府州县,军士于本管武职均有管辖之责,亦不论职之崇卑,但亦须本属之军与民有犯,方可重科。若吏卒则有不同,或民人拨充于营卫,或邻境来役于有司,则即非本属、本管之比,如系本属、本管之人充为吏卒,即应与军民同论。若系邻境之民,而来此境为吏为卒,则当别论。盖吏卒以职事统摄,故曰本部吏卒之犯长官,必长官五品以上始与本属、本管官同论。若虽系本部长官而系六品以下,则当减等拟罪,与上官吏之犯制使及军民之犯本属、本管不论官之大小者异矣。制使及本管、本属并本部五品以上长官,此四项,但殴至折伤即绞,若系本属、本管之佐贰、首领官,并本部之六品以下官,必至笃疾方拟以绞,折伤止加凡斗一等,若殴至死,则不问制使、本属本管、本部五品、六品及佐贰、首领,均拟斩候,并无轻重之分者,斩罪已为极刑,未便再为加重也。若非本管官,则无统摄之权,但以品级之高下为差,折伤以下较凡人分别加等,若至笃疾,即同凡论。拟流不似上之拟绞者,至死同凡。拟绞不似上之拟斩者,总以其非所统属未便加严,愈见上四项之名分懔然,不可轻犯矣。通篇中分二大段,前段分六等,后段分三等。前段内制使、本属府州县、本管武职、本部五品以上长官,此四项共为一等,本部六品以下长官为一等,本属府州县、本管营卫、本部五品以上长官三项之各佐贰为一等,各首领为一等,本部六品以下长官之佐贰为一等,首领为一等,凡六等也。后段内三品以上为一等,五品以上为一等,九品以上为一等,凡三等。其公使殴在外官司,亦照非本管官分三等。此为律中极细密之篇,一字一句皆有精义,而小注亦最明显,读者须详绎之。与《人命门》谋杀制使一条参看,彼专言谋杀已行、已伤、已杀之罪,此分言殴伤、未伤、殴死之罪。后例数条,更补二律之所未及,当并参之。

一,凡军民人等殴死在京见任官员,照殴死本管官律,拟斩监候。若谋死者,拟斩立决。

一,八旗兵丁并无私雠别故,因管教将本管官戳死者,本犯即行正法,妻子发遣黑龙江,领催族长各鞭一百。若间散及护军、披甲人记雠,将该管官动兵刃致伤者,本犯即行正法,妻子免发遣,领催、族长各鞭五十。若杀死者,领催、族长各鞭八十。系官,交部议处。其平日不能管教之该管各官,交部分别议处。

一,部民军士吏卒犯罪在官,如有不服拘拿,不遵审断,或怀挟私雠及假地方公事挺身闹堂,逞凶杀害本官者,拿获之日,无论本官品级及有无谋故,已杀者不分首从,皆斩立决。已伤者为首照光棍例斩决。为从下手者绞候。其聚众四五十人者仍照定例科罪。其于非本属、本管、本部各官有犯,或该管官任意陵虐及不守官箴,自取侮辱者,各按其情罪轻重,临时酌量比引办理。

一,军民人等殴伤本管官及非本管官,如系邂逅干犯,照律问拟流徒,或本管官与军民人等饮酒、赌博、宿娼自取陵辱者，俱照凡斗定拟。其有衅起索欠等事，本非理曲因而有犯者，各照殴伤应得流徒原律酌减二等问罪。其自行取辱及负欠之职官交部议处。

一，凡兵丁谋故杀本管官之案，若兵丁系犯罪之人，而本管官亦系同犯罪者，将该兵丁照例拟斩监候，请旨即行正法。斗殴杀者仍拟绞监候。如本管官与兵丁一同犯罪，致将兵丁杀死者仍按凡人谋故、斗杀各本律科断。

按：制使、本管官四项，《人命门》内止言谋杀，此止言殴伤、殴杀，殴杀者俱照凡拟绞，谋杀者从重拟斩立决。惟谋杀制使照凡斩候，二律俱未言故杀之罪。《辑注》云并止于斩而未明言立决。以谋杀、斗杀例之，当为监候。律文本系严惩部民、军士、吏卒犯上之罪，例又以本管官自取侮辱仍照凡拟，反觉纵军民吏卒而复严惩官员，皆系补偏救弊、因时制宜，其中参差不一，各有深意，详参互较，自知其妙。外国均无此例，惟日本有官吏执行职务时以暴行殴伤者，加殴打创伤罪一等。《俄律》亦有殴辱官长，虽不在衙署，乃当执行职务之际者，监禁八月以上二年以下云云，虽均较凡斗为重，然既曰执行公务，则非因公务而殴者，应仍以凡人论矣。亦当并为参考，方知法律无定，但求各适其土地风俗民情之宜，即为善法，正不必削足就履也。

佐职统属殴长官

律文：凡本衙门首领官及所统属官殴伤长官者，各减吏卒殴伤长官二等。（不言折伤者，若折伤不致笃疾，止以殴论。）佐贰官殴长官者，（不言伤者，即伤而不至笃疾止以殴论）又各减（首领官之罪）二等。（若减二等之罪，有轻于凡斗，或与凡斗相等而）减罪轻者加凡斗一等。（谓其有统属相临之义。）笃疾者绞（监候），死者斩（监候）。

此仍《明律》，顺治三年添入小注。律目与《唐律》相同，惟《唐律》统言佐职，已包佐贰、首领两项在内。《明律》分而为二，佐贰降长官一等，又尊于首领一等，则首领降于长官二等矣。且《唐律》止言死者斩，"其笃疾者绞"一语则亦明所添入。盖首领、统属官与长官虽有统属之分，然均比肩事主者也，与吏卒究有不同。佐贰与长官虽有正佐之分，然亦同寅共事者也，与下属究有不同。长官即正印官，原分二等，有五品以上之长官，有六品以下之长官，殴者罪不相同，故律曰各减二等。五品以上如知府，则经历照磨为首领官，州县为统属官，同知、通判为佐贰官也。六品以下如知县,则典史为首领,县丞即佐贰官也。律止言首领统属及佐贰殴长官而不言长官殴首领属官及佐贰之法,首领属官职虽相临,同为王朝之臣,佐贰官分虽相制而实有兄弟之义,或有殴者,岂能不论?况伤之轻重不一乎?《辑注》谓律虽不设其法,盖在临事而定,若佐贰、首领官相殴,律所不及,皆当以凡论矣。外国亦无此法,惟《俄律》凡属员殴长官,但一举手或一举物即坐,酌核情节,发遣边地,或交教养局习艺一年以上、二年半以下之文,则不及中律之详细多矣。再律文上首领统属曰殴伤,下佐贰止言殴而无伤,注谓折伤不至笃疾,止以伤论。即伤不笃疾,止以殴论。若如是解,则伤与折伤无分,殴亦与折伤无异,未免轻重无别。检查外注有曰:律称各减吏卒殴伤长官二等,则上条吏卒殴伤长官之文,即是此条科法。上条原分殴与伤与折伤为三项,则此各减者亦当分殴与伤与折伤三项减科云云。此解释各字,别有见地,虽与正注不同,而理较圆足,附录于此以备参考,未可以外注弃之。

上司官与统属官相殴

律文:凡监临上司(之)佐贰、首领官与所统属(之)下司官品级高者及与部民有高官而相殴者,并同凡斗论。(一以监临之重,一以品级之崇,则不得以下司、部民拘之。)若非相统属官品级同,自相殴者亦同凡斗论。

此仍《明律》,顺治三年添入小注。《唐律》诸监临官司于所统属官及所部之人有高官而殴之及官品同,自相殴者,并同凡斗法云云,盖言监临官司殴所属佐官以下及殴所管部属中有高官之人,此言监临上司之佐贰、首领官殴所统属之下司官品高者,及殴部民之官高者,总因权位相等而衡其平也。盖佐贰、首领与长官不同,下司官高又与众属不同,故相殴以凡论。部民官高,不限何职,但品级高于本属之官者,相殴亦以凡论。监临虽有统属之分,本属虽有父母之义,而下司部民品级之尊略足以相敌也。若既然统属而又本级相同,则更当同凡论矣。所谓品级同者,正非一品与一品、九品与九品之谓也。《唐律疏议》官品同,谓六品以下九品以上,或五品以上非议贵者,议贵谓之三品以上,一品以下并为官品同也。《辑注》:上司佐贰与下司官高者,如参议佥事之于知府,上司首领与下司官高者,如经历之于知州。本朝外官虽无佥事参议之职,如各府之同知、通判,与所属知州、知县,亦即上司之佐贰官与下司之官高者也,此律止言上司之佐贰、首领官殴下司之高官,而无上司长官殴属官之法,以《唐律》衡之,亦当同凡斗论。查《中枢政考》载:该管官殴属官者,降三级调用,亦足补律之所未备,可资引证,故附录之。**此律以下十数章详言名分之尊卑,服制之亲疏,以下犯上者加重,以上陵下者减轻,其中细若毫发,严于斧钺,圣贤教孝教弟、教慈教义,一切友恭、敦睦、柔顺之道悉蕴其中,明刑即以弼教,国粹全在于此。外国称平权,除殴父母略为加严外,其余亲属官长有犯,概同凡论,故法律不设专条,较中律似为简易,然以此施之中国,其害有不可胜言者。**

九品以上官殴长官

律文:凡流内九品以上官殴非本管三品以上(之尊)官者,(不同长官、佐贰)杖六十徒一年。(但殴即坐。虽成伤至内损吐血亦同。)折伤以上及殴伤(非本管)五品以上,若五品以上殴伤(非本管)三品以上官者各加凡斗伤二等。(不得加至于死。盖官品相悬则其罪重,名位相次则其罪轻,所以辨贵贱也。)

此仍《明律》,顺治三年添入小注,与《唐律》文义、罪名一一符合,惟将《唐律》"议贵者"三字改为非本管三品以上官,并将"伤重"二字改为折伤以上,其余均系《唐律》原文。此言虽非统摄,亦不得陵上也。盖官非本管,本无统属之分,但品级尊卑不能无辨,其流外官殴非本管流内官,已见前条,此专言流内官殴非本管官之罪。除九品以上殴三品以上,品级悬殊,但殴即坐徒一年,余则概照凡斗加二等,加罪不入于死,虽笃疾亦止满流。不言至死者,自依斗殴本法也。九品以上殴三品以上,言殴而不言伤,则伤统于殴中矣。殴五品以上,及五品以上殴三品以上,言殴伤而不言折伤,则折伤统于伤中矣。俱不言笃疾至死者,本法已重,无可复加,品级非所论矣。此律止言品级尊卑,不分正官佐贰,以其非本管也,须合以上三律参考互证,方知律义之精严细微,而文法亦古奥不可及矣。

拒殴追摄人

律文:凡官司差人(下所属)追征钱粮、勾摄公事而(纳户及应办公事人)抗拒不服及殴所差人者杖八十。若伤重至内损吐血以上及(所殴差人或系职官,或系亲属尊长)本犯(殴罪)重(于凡人斗殴)者,各(于本犯应得重罪上仍)加二等,罪止杖一百流三千里。至笃疾者绞(监候),死者斩(监候。此为纳户及应办公事之人本非有罪而恃强违命者而言。若税粮违限,公事违错,则系有罪之人,自有罪人拒捕条)。

此仍《明律》,顺治三年采《琐言》、《笺释》之说添入小注。《唐律》谓之"拒殴州县使"：诸拒州县以上使者，杖六十；殴者，加二等，伤重者，加斗伤一等，即被禁掌而拒捍及殴者，各加一等。注谓有所征摄，权时拒捍不从者。明改征摄为追征钱粮，勾摄公事，又改抗拒不服与殴者均杖八十，并删去被禁掌而拒捍及殴一层，增入"本犯罪重加二等，笃疾者绞，死者斩"数语，与《唐律》互有异同矣。盖言抗拒殴差之罪，以为恃强顽梗者警也。抗者，抗差而不随其出官。拒者，拒差而不容其到家。抗拒殴差一事而分两项，有抗拒而不殴差者，有因抗拒而殴差者，即抗拒即坐前罪，殴差亦同成伤，并不加等，必伤至内损吐血应杖八十以上始加等矣。此与罪人拒捕一项相似而实不同。彼是有罪之人，此是无罪之人。彼曰拒捕，此曰拒殴。追摄名义不同，故罪分轻重。盖钱粮应完，公事应办，官司本应差人追摄，若于不当追摄之时而追摄者，则拒殴自当别论，不得拘此律矣。拒捕律分首从，此律未言首从。《笺释》云：如纠人共殴，应以倡首之人问拟绞罪，共殴之人如下手伤重首先而殴，照为从满流，其余共殴者悉照余人科罪云云。盖与威力主使同一分别首从之法，而与同谋共殴之分首从者不同，各有用意，当分别观之。再，此律如此其严，必系本案应追应摄之人，若非本案勾捕之人而拒殴，则当以凡论，见《劫囚门》，律注亦当与此条合参。《日本刑法》：官吏以其职务执行法律规则，以暴行胁迫抗拒官吏者，处重禁锢四月以上、四年以下，因而殴伤者加殴打创伤本条一等。又《俄律》：凡抗拒官府者，酌核情节惩治。凡兵刑钱谷等项，官长奉行，如有挺身作梗，持械行强者，或罚作苦工四年以上，六年以下，或发西伯利亚安插，或交教养局习艺三年以上，三年半以下云云。皆与此律所犯略同，罪名轻重有别，则各因其习惯之法，不能强同耳。

殴受业师

凡殴受业师者加凡人二等，死者斩。（凡者非徒指儒言，百工技艺亦在内。儒师终身如一。其余学未成或易别业则不坐。如学业已成，罪亦与儒并科。）

此仍《明律》，顺治三年添入小注，现改斩为绞，原律小注内有道士、女冠、僧尼于其受业师与伯叔父母同，有犯不用此律数语，雍正三年，以现行例僧尼谋杀受业师已经改照谋杀大功尊长律拟斩立决纂为定例，因将此注删去。《唐律》此项未设专条，而附于殴妻前夫子律文之后，凡殴伤现受业师者加凡人二等，死者各斩。注云：谓服膺儒业而非私学者。《疏议》引《礼经》云：教学之道，严师为难，师严道尊，方知敬学，如有亲承儒教，服膺函丈而殴师者，加凡人二等，死者斩。注所谓儒业而非私学者,儒业谓经业非私学者,谓国子、州县等学,私学者即《礼》云"家有塾,遂有序"之类,如有相犯,并同凡人云云。与现律文虽相同而解释有异,《唐律》所谓师者,专指儒业即儒业,而系私学,亦不得同受业之师。《明律》所谓受业师者,统指百工技艺师在内也,至于僧尼、道士之师弟相犯,别见于《名例》称道士、女冠门内,与此所称受业之师情义更重,可以合参。盖儒者传经受业,其义为重,故注曰:终身如一。若百工技艺,虽与儒者有别,然至习业已成,守其业以终身赡家,则亦有再三之义,其谊同也。《辑注》云:士人习业,终身受其教益,后之致君显亲,未始非基于此,古人所以有心丧三年之义,其服虽不列于图内,其义与君亲并重。现奉新例,师弟有犯照期亲科断,诚足为万世之法。然古书载晋时有欲制师服齐衰三月者,挚虞驳之曰:仲尼至师,止吊服加麻,心丧三年,浅教之师,暂学之徒,不可皆为之服,或有废兴悔吝生焉,宜无服如旧。从之。二说不同,各有所指。律文止言弟子殴师而未言师殴弟子,且止言殴死而未言谋故杀。后例逐层补出,当并参之。且律例止言师弟相殴相杀,而未言犯奸犯盗科罪之法。《唐律》道士女冠,师弟犯奸盗者同凡人。《疏议》:弟子盗师物及师盗弟子物,亦同。凡盗其同财弟子私取用者,依同居卑幼私用财论。《辑注》:师弟相为窃盗,当照期亲服制例递减科断,义绝者同凡论。二说论师弟相盗亦不相同,均可以备参考。至于犯奸,则师弟之义已绝,例虽无文,成案均同凡论。与《唐律》后先同揆也。

一,凡谋故殴杀及殴伤受业师者,业儒弟子照期亲尊长律,僧尼、道士、喇嘛、女冠及匠役人等照大功尊长律分别治罪。如因弟子违犯教令,以理殴责致死者,儒师照尊长殴死期亲卑幼律满徒,僧尼、道士、喇嘛、女冠及匠役人等照尊长殴死大功卑幼律拟绞候。如殴伤弟子,各按殴伤期亲卑幼、大功卑幼本律问拟。如因奸盗别情谋杀弟子,无论已伤未伤、已杀未杀,悉同凡人问拟。其有挟嫌逞凶故杀弟子及殴杀内执持金刃凶器非理札殴至死者,亦同凡论。

按:殴杀功服卑幼律止拟流,并无绞罪。此例殴杀弟子既照功服卑幼问拟,应即拟流而反云拟绞,恐属错误。至僧道师弟相犯,《名例》照期亲律科断。盖以此等师徒饮食教诲,恩义兼尽,俨同至亲。定律之意本较犯儒师者从重,此例将儒师改照期亲,反将僧道改照功服,与匠一律科断,则较儒师反从轻矣,与《名例》不符,或者重儒术而黜释道,其中亦有深心乎?

威力制缚人

凡(两相)争论事理,(其曲直)听经官陈告(裁决)。若(豪强之人)以威力(挟)制(捆)缚人及于私家拷打监禁者,(不问有伤无伤)并杖八十。伤重至内损吐血以上,各(验其伤)加凡斗伤二等。因而致死者绞(监候。)若以威力主使(他)人殴打而致死伤者,并以主使之人为首,下手之人为从论减(主使)一等。

此仍《明律》,顺治三年添入小注。《唐律》诸以威力制缚人者,各以斗殴论。因而殴伤者,各加斗伤二等,即威力使人殴击而致死伤者,虽不下手,犹以威力为重罪,下手者减一等云云。止言殴伤加二等,未言致死之罪,盖《唐律》金刃伤人致死则为故杀,若威力制缚人致死,大抵用他物者居多,故仍照斗杀拟绞,若用刃伤人致死,则照故杀拟斩矣。《明律》金刃杀人,亦问斗杀,此威力制缚主使,所以亦问绞候也。《唐律》殴伤始加二等,此则但殴,不问有伤无伤,即杖八十,则较《唐律》为严。此律之意,重在惩豪强及主使殴人之罪也。盖国家设官,所以执法治民。凡民有争,当听官司裁决。若恃威势力量足以制人,不告官司,或捆缚,或私打,或私禁,三者有一于此即坐重杖,伤重者加二等,罪止满流。致死仍止问绞候者,虽以威力逞凶,原无杀人之心耳! 此皆指亲自下手者,若以威力主使他人殴打,或死或伤,仍以主使之人为首坐其罪,罪听从下手之人,止问为从。盖威力主使与同谋共殴大不相同,豪强之人威足摄人,力足陵人,为所使者实有不敢不从之势,虽行殴人之事,原无殴人之心。若同谋共殴,其下手之人原有殴人之心,故彼以下手者抵命,此以主使者抵命,而下手者得减等拟流,情节不同,故首从罪名各别,故彼曰同谋,此曰主使,其文义自异也。若威力制缚拷打监禁致人自尽死者,则又有威逼致死人专条,不得以此律论矣。外国虽无此罪名,而《日本刑法》有胁迫之罪。凡以杀胁迫人,或以殴打创伤及其他暴行胁迫人者,处重禁锢加罚金,亦即此律之意,不过名称拟罪稍异耳! 外有条例,附录备参。

一,地方乡绅私置板棍擅责佃户者,照违制议处,衿监革去衣顶,杖八十,照例纳赎。如奸占佃户妇女为妻妾者,绞监候。如无奸情,照略卖良人为妻妾律满杖。被害人告理,地方官不即查究者,照徇庇议处。至佃户拖欠租课,欺慢田主者,杖八十。

一,凡主使两人殴一人、数人殴一人至死者,以下手伤重之人为从,其余皆为余人。若其人自尽,不可以致死之罪加之,止照所伤拟罪。如有致死重伤及成残废、笃疾者，依因事用强殴打律拟[军]。

一，旗下家人等有在外倚势虐民，把持衙门，霸占子女，将良民无故拿至私家捆缚拷打致死者，除本犯照律例从重治罪外，若系内府之人，将该管官议处。系王、贝勒、贝子、公之家人，将管理家务官议处。系民、公侯伯大臣、官员之家人，将各主议处。系平人，鞭一百。

良贱相殴

凡奴婢殴良人（或殴、或伤、或折伤）者，加凡人一等。至笃疾者绞（监候），死者斩（监候）。其良人殴伤他人奴婢（或殴、或伤或折伤、笃疾）者减凡人一等。若死及故杀者绞（监候）。若奴婢自相殴、伤、杀者，各依凡斗伤杀法，相侵财物者，（如盗窃、强夺、诈欺、诓骗、恐吓、求索之类）不用此（加减）律。（仍以各条凡殴伤、杀法坐之。）○若殴（内外）缌麻、小功亲之奴婢非折伤勿论，至折伤以上（至笃疾者）各减杀伤凡人奴婢罪二等，大功（亲之奴婢）减三等，至死者（不问缌麻、小功、大功）杖一百徒三年，故杀者绞（监候），过失杀者各勿论。○若殴（内外）缌麻、小功亲之雇工人，非折伤勿论。至折伤以上（至笃疾者）各减凡人罪一等，大功（亲之雇工人）减二等，至死及故杀者（不问缌麻、大功、小功）并绞（监候）。过失杀者各勿论。（雇倩佣工之人，与有罪缘坐为奴婢者不同，然而有主仆之分，故以家长之服属亲疏论。不言殴期亲雇工人者，下条有家长之期亲，若外父母殴雇工人律也。若他人雇工者当以凡论。）

按：此仍《明律》，顺治三年添入小注。《唐律》分作两门，一系部曲奴婢良人相殴，一系殴缌麻亲部曲奴婢，明合为一条，删去部曲一项，止言奴婢，而复增入雇工人。《唐律》奴婢较部曲更贱，部曲殴良人加凡人一等，奴婢又加一等。良人殴部曲减一等，奴婢又减一等，则是良贱相犯应加减二等矣。且《唐律》奴婢殴良人至折跌肢体即绞，良人故杀奴婢者流三千里。若殴缌麻小功亲之奴婢各减杀伤凡人奴婢二等，大功又减一等，均无死罪，较此律罪名均轻，缘唐人以奴婢作财物视之，不以人类相持[待]，故殴伤者累减，殴死并不抵命。至明则渐改旧习，奴婢与平人虽有良贱之分，然相去不过一等，殴伤虽互相加减，而至死必抵其命，则视人格较尊矣。近年英美设法赎放黑奴，外洋各国重视人命，均无奴仆之名，刻已欧风东渐，除各旗外，汉人中婢虽不乏而奴已为稀有。况现在删除缘坐之律，此项亦无来源，此律并后条奴婢殴家长二篇[例]将来必在废弃之列,但就现在言之,此律乃分别良贱加减之罪以正名分也。奴婢皆有罪人之男女缘坐没官以供贱役者,与良民不同。雇工人不过受人雇值为人执役,贱其事未贱其身,雇值满日即同凡人。惟现在工役之日,与家长之亲属亦有名分,虽少异于奴婢,究不同于凡人,故与奴婢一并言之。通篇分三节。首节言奴婢殴良人,良人殴伤他人奴婢及奴婢互相殴伤,并良人奴婢相侵财物因而杀伤者不用此加减之律。盖殴可分贵贱,相侵财物不可分贵贱也。二节言殴缌麻、小功、大功亲奴婢递减之罪,以亲属之奴婢究较他人之奴婢为轻,故至死仅拟满徒,必故杀乃绞。三节言殴缌麻、小功、大功亲雇工分别递减之罪,以雇工视婢较重,故至死即绞,究与平人不同,故故杀亦绞。不言殴他人雇工人者,依凡论也。又《辑注》云:良人殴伤他人奴婢至笃疾,罪虽减徒而保辜应尽本法,仍断付财产养赡,如奴婢殴良人至笃疾,罪已拟绞,即无重断财产之理。此皆推阐律外之意,与后列一条当并参之。

一,凡奴仆殴辱职官者,家长笞五十。系官交该部议处。

奴婢殴家长

律文:凡奴婢殴家长者,(有伤、无伤,预殴之奴婢不分首从)皆斩。杀者,(故杀、殴杀,预殴之奴婢不分首从)皆凌迟处死。过失杀者绞(监候。过失)伤者杖一百流三千里。(不收赎。)若奴婢殴家长之(尊卑)期亲及外祖父母者,(即无伤亦)绞(监候。为从减一等。)伤者,(预殴之奴婢不问首从重轻)皆斩(监候。)过失杀者减殴罪二等。(过失)伤者又减一等。故杀者,(预殴之奴婢)皆凌迟处死。殴家长之缌麻亲(兼内外、尊卑,但殴即坐。虽伤亦)杖六十徒一年。小功,杖七十徒一年半。大功,杖八十徒二年。折伤以上,缌麻加殴良人罪一等,小功加二等,大功加三等。加者,加入于死(但绞不斩。一殴一伤,各依本法。)死者(预殴奴婢)皆斩。(故杀亦皆斩监候。)○若雇工人殴家长期亲若外祖父母者,(即无伤亦)杖一百徒三年。伤者(不问重轻)杖一百流三千里。折伤者绞(监候),死者斩。(殴家长斩决。殴家长期亲若外祖父母斩监候。)故杀者凌迟处死。过失杀伤者各减本杀伤罪二等。殴家长之缌麻亲杖八十,小功杖九十,大功杖一百。伤重至内损吐血以上,缌麻、小功加凡人罪一等,大功加二等。(罪止杖一百流三千里。)死者各斩(监候)。○若奴婢有罪,(或奸或盗,凡违法罪过皆是)其家长及家长之期亲、若外祖父母不告官司而(私自)殴杀者杖一百。无罪而殴杀(或故杀)者杖六十徒一年。当房人口(指奴婢之夫妇子女)悉放从良。(奴婢有罪,不言折伤、笃疾者,非至死勿论也。)○若家长及家长之期亲若外祖父母殴雇工人,(不分有罪无罪)非折伤勿论。至折伤以上减凡人(折伤)罪三等。因而致死者杖一百徒三年。故杀者绞(监候。)○若(奴婢、雇工人)违犯(家长及期亲、外祖父母)教令而依法(于臀腿受杖去处)决罚,邂逅致死及过失杀者各勿论。

　　此仍《明律》。顺治三年添入小注,乾隆四十二年增修。《唐律》分作三门:一为主杀有罪奴婢;一为殴部曲死决罚;一为部曲奴婢过失杀主。《明律》合为一篇,删去部曲,添入雇工,而文义较详。且《唐律》止言奴婢过失杀主而不言奴婢殴伤家主及殴杀家主者,盖《唐律》罪止于斩;凡殴伤家主之期亲者,尚拟皆斩,其殴伤与殴杀家主亦不能有加于斩。故律文不言,以举轻赅重,不待言也。《明律》斩罪以上,更有枭示凌迟,故殴家长,斩杀者凌迟处死,殴与杀始有区别。总皆正主仆之名分以定罪也。通篇共分五节:首节言奴婢殴家长及家长有服亲属之罪,二节言雇工人殴家长及家长有服亲属之罪,三节言家长及期亲、外祖父母擅杀有罪无罪奴婢之罪,四节言家长及期亲、外祖父母殴雇工人打[折]伤至死之罪,末节言奴婢雇工违犯教令依法决罚,所以申明上二节之意也。奴婢敢殴家长,悖逆之甚,故但殴即斩,不问有伤无伤,杀者,预殴之奴婢不分首从皆处凌迟,不论殴杀故杀也,即过失杀伤者亦分别拟以绞流,而不矜原其误,以奴婢易生轻忽,立法不得不严也。若家长之期亲及外祖父母,则渐从宽减,必故杀方拟凌迟,必殴伤始拟斩候,但殴止坐绞候,不问斩决也。至于大功、小功、缌麻,则情更疏,故罪亦递减,必废疾、笃疾方加于绞。虽死亦止斩候,不问殴杀故杀也。至于家长及期亲、外祖父母殴杀奴婢,则以有罪无罪为杖徒之分。若系雇工,则止限年服役,与奴婢终身服役者有间,殴非折伤不论,至于折伤亦拟以罪,不过较凡人减罪三等,与殴奴婢非至死不坐罪者异矣。殴死虽止拟徒,若故杀亦拟以绞,与故杀奴婢仅拟徒一年者更严矣。此节律文或有"皆"字,或无"皆"字,或加入于死,或不加于死,其斩绞或注监候,或不注监候,或言过失杀伤,或不言过失杀伤,或殴杀与故杀分别轻重,或不分轻重,或家长与期亲分别轻重,或不分轻重,其中参差离合,皆有精义,非躁心所能领取,读者一句一字不可滑过,且须细参其异同分合之故,方知古人心思之密,非后人所及。律外又有条例,与律互相发明,摘录于后,宜并研究。

　　一,奴婢殴家长之期亲及外祖父母至死者斩立决。

一，奴婢过失杀家长者绞立决，仍准法司夹签声明，比照情轻之例恭候钦定。

一，契卖女婢须报官钤盖印信，傥有情愿用白契价买者，仍从其便。但遇殴杀故杀，问刑衙门须验红契、白契分别科断。

一，白契所买奴婢，如有杀伤家长及家长缌麻以上亲者，无论年限及已未配有室家，均照奴婢杀伤家长一体治罪。其家长杀伤白契所买、恩养年久、配有室家者，以杀伤奴婢论。若甫经契买未配室家者，以杀伤雇工人论。至典当家人隶身长随，若恩养在三年以上，或未及三年配有妻室者，如有杀伤，各依奴婢本律论。傥甫经典买，或典买隶身未及三年并未配有妻室及一切车夫、厨役、水火夫、轿夫、打杂受雇服役人等，平日起居不敢与共，饮食不敢与同，并不敢尔我相称，素有主仆名分，并无典卖字据者，如有杀伤，各依雇工人本律论。若农民佃户、雇倩耕种工作之人，并店铺小郎之类，平日共坐共食，彼此平等相称，不为使唤服役，素无主仆名分者，如有杀伤，各依凡人科断。至典当雇工人等议有年限，如限内逃匿者，责三十板，仍交与本主服役。

一，凡官员将奴婢打死者，罚俸二年。故杀者降二级调用。刃伤者革职，不准折赎，杖一百。若将族中奴婢殴打死者降二级调用。故杀者降三级调用，各追人一口给主。刃杀者革职，不准折赎，杖一百。殴杀他人奴婢者革职，追人一口给主。故杀者依律绞候。旗人将奴婢打死者，枷号二十日。故杀者枷号一个月，刃杀两个月，各鞭一百。殴死雇工人者枷号四十日，鞭一百。殴死族中奴婢者，枷号两个月，鞭一百。故杀者枷号三月，鞭一百。刃杀者发黑龙江当差，仍各追人一口给主。其奴婢违犯教令而依法决罚邂逅致死者，仍依律勿论。

一，发遣为奴人犯有携带之妻子跟随本犯在主家倚食服役，被主打死者，照殴死雇工人满徒。其妻子自行谋生，不随本犯在主家倚食者，仍以凡论。

一，雇工人等干犯旧家长，如因求索不遂，辞出后复藉端讹诈，或挟撵遂之嫌寻衅报复，并一切理曲肇衅在辞工以前者，均照雇工人论本律定拟。其辞出之后，因他故起衅者仍以凡人论。

以上各例，第一条言奴婢殴死家长期亲及外祖父母斩决之罪，以补律所未及。第二条言过失杀家长绞决，虽较律加重，但既准夹签声请得改绞候，则亦与律无异。第三、四条言奴婢分别白契、红契所买，而白契典买又分别是否恩养年久、已未配有家室，又以是否尔我相称有无主仆名分以为雇工、凡人之分，为凡、问奴婢雇工干犯家长之通例。第五条言官员旗人殴故杀奴婢分别降调、革职、折枷，与平人拟罪不同。第六条言发遣奴婢之子孙究与奴婢不同，分别是否倚食主家以为拟罪轻重之别。第七条言辞出文雇工与家长相犯分别情节定罪，亦补律所未及，皆有关于引用，故备录之。此外，又有契买婢女伊父兄拐逃及家奴将女私聘与人分别已未成婚还主追银、并官员殴故杀赎身奴婢与放出奴婢之罪，家长亲属殴故杀赎身奴婢与放出奴婢之罪，奴仆背主投营挟制家主之罪，家长期亲与人通奸被婢女窥破致死灭口之罪，家主奸占奴仆之妻将奴仆致死或将其妻致死分别白契、红契是否恩养年久定罪，并奴仆诬陷家主之罪，家长之妾殴故杀奴婢分别是否生有子女定罪各条，皆系常不经见之事，引用甚少，故不全录。再者，奴仆一项，各有不同，有契买者，有赏给者，有世为奴仆者，有不准出户者，而契买又有红契、白契之分及是否恩养年久、已未配有室家之别，且奴婢有现在主家服役者，有放出者，有赎身者，有转卖者，种种情形不齐，未可一概而论，条例繁多，各有取义，必期综其异同，定案方无歧误。现在欧美各国设法赎放黑奴，尊重人格，将来此风东渐，中国亦应仿照办理，此律即在屏弃之列，但就剖下而论，尚应参合律例以备引用，故详论之。

妻妾殴夫

律文：凡妻妾殴夫者（但殴即坐）杖一百，夫愿离者听。（须夫自告乃坐。）至折伤以上，各（验其伤之轻重）加凡斗伤三等，至笃疾者绞（决），死者斩（决），故杀者凌迟处死。（兼魇魅蛊毒在内。）○若妾殴夫及正妻者又各加（妻殴夫罪）一等，加者加入于死（但绞不斩。于家长则决。于妻则监候。若笃疾者、死者、故杀者仍与妻殴夫罪同）。○其夫殴妻，非折伤勿论，至折伤以上减凡人二等。（须妻自告乃坐。）先行审问夫妇，如愿离异者断罪离异，不愿离异者验（所伤应坐之）罪收赎（仍听完聚），至死者绞（监候，故杀亦绞）。殴伤妾至折伤以上，减殴伤妻二等，至死者杖一百徒三年。妻殴伤妾与夫殴妻罪同。（亦须妾自告乃坐。）过失杀者各勿论（盖谓其一则分尊可原，一则情亲当矜也。须得过失实情，不实仍各坐本律。○夫过失杀其妻妾及正妻过失杀其妾者各勿论。若妻妾过失杀其夫，妾过失杀正妻，当用此律。过失杀句，不可通承上二条言。）○若殴妻之父母者，（但殴即坐）杖六十徒一年，折伤以上各加凡斗伤罪二等，至笃疾者绞（监候），死者斩（监候，故杀者亦斩）。

此仍《明律》，雍正五年改定。原有小注，雍正三年、乾隆五年增修。原律殴妻父母止杖一百;折伤以上止加凡斗一等。现律殴者改为徒一年;折伤以上改为加二等。此项较《明律》为重,余则从同。《唐律》分作两条,明合为一。《唐律》妻殴夫者徒一年,较现律加一等。若殴伤重者,加凡斗伤三等,则与现律同。且止言死者斩,而无笃疾故杀之文,则笃疾不问以绞,故杀亦止于斩可知矣。《唐律》妾及媵犯者,各加一等;加者加入于死;过失杀伤者各减二等。若妾犯妻者,与夫同。媵犯妻者,减妾一等;妾犯媵者加凡人一等;杀者各斩云云。亦与现律相同。惟现律止言妾而无媵之名色耳。又《唐律》殴伤妻者,减凡人二等;死者,以凡人论。殴妾折伤以上,减妻二等;若妻殴杀伤妾与夫殴杀妻同,过失杀者各勿论云云,则与现律稍异。现律殴妻非折伤勿论,则较《唐律》不论伤之轻重均减二等者轻矣。且《唐律》殴妻死者以凡论,则故杀即应拟斩。现律故杀亦绞,亦较《唐律》为轻。再《唐律》妻妾过失杀夫,均减二等,拟徒三年,而现律无明文,注云当用比[此]律例,则问拟绞决,则又较《唐律》重二等矣。盖夫杀伤妻,则较《唐律》为轻,而妻妾杀夫,又较《唐律》为重。虽系尊崇夫纲之义,其中原有深心,但较之《唐律》,似乎矫枉过正。现在外国均讲夫妻平权,其相犯者各以凡论,固失抑阴扶阳之义,施之中国固多流弊。但既称敌体,亦不宜大相悬绝。如现行律例,妻犯夫者,重则同于父母,轻则亦如期亲尊长故杀即拟凌迟。而夫犯妻者,谨如服卑幼,以殴杀故杀妻者,名虽拟绞,实抵者十无一二,未免视妻命太贱而视夫纲过尊矣。平心而论,《唐律》尚为折中。此律系正夫妇之伦,盖妻以夫为天,妻而殴夫,是自绝于天矣。治罪而外,于法即当离异。然离者法,不离者情,既缘情以立法,不容执法以违情,故离否听夫自便,不必绳以定法也。但妻殴夫则曰夫愿离者听,而夫殴妻不曰妻愿离者[听]而曰先行审问,夫妇愿离者断罪离异,不愿离者收赎完聚。盖夫为妻纲,妻当从夫。妻殴夫,离合听夫可也。夫殴妻至折伤,夫虽犯于义绝,而妻无自绝于夫之理,故必审问夫妇俱愿乃听离异。如夫愿而妻不愿,妻愿而夫不愿,皆不许离。此正中律乾健坤顺之精理。若以外国之法律绳之,鲜不以为迂矣。通篇分为四节:首节言妻殴夫,二节言妾殴夫及正妻,三节言夫殴妻妾及妻殴妾,四节言殴妻之父母,与《人命门》夫殴死有罪妻妾一条参看。夫妻妾相殴皆注:自告乃坐者,盖夫与妻妾同处闺房,情可掩法,恩可掩义;被殴者或念平日恩爱,情愿忍受而不告官,亦当听之,非他人所得参也。故其他亲属相殴,皆不言自告乃坐,而惟此条加以小注,其义自见。至于夫妻有愿离之文,而妾无之者,缘妾本微贱,与夫妻敌体不同,妻非犯七出之条不得擅离,妾则不然,爱则留之,恶则遣之,无关轻重,不得同妻论也。此外,又有条例当并参之。

一,凡妻殴本夫,如本夫亲告,又复愿离,恩义已绝,应按律的决,不得勒追本夫银两代妻纳赎。如本夫不愿离异及正妻殴妾至折伤以上,仍依律科断,概准纳赎。至妾殴夫及正妻,依律分别定拟杖罪的决,余罪收赎。

一,妾过失杀正妻,比照过失杀期亲尊长律满徒,决杖一百,余罪收赎。

一,妻过失杀夫,妾过失杀家长者,俱拟绞立决。仍准夹签声请改为监候。

同姓亲属相殴

律文:凡同姓亲属相殴,虽五服已尽而尊卑名分犹存者,尊长(犯卑幼)减凡斗一等,卑幼(犯尊长)加一等(不加至死),至死者(无论尊卑长幼)并以凡人论。(斗杀者绞,故杀者斩。)

此仍《明律》。顺治三年添入小注。《唐律》无此罪名。此因宗族谊重,不得同于凡人也。按礼,在五世缌麻绝服之外者皆袒免。宗支虽疏远,五服虽已尽,而一本之亲不可泯没,其世系可考,尊卑名分犹存,终于凡人不同。故立尊卑相殴加等、减等之法,所以教人敦族谊也。至死则罪已重,仍同凡论。再者,无服之亲窃盗、诈欺、相为容隐、犯罪首告等项本律俱有减等之法,不分尊卑。惟相殴与恐吓、强盗则分尊卑,皆所以教人厚也。又《辑注》云:姑之夫、舅之妻,分尊而无服,律不著殴姑夫、舅妻之文,或谓止殴则问不应,内损以上比照此条,服尽之尊属而加一等,亦情法之平也云云,足补律所未及,当并参之。

殴大功以下尊长

律文:凡卑幼殴本宗及外姻缌麻兄姊(但殴即坐)杖一百,小功兄姊杖六十徒一年,大功兄姊杖七十徒一年半,尊属又各加一等。折伤以上各递加凡斗伤一等(罪止杖一百流三千里),笃疾者(不问大功以下尊属并)绞,死者斩(绞斩,在本宗小功、大功兄姊及尊属则决。余俱监候。不言故杀者亦止于斩也)。若(本宗及外姻)尊长殴卑幼,非折伤勿论,至折伤以上缌麻(卑幼)减凡人一等,小功(卑幼)减二等,大功(卑幼)减三等,至死者绞(监候。不言故杀者亦止于绞也)。其殴杀同堂(大功)弟妹、(小功)堂侄及(缌麻)侄孙者杖一百流三千里(不言笃疾、至死者,罪止此。仍依律给付财产一半养赡)。故杀者绞(监候。不言过失杀者,盖各准本条论赎之法。兄之妻及伯叔母弟之妻及卑幼之妇在殴夫亲属律,侄与侄孙在殴期亲律)。

此仍《明律》。顺治三年添入小注,乾隆三年改易。唐律目系殴缌麻兄姊,明改今名,其罪名与《唐律》一一相合,惟《唐律》殴从父兄姊,准凡斗应流三千里者绞。按:从父兄姊专指大功而言,必殴大功兄姊至笃疾者方绞,小功缌麻不在其中。此变其文,易为至笃疾者绞,则统小功缌麻在内。凡殴小功缌麻尊长至笃疾,应满流者均拟绞罪,不但大功为然,则较《唐律》为稍严也。再,《唐律》殴从父弟妹及从父兄之子孙者流三千里。此改为大功堂弟、小功堂侄、缌麻侄孙,人仍原旧,惟名称较为清晰易辨耳。此律盖分别大功以下亲属而定殴者之罪也。凡本宗同高祖之兄姊、同曾祖之出嫁姊妹及外姻姑舅两姨之兄姊,皆服缌麻;同曾祖之兄姊、同祖之出嫁姊,皆服小功;同祖之兄姊、同父之出嫁姊,皆服大功;此皆与己为同辈者,故曰尊长。若与祖同辈或与父母同辈则为尊属。如曾祖之胞兄弟姊妹、祖之同祖兄弟姊妹、父之同曾祖兄弟姊妹,皆缌麻尊属也。祖之胞兄弟姊妹、父之同祖兄弟姊妹、母之胞兄弟姊妹,皆小功尊属也。己之出嫁胞姑,大功尊属也。犯尊属者较尊长各加一等。以上皆言殴及殴伤之罪,若至折伤以上,各递加凡人折伤罪一等。各者,分别之谓。递者,挨次之谓。各字有两义:一言兄姊与尊属,一言折伤以上各罪也。递字亦有两义:一言缌麻、小功、大功层累而加,一言兄姊与尊属比类而加也。如折一齿一指,凡人应杖一百,缌麻兄姊加一等徒一年,小功加二等徒一年半,大功加三等徒二年。尊属又加兄姊一等,缌麻尊属比凡人加二等,与小功兄姊同。小功兄姊比凡人加三等,与大功兄姊同。至大功尊属,则比凡人加四等矣。故曰递加也,加至满流而止,不入于死。若至笃疾,则不问大功、小功、缌麻及尊长尊属,均拟以绞,死者均绞。不过本宗小功大功则立决,余俱监候,稍有区别耳。至于尊长殴伤卑幼,亦分缌麻、小功、大功三等递减,但尊长、尊属减罪从同,与上分别各递减者异矣。殴大功以下卑幼至死者绞。惟大功内之同堂弟妹、小功内之堂侄、缌麻内之堂侄孙,此三项服虽稍降而分最亲,殴伤至笃,虽与诸卑幼同科,至死则不抵命,拟以满流。惟故杀方坐绞罪。此律分别细微,须先查本宗外姻各服图,辨明服制,乃可按服定罪。又有虽系功缌之服而另有本律,如外祖父母,服虽小功而入于期亲之内,与胞伯叔并论,则又不拘此服制也。盖殴律最细,多有服轻而罪反重者,须合各条参酌看之。此门条例甚多,亦须与律并参,方无遗漏。

一,殴死大功弟妹、堂侄子孙三项,照律拟流外,仍断产一半。其大功尊长殴卑幼至笃疾,亦照律断产。惟殴尊长至笃疾拟绞者不在断产之内。

一,卑幼图奸亲属起衅故杀有服尊长,律应斩候者均改立决。其本罪应立决凌迟无可复加者于援引本律之上声叙"因奸故杀尊长"字样。

一,听从下手殴本宗功服尊长至死者,除为首之尊长按服制以为首科断外,下手之犯审系迫于尊长威吓勉从者,照威力主使为从拟流。若尊长仅令殴打,辄行叠殴多伤至死者,下手重犯拟斩监候。其听从殴死缌麻尊长,依律拟流。

一,卑幼殴尊长至笃疾者,除首犯分别绞决、绞候外,其听从帮殴之卑幼分别是否折伤及刃伤,拟流拟军。

一,功服以下尊长杀死卑幼,如系图谋卑幼财产,强盗资财,放火杀人及图奸谋杀者,悉照平人谋故杀问拟,不得照服制宽减,其寻常亲属相盗杀死卑幼之案,仍依服制科断。

一,功服以下尊长挟其父兄夙嫌,迁怒于十岁以下弟侄,杀害泄忿者,悉照凡人论,不得依服制宽减。

一,有服亲属同谋共殴致死之案,除下手伤重之犯依本律问拟外,其原谋如系缌麻尊长,减凡人一等。期功以次递减。若原谋系缌麻卑幼,加凡人一等,小功大功以次递加。其期服卑幼律应不分首从者仍依本律。

一,尊长殴伤卑幼,或因风身死,或正限外身死,各按服制于殴死卑幼本律例上分别减等。

一,致死期功尊长,如与他人斗殴误伤致毙,或被尊长揪扭,刀械交加,身受多伤,徒手抵格致毙,或死者罪犯应死及淫恶灭伦并救亲情切者,仍照律定拟,准其夹签声请,量减斩候。此外,请[情]同互殴者不得曲为开脱。

一,致毙平人一命,复致毙期功尊长之案,如另毙之人律不应抵或误杀、擅伤殴死妻及卑幼暨秋审应入可矜及被杀之尊长罪犯应死淫恶灭伦,并救亲情切,听从尊长主使,准其夹签声请,其余不准声请。

一,卑幼殴伤缌麻尊长,余限内身死者奏请减军。若在余限外身死,原殴伤轻者流流,其伤重至笃疾者绞候。殴伤功服尊长,正、余限内身死者照旧办理。其在余限外身死,如原殴至笃疾者,仍依律绞决。讯非有心干犯,或系误伤俱拟绞候。若原殴伤轻未至笃疾,既在余限外身死,拟绞监候。

一,于亲母之父母有犯,照律定拟外,其于在堂继母之父母,庶子嫡母在为嫡母之父母，庶子为在堂继母之父母，庶子不为父后者为己母之父母（若已母之父母系贱族者不在此限），为人后者为所后母之父母及本生母之父母，嫁母之父母等七项有犯，即照卑幼犯本宗小功尊属律分别定拟。至亲母、继母等各项甥舅等有犯，俱照外姻尊卑长幼本律治罪，与嫁母之弟兄有犯，以凡论。如尊长有于非所自出之外孙及甥等故加凌虐致死，临时权其曲直，按情治罪，不必以服制为限。

薛氏《存疑》云：外祖父母之名有十三，以期亲论者一，亲母之父母是也。以小功尊属论者七，在堂继母之父母等项是也。此外尚有慈母、养母、出母、庶母并从嫁之继母，例不言者，自应从凡论耳。惟子为出母、嫁母均服期年，乃例有嫁母之父母而无出母之父母，似乎未备云云。足补此例所缺，录之以备参考。

殴期亲尊长

律文：凡弟妹殴（同胞）兄姊者杖九十徒二年半，伤者杖一百徒三年，折伤者杖一百流三千里，刃伤（不论轻重）及折肢若瞎其一目者绞（以上各依首从法），死者（不分首从）皆斩。若侄殴伯叔父母、姑（是期亲尊属）及外孙殴外祖父母，（服虽小功，其恩义与期亲并重）各加（殴兄姊罪）一等。（加者不至于绞。如刃伤、折肢瞎目者亦绞。至死者亦皆斩。）其过失杀伤者各减本杀伤（兄姊及伯叔父母、姑、外祖父母）罪二等。（不在收赎之限。）故杀者皆（不分首从）凌迟处死。（若卑幼与外人谋故杀亲属者，外人造意下手从而加功、不加功各依凡人本律科罪，不在皆斩、皆凌迟之限。）其（期亲）兄姊殴杀弟妹及伯叔姑殴杀侄并侄孙，若外祖父母殴杀外孙者杖一百徒三年。故杀者杖一百流二千里。（笃疾至折伤以下俱勿论。）过失杀者各勿论。

此仍《明律》，"凌迟处死"句下原有小注，顺治三年增修。从前小注：姊妹出嫁，兄弟虽为人后，降服，其罪亦同。乾隆二十四年删去，另纂条例：凡为人后者，于本生亲属有犯，俱照所后服制定拟；则凡兄弟出继、姊妹出嫁，服即降等，有犯即不得以期亲拟罪矣。此项罪名与《唐律》轻重符合。又《唐律》原有"詈者杖一百"一句，此律删去，移入《詈骂门》内，其余均系《唐律》原文。律文之意系分别期亲尊卑以定殴罪之轻重也。弟于胞兄及未出嫁之姊、侄于伯叔父母及未嫁之姑，此正期服也。若外孙于外祖父母及侄孙于胞伯叔祖，则服止于小功。然外祖父母为母之所自出，即己之所自出，服轻而义至重。侄孙则兄弟之孙，分尊而情亦亲，故均与期服同论。但外祖父母专指亲生母之父母耳，若嫡继慈养母之父母，皆不得同，故前例有五项外祖父母有犯均以小功尊属定拟之条。又《辑注》云：若外祖母被出及改嫁，亦同论。盖虽被出改嫁，而我母所自出之，恩不可以泯，故仍得以外祖父母律论也。《礼经·服问》云："母出，则为继母之党服；母死，则为其母之党服，则不为继母之党服。"郑注："虽外亲，亦无二统。《丧礼》或问出妻子之子为外祖父母无服，何也？从服也。母出则无所从矣；转而服从继母之党矣。"《笺释》曰："外孙与于外祖父母服五月，然为母之所出，故与伯叔父母同论，所谓舍服而从义也。"又《唐律疏议》十恶门曰："外祖父母据《礼》有等数不同，具文[为]分析。"答曰："外祖父母但生母身，有服无服，并是外祖父母；若不生母身，有服同外祖父母，无服同凡人云云。"参考各说，礼经之继母，对出母而言，母出而后有继母，故不为出母之党服而为继母之党服。若母死而父再娶继母，以亲母之父母为外祖父母乎？抑以继母之父母为外祖父母也？如既服亲母之党，又服继母之党，则重服矣。又庶子既为嫡母之党服，己母之党亦应为服。为人后者，所后母之父母及本母之父母一体持服，均非古礼。盖母党，礼应有服，并服古所未有，古者为母党并无两服。故郑氏云："虽外亲亦无二统也。"但古礼难行于今，非特此项为然；有可引经以断狱者，亦有不可尽拘经义者。姑记此以备参考可耳。若必一一据礼为断，则凿矣。再，外祖父母一项，外国亦重，《日本刑法》与祖父母、父母同论，较中律以叔伯父母论更从尊严，然毕竟系属异姓，与本宗祖父母有别，此中律之所以剖析精微也。兄姊殴故杀弟妹一项，现例改重，不与杀侄及姪孙同科，其余仍俱依律办理，当分别观之。

一，卑幼殴期亲尊长执有刀刃赶杀凶恶情状者，虽未伤发近边充军。

一，期亲尊长因争夺弟侄财产官职及素有雠隙，有意执持凶器故杀者，如被杀弟侄十一岁以上，拟绞监候，仍断给财产一半。若在十岁以下，依凡人谋杀律斩候。

一，故杀期亲弟妹照故杀大功弟妹拟绞监候，殴杀者照本律加一等流二千里。

一，有服尊长殴卑幼之案，如由依理训责及邂逅成笃疾者，期亲尊长及外祖父母照律勿论。大功以下尊长照律减科，仍断给财产一半。若并无干犯、尊长挟嫌非理毒殴成笃疾者，期亲兄姊及功服尊长俱拟满徒，期亲伯叔姑外祖父母徒二年半，缌麻尊长流二千里，仍均断财一半。

一，卑幼误杀尊长罪干斩决，夹签请旨。其有本犯父母因而自戕殒命者，俱改绞决，毋庸量请末减。

一，僧尼干犯祖父母、父母及有服尊长，各按服制定拟。若杀伤卑幼，无论谋故斗殴俱以凡论。尊长杀伤出家之亲属，仍各依服制科断。道士、女冠、喇嘛有犯，一例办理。

一，期亲尊长与卑幼争奸互斗，被卑幼刃伤及折肢罪干立决者，除卑幼照律问拟外，将争奸肇衅之尊长流二千里。

一，期亲卑幼殴伤伯叔等尊属，审因救护父母者，照律拟流二千里。夹签声明，量减一等奏请。

一，凡期服以下有服尊长杀死有罪卑幼之案，系罪犯应死者，尊长照擅杀应死罪人律满杖，听从下手者杖九十。其卑幼罪不至死，果系积惯匪徒，尊长因玷辱祖宗忿激致毙者，无论谋故，为首之尊长于殴杀卑幼本律例上减一等，听从下手者杖一百。若卑幼无为匪证据，假托公忿报复私雠致死者，并本犯有至亲服属并未起意致死，被疏远亲属致死者，均照谋故殴杀本律定拟，不得滥引此例。

一，期亲兄姊淫恶灭伦、复殴骂父母，经父母喝令殴毙者，将殴死兄姊之弟妹照王仲贵之案，随本改流，请旨定夺。

一，期亲卑幼听从尊长主使，共殴以次尊长致死之案，讯系迫于尊长威吓勉从下手致死者，照本律拟以斩决，夹签声请。如尊长仅令殴打辄行叠殴多伤至死者，即照本律问拟，不准声请。

按：殴死尊长各条，期功均系一律问拟，惟此项听从殴毙之案，期功大有分别，功服可以减流，期服仅得改为监候。

一，卑幼施放鸟枪竹铳致伤期亲尊长及外祖父母者，照刃伤例问拟绞决。若非有心干犯，或系误伤者，拟绞监候。

一，殴伤期亲尊长及外祖父母，正余限内身死者，照旧办理。其死在余限以外者，如系刃伤并他物至折肢瞎目者，仍依律绞决。讯非有心干犯及误伤者，绞候。如折伤以下本罪应拟徒流者，余限外因伤毙命，拟绞监候，秋审入服制册。其刃伤折肢瞎目未死之案，有心致伤者，照律绞决，若非有心干犯及误伤者，俱拟绞候，毋庸夹签声请。

殴祖父母父母

凡子孙殴祖父母、父母及妻妾殴夫之祖父母、父母者皆斩，杀者皆凌迟处死。（其为从，有服属不同者，自依各条服制科断。）过失杀者杖一百流三千里，伤者杖一百徒三年。(俱不在收赎之例。)○其子孙违犯教令而祖父母、父母(不依法决罚而横加殴打)非理殴杀者杖一百,故杀者(无违犯教令之罪为故杀)杖六十徒一年。嫡、继、慈养母杀者(终与亲母有间,殴杀、故杀)各加一等,致令绝嗣者(殴杀、故杀)绞(监候)。若(祖父母、父母、嫡、继、慈、养母)非理殴子孙之妇(此妇字,乞养者同)及乞养异姓子孙(折伤以下勿论)致令废残疾者杖八十,笃疾者加一等,(子孙之妇及乞养子孙)并令归宗,子孙之妇(笃疾者)追还(初归)嫁妆,仍给养赡银十两。乞养子孙(笃疾者)拨付合得(所分)财产养赡(不再给财产一半之限。如无财产亦量照子孙之妇给银)。至死者,各杖一百徒三年,故杀者各杖一百流二千里。(其非理殴子孙之)妾各减(殴妇罪)二等。(不在归宗、追给嫁妆、赡银之限。)○其子孙殴骂祖父母、父母及妻妾殴骂夫之祖父母、父母而(祖父母、父母、夫之祖父母、父母因其有罪)殴杀之,若违犯教令而依法决罚邂逅致死及过失杀者各勿论。

　　此仍《明律》。顺治三年添入小注。大意本之《唐律》,而文义较详,罪名亦有参差。《唐律》罪止于斩,此添入"杀者凌迟处死"一句。《唐律》子孙殴祖父母、父母从重,子孙之妇有犯,较子孙递减,此则一体从同。《唐律》止言杀子孙之妇,此又添乞养子孙。《唐律》殴杀子孙者徒一年,刃杀者徒二年,故杀者各加一等,此则非理殴杀子孙者满杖,故杀徒一年,较《唐律》为轻。再《唐律》嫡继慈养母杀子孙加一等,罪止于徒,此则致令绝嗣者即拟绞候,又较《唐律》为重。又《唐律》殴子孙之妇废疾者杖一百,笃疾者加一等,此则废疾杖八十,笃疾杖九十,则又较《唐律》为轻矣。再《唐律》止言罪名,此更添追还嫁妆、给财、养赡各项,较《唐律》更详备矣。此律盖首重悖逆之诛,而因惩不兹[慈]之罪也。子孙恶逆,至于殴祖父母、父母,妻妾恶逆,至于殴夫之祖父母、父母,皆人伦大变,情同枭獍,故不分首从,不论有伤无伤,一并决斩。即过失杀者律止满流,例加重拟绞。不言误杀者,以恩义至重,名分至严,虽误亦照律定拟,所谓臣子于君父不得称误也。现例虽定有误杀、误伤专条,然不过稍从末减,杀者减为斩决,伤者减为斩候,仍不得贷其一死,诚以伦纪所关,不容曲为宽纵。匪但此也,凡称祖者,高曾同。称孙者,曾元同。称子者,男女同。惟子孙出继,女已出嫁,服虽从降,而犯本生祖父母父母者,仍以此律科断。嫡、继、慈、养母与亲母同论,即亲母为父所出,或父死改嫁,其义虽绝于父,而所出之恩,子不得而绝之,有犯仍同母论。若嫡、继母被出改嫁,则义绝于父,即无复母道矣。慈、养母被出改嫁,虽不得于亲母同,究较嫡、继母有抚育之恩,律无正文,当临时酌情。盖嫡、继母之重者，以其为父妻也，倪杀父则义绝于父，不为父也妻，则不为子也母，子即同于凡人。若嫡、继母杀父而还杀之，难同杀母之律，当临事权之。若系亲母则仍以杀母论。盖子犯母者，嫡、继、慈、养母与亲母同，而母杀子者，嫡、继、慈、养母究与亲母有间，律文殴故杀者，加亲母一等，致绝嗣者拟绞，例又分别详细。凡杀子致夫绝嗣者，嫡、继虽均拟绞，而继母尤较嫡母为重。如有因奸情事，虽亲母亦拟绞罪，若嫡继则更加重拟斩矣。至于乞养子孙以恩合者也，子孙之妇以义合者也，皆属异姓之人，与子孙天性之亲不同。若殴至残废笃疾，则恩绝义绝，不得同子孙弗论，惟究为伦纪所关，故止拟杖八十、九十耳。子孙虽有亲生、乞养之分，而其妇则一。注曰：乞养之妇同，可见妇是外娶之人，虽乞养，亦同子孙之妇论也。如子孙之妾卑而且贱，不但殴则减等，而亦不在归宗之限。以上殴故杀子孙，或乞养子孙，或子孙之妇及妾，皆指并无违犯教令而非理杀之者。若因违犯而依法决罚，避逅致死者，均不论罪。可知"非理"二字尤为后二节紧要关键，当细玩之。外国此项罪名与中国大异。《法国律》：凡杀父母与杀子并杀其他之尊属，一律处死，不分轻重。惟杀父母者，行刑时头上加以黑绢为罩，以示暗无天日之意。《德律》：凡杀尊亲，处以十年以上惩役，较杀凡人仅加数年。《俄律》：凡谋杀父母与伯叔及子孙，一体拟罪，罚作无限苦工。《日本刑法》：凡殴伤父母者加凡人二等，至死者处死。不言杀子孙之罪，大约皆以凡人论。统而论之，凡杀父母有与凡人无异者，有较凡人稍重者，而杀子孙有与父母从同者，有异凡人从同者，其余期功缌麻不分尊卑，均与凡同。此等刑法，统亲疏远近，长幼上下，并无轻重等差。［施］之中国，殊骇听闻，醉心欧化者辄艳称外国法律，若如此节，吾不知其可也。此门例文甚多，足补律所未备，节录于后与律合参，而中法之精粹，名教之大防胥在于此。阅者甚勿弁髦视之。

一，继母告子不孝及期功尊属尊长告弟侄打骂者，行拘四邻亲族审勘是实，依律问断。若有诬枉，即与办理。果有显迹伤痕输情服罪者，不必行勘。

一，嫡母殴故杀庶子，继母殴故杀前妻之子，审系平日抚如己出而其子不孝有据，即照亲母律问拟，不必援律加等。如子无违犯而非理殴故杀者，其夫现有子嗣，依律加等。若现无子嗣，俱照律拟绞，听伊夫另娶。系殴杀者，嫡、继母俱缓决。系故杀者，嫡母缓决，继母情实。若嫡、继母为己子图占财产官职故杀庶出及前妻子者俱拟绞候，嫡母入缓，继母情实。入缓决者永远监禁，入情实者如蒙恩免勾，仍永远监禁，遇赦不准减等。

一，因奸将子女致死灭口者，无论是否起意，系亲母拟绞监候，不论有无子嗣入于缓决，永远监禁。若系嫡母拟绞监候，继母、嗣母拟斩监候。如致其夫绝嗣者，俱入情实。未绝嗣者均入缓决，永远监禁。奸夫仍分别造意、加功，照律治罪。

　　一，子孙过失杀祖父母、父母，子孙之妇过失杀夫之祖父母、父母，俱拟绞决，仍照律夹签声请，改为监候。

　　一，子孙殴祖父母、父母，无论轻重即行斩决。如因伤身死，剉尸示众。

　　一，子妇殴毙翁姑之案，如犯夫匿报贿和者绞立决。其仅止不能管教者，将犯夫于犯妇凌迟处死先责四十板，看视伊妻受刑后枷号一月，满日再责四十板。

　　一，子妇拒奸殴伤伊翁，或殴毙伊翁之案，审系猝遭强暴确有证据，毫无疑义者，仍照本律分别定拟。系殴伤者，恭录邢杰案内谕旨，请其免罪释放。系殴毙者，援引林谢氏成案，奏请减为斩候。如有装点捏饰，或设计诱陷伊翁因而致伤致死及事后殴毙，并非仓猝捍拒者，均不得滥引此例。

　　一，子孙误伤祖父母、父母致死，或止误伤者，仍照本律定拟。系误杀者，援引白鹏鹤及陇阿候成案。系误伤者援引樊魁成案，均恭候钦定，分别改为斩监候。至误杀伤夫之祖父母、父母，亦照此例办理。

　　一，义子过房在十五岁以下恩养年久，或十六岁以上分有财产、配有室家，若干犯义父母及义父之祖父母、父母者，即同子孙取问如律。若义父母及义父之祖父母、父母殴故杀伤义子者，并以乞养异姓子孙论。若过房在十五以下恩养未久，或在十六以上不曾分有财产、配有室家者，有违犯及杀伤者并以雇工人论。义子之妇亦依前拟岁数照本例科断。○其义子后因本宗绝嗣，有故归宗而义父母无义绝之状，不曾拘留财产、室家者，仍以雇工人论。若犯义绝及夺其财产、妻室，并同凡人论。（义绝如殴义子至笃疾，当令归宗及有故归宗而夺其财产妻室，亦义绝也。）○义父之期亲尊长并外祖父母，如义子违犯及杀伤义子者，不论过房年岁，以雇工人论。义绝者以凡论。其余亲属，不分义绝与否，并同凡人论。

　　按：义子即律内乞养子也，《律图》只有养母之名而无养父，故例有义子、义父母名目，是又在三父八母之外者。此例系前明所纂，为乞养异姓之通例。凡断乞养子孙者，须先看此例。义子干犯义父母与亲子同者，恩养重也。义父母杀伤义子则与亲子异者，别于亲生也。义子多系异姓，律有乱宗之咎，本不应以父子称，又何[有]于伯叔父母及兄弟姊妹等项名目。惟自幼蒙其恩养、分产、授室，俨同父子,礼顺人情,故谓之义父义子。名为父子,实则主仆。东汉时董卓与吕布认为义子,《五代史》有《义儿传》,此义父义子之见于史鉴者,刑律所称即本于此,详见《读例存疑》。

一,凡本宗为人后者之子孙,于本生亲属孝服只论所后宗支亲属服制,如于本生亲属有犯,俱照所后服制定拟。其异姓义子及所生子孙为本生祖父母、父母亲属孝服,俱不准降等。各项有犯仍照本生服制科罪。

一,为人后及女之出嫁者,如于本生祖父母、父母有犯,仍照殴祖父母、父母律定拟。其伯叔兄姊以下均依律服图降一等科罪,尊长杀伤卑幼同。

谨按:《示掌》云:本宗为人后者之子孙,例照所后服制定拟。查所后之亲疏不一,并有择立远房及同姓为嗣之例,其本生[身]为人后者,于本生祖父母、父母有犯,仍照祖父母、父母本律定拟,不准减等。其伯叔兄姊以下俱降一等科罪。但其子孙照律以所后服制定拟,设所后与本宗无服,则为人后者之子孙与本生之祖父母及伯叔父母一旦因其父祖嗣出竟同服尽,亲属倘有干犯,碍难定拟,似应即照为人后依图降等之例,亦照本宗服图递降一等云云。薛氏《读例存疑》称此一段论议辨晰最精,**兹录于此,以备参考。**

再者,断罪以服制为准。此项为人后者之子孙,于本生祖父母、父母等项应持何服,前人已有言者。徐氏乾学曰:为人后者之子,于父之本生父母当持何服,古礼既不言及,后代丧礼诸书亦无之。当何所适从,将依本宗概降一等之例耶? 则诸书但言为后者降一等,初不言为后者之子亦降一等,固不得而擅定耶。将依父所后之伦序而递降一等耶? 则昔之为祖父母者,今为从祖父母矣。从祖父母本小功,今降一等则缌麻,以期服而降缌麻,虽人情之所不慊,犹有服制可言也。倘父所后者为疏属,则竟无服矣。以祖孙之至戚而等之于路人,无乃非人情乎哉! 然则宜何服? 据贺循、崔凯诸说,则为后者宜降一等,而为后者之子不得随父而降一等。据刘智、王彪之之说,则为后之子,不论父所后之亲疏而概降一等。夫礼宜从重,古今同情,王彪之大功之意固可为后世之准也。盖父于本生父母服期,子从父而降大功,情之至,义之尽也。不然,天下岂有祖父母之丧而竟降为缌麻,且降为无服者哉。愚故折衷诸说,以与知礼者质焉云云。按《示掌》所辨,即本于此,虽与现例不甚相合,然推情度理,精确不易。**盖礼论服制,持服贵得其中,而例定罪名,立法在防其私,各有取意,未可强同。理学与法学有可以通融之处,亦有不相符合之处。古人谓律设大法,**

礼顺人情，即此理也。故详录理学论服制之说于法律之后以备参考，亦可见《大清律例》一书，几经先贤大儒删定考核而成，一字一句皆有精义，不可移易，非浅学一知半解所可窥测矣。

妻妾与夫亲属相殴

律文：凡妻妾殴夫之期亲以下、缌麻以上（本宗外姻）尊长，与夫殴同罪。（或殴、或伤、或折伤，各以夫之服制科断。其有与夫同绞罪者仍照依名例，至死减一等，杖一百流三千里。）至死者各斩（监候。缌麻亲，兼妾殴妻之父母在内。此不言故杀者，其罪亦止于斩也。不言殴夫之同姓无服亲属者，以凡人论）。○若妻殴伤卑属与夫殴同（各以夫殴服制科断），至死者绞（监候。此夫之缌麻、小功、大功卑属也。虽夫之堂侄、侄孙及小功侄孙亦是）。若殴杀夫之兄弟子杖一百流三千里（不得同夫拟徒），故杀者绞（监候。不得同夫拟流）。妾犯者各从凡斗法。（不言夫之自期以下弟妹者，殴夫之弟妹但减凡一等，则此当以凡论。）○若（期亲以下、缌麻以上）尊长殴伤卑幼之妇，减凡人一等。妾又减一等。至死者（不拘妻妾）绞（监候。故杀亦绞。）○若弟妹殴兄之妻加殴凡人一等。（其不言妻殴夫兄之妻者，与夫殴同。）○若兄姊殴弟之妻及妻殴夫之弟妹及夫弟之妻，各减凡人一等。若殴妾者各又减（殴妻）一等。（不言妻殴夫兄之妾者，亦与夫殴同。不言弟妹殴兄之妾及殴大功以下兄弟妻妾者，皆以凡论。）○其殴姊妹之夫，妻之兄弟及妻殴夫之姊、妹夫者，（有亲无服皆为同辈）以凡斗论。若妾犯者各加（夫殴妻殴）一等（加不至于绞）。○若妾殴夫之妾子，减凡人二等（以其近于子也）。殴妻之子以凡人论（所以别妻之子于妾子也）。若妻之子殴伤父妾，加凡人一等（所以尊父也）。妾子殴伤父妾又加二等（为其近于母也，共加凡人三等不加至于绞）。至死者各依凡人论。（此通承本节弟妹殴兄之妻以下而言也。死者绞，故杀者斩。）

此仍《明律》。顺治三年添入小注。《唐律》原分两门，一系殴詈夫期亲尊长，一系殴夫兄妻弟妹，明并为一。《唐律》殴夫期亲以下缌麻以上尊长，妻减夫犯一等，妾犯不减。此律不分妻妾，均与夫同。《唐律》殴兄之妻及殴夫之弟妹，各加凡人一等。此殴夫之弟妹，则减凡人一等，与《唐律》用意不同。且《唐律》只言殴兄妻及夫之弟妹两项，此又添出兄姊殴弟之妻及夫弟之妻，并殴姊妹之夫、妻之兄弟及妻殴夫之姊妹数项，则较《唐律》更详备矣。盖总言妻妾与夫之亲属相殴之罪也，其中有与夫同者，有与夫异者，有妻妾同论者，有妻妾分言者。妻妾殴夫期亲以下尊长，虽与夫同，而夫殴期亲尊长，折肢应绞者，妻妾则减等拟流，至死止坐斩候，故杀亦斩，不与夫故杀期亲尊长同坐凌迟，是名同而实不同，则较夫为轻矣。《集注》所谓殴伤得与夫同者，以伦序之相等也。至死及故杀犹与夫异者，以恩义之有间也。若殴夫之卑属，虽亦与夫同罪，但夫殴杀大功堂弟、小功堂侄、侄孙及缌侄孙并故杀胞侄，均不抵命，妻则并拟绞罪，则较夫从重矣。观于卑属之所以重，则知尊长之所以轻矣。盖罪名缘服制而定，妻为夫族之服，除舅姑外伯叔而下，俱降于夫。此殴尊长卑幼有与夫同者，从夫服之重而重之也。有与夫不同者，从己服之轻而轻之也。首一节妻妾并论，而妾不加等者，以夫之本罪已重，不便再加也。其下数节，妾殴必重于妻殴，妾必轻于妻，以其贱也。而至死则人命为重，无不论抵。虽夫之伯叔殴死侄妾，亦与殴死侄妻同拟绞抵，不得从轻。《辑注》云，兄姊曰长，弟妹曰幼，即表兄弟姊妹亦是。若兄之妻不在长之内，弟之妻不在幼之内，兄姊弟妹是期亲，长幼殴罪轻重悬殊。若兄弟之妻，彼此之服俱降为小功，惟妻殴夫兄姊与夫同论，其余相殴，非惟不得与夫同，并不得与小功长幼同。惟由其夫推之，则长幼之义亦不可泯。故四、五、六节各项相犯，幼犯长加凡一等，长犯幼减凡一等，而至死均与凡论，并不细论服制以定罪之轻重也。再四、五节所言兄姊弟妹均系同胞期亲，故与其妻相殴及殴妾者加减之法。若大功以下兄弟妻妾相殴，均以凡论。《辑注》云：凡妻妾与夫亲属相殴，律所不载，概同凡论，即此意也。至于父妾之有子称为庶母，应持服期年，殴伤者，例有加重之条。此系妾原未生有子女，故曰父妾，殴伤者亦照凡人加等，不与凡人同论，所以尊父也。凡妾殴子者，妾之子与妻之子不同，而子殴父妾者，妻之子与妾之子亦不同，所以明嫡庶之分也。不言妾与嫡子、庶子之妻妾相殴者，按子之妻妾与父妾皆无服，彼此相犯应同凡论，不得概与夫同也。此律分别精细，字法亦极谨严，或曰卑属，或曰卑幼，或止曰殴，或曰殴伤，皆有意义，须当细玩。外国夫妻尚且平权，遑论夫之亲属，凡有相犯，大概皆以凡论。后例于父妾外补出殴庶祖母，又于庶母外补出殴庶祖母，皆与律相辅而行，当并参之。

　　一，妻之子殴伤生有子女之庶母者，照弟妹殴兄姊律徒二年半。妾之子殴伤庶母者加二等，至死者俱斩监候。谋故杀者亦斩监候，秋审酌量情节定拟。

　　一，嫡孙、众孙殴伤庶祖母者，照殴伤庶母例减一等，死者绞候。谋故杀者斩候，秋审酌量情节办理。若庶祖母殴杀嫡孙、众孙者仍同凡论。

按：《尔雅》：父之妾为庶母。可见不必有子始称庶母。唐《开元礼》：庶母，父妾之有子。从此庶母与父妾始有分别。律图八母，庶母居一，嫡子、众子为庶母齐衰杖期。推原律意，盖谓所生之子女既与伊为兄弟姊妹，则兄弟姊妹之母岂得不以母视耶？既以母称，持服期年，而故杀止于斩候，又与故杀期亲伯叔应寸磔者大有轻重之分，似觉参差。

殴妻前夫之子

律文：凡殴妻前夫之子者（谓先曾同居，今不同居者，其殴伤、折伤）减凡人一等，同居者又减一等，至死者绞（监候）。○殴继父者（亦谓先曾同居，今不同居者）杖六十徒一年，折伤以上加凡斗伤一等，同居者又加一等（至笃疾，罪止杖一百流三千里，不加于死，仍给财产一半养赡），至死者斩（监候）。○其故杀及自来不曾同居者（不问父殴子、子殴父）各以凡人论。

此仍《明律》。其"先曾同居，今不同居"数语系原有小注，余系顺治三年增修，大致同于《唐律》。彼伤重加凡斗二等，此止加一等，总系分别继父之恩义以定殴罪也。随母改嫁之子，谓母之后夫为继父。夫以异姓之人而谓之父，谓之子，以有相依为生之恩义也。故同居为重，先同居而后不同居者次之。若自来不同居，则凡人耳！按三父八母图：一曰同居继父，两无大功亲者期服，两有大功亲者齐衰三月。一曰不同居继父，先曾同居今不同居者，齐衰三月。自来不同居者无服。一曰从继母嫁，谓父死继母再嫁而子从去者，齐衰杖期。此继父服制之差等也。若彼此相犯，止以同居、不同居及先同居而后不同居分别罪之轻重，并不问两有大功亲与两无大功亲也。至于从继母嫁而服独重者，母非所生，从之而嫁，则其幼孤无依可知，而继父抚育之，恩义更为重矣。然彼此相犯，亦止以同居、不同居为断，不在亲母与继母也。盖服制与定罪各有取义，故不能尽同。此律专指对于继父而言，若与继父之父母、祖父母、期亲尊长，虽皆无服，若同居者，亦难概以凡论，当临时酌之。又若前夫子之妻妾有犯继父，仍当与前夫子同论，或照《唐律》减一等，盖系同居，亦不得以凡相论。此皆律外之意，律虽未言，可以律义推之。

妻妾殴故夫父母

律文：凡妻妾夫亡改嫁，殴故夫之祖父母、父母者，并与殴舅姑罪同。其旧舅姑殴已故子孙改嫁妻妾者,亦与殴子孙妇同。(妻妾被出,不用此律,义已绝也。)○若奴婢殴旧家长及家长殴旧奴婢者,各以凡人论。(此亦自转卖与人者言之。奴婢赎身不用此律,义未绝也。)

此仍《明律》。顺治三年,添入小注。治罪与《唐律》大不相同,《唐律》妻妾殴故夫之祖父母、父母,减殴舅姑二等,折伤加役流,死者斩,过失杀者依凡论。其旧舅姑殴子孙旧妻妾,折伤以上减凡人三等,死者绞,过失杀者勿论云云。拟罪与功缌尊长不甚悬殊,较之此律轻数等矣。又,《唐律》奴婢殴旧主者,流二千里,伤者绞,杀者皆斩,过失杀者依凡论。殴旧奴婢折伤以上减凡人四等,过失杀者勿论云云,又较此律加重数等。盖《唐律》所谓旧奴婢者,指放出之奴婢而言,宿恩尚在,故犯旧主者较凡人加严。此律所谓奴婢指转卖之奴婢而言,恩义已绝,故与旧主以凡人论。其义各不相同,故注云:若奴婢赎身不用此律也。至已故子孙之改嫁妻妾与被出者不同,妇人不能终守其志而失之,义未绝。夫义未绝,则故夫之父母犹其舅姑也。盖夫亡虽改嫁而其义犹存,被出者虽不改嫁而义已绝,各有不同,故拟罪攸殊。《辑注》云:妻妾改嫁而不与其义绝者,由妻妾自绝,非其夫绝之也。奴婢转卖而与其义绝者,由家长自绝,非奴婢绝之也。如妇姑俱改嫁,则义皆绝于夫家,不得谓之舅姑矣。又若守志之妇与被出改嫁之姑相犯,如系亲姑,与犯夫之期亲尊属同。若夫之嫡、继、慈、养母被出改嫁,则同凡人。又改嫁妻妾与故夫之期亲以下尊长相犯,亦同凡论。此中分别细微,《辑注》议论亦极精粹,故备录之。若外国法律,则无此说矣。

父祖被殴

律文:凡凡祖父母、父母为人所殴,子孙即时(少迟即以斗殴论)救护而还殴(行凶之人),非折伤勿论,至折伤以上减凡斗三等(虽笃疾,亦得减流三千里,为徒二年),至死者依常律。○若祖父母、父母为人所杀而子孙(不告官)擅杀,行凶人者杖六十,其即时杀死者勿论(少迟即以擅杀论)。○(若与祖父母、父母同谋共殴人,自依凡人首从法。又祖父母、父母被有服亲属殴打,止宜解救不得还殴。若有还殴者仍依服制科罪。)○(父祖外,其余亲属人等被人杀而擅杀,行凶人审无别项情故,依罪人本犯应死而擅杀律杖一百。)

此仍《明律》。顺治三年添入小注。前一段与《唐律》相同,不过字句多少有改易。后一段《唐律》无明文,当系明所添纂。前段言父祖被殴子孙救护还殴之罪,分别伤之轻重勿论、减等。后段言父祖被杀子孙复仇擅杀之罪,分别时之久暂勿论、杖责。盖子孙见亲被殴,非还殴则不得救,故殴人所以救亲,非逞凶肆恶之比,重在"即时救护"四字,见其情势急迫,不得已而出此,故罪得减免。若殴之至死,则人命不可无抵,自依常律分别斗、故拟绞拟斩。律内虽无从轻之文,后例仍有减流之条,所以补律未备也。至于父祖被杀,礼必复仇,故私和者有罪。然法当行之于上,不可操之自下,故擅杀亦有罪,两罪相衡,私和重至满杖,而擅杀止杖六十,杀在即时并免其罪,皆扶植人伦、纲维世道之精意也。律止言祖父母、父母,可见此外不得同矣。且止言子孙,可见别亲亦不得同矣。《日本刑法》虽无此项,惟因身体受暴行,立时杀伤暴行人者,宥恕其罪,又或防卫身体生命,不得已为杀伤暴行人者,不论其罪云云。虽未明言救亲,而救亲实包括于内,亦即此律之意。律文而外又有条例数项,与律互相发明。备录于后,以备参考。

一,祖父母、父母及夫被人殴打,实系事在危急,其子孙及妻救护殴死人者,于疏内声明请旨定夺。其或祖父母、父母及夫与人口角,主令子孙及妻将人殴死,或先与人寻衅,其子孙及妻踵至助势共殴毙命及理曲肇衅累及父母被殴已复逞凶致毙人命者,不得援救护之例减等。

一,祖父母、父母被本宗缌麻及外姻功缌尊长殴打事在危急卑幼救护殴死尊长者,于疏内声明减发边远充军,请旨定夺。若并非事在危急,仍照律拟罪,秋审核其情节入缓。致父母被卑幼殴打,事在危急,救护殴死卑幼,罪拟应绞者减为满流,请旨定夺。如殴杀卑幼罪不应抵者,于本律上减一等,仍断产一半养赡。若并非事在危急,不得滥引此例。

一,救亲毙命之案,如死者系犯亲本宗外姻有服卑幼,先将尊长殴伤,其子目击父母受伤,将其致毙,不论是否事在危急及有无互殴情形,定案时声明请旨定夺。其并非犯亲卑幼及父母并未受伤之案,仍分别是否危急定拟。如案系谋故杀及火器杀人并死系凶犯有服尊长,均不得援例声请。

按:此例指死系犯亲有服卑幼而于凶犯并无服制者而言,与上条死系凶犯有服卑幼不同,如犯亲之女婿表弟与凶犯均无服制,即犯亲本宗缌麻弟,凶犯亦无服也。

一,祖父母,父母为人所杀,凶犯当时脱逃未经到官,后被死者子孙撞遇杀死者,照擅杀应死罪人律杖一百。其凶犯虽经到官拟抵,或于遇赦减等发配后辄敢潜逃回籍,致被死者子孙擅杀者拟以满流。若本犯减等发配遇赦释回者,国法已伸,不当为雠。如有子孙复雠杀害者,仍照谋故本律定拟,入于缓决,永远监禁。至释回之犯复向死者子孙寻衅争闹,或用言讥消欺凌者,即属怙恶不悛,死者子孙忿激复雠致毙者,仍于谋故杀本律上减一等拟流。

　　按:复雠之说见于诸经,而《唐律》无文。康熙年间纂定此例,嘉庆、咸丰年间迭次修改,此为律例中一大问题。兹将前人论说附录于后,以备参考,亦可知定例之深心,几经斟酌,而此例之度理准情,引经据典,真乃一王之典,非浅学者可妄议矣。唐韩昌黎云:《唐律》不言复雠,非阙文也。盖以为不许复雠,则伤孝子之心而乖先王之训;许复雠,则人将倚法专杀,无以禁止其端。又后汉张敏云:《春秋》之义,子不报雠非子也,而法令不为之减者,以相杀之路不可开也。故令托议[义]者得减,妄杀者有差,使执宪之吏幻[得]设巧诈,非所以导"在丑不争"之义。又《晋书·刑法志》:贼斗杀人,以劫而亡,许依古义,听子弟追杀之,会赦及过误相杀,不得报仇,所以止杀害也。考之《周礼·朝士》报仇雠,书于士,杀之无罪。注:报仇雠,谓同国不相避者,已告于士而书之,非擅杀人者可比,故杀之亦无罪也。又《地官》掌司万民之难而谐和之。凡过而杀人者,以民成之,郑注:成之,谓和之也。凡和难,父之仇,避诸海外;兄弟之仇,避诸千里之外云云。盖《地官》所言谐和者,系指杀人不应抵命者。若《朝士》所云,则杀人应抵者也。《唐律》于应抵者尚不著其法,则不应抵者自应仍照常律矣。然《唐律》虽不著报仇之法,而有杀人应死会赦免者,移乡千里外之文,正恐其仇杀相寻也。《明律》特立"即时杀死勿论"等语,不言复仇,而复仇亦在其内。自康熙年间定有此例,而报仇之意始著。惟于《唐律》移乡一层并未议及,似乎尚属缺点。

　　《后汉书》缑氏女玉为父复仇,杀夫氏之党,吏执玉以告外黄令梁配,配欲论杀玉。时申屠蟠年十五,为诸生,进谏曰:玉之节义,足以感无耻之徒,激忍辱之子,不遭明时,尚当旌表庐墓,况在清听,可不加哀矜?配善其言,乃为谳,得减死论。

　　后唐明宗时,洺州民高宏超,其父晖为乡人王感所杀。宏超挟刃杀感,携其首自陈,大理寺以故杀论,刑部员外郎李殷梦复曰:伏以挟刃杀人,按律处死,投狱自首,降罪垂文。高宏超既遂报雠,固不逃法,戴天罔愧,视死如归。历代以来,事多贷命。长庆二年,有康买得父宪为力人张莅乘醉拉宪,气息将绝。买得年十四,以木锸击莅,致死。敕旨康买得尚在童年,能知子道,虽杀人当死,而为父可哀。若从抵命之科,恐失度情之义,宜减一等。方今明时,有此孝子高宏超,若归极法,实虑未契鸿慈,奉敕可减死一等。

又唐元和六年,富平人梁悦手杀父仇,自投县请罪。韩愈以为宜具其事,申尚书省集议,奏闻,奉敕:自杀人固有彝典,以其申冤请罪。自诣公门,发于天性,本无求生,宁失不经,特宜减死。

又唐初有邠人徐元庆因报父仇而杀县尉,陈子昂议元庆应伏辜而旌其闾墓。后柳宗元极论其非。

又《齐东野语》载:王宣子母冢为盗所发,时宣子为吏部郎,其弟公衮居乡,物色得贼,遂闻于官,具服其罪,止从徒断,黥隶他州。公衮不胜悲愤,因手断贼手,自归有司。宣子以状白堂,纳官以赎弟罪。时给事杨椿舍人张孝祥书议状曰:复雠,义也。夫雠可复,则天下之人将交仇而不止。于是圣人为法则以制之,当诛也,吾为尔诛之,当刑也,吾为尔刑之,以尔之仇丽吾之法,于是为人子而仇于父母者不敢复,而惟法之听可也。法刑则无仇之意在焉故也。今夫公衮之母既葬,而暴其骨,是僇尸也,父母之仇孰大于是,公衮得贼而杀之,义也。而莫之敢也,以为有法焉。律曰发冢开棺者绞。二子之母遗骸散逸故藏之外,则贼之死无疑矣。贼诚死,则二子之雠亦报,此公衮所以不敢杀之,于其获而必归之吏也。狱成而吏出之,使扬扬出于闾巷,与齐民等。夫父母之雠,不共戴天者也。二子之始不敢杀也,不敢以私义故乱法。今狱已成矣,法不当死,二子杀之,罪也,法当死而吏废法,则地下之辱沈痛郁结,终莫之申,为人子者尚安得自比于人也。宣子有官守,则公衮之杀是贼,协于义而宜者也。公衮杀掘冢法应死之人为无罪,纳官纳赎纳弟之请,当不许。故纵失因有司之罚,宜如律。诏从其义。

惠学士《礼说·大戴礼》曰:父母之仇,不与同生。兄弟之仇,不与聚国。朋友之仇,不与聚乡。族人之仇,不与聚邻。《曲礼》云:父之仇,弗与共戴天。兄弟之仇,不反兵。交游之仇,不同国。诸儒异说,莫能相一,学者惑焉。愚谓不与同生者,孝子之心;勿令相仇者,国家之法。如其法,则孝子之心伤;如其心,则国家之法坏。欲两全则两穷,于是使不共戴天之仇避诸海外,亦不害国家之法,亦不伤孝子之心,此《调人》之所以为调也。若夫杀人者死,伤人者刑,乃秋官之所弊而谋非调人之所和,而释汉律怀刺刃者必诛,以其虽未杀伤人,而有杀伤人之心也。《调人》所谓过而杀伤者,吉人良士本无伤杀人之心,时有过误不幸陷罹者耳!调人本教民之官,故以其民共听而成之。

薛氏《读例存疑》曰：父之仇弗共戴天云云。此为为人子、为人弟者言之也，谓非此不能为子、不能为弟矣。其子弟应否论罪，经不言也，亦谓义当如此，非谓法亦当如此也。《周礼》兼言用法，是以《朝士》有书于版，杀之无罪之文，《调人》有杀人而义，勿令仇，仇之则死及避诸海外之文。

历观以上诸说可知，律例之文，胥本圣经贤传，几经名儒参酌，乃著为法。浅学一知半解，遽行妄谈古制，轻言改作，其亦太不自量矣。噫！长安不做，归安渐老，世有知律者，吾将执鞭从之。

大清律讲义卷七

刑律骂詈

骂人

律文：凡骂人者笞一十。互相骂者各笞一十。

骂制使及本管长官

律文：凡奉制命出使而官吏骂之者，及部民骂本属知府、知州、知县，军士骂本管官，若吏卒骂本部五品以上长官，杖一百。若吏卒骂六品以下长官各（指六品至杂职，各于杖一百上）减三等。（军民、吏卒）骂（本属、本管、本部之）佐贰官、首领官，又各递减一等。并亲闻乃坐。

佐贰统属骂长官

律文：凡首领官及统属官骂五品以上长官，杖八十。若骂六品以下长官减三等（笞五十）。佐贰官骂长官者又各减二等（五品以上杖六十。六品以下笞三十）。并亲闻乃坐。

奴婢骂家长

律文：凡奴婢骂家长者绞（监候）。骂家长之期亲及外祖父母者，杖八十徒二年，大功杖八十，小功杖七十，缌麻杖六十。若雇工人骂家长者，杖八十徒二年，骂家长期亲及外祖父母杖一百，大功杖六十，小功笞五十，缌麻笞四十。并亲告乃坐。（以分相临，恐有谗间之言，故须亲闻。以情相与或有容隐之意，故须亲告。）

骂尊长

律文：凡骂（内外）缌麻兄姊笞五十，小功兄妹杖六十，大功兄姊杖七十，尊属（兼缌麻、小功、大功）各加一等。若骂（期亲同胞）兄姊者杖一百，伯叔父母、姑、外祖父母各加（骂兄姊）一等。并须亲告乃坐。（弟骂兄妻，比照殴律加凡人一等。）

骂祖父母父母

律文：凡骂祖父母、父母及妻妾骂夫之祖父母、父母者并绞。须亲告乃坐。

妻妾骂夫期亲尊长

律文：凡妻妾骂夫之期亲以下、缌麻以上（内外）尊长与夫骂罪同。妾骂夫者杖八十。妾骂妻者罪亦如之。若骂妻之父母者杖六十。并须亲告乃坐。（律无妻骂夫之条者。以闺门敌体之义恕之也。若犯拟不应笞罪可也。）

妻妾骂故夫父母

律文：凡妻妾夫亡改嫁（其义未绝）骂故夫之祖父母、父母者，并与骂舅姑罪同。（按，妻若夫在被出，与夫义绝及姑妇俱改嫁者不用此律。又子孙之妇守志在室而骂已改嫁之亲姑者，与骂夫期亲尊属同。若嫡、继、慈、养母已嫁，不在骂姑之例。）○若奴婢（转卖与人，其义已绝。）骂旧家长者以凡人论。（其赎身奴婢骂旧家长者，仍以骂家长本律论。）

以上均系《明律》，顺治三年添入小注，雍正、乾隆年间修改。《唐律》无骂詈条，统于殴律以内，明始立为《骂詈》一篇，与《斗殴》分作两门，其实用者甚少，律文半成虚设，故不逐条细讲，略释大义，聊备一格。《辑注》谓恶言陵辱曰骂，秽言相讪曰詈，总皆秽恶之言，不必细分。骂人已为非礼，且恐驯致斗殴，故设此禁以杜争斗之渐。首条言凡人相骂之罪，二节言恶声不可加于官长，三节言相临以分，以惩犯上之罪，四节惩雇工人干犯之罪，五节惩卑幼干犯之罪，六节重不孝之罪，七节言妇人不睦于夫党之罪，八节言骂舅姑者无分夫之存殁。凡以分相临者，须亲闻乃坐，不许指告，恐开谗间之端也。以情相与者，须亲告乃坐，亦不听指告，许其以恩义容隐也。此皆律之精义，律外又有条例数项，足补律所未备，当一并参考。

一,毁骂公侯、驸马、伯及京省文职三品以上,武职二品以上官者杖一百,枷号一个月发落。

一,凡在长安门外等处妄叫冤枉,辱骂原问官者杖一百,用重枷枷号一个月发落。妇人有犯,罪坐夫男。若不知情及无夫男者止坐本妇。

一,毁骂祖父母、父母及夫之祖父母、父母,告息词者,奏请定夺。再犯者,虽有息词,不与准理。若祖父母、父母听信后妻、爱子蛊惑,谋袭官职、争夺财产等项捏告打骂者,究问明白,不拘所犯次数,亦与辩理。

按:初[第]一条系于本管官之外,又分出官品之最尊者,毁骂非止骂詈,乃造有诽谤之语也。此外,又有骂亲王立绞一项,见于比引律条。第二条系专言辱骂原问官之罪,若止叫冤枉,而不骂问官,《越诉门》内另有治罪专条,不引此例。《辑注》谓辱骂者,骂之不堪也。第三条盖因骂无证据,而绞罪又为至重,父母于子孙妇妾或有爱憎之偏,而后母尤多,故设此例。既许其亲息告以全恩爱,又许问官办理以申冤枉,皆合乎天理、人情之至当,详绎之。

大清律讲义卷八

刑律诉讼

汉《九章律》本无诉讼之名，魏始有《告劾律》，晋改为《告劾》、《系讯律》，北齐附于《斗律》，名曰《斗讼》，隋唐因之，明始析《斗讼》为二门，曰《斗殴》、曰《诉讼》。国朝仍旧不改，而最严于诬告。通篇虽分十二章，惟越诉、诬告二章尤为详要。《辑注》：有冤抑之事而陈告曰诉，有争论之事而陈告曰讼。外国分《民事诉讼法》、《刑事诉讼法》。现修新律，虽亦做照分编，其精意仍统括于此篇，不能出其范围，不过条目较为繁细。然此篇"干名犯义"一条，实为我中华国粹所存，外律亦无此精深耳。

越诉

律文：凡军民词讼皆须自下而上陈告。若越本管官司辄赴上司称诉者（即实亦）笞五十。（须本管官司不受理，或受理而亏枉者，方赴上司陈告。）○若迎车驾及击登闻鼓申诉而不实者杖一百。（所诬不实之）事重（于杖一百）者从（诬告）重（罪）论。得实者免罪。（若冲突仪仗自有本律。）

此仍《明律》，顺治三年添入小注。《唐律》：诸越诉及受者，笞四十。即邀车驾及挝登闻鼓若上表诉，而主司不即受者，加一等。其邀车驾诉而入部伍内，杖六十。**注云**：部伍，谓入导驾仪仗中者。又问曰：云有人于殿庭诉事，或实或虚，合科何罪？答曰，依令"尚书省诉不得理者，听上表"。受表恒有中书舍人、给事中、御史三司监受。若不于此三司上表，而因公事得入殿庭而诉，是名"越诉"。不以实者，依上条杖六十；得实者不坐云云。与此律用意相似而罪名较轻，此律之意重在禁刁讼以息嚣风也。凡军统于营卫，民统于州县，乃其本管官司也，一应词讼皆须先由本管官司自下陈告，如不受理，或有枉断，方许赴上司陈告。若骤赴上司衙门称诉，是谓越诉。

诉者蔑视本管之官，挟借上司之势越分枉［妄］呈，必非良善，故不实者依诬告律论罪，即得实者亦笞，以其不当诉也。至迎候车驾出入及击登闻鼓申诉，则与越诉不同矣。盖人至迎驾击鼓，必有大不得已之情，而官司不能为之剖断者，必不实方拟杖罪，而得实即免治罪。与上越诉无论实与不实均治其罪者不同，又于遏禁刁风之中以达民隐而申民冤也。虽连类以及而用意各有不同，此必须于申诉之时在仪仗以外俯伏以听，若冲突仪仗以内则又当别论。查《兵律》：冲突仪仗而诉事不实者，杂犯绞。又上书诈不以实者徒三年，与此仅拟满杖者异矣。二律轻重不同，故彼则冲入仪仗以内，此仅于仗外俯伏以听；彼则诈妄以言他事，此仅申诉冤抑期脱己罪而已，须分别观之。外国刑法虽无此名目，然诉讼法须先由初级裁判起诉，然后以次及于地方、高等，用意正复相合，不过官职名称之间有不同耳！律外又有条例，以申律所未尽之义，择要节录于后以备研究。

一，擅入午门、长安等门内叫诉冤枉，奉旨勘问得实者枷号一个月，杖一百。若涉虚者发边远充军，其临时奉旨止拿犯人治罪者，所诉情词不分虚实，立案不行，将本犯枷号一个月发落。其打长安门内石狮鸣冤者，照此治罪。

一，奸徒身藏金刃欲行叩阍擅入午门、长安等门者，不问所告虚实，立案不行，发近边充军。若违禁入堂子跪告者杖一百。

一，假以建言为由，或挟制官府，或将暧昧不明奸赃事情污人名节报复私雠者，系官革职，民人发附近充军。其有曾经法司、督抚问断明白意图翻异，辄于登闻鼓下及长安左右门等处自刎自缢撒泼喧呼者，或因小事纠众突入鼓厅击鼓谎告者，追究主使之人，与首犯俱徒三年。至各省军民人赴京控诉，如有在刑部、都察院、提督各衙门前故自伤残者，严追主使教唆之人与自伤未死之犯，均照上减一等徒二年半。倪诬告之罪重者，仍各重论。

一，军民人等赴京奏诉，审系被人奏告曾经督抚或在京法司见问未结者，仍行原问衙门并问归结。若被人在督抚或法司具告事发，却又朦胧赴别衙门告理，或未经督抚审结赴京奏诉，希图延宕，或隐下被人奏告缘由牵扯别事希图拖累，赴京奏诉请行别衙门勘问者，审明，将奏告情词及审出诬控缘由连犯人转发原问衙门归结，仍治以诬告之罪。若已经督抚或在京法司问结发落人犯赴京奏诉者方许改调无碍衙门勘问办理。

一，干己词讼无故不行亲赍并隐下壮丁故令老幼、残疾、妇女、家人抱赍奏诉者，立案不行,仍提本身或壮丁问罪。

一,蓦越赴京及赴督抚按察司官处奏告机密重事不实,并全诬十人以上者发边远充军。如有干系重大情事临时酌量办理。

一,刁徒直入衙门,挟制官吏者,所在官司拿问。若系干己事情及有冤枉者照例审断,仍治以不应重罪。其不系干己事情,别无冤枉,并追究主使之人一体问发近边充军。

一,有事干碍本官不便控告,或有冤抑审断不公,须于状内将控过衙门审过情节开载明白,上司方许受理。若未告州县或已告州县不候审断越诉者治罪。上司官违例受理者亦议处。其业经在该管衙门控理复行上控,先将原告穷诘,果情理近实,始行准理。如审理属虚,除照诬告加等治罪外,先枷号一个月示众。

一,军民人等遇有冤抑应先赴州县衙门具控。如审断不公再赴该管上司呈明。再有屈抑方准来京呈诉。如未经在本籍地方及该管上司先行具控,遽行来京控告者,交刑部治以越诉之罪。

一,被劾人员若怀挟私忿,摭拾察核官员别项赃私不干己事奏告以图报复者,俱革职为民。已革者问罪。奏告情词不问虚实立案不行。

一,直省客商若有负欠钱债等事情,止许于所在官司陈告。若有蓦越赴京奏告者,问罪递回。不问虚实,立案不行。

一,外省民人赴京控诉之案,已据本省审结题咨到部复又来京翻控,除所控事情核对原案相符或字句小有增减无关罪名轻重,照例毋庸再为审理,将翻控之犯仍照原拟治罪外,如案外添捏情节核与原案不符,而又事关重大者,或曾在本省历控尚未审结报部虚实难以悬定者,将该犯交刑部监禁,提取该省卷案来京核对质讯,或交该省督抚审办,或请钦派大臣前往临时酌量请旨查办,讯明并无屈抑,翻控之犯如后犯所诬之罪重于原犯者,悉照后犯罪名军流递加一等调发。若后犯轻于原犯之罪,即于原犯罪上加一等。如后犯并原犯已至遣罪,无可复加,在配所用重枷枷号三个月。倘另犯应死罪名,仍各从其重者论。知情受雇来京呈递,审系无干扛帮者减囚罪一等。如本省未经控告捏称已告者照诬告加等律再加一等治罪。

投匿名文书告人罪

律文:凡投(贴)隐匿(自己)姓名文书告言人罪者绞(监候,虽实亦坐)。见者即便烧毁。若(不烧毁)将送入官司者杖八十,官司受而为理者杖一百,被告言者(虽有指实)不坐。若(于方投时)能连(人与)文书捉获解官者,官给银一十两充赏。(指告者勿论。若诡写他人姓名词帖讦人阴私陷人,或空纸用印虚捏他人文书买嘱铺兵递送,诈以他人姓名注附木牌进入内府,不销名字,陷人得罪者皆依此律绞。其或系泛常骂詈之语及虽有匿名文书尚无投官确据者,皆不坐此律。)

此仍《明律》,顺治三年添入小注,雍正、乾隆年间修改。《唐律》:"**诸投匿名书告人罪者,流二千里。得书者,皆即焚之,若将送官司者,徒一年。官司受而为理者,加二等。被告者不坐。**辄上闻者徒三年云云。"此律改流为绞,而送官司及受理者复较《唐律》为轻。此律删去"上闻者徒三年"一语,而添入捉获给赏之法,虽因后世人情日趋狡诈,不得不设重法,然拟绞未免过严,是以律注有寻常骂詈及虽有匿名文书尚无投官确据不坐此律之文,可见律文曰投,必送入官司方是,若仅粘贴要路即不得谓之投也。《辑注》云:若在其家中或别于闲处虽有匿名文书,尚无投官之据,安知其不悔悟中止,岂可使捉获解官问拟死罪云云,即是此意。而王氏《笺释》谓粘贴要路亦是,未免涉于深文周内,殊不可从。再,此律固重匿名,尤重告言人罪,若泛是寻常骂詈之词,不曾讦发阴私,或无所讦之人姓名,皆与此律不合,不得妄引,盖死罪法重,引断尤须详慎,故拿获者必在方投之时,而又须连人与文书一并捉获,穷究得实方坐,否则尽索夙有仇嫌之人,而对其笔迹亦不可得。盖奸狡之徒既欲匿名害人,岂肯以常时笔法书写,非自变易字体,则必假手他人,更或摹仿他人笔迹而伪为之,以冀害两家。故注中添出"连人"二字极有深意,所以防其诬指也。此律之意,总是杜阴谋以防倾陷。凡告言人罪必须出名指实,若罗织人之阴私而隐匿己之姓名,或捏造鬼名,或诡托他人暗投官府以告人罪,既欲陷人于罪,又欲脱身于事外,其心至险,其法至严。若见者送入官司,则奸言得通于上矣。官司受理,则奸言得行于上矣,故均治以杖罪。但见者是不知法令之人,故将送之罪稍轻。官司是执掌法令之人,故受理之罪较重。《日本刑法》有摘发恶事丑行诽毁,处重禁锢,加罚金一条,虽亦此意,然尚无匿名之说,故治罪稍从轻也。

一,凶徒不知国家事务,捏造悖谬言词投贴匿名揭帖者,绞立决。知而不首者满流。捏造寻常谬妄言词无关国家事务者依律绞候。

一,凡布散匿名揭帖及投递部院者俱不准行,仍将投递之人拿送刑部照例治罪。不行拿送者议处。接受揭帖及审理者革职。若不肖官员唆使恶棍粘贴揭帖者与犯人罪同。

一，凡有拾获匿名揭帖者即将原帖销毁，不准具奏。惟关系国家重大事务者密行奏闻，候旨密办。

以上三例与律相辅而行。首条因关系国事，故加重立决。第二条特为京城地面官员而设。第三条系于不准具奏之中仍寓变通办理之意，以关系国家重大事务也。考之《唐律疏议》云：若得告反逆之书，或不测理须奏闻，不合烧除云云。可见匿名告人，非尽全不准理。此例即《唐律》之意，足补现律之所未备也。此外，又有胥役匿名捏告本官加重一条，则无关引用，故不录也。

告状不受理

律文：凡告谋反、叛逆官司不即受理（差人）掩捕者，（虽不失事）杖一百徒三年，（因不受理掩捕）以致聚众作乱，或攻陷城池及劫掠民人者（官坐）斩（监候）。若告恶逆（如子孙谋杀祖父母、父母之类），不受理者杖一百，告杀人及强盗不受理者杖八十，斗殴、婚姻、田宅等事不受理者各减犯人罪二等，并罪止杖八十。受（被告之）财者计赃以枉法（罪与不受理罪）从重论。○若词讼，原告、被论（即被告）在两处州县者，听原告就被论（本管）官司告理归结。（其各该官司自分彼此或受人财）推故不受理者，罪亦如之。（如上所告事情轻重及受财枉法从重论。）○若各部院督抚、监察御史、按察使及分司巡历去处应有词讼，未经本管官司陈告及（虽陈告而）本宗公事未结绝者，并听（部院等官）置簿立限，发当该官司追问，取具归结缘由句销。若有迟错（而部院等官）不即举行改正者，与当该官吏同罪。（轻者，依官文书稽程十日以上，吏典笞四十。重者，依不与果决以致耽误公事者杖八十）。○其已经本管官司陈告，不为受理及本宗公事已绝，理断不当，称诉冤枉者，各（部院等）衙门即便勾问，若推故不受理及转委有司，或仍发原问官司收问者，依告状不受理律论罪。○若（本管衙门）追问词讼及大小公事（自行受理，并上司批发）须要就本衙门归结，不得转行批委，（致有冤枉扰害）违者，随所告事理轻重以坐其罪。（如所告公事合得杖罪坐以杖罪，合得笞罪坐以笞罪。死罪已决放者同罪，未决放减等，徒流罪抵徒流。）

此仍《明律》，顺治三年修改，雍正三年改定。《唐律》虽无此项专条，而密告谋反大逆门内，官司承告不即掩捕经半日者，各与不告罪同。诸知谋反及大逆不告者，绞。知谋大逆、谋叛不告者，流二千里。知指斥乘舆及妖言不告者，各减本罪五等。又，诸强盗及杀人贼发，官司不即检校、捕逐及有所推避者，一日徒一年。窃盗，各减二等。又,监临主司知所部有犯法,不举劾者减罪人罪三等。纠弹之官减二等云云。盖即此律之所本祖,不过罪名轻重不同,而文义较《唐律》详备耳。律文共分五节,总是儆官司旷职以达下民之情。三节、四节专指出巡之官,前明设巡按御史以察民隐而达下情,巡历去处必行放告,故设此置簿立限勾销之律。国朝改为巡道,虽非古制,尚有巡历之名,现在并巡道之名而并裁之,此律已成虚设。然其前后三节,严惩官司废驰推诿酿祸之弊,无论何时均不可废。《日本刑法》官吏渎职门:凡裁判官、检察官无故不受刑事之诉,或迁延不受理者,处禁锢加罚金。关于民事之诉讼亦同。又官吏受人嘱托收受贿赂允许之者,处重禁锢加罚金,因而曲庇被告人及陷害被告人者加等。又,人之身体财产有人犯害时官吏受其报告不速为保护处置者,处轻禁锢加罚金云云。正与此律用意相同,特其轻重详略稍有区分耳!律言告状不受理之罪,例又补出农忙受理之罪。虽与律意反对,要各有精义存焉,当合参之。

一,每年自四月初一日至七月三十日,时正农忙,一切民词除谋反、叛逆、盗贼、人命及贪赃坏法等重情并奸牙、铺户骗劫客货查有确据者俱照常受理外,其一应户婚、田土等细事一概不准受理。若农忙期内受理细事者,指名题参。

一,州县词讼,凡遇隆冬岁暮俱随时审理,不得照农忙之例停讼展限。违者揭参。

一,州县审理词讼,两造俱属农民,有妨耕作如在农忙期内照例展限。若查勘水利界址等事,现涉争讼清理稍迟,必致妨农即令各州县亲赴该处审断速结,总不得票拘至城,或致守候病农。其余一切呈诉无妨农业之事照常办理,不得停止。

一,民间词讼细事,如田亩之界址沟洫,亲属之远近亲疏,许令乡保查明呈报,该州县官务亲加剖断,不得批令乡地处理完结。如有不经亲审批发结案者,上司查参。

一,州县官将每月自理事件作何审断,与准理拘提完结之月日逐件登记,按月造册,申送该管府道司抚督查考。其有隐匿装饰,分别轻重,[轻]则记过,重则题参。如有任意拖延,使民朝夕听候以致废时失业,牵连无辜,小事累及妇女甚至卖妻鬻子者,上司即行题参。若上司徇庇,或被人首告,或被科道纠参,将上司一并从重议处。

一,州县审理词讼,责成巡道提取号簿稽核,勒限催审。如有迟延,即行揭参。其关系积贼、刁棍、衙蠹及胥役弊匿等情,即令巡道亲提究治。知府、直隶州自理词讼亦如之。如巡道奉行不力,督抚查参。

一，巡道查核州县词讼号簿，如有告到未完之案未经造入，即系任意迁延不结。先提书吏责处，并将州县揭参。其有事虽审结，所告断理不公，核其情节可疑者立提案卷改正。如审断公允，刁民诬捏反告者亦即量予究惩。

听讼回避

律文：凡官吏于诉讼人内关有服亲及婚姻之家，若受业师（或旧为上司，与本籍官长有司）及素有雠隙之人，并听移文回避。违者（虽罪无增减）笞四十。若罪有增减者，以故出入人罪论。

此仍《明律》，顺治三年添入小注，雍正三年修改。《唐律》无此律目，明设此条所以远嫌疑而杜私弊也。亲属、姻家及受业师等项，则当避徇情之嫌，旧有雠隙，则当避挟怨之嫌。一则恐徇私而悖公理，一则恐借公以报私仇。《吏律》有选官回避亲族接壤，《礼律》有考试迴避，亲属入场之例与此律互相发明，而条例又增在京巡城满汉御史审案回避同旗同籍之条，均系防其徇私之意。虽曰凡人之避嫌者，皆其内有不足。然祁奚、谢安，世有几人？况瓜田李下，君子不处，此律正不可少。《日本诉讼法》审判官迴避之例有四：一审判自系受害人；二审判官及妻与被告、受害人或该等人之配偶者系属亲属，虽婚姻离断者亦同；三审判官就其事件曾为证人、勘定人或为被告及受害人法律上之代理人；四审判官曾干预其事件之豫审、终审或干预此案呈诉不服以前之审判云云。虽与中律界限不同，且亲属仅举其妻子不言别亲，亦不如中律该括，然其别嫌避疑以维裁判大公则一也。

诬告

律文：凡诬告人笞罪者，加所诬罪二等。流徒杖罪（不论已决配、未决配）加所诬罪三等。各罪止杖一百流三千里（不加入于绞）。若所诬徒罪人已役，流罪人已配，虽经改正放回，（须）验（其被逮发回之）日，于犯人名下追征用过路费给还（被诬之人）。若曾经典卖田宅者，著落犯人备价取赎。因而致死随行有服亲属一人者绞（监候，除偿费、赎产外仍）将犯人财产一半断付被诬之人。至死罪，所诬之人已决者，（依本绞斩）反坐（诬告人）以死。（虽坐死罪，仍令备偿取赎，断付养赡）未决者杖一百流三千里，（就于配所）加徒役三年。○其犯人如果贫乏，无可备偿路费，取赎田宅，亦无财产断付者，止科其罪。○其被诬之人诈冒不实，反诬犯人者，亦抵所诬之罪。犯人止反坐本罪。(谓被诬之人本不曾致死亲属,诈作致死,或将他人死尸冒作亲属诬赖犯人者亦抵绞罪。犯人止反坐诬告本罪,不在加等、备偿路费、取赎田宅、断付财产一半之限。)〇若告二事以上,重事告实,轻事招虚及数等(不一凡所犯)罪(同)等,但一事告实者皆免罪。(各例律罪各等者从一科断,非逐事坐罪也。故告者一事实即免罪。)〇若告二事以上,轻事告实,重事招虚,或告一事,诬轻为重者,(除被诬之人应得罪名外皆为剩罪)皆反坐(以)所剩(不实之罪)。若已论决(不问笞杖徒流)全抵剩罪。未论决(所诬)笞杖、收赎、徒流,止杖一百,余罪亦听收赎。(谓诬轻为重,至徒流罪者,每徒一等折杖二十。若从徒入流者,三流并准徒四年,皆以一年为所剩罪,折杖四十。若从近流入至远流者,每流一等准徒半年为所剩罪。亦各折杖二十。收赎者谓如告一人二事,一事该笞五十是虚,一事该笞三十是实,即于笞五十上准告实笞三十外,该剩下告虚笞二十,赎银一分五厘。或告一人,一事该杖一百是虚,一事该杖六十是实,即于杖一百上准告实杖六十外,该剩下告虚杖四十,赎银三分。及告一人一事该杖一百徒三年是虚,一事该杖八十是实,即于杖一百徒三年上准告实杖八十外,该剩下告虚杖二十徒三年之罪。徒五等,该折杖一百,通计杖一百二十。反坐原告人杖一百,余剩杖二十,赎银一分五厘。又如告一人一事,该杖一百流三千里。于内问得止招该杖一百。三流并准徒四年,通计折杖二百四十。准告实杖一百外,反坐原告人杖一百。余剩杖四十,赎银三分之类。若已论决并以剩罪拿科,不在收赎之限。)至死罪而所诬之人已决者反坐以死。未决者止杖一百流三千里(不加役)。〇若律该罪止者,诬告虽多不反坐。(谓如告人不枉法赃二百两,一百三十两是实,七十两是虚,依律不枉法赃一百二十两之上,罪应监候绞,即免其罪。)〇其告二人以上,但有一人不实,罪虽轻,犹以诬告论。(谓如有人告三人,两人徒罪是实,一人笞罪是虚,仍以一人笞罪上加二等,反坐原告之类。)〇若各衙门官进呈实封诬告人及风宪官挟私弹事有不实者,罪亦如(告人笞杖徒流死全诬者坐)之。若(诬重)反坐及全诬加罪轻(不及杖一百徒三年)者,从上书诈不实论。(以杖一百徒三年科之。)〇若狱囚已招伏罪,本无冤枉而因之亲属妄诉者,减囚罪三等,罪止杖一百。若囚已(招伏笞杖已)决,(徒流已)配而自妄诉冤枉,摭拾原问官吏(过失而告之)者,加所诬罪三等。罪止杖一百流三千里。(若在役限内妄诉,当从已徒而又犯徒律。)

此仍《明律》,原有小注,顺治、雍正、乾隆年间迭次修改。《唐律》:诸诬告人者各反坐。即纠弹之官,挟私弹事不实者,亦如之。注云:至死而前人未决者,听减一等。又,若告二罪以上,重事实及数事等,但一事实,除其罪;重事虚,反其所剩。即罪至所止者,所诬虽多,不反坐。其告二人以上,虽实者多,犹以虚者反坐。若上表告人,已经闻奏,事有不实,反坐罪轻者,从上书诈不实论。诸告小事虚,而狱官因其告,检得重事及事等者,若类其事,则除其罪;离其事,则依本诬论。诸诬告人流罪以下,前人未加拷掠,而告人引虚者,减一等;若前人已拷者不减。即拷证人亦是。注云:诬告期亲尊长、外祖父母、夫、夫之祖父母及奴婢、部曲诬告主之期亲、外祖父母者,虽引虚,各不减。诸诬告谋反及大逆者斩;从者绞。若事容不审,原情非诬者上请。若告谋大逆、谋叛不审者,亦如之。诸诬告本属府主、刺史、县令者,加所诬罪二等云云。《明律》多采其意,而删去告小事虚,狱官检得重事,类其事除罪,离其事依诬论以下数条,未免缺略不完。再,《唐律》诬告止反坐其罪,而《明律》改为加二三等,已较从重,又增给偿路费、断产各项,则更重矣。**法重难行,故现在诬告之案俱以事出有因及怀疑误控曲为开脱,而按律**办理者十无一二,此为诉讼中一大问题。盖严评告不实之罪以惩刁诈。凡人诉己之冤,或言人之罪,皆当据实呈告。若捏造虚无,是谓诬告。告人何罪,即以其罪科诬告之人,是谓反坐。但诬告有轻重、虚实、已决已配、未决未配、全诬及诬轻为重之分,故治罪有加二等、加三等、全科、减等、免罪及反坐所剩之别,此是律中长篇,层次极多,文义极细,共分九段。首节言全诬无罪之人。二节、三节则推广诬告中之事而补其未备也。四节、五节言诬告有罪之人。六节则推广诬重中之事而补其未备也。七节推及告二人以上有一不实与告一人二事者不同。八节推及进呈诬告及弹事不实之罪。末节推及事已问结而妄有辩诉,系亲属则减罪,系本人则加罪,虽与平空诬告不同,究与诬告相类。盖全诬者反坐,无剩罪故不烦折枷。诬重者必折枷,乃得剩罪。全诬至死未决者流,又加役。诬重至死未决者则不加役。至诬死已决者,无论全诬与诬重,均反坐以死。且全诬则有追断,诬重则不追断。诬告应加等而两相诬者不加。诬告者反坐而外又追断,若两相诬者则不追断,此皆律中最要关键。而剩罪折枷之法分别由笞入杖,由笞入徒,由笞入流,由徒入徒,由徒入流,并由近流入远流,其法极细极微。详绎律注,举一自可反三。现章已去笞杖,此条无关引用,然古法精深,究不可泯。读者熟思详味,即此可见古人心思之密,推算之精。彼涉猎新学皮毛,竟鄙薄古法为无用,岂非妄人。考之《日本刑法》,以不实之事诬告人者,因陷人重罪,处重禁锢二年以上五年以下,因陷人轻罪，处重禁锢六月以上二年以下，因陷人违警罪，处重禁锢一月以上三月以下，因诬告致被告人处死刑时，其反坐刑减一等，未行刑前发觉者，减二等。若以陷害被告人于死为目的而诬告者反坐，死刑未行刑前发觉者减一等云云。虽不如中律详细，而分别所诬罪之轻重以为反坐，亦有简当可法。中律已详，而例更周匝，当并研究。

　　一，诬告人因而致死被诬之人，系平人及因拷禁身死者绞监候。致死三人以上依故杀斩监候。若诬轻为重及虽全诬，却系患病在外身死者，止拟应得罪名。

　　一，词状止许一告一诉，告不许波及无辜及陆续投词牵连原状内无名之人，违者一概不准，仍从重治罪。承审官听断时，如供证已确，纵有一二人不到非系紧要犯证，即据现在人犯承招，不得借端稽延。

　　一，告言人罪，一经批准，即令原告到案投审。若无故两月不到案听审者，即将被诬及证佐释放。所告之事不与准理，拿获原告，治以诬告之罪。其情虚逃匿，经差缉始行获案者，再加逃罪二等。

　　一，实系切己之事方许陈名[告]。若将弁克饷，务须营务头目率领兵丁；州县征派，务须里长率领众民公同陈告，方准受理。如违禁将非系公同之事怀挟私雠捏名砌款妄控者，除所告不准外，仍治以诬告之罪。

　　一，诬告叛逆，被诬之人已决者斩立决。未决者斩候。

　　一，挟雠诬告人命致尸遭蒸检，为首者绞候，为从满流。其非挟雠，止以误执伤痕诬告蒸检者，为首近边充军，为从满徒。官司刑逼招认妄供者革职，审出实情者议叙。子孙挟雠诬告致父母尸遭蒸检者，斩候。误执伤痕告官蒸检者，照诬告死罪未决流三千里，加徒三年。其律不应抵之期亲尊长诬告人谋死致卑幼尸遭蒸检者亦照诬告死罪未决拟加役流，其余亲属律应抵命者有犯挟雠诬告，拟绞监候。误执伤痕者，拟加役流。

　　一，控告人命，即行治罪，不得听其拦息。其或有误听人言，情急妄告于未验尸之先尽吐实情，认罪求息者，讯无贿和情弊，照不应重治罪。如有教唆情弊，将教唆者治罪。地方官徇私贿纵者参处。

　　一，词内干证令与两造同具甘结，审系虚诬，将不言实情之证佐治罪。若非实，系证佐之人挺身硬证者，与诬告人一体治罪。受赃者以枉法从重论。地方官开脱者，题参严议。

一,上司恃势抑勒者,许属员详报督抚或直揭部科奏请定夺。若属员知上司访揭题参,即撺砌款迹,捏词诬揭者,部科查参。审系诬揭者革职。一事审虚即行反坐,于诬告加等例上再加一等治罪。如被参本罪重者,亦本罪上加一等治罪。按:《越诉门》内属员被劾一条系指被参以后而言,此条指未参以前而言。

一,举首诗文书札悖逆者,除显有逆迹仍治罪外,若止字句失检涉于疑似,并无悖逆实迹,将举首之人依诬告反坐。承审官不察,波累株连者题参。

一,捏造奸赃款迹,写揭字帖及编造歌谣,挟雠污蔑以致被诬之人自尽,照诬告致死拟绞监候。其愚民争角斥辱,并无字迹及编造歌谣者,各依应得罪名科断。

一,生员代人扛帮作证,审系虚诬,立请褫革,照教唆本罪上加一等,计赃重者以枉法从重论。其事属有因并非妄证者,亦严加戒饬。

一,胥役诬陷无辜,妄用脑箍及竹籤、烙铁等刑致毙人命者以故杀论。

一,胥役控告本管官,除实有切己冤抑及本官不法既经承行惧被干连者照例办理外,若一经审系诬告,于常人诬告加等律上再加一等治罪。

一,将良民诬指为窃,捉拿拷打,吓诈,抢夺财物,淫辱妇女,除实犯死罪外,其余不分首从边远充军。若诬指良民为强盗,亦发边远充军。其有前项拷打等情,俱发极边烟瘴充军。

一,捕役缉贼,审非本案正盗,若其人素行不端,或犯窃有案,照诬良为盗例减一等拟徒三年。至其人本系良民,或虽犯窃有案已改恶为善确有实据,及所缉之案或[获]有正贼,因伙盗未获,将犯有窃案之人教供诬扳充数者,俱照诬良为盗例治罪。

一,捕役诬窃为盗,并无拷逼情事,或该犯自行诬服并有别故,例应收禁因而监毙者,将捕役拟流三千里。其吓诈逼认因而致死及致死二命者,俱照诬告致死律绞候。拷打致死者照故杀律斩候。

一,诬良为窃之案,拷打致死者斩候。若诬告到官,或捆缚吓诈逼认致令自尽者绞候。其止空言捏指并未诬告到官,亦无捆缚吓诈逼认情事,死由自尽者满流。至疑贼致毙人命之案,讯系因伤身死,仍悉照谋故斗杀共殴及威力制缚主使各本律例定拟。其捆缚拷打致令自尽者满流。

一,告讦之案,察其事不干己显系诈骗不遂,或因怀挟私雠报复者,不问虚实立案不行。若呈内胪列多款,择其切己者准理,其不干己事情亦俱立案不行,仍将原告照违制律满杖,加枷号一月。系官革职。已革者与民人一例办理。若妄捏干己情事耸准及至提证审办，仍不干己者，除诬告罪重者从重定拟外，其余无论所告虚实、诈赃多寡、已未入手，不分首从，先在犯事地方枷号三个月，发近边充军。

一，奸徒串结衙役假以上司察访为由，挟制官府陷害良善，或诈骗财物，或报复私雠，名为窝访者，依律问罪，用重枷枷号两个月。该徒流者发近边充军。若计赃逾贯及虽未逾贯而被诈之人自尽均拟绞候。拷打致死者斩候，为从各减一等。

一，棍徒串结，将不干己事捏词声言奏告，诈赃满数者，不分首从发近边充军。若妄指宫禁亲藩，诬害平人者，枷号三个月，照前发遣。准窃盗论赃至一百二十两以上为满数。

干名犯义

律文：凡子孙告祖父母、父母，妻妾告夫及告夫之祖父母、父母者，（虽得实亦）杖一百徒三年。（祖父母等同，自首者免罪。）但诬告者，（不必全诬，但一事诬即）绞。若告期亲尊长、外祖父母（及妾告妻者）虽得实杖一百，（告）大功（得实亦）杖九十，（告）小功（得实亦）杖八十，（告）缌麻（得实亦）杖七十。其被告期亲、大功尊长及外祖父母，若妻之父母（及夫之正妻）并同自首免罪。小功、缌麻尊长得减本罪三等。若诬告罪重（于干犯本罪）者，各加所诬罪三等。（谓止依凡人诬告罪加三等，便不失于轻矣。加罪不入于绞。若徒流已未决，偿费赎产断付加役，并依诬告本律。若被告无服尊长减一等，依《名例律》。）○其告（尊长）谋反、大逆、谋叛、窝贼、奸细及嫡母、继母、慈母、所生母杀其父，若所养父母杀其所生父母及被期亲以下尊长侵夺财产，或殴伤其身（据实）应自理诉者，并听（卑幼陈）告，不在干名犯义之限。（其被告之事各依本律科断，不在干名犯义之限，并同自首免罪之律，被告卑幼同此。又犯奸及越关损伤于人、于物不可赔偿者亦同。）○若告卑幼得实，期亲大功及女婿亦同自首免罪，小功、缌麻亦得减本罪三等。诬告者，期亲减所诬罪三等，大功减二等，小功、缌麻减一等。若（夫）诬告妻及妻诬告妾，亦减所诬罪三等。（被告子孙、妻妾、外孙及无服之亲依《名例律》。若诬卑幼死未决，仍依律减等，不作诬轻为重。）○若奴婢告家长及家长缌麻以上亲者，与子孙卑幼罪同。若雇工人告家长及家长之亲者各减奴婢罪一等，诬告者不减。（又奴婢雇工人被告得实不得免罪，以名例不得为容隐故也。）○其祖父母、父母、外祖父母诬告子孙、外孙、子孙之妇妾及已之妾，若奴婢及雇工人者各勿论。（不言妻之父母诬女婿者，在缌麻亲中矣。）○若女婿与妻父母果有义绝之状许相告言,各依常人论。(义绝之状,谓如身在远方,妻父母将妻改嫁,或赶逐出外,重别招壻及容止外人通奸。又如女壻殴妻至折伤,抑妻通奸,有妻诈称无妻,欺妄更娶妻,以妻为妾,受财将妻妾典雇,妄作姊妹嫁人之类。)

此仍《明律》,原有小注,顺治三年增改,雍正三年删定。《唐律》无干名犯义之名,而告祖父母父母、告期亲尊长、告缌麻卑幼及奴婢告主分作四条,明合为一章,名为干名犯义。《唐律》:告祖父母、父母者,绞。不分告实与诬,均坐死罪。此律必系诬告方坐,若告实仅徒三年,则较《唐律》为轻。《唐律》:告期亲尊长,得实即徒二年,此律仅杖一百,亦较《唐律》轻至三倍。《唐律》:尊长告缌麻、小功卑幼,得实,杖八十;大功以上,递减一等。此律告卑幼得实,除卑幼同自首减免外,尊长俱不论罪。《唐律》尊长诬告卑幼,期亲减所诬罪二等;大功减一等;小功以下,以凡人论,亦较此律期亲减三等,大功减二等,小功缌麻减一等者为重。再,《唐律》惟告尊长谋反、逆、叛三事者不坐,此律补添窝藏奸细一层,又于篇末增妻父母与女婿义绝一段,均为《唐律》所无,其余俱与《唐律》相同,不过文字详略之间稍有异耳。此律之意盖定亲属讦告之通例以正名分也。名者,名分之尊。义者,恩义之重。本章与《名例》犯罪自首及亲属相为容隐并诬告三章,理本一贯而义实相须。夫亲属得相容隐,又准为首免罪而告则干名犯义。盖名分所关,恩义为重,若不许容隐则恐有以伤其恩,若不许为首则恐无以救其亲。首则欲其亲之免罪,本乎亲爱之意而出之也。告则欲其亲之罹法,本乎贼害之意而出之也。既著容隐为首之例,又严干名犯义之法。《辑注》谓为天理人情之至,非虚言也。此正中华国粹所寄,扶植纲常,敦厚风俗,全在于此而非外国刑法所可同矣。通篇共分六段,首节言子孙告祖父母、父母及卑幼告期亲以下尊长,分别得实与诬告以定罪之轻重。夫父为子天,有隐无犯,即有违失,理须谏净,(起敬起孝)无令陷罪。若告则忘情弃礼,蔑绝伦理矣。故制为重辟以惩之,而期亲以下尊长则渐减焉。二节言尊长谋反、叛、逆,则事关重大,恩难掩义,不当为亲者讳矣。又如嫡、继、慈母杀其父,及所养者杀其本生,则人伦大变,当权其所重以伸仇义。至被期亲以下尊长侵夺殴伤,则身家之祸,理所难忍,剥肤之痛,情不容己,均不得以干犯之伦常拘矣。三节言尊长告卑幼,亦分别得实与诬告以定免罪减等之差。盖尊长于卑幼,其情既当相隐,则有过不合告言,故告得实者卑幼既得减免,尊长自当弗论。若系诬告,在卑幼犯尊长固当从重加等,即尊长讦卑幼亦应照反坐之法从轻减等,而不得同殴卑幼折伤以下之律概予勿论,以分当亲爱,不容诬陷也。四节言雇工告家长及家长亲属得实之罪。五节言祖父母父母诬告子孙、外孙、子孙之妇妾,夫诬告妾,家长诬告雇工,名义尤尊,与别项尊长不同,故各得勿论而不得以反坐为绳。末节言妻父母与女婿义绝则同凡论,而非天合骨肉之亲所同。小注历举义绝之状,详尽无遗,凡断翁婿相犯之案者均当先知此义。此外,如《集注》所载,夫被父杀,女告父不科干名犯义。又《唐律疏议问答》载继母杀所出之生母者得告,嫡、继母杀其所生庶母则不得告。又如《示掌》所载:夫曾为盗,妻因别故相骂吐出,致夫事发禁死,止科不应云云。议论新奇,均足补律未及,故附录之。

子孙违犯教令

律文:凡子孙违犯祖父母、父母教令及奉养有缺者杖一百。(谓教令可从而故违,家道堪奉而故缺者,须祖父母、父母亲告乃坐。)

此仍《明律》,其小注系《唐律》原文。《唐律》:**子孙违犯教令及供养有阙者徒二年**。《明律》改为满杖,较《唐律》为轻。《唐律疏议》:若教令违法,行即有愆;家实贫窭,无由取给:如此之类,不合有罪云云。可见,此律专指教令可从及家道堪供而言,然教令不可从,则当几谏,非违犯之谓也。家即贫难,容有不尽之力,断无不尽之心,非有缺之谓也。设有教令不于从,不几谏而违犯,家道贫难,不尽心而偶缺者,当察其情,不得概援此律。此律立法以教孝,其违犯教令即《礼记》事亲有隐无犯之道也,其奉养有缺即《孟子》惰其四肢不顾父母之说也。故仅以满杖惩之,然不孝之事更有重于此者,故例补出不能养赡致亲自尽及犯奸盗致亲被杀及自尽,并触犯呈告各条以推广律所未尽,均属有关引用,不可不知。《日本刑法》子孙对其祖父母父母不供给衣食及缺其他必需之奉养者,处重禁锢十五日以上六月以下,附加罚金二圆以上二十圆以下,亦即此律之意,可知外国重忠不重孝之说非笃论也。

一,子贫不能营生养赡父母,致父母自缢死者满流。

一,祖父母、父母呈首子孙恳求发遣及屡次违犯触犯者,实发烟瘴充军。如将子孙之妇一并呈送者,将被呈之妇与其夫一并佥发。

一,子孙有犯奸盗,祖父母、父母并未纵容,忧忿戕生,或被人殴死及谋故杀害者,绞立决。如祖父母、父母纵容祖护畏罪自尽者,子孙烟瘴充军。被人殴死或谋故杀害者,绞监候。如祖父母、父母教令子孙犯奸犯盗,发觉畏罪自尽者,子孙徒三年。被人殴死或谋故杀害者,流三千里。若子孙因奸盗罪犯应死及谋故杀人败露,致祖父母、父母自尽者,各照本罪拟以立决。子孙之妇有犯,与子孙同。

一,子孙不孝致祖父母、父母自尽之案,审有触忤情节拟斩立决。其无触忤,但其行为违犯教令以致抱忿轻生者,绞候。妻妾于夫之祖父母、父母有犯,罪同。此条载在《人命威逼门》,以与此门事属一类,故附录于此,以备合参。

以上数例均系不孝致亲自尽而有拟流、拟徒、拟军、绞候、绞决、斩决之分,则以情节各有不同也。细心参考,自知轻重,权衡各自攸当,而惟因奸盗不问罪名轻重以致父母被杀或自尽即拟立决,未免过重,且与因奸致本夫被杀之律参差不齐。薛氏《存疑》驳之甚详,可并参之。

见禁囚不得告举他事

律文:凡被囚禁,不得告举他人之事。其为狱官狱卒非理陵虐者听告。若应囚禁被问,更首(己之)别事有干连之人,亦合准首,依法推问科断。〇其年八十以上、十岁以下及笃疾者,若妇人,除谋反、叛逆、子孙不孝,或己身及同居之内为人盗诈侵夺财产及杀伤之类,听告。余并不得告(以其罪得收赎,恐故意诬告害人)。官司受而为理者,笞五十(原词立案不行)。

此仍《明律》,顺治三年添入小注。大致一依《唐律》,惟《唐律》止列老、少、笃疾三项,其妇人一层系明所增。《唐律》官司受理者各减所罪三等,明改为笞五十。其上段"禁囚首己别事干连他人则合推问"数语系采《唐律》问答之词而编为律。总言首告之词有应听理、不应听理之别也。他人之事与己无干,禁囚举告他人之事,恐其负罪在身借端诬陷,故不准告。若被狱官等凌虐如殴伤其身,尅扣衣粮之类是己身受害,故听陈告。至更首自犯别事,其词内干连之人亦准勾提,依治[法]推问,不在不得告举他事之限,又所以矜恤罪犯而曲尽狱情之意也。又《名例》八十以上、十岁以下及笃疾犯罪者勿论,妇人得免流徒收赎,此四项人,若听其首告,则自恃罪轻,易于诬陷,故除重大及患害切身外,其余均不准告,以其难于反坐也。《辑注》谓因在禁而许其告人,则奸徒恣其诬妄。囚被虐而禁其不告,则冤抑不得伸辩。囚被问而首别事,是无害人之心,固法之所不禁云云,诠释最为明透。《断狱门》又有狱囚诬指平人一项,彼系治罪于既告之人,此系禁遏于未告之先,两律本自相因,当合参之。**若老疾之人律不准告,而例又立代告之条以补律之未备。按代告即今之报告,盖不准告则恐有冤抑而准告又不无诬陷,故罪坐代告之人则情法两得矣。此读律,所以又贵看例也。**

一，年老及笃疾之人，除谋反、叛逆及子孙不孝听告外，其余公事，许令同居亲属通知所告事理的实之人代告。诬告者罪坐代告之人。

考之《元律》：诸老废笃疾事须争诉，止令同居亲属深知本末者代之。若谋反大逆、子孙不孝、为同居所侵侮，必须自陈者听。又明例：凡妇人一应婚姻、田土、家财等事不许出官告状，必须代告。若夫亡无子，方许出官理对。或身受损伤，无人为代告，许入官告诉云云。前例似即本此，惟止有老疾而无幼小、妇人二项，尚觉未备，修例似应添入。

教唆词讼

律文：凡教唆词讼及为人作词状增减情罪诬告人者，与犯人同罪（至死者减一等）。若受雇诬告人者，与自诬告同（至死者不减等）。受财者计赃，以枉法从重论。其见人愚而不能伸冤，教令得实及为人书写词状而罪无增减者勿论（奸夫教令奸妇诬告其子不孝，依谋杀人造意律。）

此仍《明律》，顺治三年添入小注，原注有律不言雇人诬告之罪，既坐受雇之人，雇者无重罪之理，依有事以财行求科断。乾隆五年删去，另立专例从重治罪。《唐律》：为人作辞牒，加增其状，不如所告者笞五十；若加增罪重，减诬告一等。受雇诬告人罪者，与自诬告同，赃重者坐赃论加二等，雇者从教令法。若告得实，坐赃论；雇者不坐。诸教令人告，事虚应反坐，得实应赏者，皆以告者为首，教令为从。即教令人告缌麻以上亲，及奴婢告主者，各减告者罪一等；被教者，论如律。若教人告子孙者，各减所告罪一等。虽诬亦同云云。与此律大致不差。惟《唐律》受雇诬告者受财，坐赃论加二等。明改为以枉法论，则较《唐律》为重。《唐律》为人作辞牒，增加其状，笞五十；罪重者减诬告一等。《明律》改为与犯人同罪，亦较《唐律》为重，又删去《唐律》教令告亲属、告主人一节，而增入"见人愚不能伸冤"数语，更觉参差。此律之意，总是禁揽讼刁徒以安善良也。教者，导引之意，谓人本不知，告而教令之。唆者，哄诱之意，谓人本不欲，告而唆使之也。教唆与作状增减虽是两项，而事实相连，教唆内即有增减情罪之事，若无增减，便是教令得实矣。作状增减内亦有教唆之事，若不教唆，何为增减耶？至于受雇告人与被诬之人无仇怨，只以贪财之心捏造虚无之事，挺身出堂，出名对理，虽有受雇之因，实行诬告之事，故与自诬同，而至死不减，深恶之也。后例又补出讼师讼棍各条，均系推广律意，当统玩之。《日本刑法》：

凡教唆人犯内乱罪者处死刑。教唆人聚众暴动者,与首魁同。教唆人殴伤人者,不得减等。又教唆人使自杀者处轻禁锢。若图自己之利教唆人使自杀者处重惩役云云。其法较中律为严,中律教唆虽与犯人同罪,至死仍减一等,日律则与首魁一体治罪,并无减等之法。虽与中律用意不同,实与中例严惩讼师之意暗合。

一,代人捏写本状教唆,或扛帮赴京及赴督抚、按察司奏告强盗、人命重案不实,并全诬十人以上者,俱发近边充军。

一,雇人诬告者,除受雇之人照律治罪外,其雇人诬告之人照设计诱人犯法律,与犯法人同罪。

一,审理词讼,究出主唆之人,除赃多实犯死罪及偶为代作情节不实,各照本律查办外,若系积惯讼棍串通胥吏,播弄乡愚诈财者,依棍徒扰害例充军。

一,坊肆所刊讼师秘本如《惊天雷》、《相角》、《法家新书》、《刑台秦镜》一切构讼之书,查禁销毁,不许售卖。仍行撰造刻印者,拟以满流。将旧书复行印刻及贩卖者满徒。买者杖一百。藏匿其书者,照违制律治罪。失察各官议处。

一,呈词俱令自作,不能自作者准其口诉,令书吏及官代书,据其口诉之词从实书写。如有增减情节者,将代书照例治罪。其呈词无代书姓名,即行查究。

一,审理诬控案件,不得率听本犯捏倩过路不识姓名人书写呈词,务须严究代作唆讼之人,查拿治罪。

一,教唆诬告之案,如原告并未起意诬告,系教唆之人起意主令者,以主唆之人为首,听从控告之人为从。如本人起意欲告,而教唆之人从旁怂恿者,依律与犯人同罪。有赃者,以枉法从其重者论。若仅止从旁谈论是非,并非唆令控告者,科以不应重杖,不得以教唆论。

军民约会词讼

律文:凡军人有犯人命,管军衙门约会有司检验归问。若奸盗诈伪户婚、田土、斗殴与民相干事务,必须一体约问。与民不相干者,从本管军职衙门自行追问。其有占恡不发,首领官吏(以违令论)各笞五十。○若管军官越分辄受民讼者,罪亦如之。

此仍《明律》,顺治三年添入小注。《唐律》:"诸犯罪欲自陈首者,皆经所在官司申牒,军府之官不得辄受。其谋叛以上及盗者,听受,即送随近官司。若受经一日不送及越览余事者,各减本罪三等云云。"《明律》即本于此而文义稍为变易。总是禁文武官之偏护以安军民也。军职管军,有司管民,各分统摄,词讼内有军民相干者,有军民不相干者。若犯人命,则不问有无与民相干,即两造均系军人,亦归有司,以人命至重,非管军衙门所能断理也。若非人命,凡奸盗等项与民相干涉者,一体约会追问,恐其有所偏护也。如与民不相干涉者,即从管军衙门自行追问,无须约会有司,所以重职守也。下节民讼是民告民者,若民告军,则理当受,但须与有司会问耳!律外又有条例,亦当合参。

一,在外军民词讼,除叛逆机密重事,许提、镇、副、参、游守等官接受,会同有司追问外,其余不许滥受。凡户婚、田土、斗殴、人命一应词讼,悉赴该管衙门告理。军卫有司不系掌印官,不许接受词讼。

按:此例专指武官而言。此外又有佐杂不许接受词讼之例,系康熙十二年奏定,《刑例》虽无专条,详见《吏部则例》。

官吏词讼家人诉

律文:凡官吏有争论婚姻、钱债、田土等事,听令家人告官对理,不许公文行移,违者笞四十。

此仍《明律》,《唐律》无此条目。外国刑法亦无此例。盖言私事,不得用公移也。私事而用印信公文行移,未免恃势陵人,故听家人告理,所以存其体面,而仍禁公文行移,所以抑其私情。仅言婚姻等项细事者,举轻以见重。盖细事如此,则大于此者可知矣。

诬告充军及迁徙

律文:凡诬告充军者照所诬地里远近抵充军役。○若官吏故失出入人军罪者,以故失出入人流罪论。○若诬告人罪应迁徙者,于比流减半,准徒二年,上加所诬罪三等,并入所得杖罪通论(凡徒二年者应杖八十。今加诬告罪三等流二千里,应得杖一百之罪并论决之)。

此仍《明律》,顺治三年添入小注。《唐律》无此条目。盖言诬告充军迁徙之罪以补前律所未备也。充军之罪,甚于流配而次于死法之至重者也。故诬告人军罪者,不用寻常加三等之法,仍各以所诬附近、近边、边远、极边、烟瘴五项军罪反坐,即官吏出入人军罪者仍以流罪论之。若诬告迁徙罪者,又与军罪不同,故仍用常律加三等之法,于徒二年上加三等流二千里,并入所得原杖一百之罪,再诬告流以下为军罪者,与诬轻为重至流罪者同论,不在全诬抵充之限。又律止言充军,而不及外遣之罪,若有诬告发遣为奴者仍照诬告充军还充军役之律以发遣为奴当差之罪分别反坐。现在新章虽拟改军为流,而遣罪终不能去,则此律仍在应用之列,不可废也。

大清律讲义卷九

刑律受赃

古律无《受赃》之目，魏制《请赇律》，是即受赃之说所创始。晋改为《受赇律》，周、隋皆曰《请求》。《唐律》附于《职制》门内，宋元因之。至明始另设《受赃》一篇，列于《刑律》之内，国朝因之，而易其前后次序，又改枉法、不枉法赃均为实犯死罪，所以惩贪墨者深矣。《日本刑法》亦有官吏渎职之目，即此意也。

官吏受财

凡官吏（因枉法、不枉法事）受财者，计赃科断。无禄人各减一等，官追夺除名，吏罢役，（赃止一两）俱不叙用。○说事过钱者，有禄人减受钱人一等，无禄人减二等，（如求索科敛吓诈等赃及事后受财过付者，不用此律）罪止杖一百，徒二年（照迁徒比流减半科罪）。有赃者，（过钱而又受钱）计赃从重论。（若赃重从本律）。

有禄人（凡月俸一石以上者）

枉法赃各主者通算全科。（谓受有事人财而曲法处断者，受一人财固全科，如受十人财，一时事发通算作一处，亦全科其罪。若犯二事以上，一主先发已经论决，其它后发，虽轻若等，亦并论之。）一两以下，杖七十。一两至五两，杖八十。一十两，杖九十。一十五两，杖一百。二十两，杖六十徒一年。二十五两，杖七十徒一年半。三十两，杖八十徒二年。三十五两，杖九十徒二年半。四十两，杖一百徒三年。四十五两，杖一百流二千里。五十两，杖一百流二千五百里。五十五两，杖一百流三千里。八十两，（实）绞（监候）。

不枉法赃，各主者通算折半科罪。（虽受有事人财，判断不为曲法者，如受十人财，一时事发通算作一处，折半科罪，一主者亦折半科罪，准半折者皆依此。）一两以下,杖六十。一两之上至一十两,杖七十。二十两,杖八十。三十两,杖九十。四十两,杖一百。五十两,杖六十徒一年。六十两,杖七十徒一年半。七十两,杖八十徒二年。八十两,杖九十徒二年半。九十两,杖一百徒三年。一百两,杖一百流二千里。一百一十两,杖一百流二千五百里。一百二十两,杖一百流三千里。一百二十两以上,(实)绞(监候)。无禄人(凡月俸不及一石者)枉法(扶同听行及故纵之类)一百二十两,绞(监候)。不枉法一百二十两以上,罪止杖一百流三千里。

此仍《明律》,顺治三年改定,并添小注,雍正三年增改。《明律》有禄人枉法赃八十两,无禄人枉法赃一百二十两,俱系杂犯绞罪,准徒五年。有禄人不枉法赃一百二十两,罪止流三千里,均无死罪。国朝顺治三年,以治国安民首在惩贪,均改为实绞。再原律不枉法赃下小注:凡受一人之财不半科,如非一人财,通算一处,折半科罪。乾隆五年以律贵持平,赃多者因各主而折半,赃少者因一主而全科,情罪不符,因改为一主者亦折半科罪。又,原律说事过钱者,罪止杖一百,各迁徙。本朝改迁徙为徒二年,均与《明律》不符。《唐律》:"诸监临主司受财而枉法者,一尺杖一百,一疋加一等,十五疋绞;不枉法者,一尺杖九十,二疋加一等,三十疋加役流。无禄者,各减一等:枉法者二十疋绞,不枉法者四十疋加役流云云。"均较《明律》为重。本朝改定之律虽与《唐律》大致符合,但枉法八十两即拟实绞,名为严惩贪墨,**其实刑法愈重则规避愈巧。现在官吏受赃者盈千累万,而照例办理者百无一二,严刑之不可止奸,此其一端也。**此条是官吏犯赃正律,单指官吏言之。法自官出,操纵在手,吏虽受制于官,实同执法之人,官受财吏得阻之,吏受财官应察之,故官吏受财之罪同而吏之无禄者得减一等。缘官皆禄,吏则有有禄无禄之分也。若止官受财,吏亦有不禀阻之罪;止吏受财,官亦有失察之咎。**官吏二字,虽系两项,实则相因。凡律有正条,是谓之法。法有出入,是谓之枉。执法之人受有事人财而逆理曲法,枉断是非,是谓枉法赃。虽受有事人财而于事之是非并无曲法判断,是谓不枉法赃。**总皆指判断事情而言,若其他受一切不应得之财,止谓之犯法而不谓之枉法,缘其人非执法之人,法不由己操也。至于无禄人枉法,虽不关于判断,而情事有类于判断者,如里长捕役,虽非官吏而里长检踏灾伤,受财朦胧供报,捕役受财故纵罪人,俱以枉法论。盖既应役在官,事即操纵由己,应守法而卖法,亦谓之枉法。若余人及在官之人不得专主事情者,有犯受财,自有本律,不得以枉法论也。**又枉法、不枉法赃各计入己之数定罪,与窃盗并赃论罪者不同。**盖窃盗得财之罪,为事主被害者言之,故并赃论罪。如一人盗得数家之财，止计一主重者，虽数人分得一主之赃，亦并计所失之赃，同科各盗之罪。惟并赃，故依首从法也。官吏受财之罪为官吏贪财者言之，故各计入己之赃，虽一人受各主之财，亦通算全科，虽数人分受一主之财，亦计入己之赃，分科各人之罪。惟计入己，故无首从可分也。其中分别微细，须详参之。《日本刑法》：裁判官、检事、警察、官吏关民事刑事之裁判，收受贿赂，或允许之者，处重禁锢二月以上二年以下，附加罚金五圆以上五十圆以下。因而曲庇被告人者，处重锢三月以上三年以下，加罚金十圆以上百圆以下。其陷害被告人者处重锢二年以上五年以下，加罚金二十圆以上二百圆以下。若所枉之罪重于此刑者，从重论云云。亦即中律受财枉法之意，特拟罪较中律为轻耳。律外条例甚多，择要节录，宜并研究。

一，凡在官人役受有事人财律无正条者，果于法有枉纵，俱以枉法计赃科罪。若尸亲邻证等项不系在官人役受有事人财，各依本律不在枉法之律。

一，蠹役恐吓索诈贫民者，一两以下杖一百，一两至五两杖一百，加枷号一月。六两至十两徒三年。十两以上近边充军。致令卖男鬻女者，十两以下亦充发，一百二十两者照枉法赃拟绞。为从分赃减一等，计赃重于从罪者仍从重论。如吓诈致毙人命，不论多寡，已未入手，拟绞立决。拷打致死，斩立决。若死系作奸犯科，有干例议之人，系嚇逼致自尽者绞监候，拷打致死者斩监候，为从并减一等。

一，白役诈赃逼命之案，除白役照上例拟抵外，如正役知情同行，在场帮索及正役虽未同行而主使诈赃者，俱发极边四千里充军。若正役仅止知情同行，并无吓逼情事，照例流三千里。其并未主使，亦未知情同行，但于事后分赃减二等徒三年。赃多者计赃从重论。若并未分赃及白役诈赃并未致毙人命者，仍照私带白役例责革，加枷号两个月。县总里书犯赃，照衙役犯赃拟罪。保人歇家串通衙门行贿赂，照不系在官人役取受有事人财科断。

一，凡各衙门书吏差役舞文作弊，藉案生事扰民者，系知法犯法，照平人加一等治罪。

一，官吏婪赃枉法入己者，虽于限内全完，不准减等。如审无入己各赃，并坐赃致罪者果于限内全完，照挪移例减免外，其因事受财入己审不枉法及律准枉法不枉法论等赃果于一年限内全完，死罪减二等，流徒以下免罪。二年内全完，死罪及流徒以下各减一等。如不完，流徒以下即行发落，死罪监禁，再限一年。三年限外不完，死罪永远监禁，全完者请旨减一等。

一，差役逼毙人命之案，讯无诈赃情事，但经藉差倚势陵虐吓逼致令轻生者，流三千里。其差役子侄亲属私代办公逼毙人命，除讯系诈赃仍照蠹役一体问拟，若非衅起诈赃，为首发烟瘴充军。至差役有因索诈不遂，将奉官传唤人犯私行羁押拷打陵虐者，为首枷号两月，发烟瘴充军。其仅止私押并无拷打陵虐者，为首徒三年。为从各减一等。

此例前半段言逼毙人命非因诈赃者，后半段言索诈不遂未致毙命者。

坐赃致罪

凡官吏人等非因（枉法、不枉法之）事而受（人之）财坐赃致罪，各主者通算折半科罪，与者减五等。（谓如被人盗财或殴伤，若赔偿及医药之外因而受财之类，各主者并通算折半科罪。为两相和同取与，故出钱人减受钱人罪五等。又如擅科敛财物或多收少征，如收钱粮税粮斛面及捡踏灾伤田粮，与私造斛斗秤尺各律所载，虽不入己，或造作虚费人工物料之类，凡罪由此赃者，皆名为坐赃致罪。○官吏坐赃，若不入己者，拟还职役出钱人有规避事重者，从重论。）

一两以下笞二十。一两之上至十两，笞三十。二十两，笞四十。三十两，笞五十。四十两，杖六十。五十两，杖七十。六十两，杖八十。七十两，杖九十。八十两，杖一百。一百两，杖六十徒一年。二百两，杖七十徒一年半。三百两，杖八十徒二年。四百两，杖九十徒二年半。五百两，罪止杖一百徒三年（以坐赃非实赃，故至五百两，罪止徒三年）。

此仍《明律》。原有小注，顺治三年增修。《唐律》：坐赃致罪，一尺笞二十，一疋加一等；罪止杖一百[徒三年]。诸贷所监临财物者及借衣服、器玩之属，经三十日不还者，俱坐赃论。役使非供己者，计庸坐赃论。其应供己驱使而收庸直者，[罪]亦如之。诸监临之官受猪羊供馈，坐赃论。营公廨借使所监临奴婢、牛马、车船、碾硙、邸店之类，各计庸赁，坐赃论减二等。诸因官挟势及豪强之人乞索者，坐赃论减一等云云，与此律小注所指各项不同，而计赃罪止杖一百，亦较此为轻。此言实非受赃而以赃科罪者，其名为坐赃，律文"非因事"三字当重看。若一因事则是上枉法、不枉法矣。按：监守、常人窃盗之赃曰并赃论罪，枉法、不枉法之赃曰计赃科断，此条曰坐赃致罪，字法不同，各有精义。盖此系和同取与，于法无碍，本非赃也。科敛等不入己之项，实无赃也。然非赃而分不应受，无赃而罪不能免，非赃而得是赃之罪，无赃而得有赃之罪，故不曰计赃而曰坐赃，不曰论罪而曰致罪。所谓致者，犹之大[文]致之致也。注云不入己者拟还职役，亦自杖九十以下言之。凡入己之赃，不论多少，系行止有亏即应罢职。此不入己，故必至杖一百始行照例罢职。若未满杖，仍留职役，以系坐赃，不同犯赃之有亏行止也。六赃之中，惟此最轻，各主者固折半科罪，即一主者亦应半科。盖一轻而无不轻者，律之例也。《辑注》如官吏新任新役，生辰时节受人庆贺者，及馈送之类，皆所谓非因事受财也。在凡人为交际之常，在官吏则坐赃致罪，所以杜贪污之渐者。深矣！中律文义之精细如此。若外国刑法则无是特色也。

事后受财（原在事后，故别于受财律）

凡（官吏）有（承行之）事先不许财，事过之后而受财，事若枉断者，准枉法论。事不枉断者准不枉法论（无禄人各减有禄人一等。风宪官吏仍加二等。若所枉重者仍从重论。官吏俱照例为民，但不追夺诰敕。律不言出钱、过钱人之罪，问不应从重可也。）

此仍《明律》，其小注系顺治三年添入，与《唐律》文义相同。惟《唐律》不枉断者以受所监临财物论，较之不枉法为轻。盖不枉法一尺**杖九十，三十疋加役流，而受所监临财者，一尺笞四十**，五十疋止流二千里，较不枉法之赃轻数等矣。此言私与之财，虽事后亦不得受也。"先不许财"四字须重看，若先许财而后未受是听许财物矣。凡先许财而后受之，即应照官吏受财科断矣。盖先未许财，则枉不枉原无成心。若先已许定，则先有受财之心，后有受财之实，先受后受实无异也。此条较官吏受财律所轻者，止是至死得减一等，其余一概同论。其严如此，所以惩贪墨也。注添"官吏"二字，可见此律专指官吏，与上条有"人等"二字统括一切者不同，缘非官吏则不得有枉断之事也。注又添"官吏照例为民"一句者，以《名例》官犯私罪，必至杖一百乃革职。若犯赃则行止有亏，与寻常私罪不同，虽杖九十以下俱罢为民，但事后受财究与枉法真赃有异，故虽罢职而不追夺诰敕，轻重权衡一毫不爽，此中律之所以可羽翼经传也。

官吏听许财物（原未接受，故别于事后受财律）

凡官吏听许财物，虽未接受，事若枉者准枉法论，事不枉者准不枉法论，各减（受财）一等。所枉重者各从重论。（必自其有显迹有数目者方坐。○凡律称准者，至死减一等,虽满数亦罪止杖一百流三千里。此条既称准枉法论,又称减一等,假如听许准枉法,赃满数至死减一等,杖一百流三千里,又减一等,杖一百徒三年,方合律,此正所谓犯罪得累减也。○此明言官吏,则其余虽在官之人不用此律。）

此仍《明律》,其小注系顺治三年采《笺释》之意而增入。《唐律》无此条目。此盖杜官吏受贿之端也。前枉法不枉法赃是因事而已受者,然充官吏贪赃之类必有听许而未受者,已受者法固难宽,即未受者亦已薰染于心而受贿之端已开矣。律贵诛心,其心贪污即是罪案,故计其所许之数以论其应得之罪,分别枉法不枉法,较已受者递减一等。《辑注》云：前条受财在于事后,事前未许也。其枉法不枉法均非有心,此条听许在于事前,事后未受也。其枉法不枉法已有成见,乃前重而此轻者,以无实赃也。前是因赃而追论其事以定罪,此是因事而虚坐其赃以定罪,分晰最为明确。至于所枉重者从重论一语,乃科受赃枉法之通例,诸律皆然,而独附于此者,以此条听许未受轻罪犹且如此,前条受有实赃重罪自不待言。后有条例,当并参之。

一,听许财物若甫经口许,赃无确据,不得概行议追。如所许财物封贮他处,或写立议单文卷,或交与说事之人,应向许财之人追取入官。若本犯有应得之罪,仍照律科断。如所犯本轻或本无罪但许财营求者,问不应重律。其许过若干、实交若干者,应分别已受未受数目计赃,并所犯情罪从重科断。已交之赃,在受财人名下著追,未交之财,仍向许财人名下著追。

有事以财请求

律文：凡诸人有事以财行求（官吏欲）得枉法者,计所与财坐赃论。若有避难就易,所枉（法之罪）重（于与财）者,从重论。（其赃入官）其官吏刁蹬,用强生事,逼抑取受者,出钱人不坐。（避难就易谓避难当之重罪,就易受之轻罪也。若他律避难,则指难解钱粮,难捕盗贼皆是。）

此仍《明律》,其小注系顺治三年添入。《唐律》：诸有事以财行求,得枉法者,坐赃论；不枉法者,减二等。即同事共与者,首则并赃论,从者各依己分法。又,诸受人财而为请求者,坐赃论加二等；监临势要,准枉法论。与财者,坐赃论减三等。若官人以所受之财,分求余官,元受者并赃论,余各依己分法云云,较此加详。此律仅首二句采用《唐律》原文,"若有避难就易"以下数语当系明所添纂。以上数条皆言受财之罪,此言出钱行贿之罪也。以财行求,所谓彼此俱罪之赃也。故注云：其赃入官。用强逼抑，所谓取与不合之赃也。注虽未言其赃应即还主，律文得枉法之上注加一"欲"字最有深意，盖不论官吏果为枉法与否，而行求本念欲得枉法，即应以此科断，所以诛其心也。律意本系严惩受财之人而稍宽出财过财之人，现行条例凡以财行求及说事过钱人，计赃与受财同科，则非律意矣。然有例不得用律，故录条例于后以备引用。

一，凡有以财行求及说事过钱者，皆计所与之赃，与受财人同科。仍分有禄、无禄，有禄人不减，无禄人各减一等。为从，又各减一等。如抑勒诈索取财者，与财人及说事过钱人俱不坐。至于别项馈送，不系行求，仍照律拟罪。

按：与受财人同科，即同罪之说。至死仍得减一等，若以为同科即应仍拟死罪。设如受不枉法赃一百二十两以上，受者处死，与者及过钱之人一体论死，自古无此情法。至于别项馈送照律科罪，即科以坐赃之罪也。说见《读例存疑》。此外，又有奸徒受贿顶凶及凶犯行贿并同案之犯代认重伤致脱本犯罪名暨子犯罪而父代认其子加重治罪之例，现在引用者甚少，故不备录。

在官求索借贷人财物

凡监临官吏挟势及豪强之人求索借贷所部内财物，并计（索借之）赃准不枉法论。强者准枉法论，财物给主（无禄人各减有禄人一等）。○若将自己物货散于部民及低价买物多取价利者，并计余利准不枉法论。强者准枉法论，物货价钱并入官给主。（卖物，则物入官，而原得价钱给主。买物，则物给主而所用之价入官。○此下四条盖指监临官吏而豪强亦包其中。）○若于所部内买物不即支价及借衣服器玩之属各经一月不还者，并坐赃论（仍追物还主）。○若私借用所部内马牛驼骡驴及车船碾磨店舍之类，各验日计雇赁钱，亦坐赃论追钱给主（计其犯时雇工赁直，虽多不得过其本价）。若接受所部内馈送土宜礼物，受者笞四十，与者减一等。若因事（在官）而受者计赃以不枉法论，其经过去处供馈饮食及亲故馈送者，不在此限。○其出使人于所差去处求索、借贷、卖买多取价利及受馈送者，并与监临官吏罪同。○若去官而受旧部内财物及求索借贷之属，各减在官时三等。

此仍《明律》，其小注系顺治三年添入，雍正、乾隆年间删改。盖言倚势取财者之罪也。《唐律》分作六条。一为挟势乞索：**诸因官挟势及豪强之人乞索者，坐赃论减一等；将送者，为从坐。亲故相与者，勿论。**一为贷所临临财物：**诸贷所监临财物者，**

坐赃论；若百日不还，以受所监临财物论。强者，各加二等。若卖买有剩利者，计利，以乞取监临财物论。强[市]者，笞五十；有剩利者，计利，准枉法论。[即断契有数，违负不还，过五十日者，以受所监临财物论。]即借衣服、器玩之属，经三十日不还者，坐赃论，罪止徒一年。一为役使所监临：诸监临之官，私役使所监临及借奴婢、牛马驼骡驴、车船、碾硙、邸店之类，各计庸、赁，以受所监临财物论。即役使非供己者，计庸坐赃论，罪止杖一百。其应供己驱使而收庸直者，罪亦如之。若有吉凶，借使所监临者，不得过二十人，人不得过五日。其于亲属，虽过限及受馈、乞贷，皆勿论。一为监临受供馈：诸监临之官，受猪羊供馈，坐赃论。强者，依强取监临财物法。一为去官受旧官属：诸去官而受旧官属、士庶馈与，若乞取、借贷之属，各减在官时三等。一为因使受送馈：诸官人因使，于使所受送遣及乞取者，与监临同；经过处取者，减一等。即强乞取者，各与监临罪同云云。此律合为一章，大致均本之《唐律》，而前后次序及罪名轻重略有改易，又划出"役使所监临"数语移入《户律》私役部民律内，俾各以类相从也。盖前之官吏受财是有事人行求者，坐赃致罪是和同而与者，事后受财是人所馈送者，皆非官吏要挟而取也。然官吏及豪强之人贪赃之类，必有求索借贷之事，其情节不同，有求借者，有买卖多取价利及买物不即支价，并私借所部器物者，有受馈送土宜及饮食者，以上皆言监临及豪强之人。此外，又有出使人求索者，更有去官之后求索者。夫求索之人，既有监临官吏、豪强、出使、去官之分，所索之物又有财物、衣服、器玩、畜牲、车船、店舍、土宜、饮食之别，求索之情更有强与非强之判，故拟罪有准枉法、不枉法坐赃减等之异，分观合参，自知其妙。此外，有职官索取土官猺獞财物，流官科敛土官财物徒罪以上加重拟军及出差巡察之员收受州县门包，并上司勒荐长随幕宾暨州县于管辖地方滥行赊买货物各例，均补律所未备，当并参之。

家人求索

凡监临官吏家人（兄弟、子侄、奴仆皆是）于所部内取受（所）求索借贷财物（依不枉法）及役使部民，若买卖多取价利之类，各减本官（吏）罪二等。（分有禄、无禄，须确系求索借贷之项，方可依律减等。若因事受财仍照官吏受财律定罪，不准减等。）若本官（吏）知情与同罪，不知者不坐。

此仍《明律》，顺治三年添入小注，乾隆五年改定旧注，家人未经注明，因采《笺释》之说添入，兄弟、子侄、雇工皆是。又，取受、求索、借贷，旧注分为三项，未免错谬，因于取受下添一"所"字，谓取受所求索借贷之财物也，此可见律注一字一句均有来历，不可滑口读过。《唐律》：诸监临之官，家人于所部有受乞、借贷、役使、卖买有剩利之属，各减官人罪二等；官人知情与同罪，不知情者各减家人罪五等。其在官非监临及家人有犯者，各减监临及监临家人一等云云。此律即本《唐律》，惟统言官吏而不分监临与非监临，又改不知情减五等为不坐罪，是其小异耳！定律之意系诫官吏以约束家人也。以上诸条皆言官吏身自犯赃之事，然推而极之，必有官吏之家人犯赃者。凡官吏之家人挟官吏之势，或因事而取之，或因送而受之，其求索借贷多取价利，即上条所载各项，不言不即支价及借衣服诸项者，统括于"之类"两字中也。其役使部民一项，即指役使部民之律也。《辑注》：凡随在任所同住之人皆可以言家人，不必拘兄弟子侄也。若吏则不同，必是家人方坐。此等狐假虎威招摇诓骗，无所不至，故设此专条以防其渐。律言官吏不知者不坐，例则补出大臣不约束家人，致令私向所管人等交结、借贷者，一经发觉，将伊主一并治罪云云，虽足补律所未备，然未免过于严厉，似不如《唐律》为得中也。

风宪官吏犯赃

凡风宪官吏受财及于所按治去处，求索借贷人财物，若卖买多取价利，及受馈送之类，各加其余官吏（受财以下各款）罪二等（加罪不得加至于死，如枉法赃须至八十两方坐绞，不枉法赃须至一百二十两之上方坐绞。○风宪吏无禄者亦就无禄枉法、不枉法本律断。○其家人如确系求索借贷，得减本官所加之罪二等。若因事受财不准减等。本官知情者与同罪，不知者不坐。）

此仍《明律》，其小注系顺治三年添入，雍正三年删改，乾隆五年复改。《唐律》无此名目，此重风宪官吏败检之罪也。风宪衙门职司纠察，操守尤宜谨严。若己犯赃，何以肃人，故有加等治罪之法。宪者，法也，执法不挠则群僚承风摄服，故曰风宪。《笺释》云：内而都察院、科道，外而臬司各道，即督抚大吏亦当同论。以上各条皆言监临等官吏，此更推极于风宪者，其任重，其罚亦重也。此条乃风宪官吏犯罪之通例。

因公科敛

凡有司官吏人等非奉上司明文,因公擅自科敛所属财物,及管军官吏科敛军人钱粮赏赐者,(虽不入己)杖六十。赃重者坐赃论。入己者并计赃以枉法论(无禄人减有禄人之罪一等,至一百二十两绞监候)。○其非因公务科敛人财物入己者,计赃以不枉法论。(无禄人罪止杖一百,流三千里)。若馈送人者,虽不入己,罪亦如之。

此仍《明律》,其小注系顺治三年添入,雍正三年修改。《唐律》谓之率敛监临财物:诸率敛所监临财物馈遗人者,虽不入己,以受所监临财物论。《疏议》曰:率敛者,谓率人敛物也。《明律》改为科敛,劈分因公、不因公两项,而因公内又有公用、入己之别,非因公更有入己、送人之别。以上各条受赃,皆言一主、各主之财,然推而极之,必有科敛所属、所管军民之财者。科者,分派之谓。敛者,聚敛之谓。分派于人而聚敛之,故曰科敛。因公者是枉法,非因公者是不枉法。盖阳讬公务之名,阴为纳贿之计,将法所应用者侵渔入己,则法已亏矣,故其罪重。非因公者,不过私下求取,止是贪利,于法无亏,较之假公济私有间,虽有贪婪之罪,尚无要挟之情,故其罪次之。盖一则奸法以营私,一则贪赃而犯法。犯法者法存,奸法者法亡,此枉法、不枉法之所以分也。若馈送他人,是取人之财以市己惠,与入己何异?故亦如入己之罪。《日本刑法》有官吏征收租税及各种进项于正数外多征者处重禁锢加罚金之条,亦即此意,特不如中律之详细耳!条例又有内外衙门不许罚取钱谷银两等项,违者计赃论。若指称修理,不分有无罪犯,用强科敛银二十两以上者交部议处之条,盖为违禁科罚以充官用、无入己赃者而设。又,旧例有运、黄两河遇有公事,题请定夺,不许辄派商捐,违者题参之例,均系严禁私行勒派之意。《吏部则例》:凡民间寻常词讼,所犯之事本轻,地方官酌量示罚以充桥道庙宇等工之用,亦须详报上司奏明办理,不许擅自批结。如违例科罚数在百两以内者,降一级调用云云,与此律互相发明,当并参之。

克留盗赃

凡巡捕官已获盗贼,克留赃物不解官者笞四十。入己者计赃以不枉法论,仍将其(所克之)赃并(解过赃通)论盗罪。若军人弓兵有犯者,计赃虽多,罪止杖八十(仍并赃以论盗罪)。

此仍《明律》，顺治三年添入小注。言官役不可因捕盗而为利也。赃物统强窃盗、监守、常人、掏摸、抢夺等项而言。剋留者剋扣存留，非全留不解也。盖既未纵盗，则法无所枉，而剋留盗赃，仅不应之小过，故止拟笞，仍还其职，以尚未入己也。若隐匿入己，则以不枉法论，即应罢职不叙矣。至于守御军人及州县巡司弓兵人等，虽入己，罪止杖八十者，恕其无官而为下役，而又原其有捕盗之力，故轻之也。然例文又有胥捕侵剥盗赃，计赃照不枉法律从重科断之条，则与官员科罪从同，仍不用罪止杖八十之律也。须合参之。

私受公侯财物

　　凡内外武官不得于私下或明白接受公、侯、伯所与金银、段疋、衣服、粮米、钱物。若受者杖一百，罢职，发边远充军，再犯处死。公侯与者，初犯、再犯免罪，三犯奏请区处。若奉命征讨与者，受者不在此限。（或绞或斩，律无明文，但初犯充军即流罪也。再犯加至监候绞。以其干系公、侯、伯，应请自上裁）。

　　此仍《明律》，其小注系顺治三年添入，雍正三年改定。言勋臣财物不得私相取与也。盖勋臣久渥兵权，功高震主，往往尾大不掉，图谋不轨，如汉之韩、彭，明之胡、蓝，其前鉴也。若于无事之时，以财物与管军之官，显以示其私惠也，即隐以买其军心，故律禁取与，所以防奸贪邀结之谋而慎履霜之渐，其保全功臣者深矣。如奉命征讨，以家财散飨军士，破格结勇夫之心，为公原非为私，则不在禁限也。

大清律讲义卷十

刑律诈伪

诈为制书（诈为以造作之人为首从坐罪,转相誊写之人非是）

凡诈为（原无）制书及增减（原有）者,（已施行不分首从）皆斩（监候）。未施行者（为首）绞（监候,为从者减一等）,传写失错者（为首）杖一百（为从者减一等）。○诈为六部、都察院、将军督抚、提镇守御紧要隘口衙门文书套画押字,盗用印信及将空纸用印者（必盗用印方坐）,皆绞（监候,不分首从。未施行者,为首减一等,为从又减一等）。○（诈为）察院、布政司、按察司、府州县衙门（印信文书）者,（为首）杖一百流三千里,（诈为）其余衙门（印信文书）者（为首）杖一百徒三年（为从者减一等）,未施行者各（分首从）减一等。若有规避事重（于前事）者从重论。（如诈为出脱人命,以规避抵偿,当从本律科断之类。）○其（诈为制书、文书已施行及制书、文书所至之处）当该官司知而听行各与同罪（至死减等）。不知者不坐。○（一将印信空纸捏写他人文书投递官司害人者,依投匿名文书告言人罪者律）○（盗用钦给关防与印信同。有例。）

此仍《明律》,顺治三年修改,并添小注。盖言伪造制书之诛而并及诈官文书之罪也。《唐律》:"诸诈为制书及增减者,绞;未施行者,减一等。[诸]诈为官文书[及增减]者,杖一百。"此改斩罪未施行者拟绞,则较《唐律》为重。又添各衙门文书三段更为详密。制书者,即圣旨,如诏诰敕谕敕书皆是也。凡本无而凭空撰出者谓之诈为,本有而更正字句者谓之增减。首节言诈为制书之罪,二节言诈为内外紧要衙门文书之罪,三节言诈为在外各衙门印信文书之罪,四节总承上三条而言知情听行之罪。诈为制书,则上侵天子之权,故其罪重。若传写失错,不过无心之过,不慎重之咎耳,故止拟杖而已。凡诈为文书必盗画押字、盗用印信,故备言之。然二者究重在印信而押字为轻,故条例又分言之。若空纸用印,乃是盗用印信以为诈伪之计,或先写文书而后盗印,或先盗印而后填写,其为诈伪同也。《日本刑法》伪造诏书或增减变换者处无期徒刑,伪造官文书或增减变换行使者,处轻惩役。伪造公债证书、地券及其他官吏之公证文书,或增减行使者,罪同上项云云。拟罪较中律为轻,而公债证书、地券二项,则又中律所无也。律外又有条例,补律未备,可并参之。

一,凡诈为各衙门文书,盗用印信者,不分有无押字,依律坐罪。若止套画押字,各就所犯事情轻重,查照本律科断。其诈为六部各司、军卫各所文书者,俱与其余衙门同科。

一,大理寺、盐运司部属各管军所仍照其余衙门拟断。若情犯深重者,听临时查照比依奏请定夺。

诈传诏旨(诈传,以传出之人为首从坐罪,转相传说之人非是)

凡诈传诏旨(自内而出)者(为首)斩(监候,为从者杖一百流三千里。诈传)皇后懿旨、皇太子令旨者,(为首)绞(监候。为从者杖一百流三千里。)○若诈传一品、二品衙门官言语于各(属)衙门分付公事(自)有所规避者,(为首)杖一百徒三年。三品、四品衙门官言语(有所规避)者(为首)杖一百。五品以下衙门官言语者杖八十,为从者各减一等。若得财(而诈传无碍于法)者,计赃以不枉法,因(得财诈传)而(变)动事(情枉)曲法(度)者以枉法。各(以枉法、不枉法赃罪与诈传规避本罪权之)从重论。○其(诈传诏旨品官言语所至之处)当该官司知而听行,各与同罪(至死减一等)。不知者不坐。○若(内外)各衙门追究钱粮,鞫问刑名公事,当该官吏将奏准合行(免追免问)事理,妄称奉旨追问者(是亦诈传之罪)斩(监候)。

此仍《明律》,顺治三年添入小注,原律皇太子令下尚有亲王令旨四字,雍正三年御批删除。《唐律》:**口诈传制书及口增减者绞**,而无此律一品、二品以下等罪。定律之意系重诏旨而并及品官言语以分别诈传者之罪也。自文书而言,谓之诈为,自言语而言,谓之诈传。诏旨,谓言语也。诈传必有私行乱政之事,故与诈为罪同。诈为文书则以衙门之散要为轻重而以盗画押字、盗用印信为诈伪之成。诈伪言语则以官品之崇卑为轻重而以分付公事有所规避为诈传之据。盖文书实有凭据,印信各有执掌,上下衙门可以通行,而言语则尊可以谕卑,卑不可以谕尊,故彼以衙门论,此以品级论,义各有当也。《日本刑法》无诈传言语之罪而有诈称身分之罪。凡以文书言语对官署诈称属籍身分姓名年龄职业者,罚金二十圆以下,诈称官职位阶者处轻禁锢云云,虽与中律情罪不同,而彼此可以互参。

对制上书诈不以实

凡对制(敷陈)及奏事(有职业该行而启奏者与)上书(不系本职而条陈时务者)诈(妄)不以实者,杖一百徒三年。(其对奏上书)非密(谓非谋反、大逆等项)而妄言有密者加一等。○若奉制推按问事,(转)报上不以实者,杖八十徒二年(若徇私曲法而所报不实之)事,重(于杖八十徒二年)者以出入人罪论。

此仍《明律》,顺治三年添入小注。盖言陈奏不实之罪有轻重也。《唐律》:诸对制及奏事、上书,诈不以实者,徒二年;非密而妄言有密者,加一等。若别制下问、案、推,报上不以实者,徒一年云云。与此律情事相同,而拟罪稍轻。凡承制命而回奏曰对制,题奏应行公事曰奏事,建言献策之类曰上书,至如人有罪过未有告言而奉制按验其虚实则谓之按问,已有告言而奉制推鞫其情罪则谓之推问,臣子于君当抒诚直言有犯无隐,若诈不以实则是伪诈诡谲之词以欺君也,非密妄言则是造作诬妄之言以罔上也,情有轻重故治罪各殊。若报不以实,或智识不及或无心失错,未必尽出于诈妄,故减前罪二等。曰诈,曰妄,曰不以实,律文深细,当详绎之。

伪造印信时宪书等

凡伪造诸衙门印信及时宪书(起船、起马)符验、茶盐引者,(为首雕刻)斩(监候,为从者减一等杖一百流三千里)。有能告捕者,官给赏银五十两。伪造关防印记者(为首)杖一百徒三年。告捕者官给赏银三十两。为从及知情行用者各减一等(各字承上二项而言)。若造而未成者(首从)各减一等。其当该官司知而听行与同罪,不知者不坐。○(印所重者文,若有篆文,虽非铜铸,亦可以假诈行事,故形质相肖而篆文俱全者谓之伪造。惟有其质而文不全者,方谓之造而未成。至于全无形质而惟描之于纸者,乃谓之描摹也。)

此仍《明律》,其小注系顺治三年添入,雍正乾隆年间改定。盖严伪造印信关防以行私之罪也。《唐律》:[诸]伪造[皇]帝(王)八宝者,斩。太皇太后、皇太后、皇后、皇太子宝者,绞。皇太子妃宝,流三千里。伪写官文书印者,流二千里。余印,徒一年。注云：写者，仿效而作，不限用泥、用蜡云云。此律删去伪造御宝三项而添时宪书、符验、茶盐引及关防印记等项，又改伪写为伪造，并添告获给赏之法，其拟罪亦较《唐律》为严。盖各衙门印信所以传信四方者，时宪书则颁行之正朔也。起马起船用符验，皆兵部所管，犹今火牌勘合也。商人贩卖茶盐皆须纳引，给自户部，批验之后截角缴销，以杜重冒。关防印记亦由部颁，非私刻条记也，若今之督抚等衙门钦给关防，则以印信同论，又与寻常之关防不同，此皆朝廷所颁，天下奉以为信，所系至重，故伪造之罪亦重。《日本刑法》伪造御玺、国玺及使用者处无期徒刑，伪造各官府之印及使用者处重惩役，伪造变造官所发行各种印纸格纸及邮票，处重禁锢加罚金云云，较中律治罪为轻，而御玺一项又与《唐律》符合。至于印纸邮票等项，中国现已通行，似应仿照设立伪造专条以资引用。再，律止言伪造之罪，例又以使用伪造之印关系重大者较律治罪加重，关系轻微者又较律治罪从轻，尤为平允，当合参之。

一，凡有伪造诸衙门印信及钦给关防，事关军机冒支钱粮、假冒官职，大干法纪者，俱拟斩立决，为从绞候。若非关军机、钱粮、假官等弊，止图诓骗财物为数多者，俱照律拟斩监候，为从流三千里。若诓骗财物为数无多，银不及十两，钱不及十千者，为首雕刻者流三千里，为从及知情行用者各减一等。其伪造关防印记诓骗财物为数多者，为首雕刻之人发云贵、两广烟瘴。若为数无多，为首照律徒三年，为从及知情行用者各减一等。其造而未成者又各减一等。若描摹印信，行使诓骗财物，犯该徒罪以上者，问边远安置。其为数无多，犯该徒罪以下者，各计赃以次递减。

一，凡盗用总督、巡抚、提学、兵备、屯田、水利等官钦给关防，俱照各官本衙门印信拟罪。若盗及弃毁伪造，悉与印信同科。

一，伪造假印之案，如起意者自行雕刻，或他人同谋分赃代为雕刻者，将起意之人与雕刻之人并以为首论，案内为从者减一等。

私铸铜钱

凡私铸铜钱者绞（监候），匠人罪同。为从及知情买使者各减一等。告捕者官给赏银五十两。里长知而不首者杖一百，不知者不坐。○若将时用铜钱鬄错薄小取铜以求利者杖一百。○若（以铜铁水银）伪造金银者，杖一百徒三年。为从及知情买使者各减一等。（金银成色不足，非系假造，不用此律。）

此仍《明律》，顺治三年添入小注。盖禁私铸罔利以重国宝也。《唐律》："**诸私**

铸钱者,流三千里;作具已备,未铸者,徒二年;作具未备者,杖一百。若磨错成钱,令薄小,取铜以求利者,徒一年。"《疏议》云:若私铸金银等钱,不通时用者不坐云云。明改为绞,又添伪造金银一项,已较《唐律》从重。现例又改为斩,而私销者又加重斩决。近来新事更增伪造银圆、铜圆、钱币及伪造外国银圆各项,禁令愈密,罪名愈严而私铸者愈多,重法之不可止奸,此其一端也。盖圜法自有定制,国家开局鼓铸以生财利用,非民间所得而私,故私铸即坐死罪。至于伪造金银,如今鼎银之类用药造作,全无金银成色在内,若有成色,则是低潮,非伪造矣。铜钱曰私铸,其体质犹铜也。金银曰伪造,其体质非金银矣。私铸之罪重于伪造者,钱法之权出乎上,私铸则犯禁乱法。金银之产出乎地,伪造但罔民取利而已,故科罪各有差等。《日本刑法》伪造内国通用之金银货及纸币而行使者处无期徒刑,伪造内国通用之外国金银货而行使者处有期徒刑,伪造内国通用之铜货而行使者处轻惩役,伪造官许发行之银行纸币而行使者,分别内国外国照前二条处断云云。考之德、法、英、美各国,亦均无死罪,与《唐律》尚相符合,惟中律加重处绞,现例现章更为紧重,然钱法之坏日甚一日,即此一节而民俗之偷簿、财政之困难已可见已。

一,私铸之案,不论砂壳铜钱,核其所铸钱数至十千以上,或虽不及十千而私铸不止一次,为首及匠人俱拟斩候,为从及知情买使者俱发遣为奴,挑水打炭,及停工散局之后,贪其价贱偶为买使者徒三年。其铸钱不及十千者,首犯、匠人俱发遣为奴,为从及知情买使者,并受雇之犯徒三年。其房主、邻佑、总甲、十家长知而不拿获举首者徒三年。失于查察者杖一百。官船户夹带私钱者徒三年,同船之人知情不禀首杖八十。若私铸未成,畏罪中止者,首犯与匠人俱改发足四千里充军。其雇令挑水打炭烧火之人及房主、邻佑、十家长知而不拿获举首者俱徒二年。不知情者不坐。方造器具尚未铸钱,起意为首并同伙商谋之人均流三千里。凑钱入伙者照为从减一等律徒三年。凡失察之地方官及押船官不实力访拿,别经发觉,交部照例分别议处。

一,销毁制钱及将制钱剪边图利之犯,为首斩决,家产入官。为从绞决。房主、邻佑、总甲、十家长等知情受贿代为隐匿者,依为从例治罪。但知情不首告并未分赃者照为从例减一等,流三千里。并未知情止于失察者,俱杖一百。旁人首捕审实者,官给赏银五十两。

一,拿获私铸,其知情分利之同居父兄叔伯与弟减本犯罪一等,虽经分利而实系并不知情者减二等。据实出首准予免罪。本犯亦听如罪人本身自首法科断。

一，凡用铜、铁、锡、铅药煮伪造假银行使，为首发云贵、两广烟瘴，为从及知情买使者流三千里。

一，凡将银挖孔倾入铜铅等物及用铜铅等物倾成锭锞，外用银皮包好，并铜铅等物每两内搅实银二、三、四、五钱不等伪造银使用者，均照伪造金银律分别首从拟徒。

诈伪[假]官

凡(伪造凭劄)诈(为)假官,(及为伪劄或将有故官员文凭而)假与人官者斩(监候)。其知情受假官者杖一百流三千里。(须有劄付文凭方坐，但凭劄皆系与者所造,故减等。)不知者不坐。○若无官而(不曾假造凭劄,但)诈称有官有所求为,或诈称官司差遣而捕人,及诈冒(见任)官员姓名(有所求为)者杖一百徒三年。(以上三项,总重有所求为。)若诈称见任官子孙、弟侄、家人、总领于按临部内有所求为者杖一百。为从者各加一等。若得财者,并计赃(各主者以一主为重)准窃盗(免刺)从重论(赃轻以诈科罪)。○其当该官司知而听行与同罪。不知者不坐。

此仍《明律》,顺治三年添入小注。盖重惩假冒官职之罪以杜奸伪也。《唐律》:"诸诈假官,假与人官及受假者,流二千里。其于法不应为官,而诈求得官者,徒二年。若诈增减功过年限而预选举,因之以得官者,徒一年;流外官,各减一等;求而未得者,又各减二等。诸诈为官及称官所遣而捕人者,流三[二]千里。诈称官及冒官人姓字,权有所求为者,罪亦如之云云。"此律改拟绞候,受假者满流,较《唐律》加重数倍,又删去于法不应为官及增减功过等项,似不及《唐律》之详。盖诈假官者本身原无官职,或诈为劄付文凭赴任,或将他人劄付文凭冒认顶替者皆是也。假与人官者,他人本无官职,或假为劄付文凭与之以官,或将所得别人劄付文凭与之假冒者皆是也,故皆坐斩。至于诈称有官,诈称差遣,诈冒姓名,诈称官员家人等项,止是假冒名色,托诸语书,以为求为之地。其称有官者原无凭劄,称差捕者原无批牌,与上造有凭劄实据者不同,故拟罪减轻二等。以上四项,总重有所求为,若仅擅用冠带,诈称差捕无所求为,则止问违制之罪,不在此限。律文浑言诈官及诈称官员子孙,例文又补出假冒皇亲族属及假充大臣近侍官员家人各项情节较重,故治罪加严,须合参之。《日本刑法》诈称官职位阶,或僭用官服徽章及内外国勋章者,处轻禁锢加罚金,伪造官给免状鑑札行使者,处重禁锢加罚金云云,亦是此意,但不如中律之完备耳。

一，凡诈冒皇亲族属姻党家人巧立名色,挟骗财物,侵占地土,并有禁山场,拦当船只,掯要银两,出入衙门嘱托公事,贩卖制钱私盐,包揽钱粮,假称织造,私开牙行,擅搭桥梁,侵渔民利者,除实犯死罪如诈冒、假势、凌虐、故杀、斗杀、私盐、拒捕之类外,徒罪以上,枷号一个月,发近边充军。杖罪以下,亦枷号一个月发落。

一,假充大臣及近侍官员家人名目豪横乡村,生事害民,强占田土房屋,招集流移住种者,犯该徒罪以上者发近边充军。杖罪以下枷号一个月发落。

一,伪造凭札自为假官者,伪造凭札并将有故官员凭札卖与他人者,及买受凭札冒名赴任者,俱拟斩监候。知情说合者流三千里。

一,凡无官而诈称有官并冒称见任官员姓名并未造有凭札,但系图骗一人,图行一事,犯该徒罪以下者发近边充军,犯该军流遣罪者拟绞监候。若假冒顶带自称职官,止图乡里光荣,无所求为,亦无凭札者徒一年。假冒生监顶带者杖一百。

诈称内使等官（官与事俱诈）

凡(凭空)诈称内使(近臣)、内阁、六科、六部、都察院、监察御史、按察司官在外体察事务,欺诈官府,煽惑人民者(虽无伪造割付)斩(监候)。知情随行者减一等(杖一百流三千里)。其当该官司知而听行与同罪(罪止杖一百流三千里)。不知者不坐。○若(本无符验)诈称使臣乘驿者杖一百流三千里,为从者减一等。驿官知而应付者与同罪。不知情失盘诘者笞五十。其有符验而应付者不坐。(符验系伪造,有伪造符验律,系盗者依盗符验律。)

此仍《明律》,原文系诈称内使、都督府、四辅、谏院,顺治三年改为内阁、六科,并添入小注,雍正三年改定。盖重惩假势要以欺官民之罪也。《唐律》诈冒官司、诈乘驿马分作两条,此合为一。《唐律》:**诸诈乘驿马,加役流**。此止拟流三千里,则较《唐律》为轻,此律前节言诈称体访之罪,后节言诈称乘驿之罪。上条无官诈称有官尚系泛言,此就有官内抽出关系重大者言之。奸究不逞,至于蠹政害民,较上条之有所求为者情罪较重,故立法较严。当与上条诈假官参看,彼系伪造割付以赴任所,此系假借名色以为声势。又与《诉讼门》假以察访为由挟制官府及《贼盗门》指官撞骗二例名目相似而情节不同,彼此互参,其义自各有当。后例又补出诈充差役、诈冒内官亲属两条,更为详备,当合参之。

一,凡诈冒内官亲属、家人等项名色恐吓官司,诓骗财物者,除实犯死罪如盗或伪造符验,或因吓骗殴故杀死之类外,其余枷号一个月,发近边充军。

一，凡诈充各衙门差役，假以差遣体访事情缉捕盗贼为由，占宿公馆，妄拿平人及搜查客船，吓取财物，扰害军民，犯该徒罪以上者，无论有无签票，枷号一个月，发近边充军。若审系捏造签票，执持锁鍊，所犯本罪未至拟徒，但经恐吓诈财者，即照蠹役诈赃一例问拟，仍各加枷号一个月。未捏有签票，止系口称奉吓唬者，杖罪以下亦枷号一个月发落。若计赃逾贯及虽未逾贯，而被诈之人因而自尽者，均拟绞监候。拷打致死及吓诈忿争殴故杀被诈之人者，均照罪人杀所捕人律拟斩监候。为从各减一等。如假差遣有伪造印信批文，或以捕盗抢检伤人按律应拟死罪者，仍各从其重者论。若被诈之人殴死假差者，照擅杀罪人律拟绞监候。至非被诈之人有与假差谋故斗杀者，仍各按本律科断。

近侍诈称私行（官实而事诈）

凡近侍之人在外诈称私行，体察事务，煽惑人民者斩（监候，此诈称系本官自诈称，非他人。）

此仍《明律》，其小注系顺治三年增修。盖指以实官而行诈伪之罪也。近侍之人，日近君侧，习知朝廷之事，易以惑人，故坐斩罪以重惩之。前条官与事俱诈，此则官真而事假，须分别观之。

诈为瑞应

凡诈为瑞应者杖六十徒一年。若有灾祥之类而钦天监官不以实对者，加二等。

此仍《明律》。盖惩欺隐之罪以重休咎之征也。《唐律》：**诸诈为瑞应者，徒二年。若灾祥之类，而史官不以实对者，加二等。**比较此律稍重。瑞应者，陆贾云：瑞者宝也，信也，天以宝为信应人之德，故曰瑞应。诈为瑞应即《唐律疏议》所谓诈言麟凤龟龙，无可案验者。宋王钦若之天书亦其书也。本无瑞应而诈为，是欺罔朝廷，奸人之尤也。若遇灾祥而不以实对，是有负职守，其欺罔更甚矣。故科罪有轻重之分，与《礼律》内失占天象相似而实不同者，彼系无心失占，此则有心不实对耳。

诈病死伤避事

凡官吏人等诈称疾病临时避难（如难解之钱粮，难捕之盗贼之类）者，笞四十，（为所避之）事重者杖八十。〇若犯罪待对，故自伤残者杖一百。诈死者杖一百徒三年。(伤残以求免拷讯,诈死以求免出官)。所避事重(于杖一百及徒三年)者各从重论。(如侵盗钱粮仍从侵盗重者论)。若无避(罪之情但以恐吓诈赖人)故自伤残者杖八十。其受雇倩为人伤残者,与犯人同罪。因而致死者减斗杀罪一等。○若当该官司知而听行(谓知其诈病而准改差,知其自残避罪而准作残疾,知其诈死而准住提)与同罪。不知者不坐。

此仍《明律》,顺治三年添入小注。盖惩讬故避事之罪也。《唐律》:"**诸诈疾病,有所避者,杖一百。若故自伤残者,徒一年半。注云:有避、无避等。虽不足为疾残,而临时避事者,皆是。又,[其]受雇倩,为人伤残者,与同罪;以故致死者,减斗杀罪一等。**"《疏议》云:若为祖父母、父母遣之伤残,因致死者,同过失之法云云。《明律》即本于此而又添诈死一层,较为详备。上段与《吏律》擅离职役相似,但彼言避难在逃,此言诈病避难,比在逃之罪较轻矣。下段与《断狱门》罪囚令人自杀相似,但彼系犯罪应处死而使亲故自杀或倩人杀之,此系犯罪应待对而故自伤残或雇人伤之,情节各不相同也。如稳婆受奸夫雇倩为奸妇打胎皆为人伤残之类也。《日本刑法》:受嘱托为自杀人下手者处轻禁锢加罚金,帮助自杀者减一等,亦即此意。但彼言自杀,此言自伤,有不同耳。

一,获罪之犯报称病故者,著该管官员出具印结,并行文原籍地方官稽查,倘有诈称病故者,分别从重治罪。

诈教诱人犯法

凡诸人设计用言教诱人犯法及和同(共事故诱)令人犯法,却(自)行捕告,或令人捕告,欲求赏给,或欲陷害人得罪者,皆与犯法之人同罪。(罪止杖流。和同令人犯法,看令字还是教诱人而又和同犯法也,若止和同犯法,则宜用自首律。)

此仍《明律》,顺治三年采《笺释》语添为小注。盖言诈诱人之罪以惩奸险也。《唐律》:"**诸诈教诱人使犯法,及和令人犯法,即捕若告,或令人捕告,欲求购赏;及有憎嫌,欲令入罪,皆与犯法者同坐云云。**"与此律拟罪相同而文法稍为增修。凡阴险之徒害人利己,遇有鄙俚之人不娴法式而设为计谋,诳以言语,教人为犯法之事,或和同共为犯法之事,以身诱之,其后欲自行捕告或令人捕告,致人罹于法网,其心至毒,其术至险,在被教诱犯法者业已堕其术中,不能免罪,而教令之人虽自行捕告,亦不准同自首免罪,所以深诛其心,使之不能行其诈也。律注甚细,宜加细玩。后例又补出教师演弄拳棒教人及苗獞地方匪徒教令犯法各条,皆诈教诱人之事,当合参之。

一,苗、猺、狑、獞地方匪徒教诱犯法,如罪应拟杖者,将教诱之人加一等。徒罪以上,教诱之人发边远充军。犯该死罪者,教诱之人与本犯一例拟以斩绞,遇赦不宥。

一,凡土官延幕,若知系犯罪之人私聘入幕,并延请后纵令犯法者,照职官窝匿罪人例革职。若土幕教诱犯法,即视其所犯之轻重加等治罪。

一,凡地方官有被参降革治罪之案,严究幕友、长随、书役等,如系倚官滋事怂令妄为累及本官者,各按本官降革处分上加一等治罪。如有犯罪之后仍潜身该地欺瞒后任,改易姓名复充者,察实严加治罪。

一,自号教师,演弄拳棒教人及投师学习,并轮叉舞棍遍游街市,射利惑民者严行禁止。如有不遵,一经拿获,将本犯流三千里。随同学习者徒三年。

大清律讲义卷十一

刑律犯奸

《唐律》无犯奸专门，凡涉奸事者俱统于《杂律》之中，《元律》谓之奸非，明始于杂犯律中提出另立《犯奸》一门。《唐律》止有凡奸、亲属相奸及奴奸良人各条，其官吏宿娼、买良为娼各项则皆明所增入。国朝因之，共分十篇，而首篇尤为诸篇之通例。凡问奸罪者宜先参看此篇。

犯奸

凡和奸杖八十，有夫者杖九十。刁奸者（无夫、有夫）杖一百。○强奸者绞（监候）。未成者杖一百流三千里。（凡问强奸须有强暴之状，妇人不能挣脱之情，亦须有人知闻及损伤肤体，毁裂衣服之属，方坐绞罪。若以强合，以和成，犹非强也。如一人强捉，一人奸之，行奸人问绞，强捉问未成流罪。又如见妇人与人通奸，见者因而用强奸之，已系犯奸之妇难以强论，依刁奸律。）○奸幼女十二岁以下者，虽和同强论。○其和奸、刁奸者男女同罪，奸生男女责付奸夫收养，奸妇从夫嫁卖，其夫愿留者听。若嫁卖与奸夫者，奸夫本夫各杖八十，妇人离异归宗，财物入官。○强奸者妇女不坐。○若媒合容止（人在家）通奸者，各减犯人（和刁）罪一等。○（如人犯奸已露而代）私和奸事者各减（和刁强）二等。○其非奸所捕获及指奸者勿论。若奸妇有孕，（奸妇虽有据而奸夫则无凭）罪坐本妇。

此仍《明律》，顺治三年添入小注。盖禁奸淫以端风化也。《唐律》：诸奸者，徒一年半；有夫者，徒二年。强者，各加一等。折伤者，各加斗折伤罪一等。诸和奸，本条无妇女罪名者，与男子同。强者，妇女不坐。其媒合奸通，减奸者罪一等云云。与此罪名轻重不同。此律和奸罪止于杖，较《唐律》为轻，而强奸拟绞则较《唐律》重数等矣。又添刁奸、强奸未成并奸幼女各项,更为详备。和奸者,男女情愿和同私奸也。刁奸谓奸夫刁诱奸妇引至别所通奸,亦和奸也。夫淫人妇女,坏人闺门,罪本重在奸夫,然必奸妇淫邪无耻有以致之,故男女同坐。若妇女本守贞洁而人用强奸之,肆己淫恶,污人节操,故严其法,拟以死罪,所以深恶之也。惟是强奸之情易于诬捏,用强之事亦复不同,故小注独详言之,所加细玩。至于十二岁以下幼女,情窦未开,本无淫心,而又易欺易制,故虽和,亦以强论。此律已较《唐律》为详,而例又添轮奸、鸡奸及奸十岁以幼童幼女各项,皆补律所未及,亦以见后世风俗日趋败坏,非此重法不足以警之。外国奸罪甚轻,《日本刑法》奸淫未满十二岁幼女者处轻惩役,强奸者处重惩役,强奸十二岁以上妇女者处轻惩役,自夫之妇奸通者处重禁锢,相奸者亦同,须俟本夫之告诉始论其罪云云,可见奸无夫之妇女即不论矣,即奸有夫之妇而非本夫告诉,亦不治罪矣。非独日本,即欧西各国大抵皆是。盖外国图富强而轻礼节,故视奸罪亦为甚轻,中国重防闲而敦风教,故治奸罪为独严,中外政治之宗旨不同,即此可见一斑。再,此律奸生男女责付奸夫收养,而《元律》诸奸生男女,男随父,女随母,各有不同,亦可以备参考。

一,凡职官及军民奸职官妻者,奸夫奸妇并绞监候。若职官奸军民妻者革职,杖一百的决,奸妇枷号一个月,杖一百。其军民相奸者,奸夫、奸妇各枷号一个月,杖一百。其奴婢相奸,不分一主各主及军民与官员,军民之妾婢相奸者,奸夫奸妇各杖一百。

一,强奸十二岁以下幼女因而致死及将未至十岁之幼女诱去强行奸污者,照光棍例斩决。其强奸十二岁以下,十岁以上幼女者拟斩监候。和奸者仍照虽和同强论律拟绞监候。

一,凡调奸图奸未成者,酌其情罪之重轻分别枷号杖责。

一,强奸妇女,执持金刃凶器戳伤本夫[妇]及其夫与父母并有服亲属已成奸者拟斩监候,未成奸者拟绞监候。如伤非金刃凶器,已成奸者拟绞监候,未成奸者发边远充军。其图奸、调奸妇女未成,拒伤本妇并其[夫]与父母及有服亲属如至残废笃疾,罪在满徒以上者,拟绞监候。但系刃伤者发极边足四千里,若伤非金刃,仍依罪人拒捕律于本罪上加二等问拟。

一,恶徒伙众将良人子弟强行鸡奸者,照光棍例,为首斩决,为从同奸者绞监候,余犯发遣为奴。其虽未伙众因奸将良人子弟杀死及将未至十岁之幼童诱去强行鸡奸者，亦照光棍为首例斩决。如强奸十二岁以下，十岁以上幼童者拟斩监候。和奸者照奸幼女虽和同强论律拟绞监候。若止一人强行鸡奸，并未伤人拟绞监候。如伤人未死拟斩监候。其强奸未成并未伤人者拟流三千里。如刃伤未死拟绞监候。如和同鸡奸者，照军民相奸例枷号一个月，杖一百。

一，轮奸良妇已成之案，照光棍例为首斩决，为从同奸者绞候，同谋未经同奸余犯发遣为奴。因而杀死本妇者，首犯斩枭，为从同奸又帮同下手者斩决，同奸而未下手及下手而未同奸者均拟绞决。其同谋而并未下手又未同奸者，发遣为奴。如致本妇自尽者，首犯斩决，为从同奸之犯绞决，同谋未经同奸首[余]犯发遣为奴。若伙谋轮奸未成，为首发遣为奴，为从满流。因而杀死本妇者，首犯斩决，为从帮同下手者绞决，未经下手者发遣为奴。如致本妇自尽者，首犯斩候，为从发遣为奴。

一，轮奸已经犯奸妇女已成者，为首发遣为奴，为从同奸者满流，同谋未经同奸余犯满徒。因而杀死本妇者，首犯斩决，下手为从同奸者绞决，未同奸者绞候，同奸而未下手者发遣为奴，并未同奸又未下手者满流。如致本妇自尽者，首犯绞候，为从同奸者发遣为奴，同谋未经同奸余犯满流。若轮奸未成，首犯满流，为从满徒。因而杀死本妇者，首犯斩候，为从除系谋杀仍照谋杀本律分别曾否加功问拟外，如系殴杀帮同下手者，发遣为奴，未经下手者满徒。如致本妇自尽者，首犯发遣为奴，为从满徒。如妇女犯奸后已经悔过自新审有确证者，仍以良人妇女论。

一，凡强奸十二岁以下幼女幼童未成者，发遣为奴。

一，轮奸已经犯奸妇女已成者，为首发黑龙江给披甲人为奴，为从同奸者杖一百流三千里。同谋未经同奸余犯杖一百徒三年，因而杀死本妇者，首犯拟斩立决，下手为从同奸者拟绞立决，未同奸者绞监候。同奸而未下手者发黑龙江给披甲人为奴。并未同奸又未下手者杖一百流三千里。如致本妇自尽者首犯拟绞监候，为从同奸者发黑龙江给披甲人为奴。同谋未经同奸余犯杖一百流三千里。若轮奸未成，首犯杖一百流三千里，为从杖一百徒三年。因而杀死本妇者，首犯拟斩监候。为从除案系谋杀，仍照谋杀本律分别曾否加功问拟外，如系殴杀帮同下手者，发黑龙江给披甲人为奴。未经下手者杖一百徒三年。如致本妇自尽者，首犯发黑龙江给披甲人为奴。为从杖一百徒三年。如妇女犯奸后已经悔过自新，审有确证者，仍以良人妇女论。

此仍《明律》，顺治三年添入小注。盖严惩自败闺阃之罪以戒淫风也。《唐律》不著此律，《元律》有夫受财纵妻为娼及不受财勒妻妾为娼，并以财买休和娶为妻三条,此律即本于此。首二节言纵容抑勒之罪,后一节言买休卖休之罪。纵容抑勒情异而事同,然皆通奸也。卖休买休事异而情同,非奸而同于奸也。夫妻妾固有淫行,本夫不禁制而反纵容,则败坏风化之罪与奸夫奸妇无异,故均拟杖。抑勒通奸者,寡廉鲜耻之事全在本夫义父,而妇女本无淫心,特迫于情不得已,故不坐罪。盖纵容已失夫纲,抑勒尤为无耻,义不可以令合,故并离异。若卖休买休,不曰奸妇而曰本妇,不曰奸夫而曰买休人,可见与犯奸者不同。然卖休者自弃其妻,既失夫妇之伦,买休者谋娶人妻,亦失婚姻之正,有类于奸,故与通奸并列一条。卖休买休,按律虽应离异,然亦有不可拘泥者,据《会典》云:家贫将妻不告官而嫁卖与人者,问不应,妇人仍归后夫。又《辑注》云:因贫卖妻,本夫既不能养赡,或无宗可归,势必又将失节转嫁,不如仍归后夫,免追财礼云云。二说虽与律不合,均足补律之未备,当合参之。此外,又如义父纵容养女抑勒乞养子孙妇妾及正妻纵容抑勒妾犯奸,律皆不言,当参酌比拟。外国不设此律,其风俗概可知矣。

亲属相奸

凡奸同宗无服之亲及无服亲之妻者,各杖一百(强者,奸夫斩监候)。○奸(内外)缌麻以上亲及缌麻以上亲之妻,若妻前夫之女,同母异父姊妹者,各杖一百徒三年。强者(奸夫)斩(监候)。若奸从祖祖母(祖)姑从祖伯叔母(从祖伯叔)姑从父姊妹母之姊妹及兄弟妻、兄弟子妻者,(奸夫、奸妇)各(决)绞。(惟出嫁祖姑、从祖伯叔姑监候绞。)强者(奸夫决)斩。(惟强奸小功再从姊妹、堂侄女、侄孙女出嫁降服者,监候斩。)○(若奸妻之亲生母者,以缌麻亲论之太轻,还比依母之姊妹论)。○若奸父祖妾、伯叔母、姑、姊妹、子孙之妇、兄弟之女者,(奸夫奸妇)各(决)斩。(强者奸夫决斩。)○(凡奸前项亲属)妾各减(妻)一等,强者绞(监候。其妇女同坐、不同坐及未成奸、媒合,纵容等件,各详载犯奸律。惟同宗奸生男女,不得混入宗谱,听随便安插。)

此仍《明律》,末句原有小注,顺治、康熙、乾隆年间迭次修改。盖严败伦内乱之罪以正风化也。《唐律》分作三条,一为奸缌麻亲及妻:"诸奸缌麻以上亲及缌麻以上之妻,若妻前夫之女及同母异父姊妹者,徒三年;强者,流二千里;折伤者,绞。"一为奸从祖母姑:"诸奸从祖祖母姑、从祖伯叔母姑、从父姊妹、从母及兄弟妻、兄弟子妻者,流二千里;强者,绞。"一为奸父祖妾:"诸奸父祖妾、伯叔母、姑、姊妹、子孙之妇、兄弟之女者,绞。即奸父祖所幸婢,减二等。"明合为一篇,较《唐律》拟罪从轻,又删去父祖所幸之婢一节,而增入无服之亲及无服亲之妻二项。《唐律》强奸无死罪,即强奸从祖母姑以下各项亦止于绞,《明律》由绞而加至斩,又由斩候而加至斩决,严惩奸罪至斯已极,然犯者纷纷,而照律办理者百无一二,则重法亦为虚设耳!共分五节。首节言同宗无服谊属疏远而名分犹存,故奸加凡人二等。二节言缌麻以上亲及其妻既有服制理应加重,即前夫之女与同母异父姊妹虽无服而义亦重,故与缌麻亲同论。三节言从祖祖母各项。盖从祖祖母即祖亲兄弟之妻,小功服也。从祖祖姑即祖之亲姊妹,在室小功,出嫁缌麻也,皆长己两辈者。从祖伯叔母即父同祖堂兄弟之妻,小功服也。从祖姑,即父同祖之堂姊妹,在室小功,出嫁缌麻也。母之姊妹即己之母姨,小功服也,皆长己一辈者。从父姊妹即己之同祖堂姊妹,在室大功,出嫁小功也。兄弟之妻,小功之服也。皆与己同辈者。兄弟子之妻,大功服也,此晚己一辈者,以上皆大功小功亲中之至重者,与别项大功、小功亲不同,奸淫内乱罪在十恶之列,故犯者另置重典。四节言父祖妾、伯叔母各项,其亲为尤近而其伦为尤重,奸至于此则行同禽兽,淫乱逆伦大恶不赦,和者俱拟立决,已处极刑,即强奸亦无可再加,故亦止于决斩也。五节专言奸妾之罪,承上各项而统言之。律文止言和奸强奸已成而不言未成之罪,旧例补出强奸未成分别拟军流,调奸未成满徒云云。虽便引用,然未免失古意矣。盖律不言未成之罪,非疏漏也。古人之所不言者,俱有至理,自可于言外求之,后世事事求备于古人,不言者而亦言之,遂不免有窒碍难通之处,即如此项,若业已成奸,自属恩不掩义,若仅属调戏,尚可法外原情。薛氏《存疑》有云:父子伯叔兄弟均属骨肉至亲,未可全以法绳。假使父兄调戏子弟之妻,照例拟以流罪,在父兄固罪无可辞,而试问子弟之心安乎?否乎?为子弟者将代妻伸诉耶?抑代父兄隐讳乎?即不然袖手旁观,坐视不理乎?且由何人告官?何人质证耶?其妇女仍给亲完聚乎?抑令离异归宗乎?种种窒碍,殊觉未尽允叶,似不如不言为当云云。其言极为中理,当细味之。外国不著此律,想俱以凡论矣。

　　一,凡亲属和奸律应死罪者,若强奸未成发边远充军,调奸未成流三千里。其和奸罪不致死者,若强奸未成发近边充军,调奸未成徒三年。

诬执翁奸

　　凡男妇诬执亲翁及弟妇诬执夫兄欺奸者斩(监候)。○(强奸子妇未成而妇自尽,照亲属强奸未成例科断。)○(义子诬执义父欺奸,依雇工人诬家长。)○(嫂诬执夫弟及缌麻以上亲诬执者,俱依诬告。)

此仍《明律》,其小注系顺治三年添入,雍正三年修改。盖重惩污蔑尊长之罪也。《唐律》无此名目,《元律》有男妇虚执翁奸,有司加翁拷掠,男妇报虚者杖一百七之条,是即此律所本祖而治罪特严且重。凡欺其卑幼而凌制以成奸谓之欺奸,翁欺奸子媳当坐绞决,兄欺奸弟妇当作绞候。今无此情而诬执之,欲陷夫之父兄于大辟,妇人之险恶至此已极,故直坐绞罪,不用诬告反坐之律。若嫂诬夫弟及缌麻以上亲,注云:俱依诬告,则诬执大功小功期亲者皆在内矣。

奴及雇工人奸家长妻

凡奴及雇工人奸家长妻女者各斩(决)。○若奸家长之期亲,若期亲之妻者绞(监候)。妇女减一等。若奸家长之缌麻以上亲及缌麻以上亲之妻者,各杖一百流二千里。强者斩(监候)。○妾各减一等,强者亦斩(监候、军伴、弓兵、门皁、在官役使之人,俱作雇工人。)

此仍《明律》,顺治三年添入小注。盖正雇工犯奸之罪以肃名分也。《唐律》:"部曲及奴奸主及主之期亲,若期亲之妻者绞,妇女减一等;强者,斩。即奸主之缌麻以上亲及缌麻以上亲之妻者,流;强者,绞。"《疏议》云:若奸妾者,减妻一等。即妾子见为家主,其母亦与子不殊云云。《明律》虽本于此而改奸家长妻女一项为各斩,不同奸家长之期亲妇女减等者,盖以家长之妻女于雇工分尊而义重,乃至和同奸淫,其情必起于妻女,秽乱之罪浮于雇工,故同斩罪,不照《唐律》减等。若家长之期亲则与家长之妻女有间,雇工既改绞候,妇女可减一等。夫和奸本男女同罪,独此条妇女减一等者,盖以期亲之分杀于妻女,雇工淫恶犯上,难免于死,妇女虽贱辱无耻,究较雇工稍轻,故不妨稍贷一死。至于缌麻以上又同罪者,妇女流罪原系收赎,并不实发,名虽同而实异也。妾各减一等,系统上数项而言。至于家长与雇工之妻通奸,律不言者,非遗之也,盖家长于雇工本无伦理,徒以名分尊卑相事,使如家长奸雇工之妻,不过降其尊而自卑,自取其辱贱而已。《琐言》:律不著罪,各问不应。考之《唐律》奸他人部曲妻杖一百,而无己家部曲妻,《疏议》云,明己家部曲妻各不坐也。又考之《汉律》,奸妻婢者,厥罪曰姘,罚金四两。可见此项人犯,古法本不科罪,现例虽有亲属强奸雇人妻女致令自尽二条,若非有夫或系婢女,或非强奸酿命,则仍不治其罪矣。

一，凡奴奸家长之妾者各绞监候。若家长奸家下人有夫之妇者笞四十。系官交部议处。

一，家长之有服亲属强奸奴仆雇工人妻女未成，致令羞忿自尽者，发近边充军。

一，凡奴及雇工人强奸家长之母与妻女审有确据者，无论已未成奸，拟斩立决。若调未成，发黑龙江为奴。

奸部民妻女

凡军民（本管）官吏奸所部妻女者，加凡奸罪二等，各罢职役不叙，妇女以凡奸论。○若奸囚妇者，杖一百徒三年。囚妇止坐原犯罪名（若保管在外，仍以奸所部坐之，强者俱绞）。

此仍《明律》，顺治三年添入小注，雍正三年改定。盖重倚势行奸之罪也。《唐律》监临主守于所监守内奸者加奸罪一等，此加二等，则较《唐律》稍重，又添奸囚妇一项，更为详备。此律大意原是严于官吏，故不用男女同罪之法。上官吏加二等，妇女止坐凡奸。下官吏坐满徒，囚妇并不坐罪。恶其淫乱无行而挟威势以行之也。然同一挟势为奸而奸囚妇之罪尤重者，所部虽受统摄，妇女若无淫行，官吏何由得奸？若囚妇则禁制在官吏之手，可以胁诱而奸，故拟罪轻重不同而被奸之妇女亦有科罪不科罪之分也。官吏而外，如狱卒及押解人役有奸囚妇仍当照官吏科之。

居丧及僧道犯奸

凡居父母及夫丧，若僧尼道士女冠犯奸者，各加凡奸罪二等，相奸之人以凡奸论（强者，奸夫绞监候，妇女不坐）。

此仍《明律》，顺治三年添入小注。盖惩蔑礼违教之罪也。《唐律》："**居父母及夫丧，若道士、女冠[官]奸者，[各又]加（凡奸）二[一]等。妇女以凡奸论。**"与此律罪名相同，此特多僧尼二项耳。居丧犯奸，则忘哀纵欲。出家者犯奸，则秽乱清规。相奸之人兼男女言，既非出家，又不居丧，故仍坐凡奸之罪，不加等也。《唐律》又有居丧生子徒一年之律，今律不载则不坐罪。又，凡律祖父母，与父母同论。此律止言父母而不言居祖父母丧者，祖父母恩义虽重而服制则轻，有犯仍以凡论，不在加等之列。至居父母丧，则兼男女言。居夫丧，则兼妻妾言。律曰僧尼，例曰尼僧，颠倒之下，其义不同，称僧尼者指二人，称尼僧者指一人，缘尼亦称僧也。

良贱相奸

凡奴奸良人妇女者,加凡奸罪一等(和、刁、有夫、无夫俱同。强者斩)。良人奸他人婢者(男妇各)减凡奸一等。(如强者仍照凡论,拟绞监候。其强奸未成者俱杖一百流三千里。)奴婢相奸者以凡奸论。

此仍《明律》,其小注系顺治三年添入,雍正、乾隆年间迭次修改。盖于奸罪之中明良贱之分也。《唐律》:"奴奸良人者,徒二年半;强者,流。部曲、杂户、官户奸良人者,各加凡奸一等徒二年,有夫者徒二年半。奸官私婢者,杖九十。奸他人部曲妻,杂户、官户妇女者,杖一百。强者,各加一等。折伤者,各加斗折伤罪一等。"注云奴奸婢,亦杖九十云云。此律止言奴婢良人相奸而无部曲、杂户、官户之名,且和奸较《唐律》从轻,而强奸较《唐律》为重,则各有取义也。强奸拟绞罪已重矣,而奴强奸良人者更加重拟斩,尤与古法不合。夫和奸、刁奸,男女同罪,而良贱有尊卑之异,则不得一概科断。奴犯良为僭,而良不自爱,故同加重。良从贱为辱,而奴非良者,故同减轻。若奴婢相奸,则以贱奸贱,犹以良奸良也,故不分一主、各主,俱以凡奸论之。律止言良人奸他人婢者减一等,若良人奸他人奴之妻则与婢不同,应仍以凡论。又,奴若出居自住,而奸良人妇女亦同凡论,说见《集注》。

官吏宿娼

凡(文武)官吏宿娼者杖六十(挟妓饮酒,亦坐此律)。媒合人减一等。〇若官员子孙(应袭荫)宿娼者,罪亦如之。

此仍《明律》,顺治三年删去末二句,又添入小注。盖慎官方而戒淫佚也。官吏宿娼,非奸良人可比,而荡闲踰矩,有玷官箴,故[杖]六十,其罪虽轻而行止有亏,仍应革职罢役,与犯别项杖六十止应降级者不同也。若官员子孙虽非现任之比,然亦有碍行止,故拟罪从同。注曰应袭廕,可见非袭廕者不在此限矣。官吏娶娼,则应比照官吏娶娼妓为妻妾之律亦拟[杖]六十,离异,载在《户律》,当合参之。

一,监生生员撒泼嗜酒,挟制师长,不守监规学规及挟妓赌博,出入官府,起灭词讼,说事过钱,包揽物料等项者,问发为民,各治以应得之罪。得赃者计赃从重论。

买良为娼

凡娼优、乐人买良人子女为娼优及娶为妻妾,或乞养为子女者,杖一百。知情嫁卖者同罪。媒合人减一等,财礼入官,子女归宗。

此仍《明律》。盖惩陷良为贱之罪也。娼优最为下贱,不齿于平民。若买良人为娼优及娶为妻妾或乞养为子女,是使良人子女陷身于下贱也。若良人之家知系娼优而将子女嫁卖者,是徒知贪利而陷其子女,辱其家门,故与买者同罪,律止拟满杖。后例加重,拟以满徒,更加枷号三月,严惩买良之罪,正所以遏绝娼优之源。而又增宿娼狎优及自行起意为娼为优之罪,窝顿妓娼之罪,租给开设媎寮房主之罪,皆以正风俗而端风化,用意良深。现在倣照外国之法,娼寮一概收捐,即不能照例再治其窝娼开设下处之罪,故上年奏准京城开设下处及租给之房主均免治罪,虽系因时变通,然古法从此益荡然矣。

一,凡纵容抑勒妻妾及亲女义女、子孙之妇妾等项与人通奸者,除照律治罪外,仍将纵容抑勒之人枷号一个月。若有私买良家之女为娼及设计诱买良家之子为优者,俱枷号三个月,徒三年。知情卖者与同罪。媒合人及串通说合之中保减一等。奸宿者照抑勒妻女与人通奸奸夫杖八十律拟杖八十,子女不坐,并发归宗。若妇女男子自行起意为娼为优卖奸者,照军民相奸例枷号一个月,杖一百。宿娼狎优之人亦照此例同拟枷杖。

大清律讲义卷十二

刑律杂犯

李悝《法经》五曰《杂法》，至后周更名《杂犯》，隋唐复改为《杂律》，条数甚多，凡犯奸、私铸、负债、坐赃各项均在其内，明始按款分隶别律，止存十一条。此篇拾遗补缺，错综成文，以其班杂不齐，故名《杂律》，列于各律之后。

拆毁申明亭

凡拆毁申明亭房屋及毁（亭中）板榜者，杖一百流三千里（仍各令修立）。

此仍《明律》，顺治三年添入小注。盖言义关劝惩，不容擅废也。申明教化之所，板榜即教化板文。凡州县各里俱设立申明亭而置板刻榜文于内，一切户婚田土细事，耆老里长于此解劝剖决，民有不孝不弟、犯盗犯奸之人，俱书其姓名事迹于板榜，以示惩戒而发其羞恶之心，能改过自新则去之。若敢拆毁，则是不遵教化之乱民，故重其法，流而遣之。考之《周礼·布宪》：掌宪邦之刑禁，正月之吉，执旌节以宣布于四方，而宪邦之刑禁以诘四方、邻国及其都鄙。注：宪，表也。谓悬之也。此律中申明亭即做《周礼》之意，所谓禁于未然也。乾隆三十四年上谕：嗣后恭遇谕旨有宣示中外知之者，令内外文武衙门刊刻誊黄，张挂晓谕，仍前不行宣示，罚俸一年等因，亦即此意。而例又自一切条教规约刊刻木榜晓谕之例，均良法也。无知有司奉行不力，视为具文，遂致古人教化之所反为乞丐匪人所诧迹，安得咎立法之不善哉！故《日本刑法》违警罪：凡毁弃各处榜示之通行禁止者，处拘留十日。可见此制原为中外所通行，外国则实事求是耳！

一，凡钦奉教民敕谕，该督抚率属员缮写刊刻，敬谨悬挂于申明亭，并将旧有一切条约，悉行刊刻木榜晓谕。

夫匠军士病给医药

凡军士在镇守之处，丁夫杂匠在工役之所而有疾病，当该（镇守监督）官司不为（行移所司）请给医药救疗者笞四十。因而致死者杖八十。若已行移所司而不差拨良医及不给对证药饵医治者罪同。

此仍《明律》，顺治三年添入小注。盖立法以恤服劳之人也。《唐律》谓之工匠防人等疾疾：**诸丁匠在役及防人在防，若官户、奴婢疾病，主司不为请给医药救疗者，笞四十；以故致死者，徒一年云云。**此律大致相同，惟删去奴婢一项，并改徒一年为杖八十，则较轻矣。夫军民疫病，官司所当轸恤，况军士在镇则为王事而有守禦之劳，夫匠在工则为公事而有力役之苦，若遇病不请医药笞，因而致死者杖，此所司之罪也。如按医调治，药不对症而致死，则有庸医杀人本律，所司不任咎也。所司在内则太医院，在外则州县均是。

赌博

凡赌博财物者皆杖八十，（所）摊（在）场（之）财物入官，其开张赌坊之人（虽不与赌列亦）同罪。（坊亦入官。）止据见发为坐，职官加一等。〇若赌饮食者勿论。

此仍《明律》，顺治三年添入小注。盖禁游荡费财以正风俗也。《唐律》："**诸博戏赌财物者，各杖一百；赃重者，各依己分，准盗论。输者，亦依己分为从坐。其停止主人，及出头[九]，若和合者，各如之。赌饮食者不坐云云。**"此律大致与《唐律》相同而略为减轻，并删去"赃重准盗论"一语，而添职官加等之文。凡以游戏之具角胜负而赌财物，则谓之赌博。古之奕棋，今之掷骰斗牌皆是也。习于赌博必至妨废本业，荡罄家产，比之匪人，入于败类，故特设此条以惩之。但必见发有据方坐，恐有指攀诬陷之弊，与捉奸必在奸所、捕获私盐必人盐并获者均系防其诬指滥及之意。律文罪止于杖，国朝定例格外加严，从前旗人犯赌从重拟绞，现虽停止此例，然轻则满杖加枷，重即拟以军徒，并严定存留窝赌、造卖赌具、租给赌房之罪，原以赌博不但为风俗之害，且为盗贼藏迹之所，治赌博正所以靖盗源也。但立法过于严厉，而规避愈多，日久必至废驰。近来只有禁赌之名，其认真查拿者百无一二，其实赌具赌场到处皆是，地方官从不过问，甚至收受开赌陋规，或纵令轿夫开赌以为自己养轿之费，吏治之坏一至于此，此风俗之所以日偷而盗风之所以愈炽也。又有甚者，从前广东等省花会白鸽等局习以为常，而闱姓一事又彰明较著，以为国家公款所出，近则开设彩票之局遍于京外，甚至形诸奏牍，藉此以为办公之资，而官场风气又以打麻雀为高雅，几于无处不有，世风日下尚可问乎？国初盛时，禁令何等森严，未几而改从宽典，又未几而视为具文，上下相蒙，即此赌博一端，而其他便可知矣。外国禁赌亦严，《日本刑法》：开设赌场图利，或招纳博徒，或现赌财物博奕，或醵集财物以富籤行侥幸利益之业者，均处重禁锢加罚金，知情给与房屋者亦同，赌博之器具财物在现场者收没入官云云。**其禁令何尝不同于我，但外国立法而事在必行，中国有法而视为虚文，不探其本而斤斤徒言变法，恐愈变而愈离其宗矣。**

一，凡赌博不分兵民，俱枷号两个月，杖一百。偶然会聚开场窝赌，及存留之人抽头无多者，各枷号三个月杖一百。官员有犯，革职枷责，不准折赎。奴仆犯者，家主系官，交与该部。系平人，责十板。该管各官不行严查缉拿，别经发觉者，交部议处，总甲笞五十。若旁人出首，或赌博中人出首者，自首人免罪，仍将在场财物一半给首人充赏，一半入官。凡以马吊混江赌财物者俱照此例治罪。赌饮食者坐不应重律。以上俱拿获牌骰，见发有据者方坐，不许妄扳拖累。

一，拿获赌博，务向各犯严追赌具来历，如不将造卖之人据实供出，即将出有赌具之人照贩卖为从例徒三年。

一，凡描画纸牌照印板造卖之犯减一等治罪。造卖牌骰未成，照造卖已成者减一等治罪。

一，凡压宝诱赌以及开鹌鹑圈、斗鸡坑、蟋蟀盆赌斗者，将开场及同赌之人俱照赌博例治罪。其失察之该管官亦照赌博之该管官员例议处。

一，凡现任职官有犯屡次聚赌及经旬累月开场者，发往乌鲁木齐等处效力赎罪。（若偶然犯罪及聚赌一二次者仍革职，照例枷责，不准折赎。）

一，凡民人造卖纸牌骰子，为首者发边远充军，为从及贩卖为首者杖一百流二千里。贩卖为首者杖一百徒三年，如藏匿造赌器具不行销毁者，照贩卖为从例治罪。

以上四条例，初[第]二条系赌博通例，第三条系出赌具之罪，第四条及第六条系造卖赌具之罪，所以绝其根株。第五条系职官属次加重之罪，皆为审理赌案者切要之例。此外，尚有教诱宗室犯赌及京城轿夫聚赌、匪徒串党勾诱、客商聚赌捎留客货及吉林奉尺闽省赌博专条，并租给之房主、不首之邻佑、失察之官长均有治罪专条，而赌博别名又有花会、金钱会、压宝、鹌鹑圈、斗鸡坑、蟋蟀盆等项，皆照赌博治罪，名色甚多，条例甚繁，择其常用者录于律后，其余概从割爱。

阉割火者

凡官民之家，不得乞养他人之子阉割火者（惟王家用之），违者杖一百流三千里。其子给亲（罪其僭分私割也）。

此仍《明律》，顺治三年添入小注。盖禁私割以杜僭越也。凡净身而未入官名曰火者。旧时闽广等处豪户之家多有求觅他人之子阉割驱使火者之俗，故设此法以禁之。阉割即古之宫刑，惟王家得以役使。若官民之家阉割火者，令其供役，则僭越甚矣。故有犯即拟满流，若因阉割致死，则当酌量加重治罪，不得仍照故杀乞养之子仅拟流罪，致与仅阉割而未致死者无所分别。律不言阉割奴与雇工者，当同乞养子论矣。后例又补出诓骗阉割之罪，系指凡人而言，与律称乞养子者不同，故加重拟军绞。至于私自净身一项，前明旧例最严，本身及下手者一律处斩。洪熙时上谕云：自宫以求用者，唯图一身富贵耳，而绝祖宗父母，古人求忠臣于孝子，彼父母且不顾，岂能诚心事君。今后有自宫者必不贷。后万历年间定例：凡有四、五子者，准以一子报官阉割，则渐宽矣。现例改从轻典，分别贫难、畏罪，均罪不至死，则更宽之至也。同一净身而前后罪名不同如此，可见刑法本无一定也。

一，凡私自净身人犯审明委系贫难度日，别无他故者，照例令其自投内务府验看，派拨当差。如有因伤致死者，将代倩下手之犯照过失杀人律科断。若系畏罪情急，起意阉割，希图漏免者，除实犯死罪及例应外遣无可再加外，余俱按其原犯科条各加一等定拟。其受雇代倩下手阉割之人与犯人同罪。因而致死者减斗杀罪一等。

一，凡诓骗阉割之案，讯系和诱知情者，为首充军。若系设计略诱，讯明被诱之人并不知情，致被强勒阉割者，即照诱拐子女被诱之人不知情例，将为首之犯拟绞监候，均将犯人财产一半断给被伤之人养赡，为从者各减一等。如略诱阉割，因伤致死者，为首拟斩监候。其有用药饼及一切邪术迷拐阉割者，各依迷拐本例从重论。

嘱托公事

凡官使诸色人等（或为人，或为己）曲法嘱托公事者笞五十，但嘱即坐（不分从、不从）。当该官吏听从（而曲法）者与同罪。不从者不坐。若（曲法）事已施行（者）杖一百。（其出入）所枉（之）罪重（于杖一百）者，官吏以故出入人罪论。若为他人及亲属嘱托（以致所枉之罪重于笞五十）者，减官吏罪三等。自嘱托己事者加（所应坐）本罪一等。○若监临势要（曲法）为人嘱托者杖一百。所枉重（于杖一百）者与官吏同（故出入人）罪，至死者减一等。○若（曲法）受赃者，并计赃（通算全科）以枉法论。（通上官使人等嘱托者及当该官吏，并监临势要言之。若不曲法而受赃者，只以不枉法赃论。不曲法又不受赃，则俱不坐。）○若官吏不避监临势要，将嘱托公事实迹赴上司首告者升一等。（吏候受官之日亦升一等。）

　　此仍《明律》，原有小注，顺治、雍正年间两次修改。盖言挟私背公，嘱托与听从均有罪也。分四节。首节言官吏人等曲法嘱托及官吏曲法听从之罪。次节言监临势要嘱托及官吏听从之罪。三节言受人财而为人嘱托及听行枉指之罪。末节统承上文言官吏不避监临势要之威赴上司首告者升官之法。夫法本直也，而欲求其偏曲，故为之嘱托。嘱托者，私言也，若不求曲法，何用私言？倘因官吏见之不明、处之不当而以朋友之谊从中匡正，或以亲戚之谊为之关白，虽曰非分，实是公言，不得谓之嘱托矣。于嘱托上加"曲法"二字，则不曲法者勿论可知矣。《吏律》又有罢闲官吏干预官事拟杖八十之条，可与此条参观。

　　一，民人附合结党妄预官府之事者杖一百。如有降调黜革之员，贿嘱保留者，审实，将与受官民俱照枉法赃治罪。

私和公事（发觉在官）

　　凡私和公事，（各随所犯事情轻重）减犯人罪二等，罪止笞五十（若私和人命、奸情，各依本律，不在此止笞五十例）。

　　此仍《明律》，顺治三年添入小注，雍正三年改定。盖禁武断之渐以明官法之不可废也。凡事以发觉在官名曰公事，民间有不平公事，应听官司判断曲直以示惩劝。若为人私和，则是侵犯官司之权，以逞其武断乡曲之威，故减犯人罪二等，而仍止于笞五十者，以其本心原为息讼，究无恶意也。若人命关乎生死，奸情关乎风化，与别项公事不同，故私和各有本条，从重拟杖不止笞五十而已。律注"发觉在官"四字最有深意，如事未到官，则平争释忿，为人排难解纷，如陈实、王烈之辈，正为乡里所矜式，尚何有罪之可加哉！此皆专制政体之法，外国尊重民权，地方自治，此律究属不适于用耳！

失火

凡失火烧自己房屋者笞四十。延烧官民房屋者笞五十。因而致伤人命者（不分亲属、凡人）杖一百，（但伤人者不坐致伤罪，其）罪（止）坐（所由）失火之人。若延烧宗庙及宫阙者绞（监候）。○社，减一等（皆以在外延烧言）。○若于山陵兆域内失火者（虽不延烧）杖八十徒二年，（仍）延烧（山林兆域内）林木者杖一百流二千里。若于官府公廨及仓库内失火者亦杖八十徒二年。主守（仓库）之人因而侵欺财物者，计赃以监守自盗论（不分首从）。其在外失火而延烧者各减三等。（若主守人因而侵欺财物不在减等之限。若常人因火而盗取，以常人盗论。如仓库内失火者杖八十徒二年，比仓库被窃盗，库子尽其财产，均追赔偿之例。）○若于库藏及仓廒内燃火者（虽不失火）杖八十。○其守卫宫殿及仓库，若掌囚者，但见（内外）火起，皆不得离所守，违者杖一百。（若点放火花爆仗问违制）。

此仍《明律》，顺治三年添入小注。盖惩失火之愆以并重官府仓库也。《唐律》："诸失火及非时烧田野者，笞五十；延烧人舍宅及财物者，杖八十；赃重者，坐赃论减三等；杀伤人者，减斗杀伤二等。其行道燃火不灭，而致延烧者，各减一等。诸于官府廨院及仓库内失火者，徒二年；在宫内，加二等。损害赃重者，坐赃论；杀伤人者，减斗杀伤一等。延烧庙及宫阙者，绞；社，减一等。诸库藏及仓内，皆不得燃火。违者，徒一年。诸见火起，应告不告，应救不救，减失火罪二等。其守卫宫殿、仓库及掌囚者，皆不得离所守救火，违者杖一百。诸于山陵兆域内失火者，徒二年；延烧林木者，流二千里；杀伤人者，减斗杀伤一等。其在外失火而延烧者，各减一等云云。"较此律详备而拟罪亦少有参差。此律致伤人命者止杖一百，而《唐律》杀伤人者减一等二等。《唐律》延烧财物赃重者坐赃论减三等，此律延烧他人财物无论多少，止拟笞罪，并无计赃加重之法，均较《唐律》为轻。是以后例又补出房屋至一百间、二百间、三百间者，从重加枷号，即是仿《唐律》之意。现在新章，枷号无论多少，概折罚金五两，则又失定例之本意矣。总之，失火虽由于不慎，而究非意料之所及，延烧虽受其损害，而究为无心之失错，故止科以不慎之罪，而并无赔偿之法。惟仓库关系公款，库子职有专司，故注内有尽其财产赔偿之法。可见此外均不赔偿矣。《日本刑法》失火烧毁人之家屋财产者处罚金二圆以上，二十圆以下。若因火药及其他爆烈物品毁坏人之家财者，如系过失，亦照失火例处断云云，止科罚金，并无治罪之法，亦系原其无心之错也。

一，凡出征行猎处失火者杖一百。

一，失火延烧官民房屋及官府公廨、仓库失火等案，各照本律笞杖、充徒定拟，应否赔修，亦照律办理外，失火延烧官民房屋如数至一百间者，加枷号一个月。至二百间者，加枷号两个月。若延烧官府公廨、仓库官物及官民房屋至三百间以上者，加枷号三个月，均于失火处所枷示。

放火故烧人房屋

凡放火故烧自己房屋者杖一百，若延烧官民房屋及积聚之物者杖一百徒三年。而盗取财物者斩（监候）。杀伤人者以故杀伤论。○若放火故烧官民房屋及公廨、仓库系官积聚之物者（不分首从）皆斩（监候。须于放火处捕获有显迹证验明白者乃坐。）其故烧人空间房屋及田场积聚之物者各减一等。○并计所烧之物减价，尽犯人财产，折剉赔偿，还官给主。（除烧残见在外，其已烧物，令犯人家产折为银数，系一主者全偿。系众主者计所故烧几处，将家产刨为几分而赔偿之，即官民亦品搭均偿。若家户罄尽者免追。赤贫者止科其罪。○若奴婢雇工人犯者，以凡人论之。）

此仍《明律》，原有小注，顺治三年增修。盖严惩有意放火之罪也。《唐律》："诸**故烧官府廨舍及私家舍宅，若财物者，徒三年；赃满五疋，流二千里；十疋，绞。杀伤人者，以故杀伤论。**"此律故烧官民房屋不分首从，不计多寡，皆绞，则较《唐律》为重，又添放火烧自已房屋并烧人空房及田场积聚之物，更较《唐律》为详。放火出于有意，与无心失火不同，故曰故烧。故烧自己房屋，情虽可恶，害未及人，其罪尚轻，不过满杖。即延烧官民房屋，害虽及人而原其本心止欲自焚而已，故亦罪止于徒。若乘间盗财，或杀人并故烧官民房屋仓库，则不能贷其死罪者，以其情可恶，而其心叵测也。至于空闲房屋则与有人居住者不同，田场积聚之物又与家内积聚者不同，故得减等拟流。强盗例内亦有放火烧房而拟罪分别绞决、绞候者，彼是先有盗心而放火以劫其财，此是先无为盗之心，及至延烧之后见人有财因而盗取，情节不同，故罪有区别。后例又分图财放火、挟嫌放火，而两项中又各分杀人及焚压人致死，伤人未伤人，救熄与未救熄，烧毁与未烧毁。又于律文闲房田场积聚而外，更添出孤村旷野并不毗连民居闲房及田场积聚一层，文愈加详而罪愈增多，似不如律之简而赅括也。《日本刑法》放火烧毁废屋及放紫草肥料等屋者，处重惩役，烧毁载人船舶火车处死刑,未载人者处重惩役,烧山林竹木、田野谷麦、露积柴草及其他物件者处轻惩役,烧自己家屋者处重禁锢云云,较中律更为详细,而拟罪亦不轻于中律,可并参之。

一,棍徒纠众图财放火故烧官民房屋及公廨、仓库,或官积聚之物,并街市镇店人居稠密之地,已经烧毁抢夺财物者,均照强盗律不分首从拟斩立决,杀伤人者枭示。有因焚压致死者,将为首之人枭示。若本非同伙,借名救火,乘机抢掠财物者,照抢夺律加一等,分别首从治罪。其恶徒谋财放火者,有已经烧毁房屋尚未抢掠财物,又未伤人者,为首拟斩监候,为从商谋下手燃火者枷号两个月,发近边充军,诱胁同行徒三年。如谋财放火随即救息,尚未烧毁,为首拟绞监候,为从谋商下手燃火者流三千里,诱胁同行者枷号两个月,责四十板。若并非图财而怀挟私雠,放火烧毁房屋因而杀人及焚压人死者,为首拟斩立决,为从商谋下手燃火者拟绞监候。其未伤人及伤而不死者,为首拟斩监候,为从者发近边充军,诱胁同行者并徒三年。如挟雠放火,当被救息,尚未烧毁,为首枷号两个月,发近边充军,为从者枷号两个月,徒三年。若图财挟雠故烧空地闲房及场园堆积柴草等物者,首犯枷号两个月,流三千里。如系孤村旷野内,并不毗连民居闲房及田场积聚之物者,徒三年,为从各减一等。当被救息尚未烧毁者又各减一等。地方文武官弁遇有此等恶徒放火,不即赴援扑灭,协力擒拿,照例议处。地方保甲人等照不应重律治罪。

搬做杂剧

凡乐人搬做杂剧戏文,不许装扮历代帝王后妃及先圣先贤、忠臣、烈士、神像,违者杖一百。官民之家容令装扮者与同罪。其神仙道扮及义夫、节妇、孝子、顺孙劝人为善者,不在禁限。

此仍《明律》,顺治三年修改。盖言亵慢神像之罪也。帝王圣贤神像皆官民所当敬奉瞻仰者,若搬做为戏,则不敬甚矣。违者,乐人满杖,而官民容令者同罪。若神仙原属虚诞之事,而节义孝顺足以兴起为善之心,故不在禁例。但现在此律已为虚设,非特帝王之害,虽累经禁示而其风仍不可遏绝,无怪风俗之日偷矣。律外又有禁唱夜戏及旗人登台卖艺销档之例,现在亦为具文,并无照例办理者,故不登载。

不应为

凡不应得为而为之者笞四十。事理重者杖八十。(律无罪名,所犯事有轻重,各量情而坐之。)

此仍《明律》，原有小注，顺治三年修改。此为犯法而律无罪名者言也，亦即《唐律》原文，并无一字改易。《唐律疏议》云：杂犯轻罪，触类宏［弘］多，金科玉条，包罗难尽。其有在律在令无有正条，可比附者临时处断，量情为罪，故立此条，庶补遗阙云云。盖以世之事变百出，人之情态无穷，恐因律无正条而附会臆断，轻则纵奸，重则伤和，致有太过不及，故设此条于各律之后以补未备。若律有正条，舍而不用，反引此律以开脱人罪者，亦不能免故出之咎矣。

大清律讲义卷十三

捕 亡

《捕亡》之律由来已久，李悝《法经》六篇中第四曰《捕法》，此即《捕亡律》所肇始。后魏改为《捕亡律》者，与《断狱》合为一篇，名《捕断律》。后周又名《逃捕律》，隋复改名《捕亡律》。由唐至明相沿不改。以上各律罪名已定，若有逃亡，恐其滋蔓，故须捕系，故以此篇列于各律之后，共分八章。惟罪人拒捕及徒流人逃并脱监反狱三门用处较多，而条例亦极繁杂，更当加意研究。

应捕人追捕罪人

凡（在官）应捕人承（官）差追捕罪人而推故不行，若知罪人所在而不（即）捕者，减罪人（所犯）罪一等，（以最重之罪人为主减科之，仍戴罪）限三十日内能自捕得一半以上，虽不及一半但所获者最重（功足赎罪），皆免其罪。虽一人捕得，余人亦同。若（于限内虽未及捕获，而）罪人已死及自首各尽者亦免罪。（其罪人或死或首，犹有）不尽者，止以不尽之人（犯罪减等）为坐。其非（专充）应捕人临时差遣者，（或推故不行，或知而不捕）各减应捕人罪一等。（仍责限获免。其应捕人及非应捕人有）受财故纵者，不给捕限，各与囚（之罪重者）同罪。（亦须犯有定案，可与同科。所受之）赃重（于囚罪）者计赃（全科）以（无禄人）枉法从重论。

此仍《明律》，顺治三年添入小注，雍正三年删定。盖言承捕罪犯不得迟缓也。《唐律》："诸罪人逃亡，将吏已受使追捕而不行及逗留；虽行，与亡者相遇，人仗足敌，不斗而退者：各减罪人罪一等；斗而退者减二等。即人仗不敌，不斗而退者减三等；斗而退者不坐。即非将吏，临时差遣者，各减将吏一等。三十日内能自捕得罪人，获半以上；虽不得半，但所获者最重：皆除其罪。虽一人捕得，余人亦同。若罪人已死及自首各尽者,亦从免法;不尽者,止以不尽人为坐。限外,若配赎以后,能自捕得者,各追减三等;即为人捕得及罪人已死,若自首,各追减二等云云。"较此律更分别详明。现律删去人仗足敌、不敌及斗、不斗两层,并删末后限外配赎以后捕得追减一节,而添入受财故纵计赃以枉法从重一段,其余罪名皆与《唐律》同也。《唐律》谓之将吏,现律改为应捕人。凡专充巡缉之役,有追捕之责者,一切在官弓兵、捕快人等皆是。捕人明知罪人所在而不即捕,虽本怠缓之咎,已存故纵之心,故照罪人所犯之罪只减一等,可谓严矣。然限内能捕得一半或最重者,皆免其罪。仍得以功相赎,非特矜恕之仁,亦即捕亡之术也。此虽故纵之咎,尚无贪贿之情。若受罪人之财而故纵之,则不给捕限,与囚同罪,非但军流以下与囚同科,虽死罪亦照《名例》全科,不准减等。赃轻与囚同罪,赃重者仍以枉法从重论之,皆深警贪墨之意也。律中前曰罪人,后曰囚,皆有深意。罪人者,犯罪而未经定拟之称。囚者,以招定罪而未经论决之称。盖罪人未获,捕人应即减科。若罪不至死,可照众证明白即同狱成之例以科之。若至死罪,则定招之囚可科同罪。如本犯未获到官,尚未定招,岂可遽科捕人以死,仍应暂行监禁以候捕获罪人再决。故前曰罪人,后曰囚也。《辑注》所谓至死者,人命为重,不可不慎。未至死者,卖法为重,不应久稽也。律文之细如此。再,后例[律]有主守不觉失囚,减囚罪二等,给限一百日;此止减罪人一等,仅给限三十日。似乎未获罪人反重于已禁之囚,不知彼是不觉而失,出于无心;此则讬故不行,知而不捕,情节不同,故罪分轻重。律文而外,尚有京城捕役治罪专条数则,足资参考。而《日本刑法》亦有逮捕官吏不遵守法律所定规则而逮捕人者,处以重禁锢加罚金之罪,即此意也。

一,步军统领衙门番役,止许于京城内外五城所属地方缉拿人犯,既经拿获,即日送该管衙门。如稽留数日始行送官,将番役究明私拷勒索情弊分别定拟。如有得财纵放,照衙役犯赃例治罪。其地属州县者,行文州县会差擒捕。或有密拿要犯,州县不能擒捕,必须番役擒捕者,奏闻请旨后行。

一,脱逃要犯,务将该犯年貌、籍贯、有无须痣详细开明,行文通缉。各州县于文到之日差捕认缉,一面填写印票分给各乡总甲遍行察访。如果遍缉无踪,年底取具甘结转详咨部,仍令接缉务获,知照销案。

一,缉捕强盗人命,或关系紧要案内人犯,如有逃逸,一面行文八旗并提督五城协力缉捕,一面牌行直隶附近京城之涿州、良乡、通州、昌平、河间等处州县,部文到日即行捕缉,再行补报督抚。

一,步军统领衙门正身番役须将年貌、籍贯按季造册,并出具并无白役圆扁子印结移送河南道御史考核。倘番役私用白役,将番役及所用白役照律治罪。至番役缉拿窃盗、斗殴之类,每名预给印票一张,开明款项,发交收执,并将预给印票款项移明河南道查核。如系提拿审案人犯,务必给与印票,将应拿人犯姓名逐一开明,有应密者给与密票,亦于票内开明人犯姓名。如无票私拿,即将该番役解送刑部究讯治罪,失察该管官交部严加议处。

一,官役缉捕罪人,除受财故纵照律与囚同罪外,其未经得贿潜通信息致罪人逃避者,如所纵之因罪在军流以下者,亦与囚同科。若系斩绞外遣等罪,将该犯减发极边烟瘴充军。

一,州县广缉重犯,不得滥给缉票,先将该犯年貌案由并差役年貌、籍贯及所差名数一面详明督抚知照各该省,一面改用通关给与差役携带在身,密行侦缉。如有踪迹,即将通关呈报该地方官添差拿解。如缉无踪迹,仍投换回文以为凭验。倘有滥给印票及差人雇倩白役代缉以及藉端勒索,除差人照例治罪外,仍将滥给印票及佥差不慎之承缉官照例严加议处。

罪人拒捕

凡犯罪(事发而)逃走(及犯罪虽不逃走,官司差人追捕,有抗)拒(不服追)捕者,各于本罪上加二等,罪止杖一百流三千里。(本应死者无所加。)殴(所捕)人致折伤以上者绞(监候),杀(所捕)人者斩(监候),为从者各减一等。○若罪人持仗拒捕,其捕者格杀之及(在禁或押解已问结之)囚逃走,捕者逐而杀之,若囚(因追逐)窘迫而自杀者(不分囚罪应死,不应死)皆勿论。○若(囚虽逃走)已就拘执及(罪人虽逃走)不拒捕而(追捕之人恶其逃走擅)杀之,或折伤者,(此皆因之不应死者)各以杀伤论。(若)罪人本犯应死(之罪)而擅杀者杖一百。(以捕亡一时忿激言,若有私谋另议。)

此仍《明律》,顺治三年添入小注。盖惩犯人之避罪而及捕者之擅杀也。《唐律》:"诸捕罪人而罪人持仗拒捍,其捕者格杀之及走逐而杀,若迫窘而自杀者,皆勿论;即空手拒捍而杀者徒二年。已就拘执及不拒捍而杀,或折伤之,各以斗杀伤论;用刃者,从故杀伤法;罪人本犯应死而杀者加役流。即拒殴捕者加本罪一等;伤者加斗伤二等；杀者斩。又，诸被人殴击折伤以上，若盗及强奸，虽傍人皆得捕系，以送官司。捕格法准上条。即奸同籍内，虽和，听从捕格法。若余犯，不言请而辄捕系者，笞三十；杀伤人者，以故杀伤论云云。"与此律互有参差，此律删去"空手拒捕而杀者徒二年"，"用刃者从故杀伤法"二语，而添入"殴所捕人至折伤者绞"一句。又改本犯应死而擅杀加役流一项为杖一百，较《唐律》为轻。而《唐律》拒殴捕者止加一等，伤者止加斗伤二等，现律改为不论有伤无伤统加本罪二等，至折伤则拟以绞，又较《唐律》为重。再，现律止言捕人追捕罪人，而无《唐律》被人殴至折伤若盗及强奸旁人皆得捕系，可见非应捕之官人即不得擅自追捕矣。律文共分三节：首节定犯罪逃走拒捕之罪，分拒捕加二等，折伤者绞，杀人者斩三项。次节定免罪之法以作捕人之气，分格杀、逐杀、自杀三项。末节定擅杀之罪以折捕人之强，分不拒捕而擅杀伤及应死而擅杀两项。此与前拒殴追摄之律似同而异，彼系追摄无罪之人，故拒殴之罪轻。此是追捕有罪之人，故拒捕之罪重。篇中曰持仗，曰格，曰罪人，曰囚，曰逐，曰窘迫，曰自杀，字法皆关紧要，不可疏忽。《辑注》：仗谓兵仗，杀人之器也。格谓格斗，杀人之事也。持仗拒捕，其心叵测，至于两相格斗，则性命呼吸，非此则彼，故格杀勿论。追逐逃囚，情急事迫，势不能从容擒获，因而杀之，如追之不及放箭射杀之类，故亦勿论。若罪人不持仗，囚未逃走而杀之者，即不在勿论之列。至于擅杀罪人，止杖一百者，本为捕亡者而言，必罪人有逃走之情，捕人别无私意之事，方拟此律，在常人不得引用，非谓一犯死罪，不论何人杀之则满杖也。《日本刑法》无拒捕专条，而妨害官吏章内以暴行抗拒官吏者处重禁锢加罚金，因而殴伤官吏者照殴打创伤本杀加一等，亦即此意，特不如中律之详尽耳！此门条例甚多，大半皆切实用，与律相捕而行，如律文拒捕至折伤以上者绞候，例则必本罪已至满流而又折伤方准拟绞，如系别项罪人必伤残废笃疾方拟绞罪，仅此折伤不能拟绞也。又于罪人中提出放火凶徒及棍徒两项，一切均较律文罪从轻。又，律文罪人拒捕杀人问拟斩候，例则殴死持票之差役则加重改为立决，又较律为严，须详参之。

一，凡罪犯业经拿获，捕役借称设法制缚误伤其命者，仍照已就拘执而杀之律以斗杀论。倘捕役受人贿嘱，将罪人致死者，照谋杀人首从律治罪。

一，凡凶徒挟雠放火及棍徒无故生事行凶扰害，并强奸未成各罪人，被害之人及本妇有服亲属登时忿激致死者，均徒三年，余人杖八十。如杀非登时仍照擅杀罪人律拟绞监候，余人杖一百。

一，凡犯罪事发，官司差人持票拘捕及拘获后佥派看守押解之犯，如有逞凶拒捕杀死差役者，为首无论谋故殴杀俱拟斩立决，为从谋杀加功及殴杀下手伤重致死者俱拟绞立决，其但系殴杀帮同下手者，不论手足、他物、金刃拟绞监候，在场助势未经帮殴成伤者发极边安置。若案内因事牵连奉票传唤之人被迫情急拒毙差役以及别项罪人拒捕杀死平人，并聚众中途打夺，均仍照拒捕追摄打夺各本律本例科理。如差役非奉官票，或虽经奉票而有藉差吓诈陵虐罪犯情事，致被殴死者，各照平人谋故斗杀本律定拟，均不得以拒捕杀人论。

一，凡卑幼因奸因盗图脱拒杀缌尊，按律问拟斩候者，请旨即行正法。

一，强奸未成罪人被本妇之子登时杀死者勿论。若杀非登时徒三年。图奸未成罪人被本妇之子登时杀死者徒三年。非登时杀死者流三千里。

一，本夫本妇有服亲属捉奸殴杀奸夫，或殴伤图奸强奸未成罪人，或男子拒奸殴伤奸匪，或事主殴伤贼犯，或被害人殴伤放火凶徒及凶恶棍徒至折伤以上者，无论登时事后，概予勿论。期服以下尊长卑幼因捉奸拒奸或因尊长卑幼强奸图奸殴伤尊长卑幼者，悉照此例勿论。此外不得滥引，仍按殴伤尊长卑幼各本律例问拟。其旷野白日盗田野谷麦者以别项罪人论。其余擅伤别项罪人，除殴非折伤勿论外，如殴至折伤以上按其擅杀之罪，应以斗杀拟绞者仍以斗伤定拟。若擅杀之罪止应拟满徒者，亦减二等科断。

一，窃盗拒捕刃伤事主，奸夫拒捕刃伤应捉奸之人及折伤以上，依例分别问拟斩绞外，若伤非事主并非例得捉奸之人以及别项罪人拒捕，如殴所捕人至残废笃疾罪在满徒以上者，方依律拟以绞候。其但系刃伤、火器伤及刃伤以下，仍各加本罪二等问拟。若本罪已至拟流，有拒捕者，即按五军外遣以次递加二等，罪止发往新疆，酌拨种地当差。

一，罪人在逃，除逃在未经到官以前者仍照律不加逃罪外，如事发已经到官脱逃之犯，被获时均照本律加逃罪二等。其犯该军流者亦递加二等问拟。至此等事发在逃之犯被获时有拒捕者，如本罪已至满流而拒殴在折伤以上，或系刃伤及火器伤者，均拟绞监候。折伤以下者改发近边充军。犯该充军者各以次递加二等调发。若犯该极边、烟瘴者改发新疆给官兵为奴。其事发到官后在逃，原犯未至满流者，仍依拒捕律加罪二等。如拒殴在折伤以上，即照别项罪人拒捕例分别拟罪。

一，各项罪人拒捕，除审系有心逞凶刃伤仍各照本例问拟外，如实系被事主及应捕之人扭获，情急图脱，用刀自割发辫襟带以致误伤事主捕人者，各于死罪上减一等，应绞候者减为实发云贵、两广极边烟瘴充军。应斩候者减发新疆给官兵为奴。

狱囚脱监及反狱在逃

凡犯罪被囚禁而脱监及解脱自带锁扭越狱在逃者（如犯笞杖、徒、流），各于本罪上加二等。（如）因（自行脱越）而窃放（同禁）他囚罪重者，与（他）囚（罪重者）同罪，并罪止杖一百流三千里。本犯应死者依常律。○若罪囚反狱在逃者（无论犯人原罪重轻，但谋助力者），皆斩（监候）。同牢囚人不知（反）情者不坐。

此仍《明律》，顺治三年添入小注，原系自带枷锁，雍正三年改为锁扭。盖言囚犯脱逃反狱之罪，各有轻重也。《唐律》：**诸被囚禁，拒捍官司而走者，流二千里；伤人者，加役流；杀人者斩，从者绞。若私窃逃亡，以徒亡论。**即现律脱监之事，特治罪则有不同。现律凡反狱者，无论伤人与否，一概拟斩。即脱监在逃者，亦加本罪二等，罪止流三千里，均较《唐律》为严。而条例又分别在监脱逃是否纠谋聚众，加重拟军拟遣，且有加至斩绞者。若反狱一项，更从重照劫囚办理。如有杀官杀差情事，直与反逆一概凌迟缘坐，则更严之又严，亦迫于世变之不得不然也。盖脱监者，因狱卒之不觉，乘间窃出，犹畏人知也。反狱则依恃凶横，公然而反，故论反狱者以打开监门，杀伤役卒为据，与脱监越狱之情形迥异，犹盗之强与窃也。脱监须已出门外，越狱须已出墙外，若虽脱锁扭，逡巡观望，欲出未出，则止依自脱锁扭律科断，未便依此加等。至于窃放他囚，亦必业经出外乃坐，盖他囚虽为人放，然同有脱逃之心，亦各于本罪上加二等坐之。反狱者自内而出之谓也。若外有应接之人，则是劫囚矣。反狱虽与劫囚同论，而情形各有不同，故彼条入《贼盗门》，而此入《捕亡门》。《日本刑法》：未决囚徒入监中逃走者，处重禁锢六月以下。若囚徒三人以上同谋逃出者，加一等。毁坏狱舍狱具，或以暴打胁迫逃走者，处重禁锢三年以下。劫夺囚徒或以暴行胁迫囚逃走者，处禁锢五年以下加罚金云云。亦即中律脱监、反狱、劫囚之事，而治罪均不至重刑。不惟较中国现律为轻，较《唐律》亦轻，各因其风俗政教之所宜，未可强同也。

一，拿获越狱人犯，务究通线与剃头并代为销毁刺字情弊，通线之人与囚同罪。至死者拟绞监候。其代为剃头并销毁刺字之人，俱枷号两个月，责四十板。

一，斩绞重犯如有越狱脱逃，将管狱官及有狱官即时题参，按例分别议处，不得同军流等犯越狱按照疏防定限扣参。

一，罪囚由监内结伙反狱，悉照劫囚分别杀伤一例科罪。

一，犯罪囚禁在狱纠伙三人以上穿穴逾墙，潜行越狱脱逃者，除原犯斩绞立决应即正法外，其原犯斩绞监候人犯，无论首伙，俱改为立决。原犯军流律应加二等调发者，俱改为拟绞监候，秋审时为首入于情实，为从入于缓决。原犯徒罪律应加二等问拟者，为首改为拟绞候，秋审时入于缓决，为从发往伊犁给兵丁为奴。原犯杖笞律应加二等问拟者，为首发往伊犁为奴，为从实发烟瘴充军。若仅止一二人犯乘间穿穴逾墙因而脱逃，并无预谋纠伙情事者，原犯斩绞立决即行正法。其原犯斩绞监候应入情实人犯，毋论首伙俱改为立决。应入缓决者入于秋审情实，原犯军流律应加等改发者，为首改为拟绞监候，入于缓决，为从发往伊犁给兵丁为奴。原犯徒罪律应加等问拟者，为首发往伊犁给兵丁为奴，为从实发烟瘴充军。原犯杖笞律应加等问拟者，为首改为实发烟瘴充军，为从问拟满流。

徒流人逃

凡徒流、迁徙、充军、囚人（已到配所于所）役限内而逃者，一日笞五十，每三日加一等，罪止杖一百，仍发配所。其徒囚照依原犯该徒年分从新拘役，役过月日并不准理。〇若（官司）起发已经断决徒流、迁徙、充军囚徒未到配所，中途在逃者（其计日论），罪亦如（配所限内而逃者论）之。〇（配所）主守及（途中）押解人不觉失囚者，一名杖六十，每一名加一等，罪止杖一百。皆听一百日内追捕。（配所）提调官及（途中）长押官减主守及押解人罪三等。限内能自捕得，或他人捕得，若囚已死及自首皆免罪。故纵者（不分官役）各与囚（之徒流、迁徙、充军）同罪。受财者计（所受）赃以枉法从重论。（赃罪重以枉法科之，纵罪重仍以故纵科之。）

此仍《明律》，顺治三年添入小注，雍正三年增定。盖言遣配犯人脱逃之罪，而因及主守押解之人也。《唐律》："诸流徒囚，役限内而亡者（及移乡人未到配所而亡者），一日笞四十，三日加一等；过杖一百，五日加一等。主守不觉失囚，减囚罪三等；即不满半年徒者，一人笞三十，三人加一等，罪止杖一百。监当官司，又减三等。故纵者，各与同罪云云。"《明律》即本于唐而罪名稍有不同，又添受财者计赃以枉法论之法。《唐律》一日笞四十，此改为笞五十。《唐律》过杖一百者仍加等，此罪止杖一百。《唐律》主守失囚照囚之本罪减三等,囚罪轻者笞三十,此不论囚之本罪轻重,但逃一人即杖六十。《唐律》三人加一等,此一名加一等。轻重虽互相参差,而大致尚不相悬殊。现律[例]则一概从重,此律为已虚设。惟徒犯在配逃走及主守疏脱徒囚两项尚照律办理,其徒犯中途脱逃及军流脱逃并疏脱军流之人均较律加重数等矣。律止言徒流充军,例又补出遣犯及枷杖各犯脱逃来京之罪,遣犯又分平常遣犯与免死减遣两项,而免死减遣又分秋审免死减遣与盗犯免死减遣两项。律止统言军流,例又补出免死减为军流与本犯军流脱逃之分,且同一发遣,而回民、蒙古并邪教案内之遣军流徒治罪又有不同,并添逃后为匪滋事之罪,容留逃犯之罪。律文而外,有加入死罪者,有加枷号者,条科已极繁重,现章又添军流脱逃分别监禁之法。法愈纷纭,反致办理诸多窒碍。长安薛氏有言:律文无所不包,舍律言例,则不免互相参差矣。各条如此,而此门其尤甚焉者也。窃谓五刑之中,笞杖罪轻,决讫即了,死罪重而犯者少,惟徒流二项最多,必须安置得宜,设法约束方可免其逃亡,不仅在刑章之严密也。唐时徒囚均有役可应,是以有徒囚不应役之律。且均在本处应役,故逃亡者甚少。流犯发配应役一年后,即于配所入籍为民,凡发某处者即永为某处之人,其妻妾亦同赴配,并给与口分田亩,征收课役,原籍即行开除,日久相安,自无逃亡之事。今则仅迁其地而已有役之名而无其实,即迁其其地而无良法以处之。不但流犯无可位置,故徒犯亦无可应之役,发交某处主守,反为某处之累,本犯即不欲逃,且有教之使逃者,其势然也。宋时条奏此事者颇多,而迄无良法。前明徒犯虽有煎盐炼铁之律,旋废不行,后改为驿站当差,亦系具文。又创为充军之法,逃则勾丁补伍,徒为严厉而弊更无穷。今则军与流无异,到配乘间即逃,逃则重行犯法,习以为常。昔人所讥以刑生刑,以徒生徒者此也。盖不筹其安置善法,虽严刑亦何济哉?《日本刑法》:已决囚徒逃走者,处重禁锢六月以下。未决囚徒入监中逃走者,亦同。与中律用意不殊,而办法则异。中国现做外国之法,徒罪及军流之轻者均负其发配,留于本处分别作工,以后或免逃走之虞。惟款项支绌,习艺所未能遍设,而官吏虚行故事,看役仍旧需索,利未兴而害先随之,可胜慨哉!

一,军流罪犯在配所脱逃,其看守之保甲如逾一百日之限不获者,一名杖八十,每一名加一等,罪止杖一百。

一,凡流罪人犯如有中途在配脱逃被获,原犯流二千里者改为流二千五百里,原犯流二千五百里者改为流三千里。俱从该犯原籍地方计程发配,初次枷号一个月,二次枷号两个月,三次枷号三个月,照例改发。

一,凡免死减等流犯中途在配脱逃被获者改发近边充军,及原犯寻常流三千里人犯中途在配脱逃被获者改发附近充军,均就其现配地方计程发配。若应发之地与该犯原籍相近,而又地处边境无可改发者,即照表内应发地方加一等改发,各照脱逃次数分别枷号。其原犯附近、近边、边远、极边烟瘴各犯,仍各由原籍以次递加,照例调发。

一,充军常犯至配脱逃,系附近充军者,初次枷号一个月,调发近边。二次枷号两个月,调发边远。三次枷号三个月,调发极边烟瘴。其本犯近边、边远者,各以次递加调发。至烟瘴少轻人犯在配脱逃者,枷号一个月,改发极边烟瘴。极边烟瘴脱逃者,改发新疆酌拨种地当差。即令拿获之州县,一面收禁,一面关查配所原案,究明有无行凶为匪及脱逃次数,应行改调之处申详督抚咨部核拟完结,毋庸递回原配审断。其尚未到配中途脱逃者,亦照此例办理。

一,免死减等发遣新疆盗犯,并由黑龙江、吉林减回内地充军拟流之盗犯及未伤人之首盗闻拿投首,窝家盗线闻拿投首,曾经伤人及行劫二次以上之伙盗闻拿投首,伙盗能将盗首逃匿地方供出一年限内拿获四项改发云贵、两广极边烟瘴充军之犯,如在配无故脱逃已逾五日拿获者,无论有无行凶为匪,请旨即行正法。若于五日内拿获,新疆遣犯枷号三个月,其余拟流充军四项人犯俱调发新疆给官兵为奴。如再脱逃拿获,奏请即行正法。

一,在京问拟枷责杖笞递回原籍人犯,复逃来京,按其原犯之罪,由枷责递回者杖一百,由笞杖递回者杖八十,其原犯并无罪名者笞四十,各加枷号一个月,满日仍递回原籍,折责发落。

一,传习邪教问拟遣军流徒人犯,或仅止在配脱逃,或逃后滋事,各视寻常逃犯所应得罪名加一等定拟。其遣军应加枷号者,亦照寻常逃犯应得枷号月数递加一等。如已至斩绞罪名应缓决者入于情实,应情实者加为立决,至立决无可复加者仍照原例科断。傥另犯应死罪名,仍各从其重者论。其失察容留之人于常犯脱逃之失察容留例上亦各加一等。

一,解审斩绞重犯中途脱逃,除原犯斩绞立决者即行正法外,其原犯斩绞监候,核其情节,秋审时应入情实者改为立决,应入缓决者改为情实。(此条由后《不觉失囚门》移此。)

一，徒犯脱逃仍照律治罪外，其有中途脱逃被获者各于本罪上递加一等。加至徒三年者加为总徒四年。总徒四年者加为准徒五年，各杖一百。准徒五年者改为杖一百流二千里。

一，秋审缓决人犯遇赦免死减等发遣黑龙江等处，乘间潜逃被获者，五次以内递回发遣处枷号三个月，投回者免罪。至五次以外被获者，枷号六个月，投回者枷号三个月。十次以外被获者，枷号九个月，投回者枷号六个月。俱鞭一百。若脱逃后复行凶为匪及拿获时有拒捕者，照原犯死罪即行正法。其非秋审案内免死减等，系平常发遣人犯在配脱逃被获者，照以上枷号月数递减。如逃走后复行凶为匪，并拿获时拒捕者，照现在所犯该斩绞监候罪名，应缓决者入于情实，应情实者改为立决。犯该军流发遣者改为绞监候，犯该徒者递回发遣处枷号三个月。罪止笞杖者递回发遣处枷号两个月。俱鞭一百。其例应立决者，即在拿获地方正法。至军流人犯脱逃后，犯该斩绞者仍按各本律定拟。（应监候者监候。应立决者立决。）

一，原犯死罪免死减军人犯在配脱逃者，初次枷号两个月，无论近边、边远，俱调发极边。二次枷号三个月，调发极边烟瘴。三次者改发新疆种地当差。如逃后行凶为匪，仅止枷杖者，仍照脱逃本律加等调发，到配后科以后犯枷杖之罪。若后犯徒流以上者，即于逃罪加等调发本例上再加一等改发。傥后犯之罪重于改发罪名者，各从其重者论，仍分别次数加拟枷号。若后犯已至斩绞监候罪名，应缓决者入于情实，应情实者加拟立决。

又，新章：拿获逃军人犯，除照倒加等调发外，加监禁十年，流犯加监禁五年。如流犯逃后复犯徒流，亦加监禁十年。

又新章：凡满流加军者即加极边足四千里。

稽留囚徒

凡应徒、流、迁徙、充军囚徒断决后，当该（原问）官司限一十日内如（原定）法（式）锁杻，差人管押，牢固关防，发遣所拟地方交割。若限外无故稽留不送者，三日笞二十，每三日加一等，（以吏为首科断）罪止杖六十。因（稽留）而在逃者，就将（当该）提调官（住俸勒限严捕）吏抵（在逃）犯人本罪发遣，候捕获犯人到官替役，（以囚）至（配所之）日疏放。○若邻境官司（遇有）囚（递）到，稽留不即递送者，罪亦如之。（稽留者验日坐罪，致逃者抵罪发遣。）○若发遣之时，提调官吏不行如法锁杻，以致囚徒中途解脱自带锁杻在逃者,与押解(失囚之)人同罪。(分别官吏罪止杖一百,责限擒捕。)并罪坐所由(疏失之人)。受财者计赃以枉法从重论(统承上言)。

此仍《明律》,雍正三年删定,原有小注,顺治三年修改。盖言起解囚法之不得稽迟也。《唐律》:**诸徒、流应送配所,而稽留不送者,一日笞三十,三日加一等;过杖一百,十日加一等,罪止徒二年。不得过罪人之罪云云**。较《明律》为重,《明律》罪止杖六十,而受财者从重,则加详矣。首节言起解之时,官司无故稽留之罪。二节言邻境官司不即递解稽留之罪。三节言发遣之时,提调官吏不如法锁杻之罪。末节总承上三项而言,罪坐所由及受财从重之罪。夫因稽留而致在逃,并非有心故纵,乃即抵本犯遣流之罪,殊太严矣。故注曰:官住俸,吏抵犯人本罪。凡官吏同犯者,皆以吏为首,盖主掌文案而不依期请遣乃其罪也。断无一为稽留在逃即将官吏一同发遣之理,若吏请而官不行,则系官有私心,即应罪坐所由,乃治官以重罪,不得以吏抵之也。律文以十日为限,例又有一月、两月及一年之限。律止言起解之限,例又补出程限。凡程限,日行五十里,见《处分则例》。律止言无故稽留,例又补出患病稽留及前途水阻,或另有事故截留之条,皆当参究。

一,外省发遣官常各犯及发往军台效力赎罪废员,与军流徒罪人犯,于文到之日,均限一个月即行起解,仍将起解月日专咨报部。傥实因患病逾限,不能起解者,地方官验看属实,加具并无捏饰印甘各结,详明督抚,起限亦不得过两个月。如有假捏及逾限不行起解,别经发觉,将该州县及失察之各上司分别交部议处。

一,各省递解人犯,如遇前途水阻即[及]另有事故不能前进,即由附近州县详报该省督抚,查看情形属实,迅即飞咨邻省截留,不准州县擅自知会,仍饬令附近之州县将接到人犯分别监狱大小酌留一二十名,再令各上站挨次留禁。一俟前路疏通,即行起解。如有州县擅用公文私信知会上站截留,即由该督抚据实严参。

主守不觉失囚

凡狱卒不觉失囚者,减囚(原犯之)罪二等(以囚罪之最重者为坐),若囚自内反狱在逃,又减(不觉罪)二等,听给限一百日(戴罪)追捕,限内能自捕得及他人捕得,若囚已死及自首,(狱卒)皆免罪。司狱官典减狱卒罪三等。其提牢官曾经躬亲逐一点视罪囚锁杻。俱已如法,取责狱官狱卒牢固收禁文状者不坐。若(提牢官于该日)不曾点视以致失囚(反逃)者,与狱官同罪。(若提牢官狱卒官典)故纵者不给捕限,

（官役）各与囚同罪。（至死减等，罪虽坐定，若）未断之间，能自捕得及他人捕得，若囚已死及自首，各减（囚罪）一等。受财（故纵）者，计赃以枉法从重论。〇若贼自外入（狱）劫囚，力不能敌者（官役各）免罪。〇若押解（在狱）罪囚，中途不觉失囚者，罪亦如之。（如狱卒减二等，仍责限捕获免罪，如有故纵及受财者，并与囚同罪，系劫者免科。）

此仍《明律》，顺治三年添入小注，锁枙上原有枷字，雍正三年删去。盖重典守狱囚之责也。《唐律》："诸主守不觉失囚者，减囚罪二等；若因[囚]拒捍而走者，又减二等。皆听一百日追捕。限内能自捕得及他人捕得，若囚已死及自首，除其罪；即限外捕得，及囚已死若自首者，[各]又追减一等。监当之官各减主守三等。故纵者不给捕限，即以其罪罪之；未断决间，能自捕得及他人捕得，若囚已死及自首，各减一等云云。"《明律》即用《唐律》原文，而改易监当之官为司狱官典，并添狱官一项，篇末又增受财者以枉法从重及劫囚免罪并押解中途失囚数语，较《唐律》为详备矣。狱卒是主守之人，不觉虽出于无心，失囚究不能辞咎，故减二等。若囚自内反狱夺门而出，虽非狱卒所能禁制，然亦防守不严有以致之，故又减二等。均准给限戴罪追捕，限内无论自己、他人捕得，皆得免罪者，已无漏法之囚，即可免疏脱之咎矣。以上二项虽分轻重，皆自无心言之，若有心故纵，则不给捕限，各与囚同罪矣。官故纵则官与同罪，役故纵则役与同罪，即官役同为故纵，亦分首从，并非官役并坐。故纵虽不给捕限，然于未断之先或自已或他人捕得，即不能全免其罪，亦得减罪一等。即始终未能获囚，而囚至死者，同罪之人犹得减等拟流，以其故纵而不受财也。若因受财而故纵，则依《名例》坐以死罪，即因罪不应死而故纵之人赃重者仍以枉法从重而论。至八十两者即拟绞罪。其严如此，所以深警贪墨也。前《徒流人犯逃门》内亦有主守押解不觉失囚一项，情事相同，而彼此[止]拟杖罪，此减囚罪二等者，彼是已经断决徒流充军人犯，其狱已成，其事已结，但押发配所耳！此则押解未经断决之囚，或尚候追赃，或停囚对待，或案候归结，一切死罪重囚均在其内，与起发已决断之徒流迁徙充军者不同，故彼曰囚徒，此曰罪囚也。此律与前脱监反狱正是一事，彼条专言囚罪，此专言主守之罪，须合参之。律文统言曰囚，例则分别绞斩立决、监候重罪并遣军流徒各罪囚，既有轻重，失囚之罪不能一例。且律止分不觉失囚及故纵、贿纵三项，例于失囚中又分出开放锁镣、违例雇替并依法管解偶致疏脱二项。律止给限百日，例又添入一年之限。律止言押解之人，例又分别长解、短解，而同一押解，既有兵、役之分，又有签差不慎之长解官与添差拨兵护解之文武官，且于押解以外又增出解审之名，纷繁错杂，诸多参差。择其要者录之，其无关引用者不载，以省功力。《日本刑法》亦有看守囚犯与护送人纵令逃走者，处重禁锢五年以下，因懈怠失察囚徒逃走者，处罚金三十元、二十元以下。即中律不觉失囚与故纵之事，特治罪各有不同耳！

一，凡监犯越狱，狱卒果系依法看守一时疏忽者，依律减囚罪二等治罪，仍给限一百日，限内能自捕得，准其依律免罪，如他人捕获或囚已死及自首，概不准免罪。如有松放狱具以致脱逃，将禁卒严行监禁，俟拿获逃犯之日，究明贿纵属实，即照所纵囚罪全科。本犯应入秋审情实者亦入情实，应绞决者亦拟绞决，应斩决以上者亦即拟以斩决。如系徇情松放狱具，或托故擅离，或倩人代守防范疏懈，乘间潜逃者，亦照故纵律与囚同罪，至死减一等。

一，凡解审军流徒犯中途脱逃，审系受贿故纵，即以囚罪全科，赃多者以枉法从重论。如系依法管解偶致疏脱者，给限百日，限内捕得，均依律免罪。若限满无获，减囚罪二等，短解减三等。傥审有违例雇倩情弊，亦给限百日，限内捕得，将起意违例雇倩之犯减囚罪二等，余皆免罪。若限满无获，起意违例雇倩者减囚罪一等，余皆减二等。

一，解审斩绞重犯，除受贿徇情故纵依律定拟外，其在途开放锁镣以致脱逃，本犯未获者，将解役监禁，俟拿获正犯究明贿纵属实，将解役照所纵囚罪全科。如无贿纵情弊，仍照故纵律与囚同罪，至死减一等。傥监禁已至十年正犯未获，将解役照流犯监候待质十年限满之例先行发配，俟缉获正犯质明办理。如十年限内遇有恩旨不准查办，其并未开放锁镣但审有违例雇替，托故潜回，无故先后散行，止任一人押解以致脱逃者，将违例雇替、潜回、散行之解役即照故纵律与囚同罪，至死减一等。果系依法管解偶致疏脱者，除短解兵役依律减二等治罪外，将长解二名暂行监禁，另选干役躧缉，酌限一年。限内拿获，仍将长解依律减二等，或限内无获减一等，他人捕得亦不准依[律]宽免。

又，新章：军流人犯在配脱逃，仍照例拟杖。其中途脱逃，押解之人除故纵、贿纵从重治罪外，如系依法管解偶致疏脱，即照解审之例减犯人本罪三等，徒犯中途脱逃，押解之人亦减本罪三等治罪。

一，押解免死发遣新疆盗犯中途脱逃，除有心贿纵仍照与囚同罪律外，如违例雇替托故潜回,或在途开放锁镣图便行走以致脱逃,将押解兵役暂行监禁,另选干役押同该兵役亲属躧缉,百日限内捕得,将起意雇倩及开放锁镣之犯减本罪一等拟徒。限满无获,各减一等。如系依法管解偶致疏脱,亦将该兵役等暂行监禁一年。限满捕得者各减逃犯本罪二等。限满无获,各减一等。如系寻常遣犯脱逃,即照新章军流人犯中途脱逃,押解人减三等定拟。其由新疆改发烟瘴及黑龙江等处人犯中途脱逃者,亦照此分别办理。

知情藏匿罪人(以非亲属及罪人未到官者言)

凡知(他)人犯罪事发,官司差人追唤而(将犯罪之人)藏匿在家不行捕告及指引(所逃)道路,资给(所逃)衣粮,送令隐匿(他所)者,各减罪人(所犯)罪一等。(各字指藏匿指引资给说。如犯数罪,藏匿人止知一罪,以所知罪减等罪之,若亲属纠合外人藏匿,亲属虽免罪减等,外人仍科藏匿之罪。其事未发,非官司捕唤,而藏匿止问不应。)其(已逃他所有)辗转相送而隐藏罪人,知情(转送隐藏)者皆坐(减罪人一等),不知者勿论。○若知官司追捕罪人而漏泄其事,致令罪人得以逃避者,减罪人(所犯)罪一等。(亦不给捕限。)未断之间能自捕得者免(漏泄之)罪,若他人捕得及罪人已死,若自首又各减一等。(各字指他人捕得及囚死、自首说。)

此仍《明律》,顺治三年添入小注,乾隆五年又于第一节小注之后添入"犯数罪藏匿人止知一罪"一段。盖言犯罪之人非常人所得容隐也。《唐律》:诸知情藏匿罪人,若过致资给,令得隐避者,各减罪人罪一等。罪人有数罪者,止坐所知云云。《明律》即本于此,而又增漏泄一节,并改"过致资给"四字为指引道路,资给衣粮,则较明显矣。又《唐律》小注云:若卑幼藏匿已成,尊长知而听之,独坐卑幼。若部曲、奴婢首匿,主后知者,与同罪。即尊长匿罪人,尊长死后,卑幼仍匿者,减五等;尊长死后,虽经匿,但已遣去而事发及匿得相容隐者之侣,并不坐。小功已下,亦同减例。若赦前藏匿罪人,而罪不合赦免,赦后匿如故者,并不知人有罪,容寄之后知而匿者,皆坐如律。其展转相使而匿罪人,知情者皆坐,不知者勿论云云。道理更为精细,盖卑幼藏匿罪人,尊长知而听之,不坐罪者,以其得相容隐也。奴婢藏匿,其主知之,与同罪者,以主不得为奴婢隐也。现律不载此段,仅将末后"辗转相送"数语纂为正律。此律与《名例》亲属容隐一条正相对照,故总注曰,以非亲属,正可见若系亲属奴雇,则当照《名例》勿论并减等也。藏匿与漏泄虽同一减等,但未断之先能自捕得,藏匿与漏泄者均得免罪。若系他人捕得,则漏泄得减二等,藏匿者不得同减,须分别观之。再,此律得减一等,统指各项罪人而言,若故纵藏匿反叛之人,则当依本条拟以斩绞,不得同此律也。以此律与各律合参,**犯罪自首者免罪,犯罪逃走加等,亲属容隐者勿论,凡人藏匿者同罪**。律义精深如此,此中律所以可羽翼经传而足为国粹也。《日本刑法》:知为犯罪人或逃走囚徒及付监视之人而藏匿之,或令隐避者,处轻禁锢一年以下加罚金二十元以下。若囚徒系重罪刑者加一等,若系犯人之亲属不论其罪云云,亦尚有中国《唐律》遗意,特浑言亲属而无大功、小功、缌麻之等差,仍不及中律之精当耳!

盗贼捕限

凡捕强窃盗贼,以事发(于官之)日为始,(限一月内捕获)当该捕役汛兵一月不获强盗者,笞二十,两月笞三十,三月笞四十。捕盗官罚俸两个月。捕役汛兵一月不获窃盗者笞一十,两月笞二十,三月笞三十。捕盗官罚俸一个月。限内获贼及半者免罪。若(被盗之人)经隔二十日以上告官者,(去事发日已远)不拘捕限(缉获)。捕杀人贼与捕强盗限同。(凡官罚俸,必三月不获,然后行罚。)

此仍《明律》,顺治三年添入小注。原律系当该应捕弓兵,雍正三年以缉捕贼盗系州县捕役及防汛兵丁之责,因将原律应捕弓兵改为捕役汛兵。按,"弓兵"二字本系明制,查《户部则例》载有直省州县额设经制民壮防卫仓库,协缉盗贼,按地方大小召募三五十名学习鸟枪、弓箭,不时操练云云。盖即弓兵之遗意,而现在已成具文。此律之意盖言捕盗不可稍缓。本系专言捕限,而例又补出审限各项。律止以一月、两月、三月为限,例又增出京城盗案限一年,五城窃案限四个月,承缉凶徒限一个月,缉拿邻省提犯限文到两个月拿解,邻县提犯限二十日拿解之条,而审限又分寻常命案六个月,盗劫及情重命案四个月,服制重案两个月,徒犯亦四个月,正限而外又有展限,条例愈密,趋避愈巧。定例之初,原为严定限期,始则地方官尚知畏忌,渐则奉行不力。薛氏《存疑》谓百年以来并无人议及于此,地方官视为虚文,吏治所以愈不如前也。诚有慨乎其言之致。近来更不如前,光绪二十六年以前审限病限承缉疏防各项,虽不照例办理,然于稿后尚声明一句,或因关查别案,或因要犯未获,未能依限办理云云。尚存告朔饩羊之意,刻下并具文而亦废之,真若不知有限期一事者。新法行而旧法湮没,此其一端。数十年后,恐有不知五经文义者,岂特《大清律例》而已哉!愿我学友共保国粹,以作中流之砥柱焉!幸甚!

一，各省审理案件，寻常命案限六个月，盗劫及情重命案、钦部事件并抢夺发掘坟墓一切杂案俱定限四个月。其限六个月者，州县三个月解府州，府州一个月解司，司一个月解督抚，督抚一个月咨题。限四个月者，州县两个月解府州，府州二十日解司，司二十日解督抚，督抚二十日咨题。如案内正犯及要证未获，情事未得确实者，题明展限。按察司自理事件，限一个月完结。府州县自理事件，俱限二十日审结。上司批审事件，限一个月审报。若隔属提人及行查者，以人、文到日起限，如有迟延情弊，该督抚察参，再限二、叁、四个月，如再逾限不结，该督抚将易结不结缘由查明题参议处。该督抚徇情不参，察出一并议处。

一，官员审理命案、钦部事件及一切杂案内有余犯到案，因正犯及要证未获，情词未得，或盘获贼犯究出多案，事主未经认赃，必须等候方可审拟，或因隔省行查限内实难完结者，承问官将此等情由预行申详督抚分别题咨展限。若正犯要证及盗窃案内首从人犯已经到案，间有余犯未获者，即将现获之犯据情研审，按限定结，不得藉词展限，亦不得延至日久，应就现犯审结之日。若承审期内遇有续获之犯，如到案在州县分限以内者，即行一并审拟，毋庸另展限期。如到案已在州县分限以外不能并案审拟者，将续获人犯另行展案扣限四个月完结。

一，命盗重案，内外问刑衙门各宜迅速查办，应辑拿者上紧缉拿，应定拟者即行定拟。若承审官不能审出实情，以监候待质迁延时日者，该堂官督抚查出，严行参处。

一，凡交界地方失事探实赃盗之处，无论隔县、隔府、隔省，一面差役执持印票即行密拿，一面移文关会，拿获之后仍报明地方添差移解。其一应窃匪、窝赌、窝娼等类有窜入邻境者亦照此例。倘有疏纵牵制不行缉拿，交部分别议处。捕役借端骚扰，越境诬拿平民，照诬良为盗例治罪。

一，凡隔省关提人犯，承问官一面详请督抚移咨，一面差人关会隔省该地方官添差协缉。如擅给批牌，竟行拘提及隔省地方官徇庇不行协缉，均交部议处。至本省内隔属关提人犯，亦行令该地方官添差拘提。如违例擅自拘拿者，捕役照诬良为盗例治罪。原差地方官交部议处。（关提人犯谓关提寻常对质人犯。若盗贼匪人不用此例。）

一，凡承缉各官有假借别州县所获之盗指为本案盗首，别州县亦扶同搪塞，或先报到官盗首脱逃,或捏报盗首病故后经发觉者,将从前假借扶同隐匿捏报之该地方文武各官交部议处。其邻境他省之文武官有能拿获别案内首盗、伙盗者,交部议叙。兵役酌量给赏。若不在伙内之人首出盗首即行拿获者,地方官从优给赏,捕役拿获盗首者亦从优给赏。若盗首不获,将承缉捕役家口监禁勒比。如获盗过半之外又获盗者,亦酌量给赏。若州县贿盗狡供,辗转行查希图销案者,照易结不结例治罪。

一,凡捕役串通盗犯教供妄认别案盗犯以图销案,州县官失于觉察,交部议处,捕役照诬良为盗例减一等徒三年。如有贿买情弊,以枉法从重论。

一,邻县关提人犯,限文到二十日拿解,逾限不发,交部议处。听信地保、差役捏称并无其人,并久经外出空文回覆,捐不发人者,地方官议处外,其地保、差役照不应律治罪。受财者以枉法从重论。藏匿要犯按律究拟,本犯从重问断。如隔省关提,准关之州县捐不解发者立即严参。

一,凡各省州县遇有强劫拒捕等重案,立即选差干捕擒拿,一面将失盗情形申报所辖之府州及关移接壤别属之州县,其专辖之知府、知州立即通饬阖属,各选派干捕悬立赏格分路侦缉,无获则一体比追。其非本府州所属而境地相接之州县,如遇移关一到,亦即照此协力差捕搜拿。

一,凡命盗等案要犯负罪在逃,承缉官于事发之日开明年貌、事由,一面差役密拿,一面具详该省督抚,接据详文即径檄邻省接壤之州县一体实力协缉,仍移咨邻省督抚,彼此督缉。倘接壤州县接奉文檄,以非本管督抚,心存畛域之见,视为通缉具文,致犯藏境内别经发觉,即听原行之督抚查参,交部照例议处。

一,营弁拿获盗劫重犯,立即解交该弁所驻之地方有司衙门严行究诘。如供出首伙姓名,该地方官一面通报各上司,一面迅速移咨该处营弁设法缉拿,毋许稍有迟延。至地方捕役拿获盗犯,该州县讯出伙党姓名,亦即移会地方武弁一体协缉。其承缉招解该地方官仍依限办理,毋庸营弁先行会同讯供。

一,卑幼杀期功尊长,子孙违犯教令致祖父母、父母自尽,属下人殴伤本管官并妻妾谋死本夫,奴婢殴故杀家长等案,承审官限一月内审解府司,督抚各限十日审转具题。如州县官限满未结,即于限满之日接扣二参限期,州县限二十日,府司、督抚仍各限十日完结。如有迟延,分别初参、二参,照例议处。至杀死三命、四命之案,该督抚即提至省城督同速审,其审解限期,悉照卑幼擅杀期功尊长之例办理。

大清律讲义卷十四

断　狱

古律无《断狱》之目，魏分李悝《囚法》而创为此名，至北齐与《捕律》相合，更名《捕断律》，后周复改为《断狱》，隋唐至今，因之不易。《唐律疏议》云：狱以实囚，造自皋陶，夏曰夏台，殷曰羑里，周曰圜土，秦曰囹圄，汉以来复始名曰狱。此篇错综全部条例以为决断之法，故承诸篇之末。共分二十九章。外国谓之《裁判法》，《日本刑法》而外有《裁判所构成法》、《监狱法》，即中国《断狱》之别名，虽其制度详略各有不同，要皆平争解纷、恤囚泣罪之意。凡操三尺之法者，更当三复深之。

囚应禁而不禁

凡（鞫狱官于）狱囚应禁而不（收）禁（徒犯以上、妇人犯奸收禁，官犯公私罪、军民轻罪、老幼废疾散禁），应锁杻而不用锁杻及（囚本有锁杻而为）脱去者（各随囚重轻论之）。若囚该杖罪（当该官司），笞三十。徒罪，笞四十。流罪，笞五十。死罪，杖六十。若应杻而锁，应锁而杻者，各减（不锁杻罪）一等。○若囚自脱去（锁杻）及司狱官典狱卒私与囚脱去锁杻者，亦如（鞫狱官脱去）之罪。提牢官知（自脱与脱之情）而不举者，与（官典狱卒）同罪。不知者不坐。○其（鞫狱官于囚之）不应禁而禁及不应锁杻而锁杻者，（倚法虐民）各杖六十。○若（鞫狱司狱提牢官典狱卒）受财（而故为操纵轻重）者，并计赃以枉法从重论（有禄人八十两律绞）。

此仍《明律》。原律第二句系应枷锁杻而不枷锁杻杖六十，以下系应枷而锁，应锁而枷，雍正三年删去枷字，其小注系顺治三年添入。《唐律》亦有此条，惟文义简略。其应锁而杻，应杻而锁，谓之回易所著，亦无司狱官典等名目。律末"受财以枉法论"之句亦系明所增添。**此律之意，盖言拘系囚人之法，宽严贵得其平也。**禁谓收禁在狱也，凡男子犯徒罪以上，妇人犯奸及死罪皆应收禁。军民杖以下，妇人流以下及老幼废疾皆散收押禁。官犯私罪，除死罪外徒流锁收，杖以下散禁，公罪自流以下皆散收。锁杻，皆拘禁狱囚之具也。杻施于手，惟死罪重囚用之，轻罪及妇人不用。妇人在狱，当别嫌疑，其饮食便溺不可假手于人，故不押手杻。锁施于颈，以铁索锁之于柱，轻重罪囚皆用之。首节言因应禁不禁，应锁杻不锁杻及已锁杻而与脱去并应锁而杻，应杻而锁之罪。二节言囚自脱去锁杻，狱官狱卒私与脱去，并有狱官知而不举之罪。三节言狱官将不应禁之人而收禁及不应锁杻之人而锁杻之罪。末节总承以上数项而言，鞫狱、司狱、提牢官，典狱卒受财者之罪。律文止言锁杻，若枷号人犯有应枷不枷等罪者，总与此律同科。后例亦有将轻罪用大枷及先责后枷之条，现在删除枷号及一切刑具，此律亦无所用矣。凡妇人犯该实遣不准收赎者，应收禁。又，窃贼无论罪名轻重，概为收禁。如违例管押，以应禁不禁论罪。此皆律无明文，有成案可引也。又《日本刑法》二百七十八条载：逮捕官吏不遵守法律而横行监禁者，处重禁锢十五日以上、三月以下，附加罚金二元以上二十元以下。但监禁日数过十日加一等云云，亦系此意，特罪名轻重不同耳。

一，递回原籍人犯，如系奉特旨及犯徒罪以上，援免解交地方官管束之犯，经过州县仍照例收监。其犯笞杖等轻罪递回安插者，承审衙门于递解票内注明不应收监字样，前途接递州县即差役押交坊店歇宿，仍取具收管，毋得滥行监禁。至递解人犯有应行责惩者，亦于文移内声明，令原籍地方官折责，毋得先责后解，违者交部分别议处。

故禁故勘平人

凡官吏怀挟私雠故禁平人者杖八十。（平人系平空无事与公事毫不相干，亦无名字在官者，与下文公事干连之平人不同。）因而致死者绞（监候）。提牢官及司狱官典狱卒知而不举首者与同罪，至死者减一等，不知者不坐。若因（该问）公事干连平人在官，（本）无招（罪而不行保管）误禁致死者杖八十。（如所干连事方讯鞫）有文案应禁者（虽致死）勿论。○若（官吏怀挟私雠）故勘平人者（虽无伤）杖八十。折伤以上，依凡斗伤论。因而致死者斩（监候）。同僚官及狱卒知情（而与之）共勘者与同罪，至死者减一等。不知情（而共勘）及（虽共勘而但）依法拷讯者（虽至死伤）不坐。若因公事干连平人在官，事须鞫问及（正犯）罪人赃仗证佐明白，（而干连之人独为之相助匿非）不服招承，明立文案依法拷讯，邂逅致死者勿论。

此仍《明律》，顺治三年添入小注。《唐律》无此名目，而有拷囚不得过三度一条："凡[诸]拷囚不得过三度，数总不得过二百，杖罪以下不得过所犯之数。拷满不承，取保放之。若拷过三度及杖外以他法拷掠者，杖一百；以故致死者，徒二年。即有疮病，不待差而拷者，亦杖一百；以故致死者，徒一年半。若依法拷决，而邂逅致死者，勿论；仍令长官等勘验，违者杖六十云云。"均罪止于徒，并无死罪。此律重在"挟仇"二字，故拷死者亦抵死罪，又于故勘外添出"故禁"一条，均较《唐律》为详。此律之意，盖言囚禁拷讯之法，不得滥及无辜也。禁谓下狱，若拘锁别处不得谓之禁。勘谓拷讯，若非用官刑者不得谓之勘。禁与勘皆公法也，官吏以执公法之人为报复私仇之事，故特严之。首节定故禁之罪。盖犯人应禁，平人不应禁，官吏挟仇故禁平人重杖致死者绞。不知系平人，据原问衙门发下收禁者不坐。若因公事牵连之人到官对证，无罪即当取保释放。如误禁致死者重杖。至无罪而原系紧要干证，有文案相关涉而应禁者勿论。后节定故勘之罪。官吏挟私故勘平人者亦重杖，至折伤以上依凡斗论，致死绞候。同僚狱卒知情而上下作奸共勘者同罪，不知情而共勘及虽共勘而依法拷讯者不坐。若平人因公事干连在官，而事须推鞫勘问及有罪之人赃证明白而干连之人反为遮饰、不服招承者，官吏明立文案，依法拷讯，则非故勘之比，故邂逅致死者勿论。律止言挟仇故勘，例又补出误执已见刑讯致毙各项，足补律所未备，节录于后以便引用。又《日本刑律》载裁判官收受贿赂陷害被告人者处重禁锢二年以上五年以下，加罚金。虽未收贿赂，但徇情挟怨陷害者亦同云云，与中律怀挟私仇之条相类，不过罪名稍有不同。

一，强窃盗人命及情罪重大案件正犯及干连有罪人犯，或证据已明再三详究不吐实情，或先已招认明白后竟改供者准夹讯外，其别项小事概不许滥用夹棍。若将案内不应夹讯之人滥用夹棍及虽系应夹之人因夹致死并恣意叠夹致死者，将问刑官题参治罪。若有别项情弊从重论。

一，内而法司，外而督抚、按察使正印官许酌用夹棍、拶指外，其余大小衙门概不准擅用。若堂官发司审理事件呈请批准，方许用夹棍、拶指。若不呈请而擅用及佐贰并武弁衙门擅设夹棍、拶指等刑具者，交部议处。

一，凡内外大小问刑衙门设有监狱，除监禁重犯外，其余干连并一应轻罪人犯即令地保保候审理。如有不肖官员擅设仓铺所店等名私禁轻罪人犯及致淹毙者，即行指参，照律拟断。

一、承审官吏凡遇一切命案、盗案,将平空无事并无名字在官之人怀挟私雠故行勘讯致死者照律拟罪外,倘事实无干,或因其人家道殷实,勒诈不遂,暗行贿嘱罪人诬扳刑讯致死者,亦照怀挟私雠故勘平人致死律拟斩监候。如有将干连人犯不应拷讯,误执己见刑讯致毙者,依决人不如法因而致死律杖一百。其有将干连人犯不应拷讯任意叠夹致毙者,照非法殴打致死律杖一百徒三年。如有将徒流人犯拷讯致毙二命者,照决人不如法加一等,杖六十徒一年。三命以上,递加一等,罪止杖一百徒三年。其有将笞杖人犯致毙二命者,照非法殴打致死律加一等,杖一百流二千里。致毙三命以上者递加一等,罪止杖一百流三千里。若因公事干连人犯依法拷讯邂逅致死,或受刑之后因他病而死者,均照邂逅致死律勿论。如有奸徒挟雠诬告平人,官吏知情受其嘱托因而拷讯致死者,本犯依诬告律拟抵,官吏照为从律满流。如有诬告平人,官吏不知情依法拷讯致死者,将诬告之人拟抵,官吏交部议处。若被诬之人不肯招承,因而叠夹致毙,照非法殴打致死律定拟。均不得删节律文内怀挟私雠字样,混引故勘平人概拟重辟。

一、凡问刑各衙门一切刑具,除例载夹棍、拶指、枷号、竹板遵照题定尺寸式样官为印烙颁发外,其拧耳、跪鍊、压膝、掌责等刑,准其照常行用。如有私自创设刑具,致有一二、三号不等及私造小夹棍、木棒榾、连根带须竹鞭,或擅用木架撑执悬吊敲踝、针刺手指,或数十斤大锁并联枷,或用荆条互击其背及例禁所不及赅载,一切任意私设者均属非刑,仍即严参,照违制律杖一百。其有将无辜干连之人滥行拷讯及将应行审讯之犯恣意凌虐,因而致毙人命者,照非法殴打致死律治罪。

淹禁

凡狱囚情犯已完,(在内经)法司(在外经)督抚审录无冤,别无追勘(未尽)事理,(其所犯笞杖徒流死罪)应断决者,限三日内断决。(系徒流)应起发者,限一十日内起发。若限外不断决、不起发者,当该官吏过三日,笞二十,每三日加一等,罪止杖六十。因(过限不断决、不起发)而淹禁致死者,若因该死罪杖六十,流罪杖八十,徒罪杖一百。杖罪以下,杖六十徒一年(惟重囚照例监候)。

此仍《明律》,顺治三年添入小注,雍正三年删定。《唐律》无淹禁之名,而有徒流送配稽程一条即是此意:凡[诸]徒、流应送配所,而稽留不送者,一日笞三十,三日加一等,罪止徒二年。此律罪[杖]止六十,而因淹禁致死者分别拟以杖徒,与《唐律》稍有不同。此律之意,盖言应决放之囚不得留狱也。凡在禁囚犯,若审问拟罪已定,则无追赃勘验等事,应断决者限三日内即行断决,应发配者限十日内即行起发,若限外无故不断决起发者,三日笞二十,每三日加一等,罪止杖六十,因而致死者,按囚罪之轻重分别杖徒,盖狱囚之罪以次而轻,即淹禁之罪以次而重。《拒捕门》有稽留囚徒一条,彼专指徒流迁徙之人,所重在因稽留而逃。此兼五刑通言之,所重在淹禁而死。各有命意,故分载两门。律外又有遇赦躭延一例,与律相辅而行,当并参之。

一,凡恩诏颁到赦款内,除已经刑部法司覆核明白应免罪囚逐一详查登时释放,另行题明外,如有情罪可疑者,限赦到一月内即汇疏奏请,其未经法司核覆明白者,俟法司核覆文到之日即时释放,毋得耽延时日。如赦到奏请违限及将应免轻罪人犯并无辜之人仍滥行监禁者,交该部议处。

陵虐罪囚

凡狱卒(纵肆)非理在禁陵虐殴伤罪囚者,依凡斗伤论(验伤轻重定罪)。克减(官给罪囚之)衣粮者,计(克减之物为)赃以监守自盗论,因(殴伤、克减)而致死者(不论因罪应死不应死并)绞(监候)。司狱官典及提牢官知而不举者与同罪。至死者减一等。(有不知坐以不应。)

此仍《明律》,顺治三年添入小注,乾隆五年增修。《唐律》无此专条,而减窃囚食致死拟绞则载于《囚给衣食门》内。此严狱卒陵虐之禁以恤罪囚也。狱囚虽为有罪之人,然各有应得之罪,非狱卒所得肆其陵虐。若非理欺陵殴伤罪囚,依凡人斗殴法科罪。克减狱囚官给衣粮者,计赃以监守自盗论。或因陵虐克减而致死者,不论囚罪应死与否,狱卒均坐绞候。《辑注》云:狱囚虽系应死之犯,狱卒自犯致死之罪,与擅杀应死罪人不同,故照凡斗坐绞。殴伤致死必因本伤,尅减致死必由冻馁,方坐以绞。若因他故致死者,仍止科凡斗、监守之罪。司狱官与提牢知而不举,与狱卒同罪,不言不知不坐者,官既以狱为职,狱卒之弊所当觉察,不容不知也。《吏部则例》亦有此项:凡陵虐致死,管狱官、有狱官知而不举者革职。私罪不知者,降二级。与此律不同,当参看之。律外条例亦多,附录于后,均当合参。又,《日本刑法》:司狱官吏不遵守程式而监禁囚人及人应出狱时不放免者,亦处重禁锢云云,即是此意。

一,除强盗、十恶、谋故杀重犯用铁锁杻镣各三道,其余斗杀人命等案罪犯以及军流徒罪等犯止用铁锁杻镣各一道,笞杖等犯止用铁锁一道。如狱官禁卒将轻罪滥用重锁,重罪私用轻锁,及应三道而用九道,应九道而用三道,将狱官题参,禁卒革役。受贿者照枉法从重论。任意轻重者照不应锁杻而锁杻律治罪。提牢官失于觉察交部议处。

一,凡官员擅取病呈致死监犯者,依谋杀人造意律斩监候。狱官禁卒人等听从指使下手者,依从而加功律绞监候。未曾下手者,依不加功律流三千里。

一,凡押解兵役、驿夫人等敢于中途奸污犯人妻女者,依奸囚妇律徒三年。押解官虽不知情,亦严加议处。如押解官自犯奸污及陵虐勒财者,交该部从重议罪。

一,凡狱卒有受罪人雠家贿嘱谋死本犯者,依谋杀人首从律治罪。

一,凡犯人出监之日,提牢官、司狱细加查问,如有禁卒人等陵虐需索者,计赃治罪,仍追赃给还犯人。提牢官、司狱不行查问,事发之日,亦照失察例议处。

一,徒罪以下人犯患病者,狱官报明承审官即行赴监验看是实,行令该佐领、骁骑校、地方官取具的保保出调治,俟病痊即送监审结。其外解人犯无人保出者,令其散处外监加意调治。如狱官不即呈报及承审官不即验看保释者,俱照淹禁律治罪。若本犯无病而串通狱官医生捏称有病者,该犯并狱官医生俱照诈病避事律治罪。或病已痊愈,而该佐领、骁骑校、地方官不即送监审结者,将本犯及该佐领、骁骑校、地方官亦俱照诈病避事律治罪。若保出故纵者,将保人治以本犯应得之罪。疏脱者减二等,仍将取保不的之该佐领、骁骑校、该地方官题参议处。若有受贿情弊,计赃以枉法从重论。

一,番役将盗犯及死罪人犯私拷取供者,枷号一个月杖一百。将军流以下等犯私拷取供者各递加一等治罪。如有逼索银钱,计赃以枉法从重论。该犯有诬指捏诳情弊照诬告律治罪。

一,凡内外斩绞监候之犯,每遇秋审时,责令狱官监看剃发一次,军流人犯每季剃发一次,仍令留顶心一片。

一,刑部监犯患病沈危,医生呈报救治后,提牢官回堂移会满、汉查监御史即日赴部查验。如有监毙人犯,无论因病因刑及猝患暴病身死不及呈报救治者,均移会满、汉查监御史率领指挥一员,限一日内赴部会同刑部司官相验。倘承审官有非法拷打及将不应刑讯之人滥刑致毙,并禁卒有陵虐罪囚各情事,即严参究办。至步军统领、都察院、顺天府五城各衙门并各省送部之案,务将人犯是否患病及曾否刑讯受伤之处于文内详晰声明。若送到人犯受有刑伤及病势沉重者,刑部立即移咨查监御史,亦于一日内赴部查验立案。

一,刑部监犯越狱并在狱滋事之案,该禁卒等分别有无受财故纵治罪。除至死无可加外,余各于本罪上加一等。流罪以上先于刑部门口枷号两个月。徒罪以下枷号一个月。如有挟嫌设法陷害本官情事,照恶棍设法诈官实在光棍拟斩例分别首从严办。如该提牢官知情徇隐故纵,照私罪严参革职。若止疏于防范,失于觉察,照公罪交部议处。

与囚金刃解脱

凡狱卒以金刃及他物(如毒药之类,凡)可以(使人)自杀及解脱锁杻之具而与囚者,杖一百。因而致囚在逃及(于狱中)自伤,或伤人者,并杖六十徒一年。若(致)囚(狱中)自杀者杖八十徒二年。致囚反狱(而逃)及(在狱)杀人者绞(监候)。其囚(脱越反狱)在逃,(狱卒于)未断(罪)之间能自捕得及他人捕得,若囚已死及自首者,各减一等。○若常人(非狱卒)以可解脱之物与囚人及子孙与(在狱之)祖父母父母,奴婢雇工人与(在狱之)家长者,各减(狱卒)一等。○若司狱官典及提牢官知而不举者与同罪。至死者减一等。○若狱卒常人及提牢司狱官典受财者,计赃以枉法从重论(赃重论赃,赃轻论本罪)。○若狱卒失于检点(防范),致囚自尽(原非纵与可杀之具)者,狱卒杖六十,司狱官典各笞五十,提牢官笞四十。

此仍《明律》,雍正三年改定,其小注系顺治三年添入。《唐律》亦有此条,大致相同。惟《唐律》致囚杀人者与自杀均拟徒二年,此将致囚杀人改重拟绞,又添入致囚反狱一句,则较《唐律》为重。又,《唐律》浑言以解脱之物与囚,不分狱囚他人,即子孙奴婢与者亦同。此律专言狱卒,而他人与者较狱卒减一等,子孙奴雇与者亦减一等,则与《唐律》不同,而律末司狱、提牢及受财以枉法论从重一段,亦为《唐律》所无。盖律之意系言脱囚之弊以示防范也。凡狱卒以金刃、他物,但可以自杀及解脱锁杻之具而与囚人者,坐满杖。因而致囚在逃,或自伤,或伤人,或自杀,或反狱,或杀人者,狱卒各分别科罪。至囚虽脱逃、反狱,狱卒若于未断罪之间能自捕得,或他人捕得,或囚已死或囚自首者,各减罪一等。若常人以可解脱之物与囚,及子孙与祖父母父母,奴雇与家长者,各减狱卒罪一等。司狱官典、提牢知而不举者同罪,若因受财而不举者,计赃以枉法论。若狱囚在禁失于检点,致囚自尽者,狱卒杖六十,司狱官典、提牢各减一等。此条与《捕亡门》内不觉失囚一节参看。凡狱卒不觉失囚者，减罪二等。若失死罪囚，则应拟满徒。失流罪囚，亦应徒二年半，此因与解脱之物致囚在逃止问拟徒一年，则反轻于本条失囚矣。故囚罪轻者依此条拟徒一年，若囚罪重者仍当照彼条减二等科之。参观互证，自知其妙，此读律所以贵乎贯通融洽，而不可执一以求也。

主守教囚反异（反训翻）

凡司狱官典狱卒教令罪囚反异（成案）变乱（已经勘定之）事情，及与通传言语（于外人，以至罪人扶同）有所增（入他人）减（去自己之）罪者，以故出入人罪论。外人犯（教令通传有所增减）者，减（主守）一等。〇若（狱官典卒）容纵外人入狱及（与囚传通言语）走泄事情，于囚罪无增减者笞五十。〇若（狱官典卒外人）受财者，并计（入己）赃，以枉法从重论。

此仍《明律》，顺治三年添入小注。盖严教令罪囚之禁以杜乱法之端也。《唐律》："诸主守受囚财物，导令翻异；及与通传言语，有所增减者：以枉法论，十五疋加役流，三十疋绞；赃轻及不受财者，减故出入人罪一等。无所增减者笞五十；受财者，以受所监临财物论。其非主守而犯者，各减主守一等云云。"与《明律》大致相同，而文义略为变通。凡狱官、典狱卒教令罪囚反异变乱事情，及与囚通传言语，致有所增减其罪者，以故出入人罪论。外人犯者，减主守一等。若纵容外人入狱，及与囚通传言语走泄事情，于囚罪无增减者坐满笞。若狱官、典卒及外人接受囚财而教令反异通传增减者，或狱官、典卒接受外人之财而纵容入狱教令通传者，并计赃以枉法论。盖典狱之责原有专司，若教令通传必致翻更定案，拖累枉滥，为害甚大，故立法不得不严。《辑注》云：翻改已成之案谓之反，在官司伸冤理枉，为之翻案者为平反，罪囚**变乱事情**，希图翻案者为反异。盖**变乱事情**即反异之注脚，若于囚先自诬服而教之反异，伸冤理枉者乃得事情之实，非变乱也。此不当即科以罪，须善会之。律外又有在京问刑衙门教供之例，当并参之。

一，在京问刑各衙门，如有闲杂人等擅自出入及跟随听审人犯私入窥探者，本犯及守门领催兵皂俱责治，于衙门首枷号一个月，责三十板。官员犯者，交该部议处。如因出入窥探而又另犯教供勾串等弊，仍按照律例从重治罪。

狱囚衣粮

凡狱囚（无家属者）应请给衣粮（有疾病者应请给）医药而不请给，患病（重者除死罪不开锁杻外其余）当脱去锁杻而不（请）脱去，（犯笞罪者）应保管出外而不（请）保管，（及疾至危笃者）应听家人入视而不（请）听，（以上虽非司狱官典狱卒所主，但不申请上司）司狱官典狱卒笞五十，因而致死者，若因该死罪，杖六十。流罪杖八十，徒罪杖一百，杖罪以下杖六十，徒一年。提牢官知而不举者，与（狱官典卒）同罪。○若（司狱官）已申禀上司（而上司官吏）不即施行者，一日笞一十，每一日加一等，罪止笞四十。因而致死者，若因该死罪，杖六十，流罪杖八十。徒罪杖一百。杖罪以下杖六十，徒一年。

此仍《明律》，顺治三年添入小注，雍正三年修改。盖系矜恤贫病罪囚之典也。《唐律》谓之囚给衣食医药："诸囚应请给衣食医药而不请给，[及]应听家人入视而不听，应脱去枷（号）锁杻而不脱去者，杖六十；以故致死者徒一年。即减窃囚食，笞五十；以故致死者绞云云。"与《明律》稍有不同。此律无减窃囚食致死拟绞一层，已载入前《陵虐罪囚门》内也。凡狱囚贫苦者应请给衣粮，有病者应请给医药，病重者应脱去锁杻，轻罪保管出外，重（罪）[病]听家人入视，此皆司狱官典、狱卒之专责也。前节言狱官典卒不禀请之罪。若因不请而致疾病死亡，各视囚罪之轻重以为罪之等差。后节言狱官典卒已禀请而上司不即施行之罪。因不施行而致囚死者，亦视囚罪为轻重。盖囚罪愈轻，则坐罪愈重。盖即应死之囚，亦当明正典刑，若淹抑而死，即不足惜，亦为非法，况非应死者乎？至于死罪患病，不开锁杻，注有明文，而《辑注》有云：夫死罪之用杻，恐其脱逃，非欲以此苦之也。今既患重病，必无脱逃之虞，岂忍听其桎梏而死，当酌行之云云。与现注说虽不同，亦为有理，可并存之。律外又有数例，足补律所不备，亦当合参。又，《日本刑法》载：司狱官吏如屏去囚人衣食及施其他苛刻之所为者，亦处重禁锢三月以上三年以下，附加罚金。因而致囚死伤者，照殴打创伤各本条加一等。又有当水火震灾之际，官吏懈怠，不解囚人监禁，因致死伤者亦照殴打创伤加一等云云。较中律更详，当并究之。

一，凡牢狱禁系囚徒年七十以上、十五以下，废疾散收，轻重不许混杂，锁杻常须洗涤，席荐常须铺置，冬设暖床，夏备凉浆。凡在禁囚犯日给仓米一升，冬给絮衣一件，病给医药。杂犯支更，禁卒夜给灯油，并令于本处有司在官钱粮内支放，狱官预期申明关给,毋致缺误。有官者犯私罪,除死罪外,徒流锁收,杖以下散禁。公罪自流以下皆散收。

一,斩绞重犯及军流遣犯在监及解审发配俱著赭衣。

一,刑部在监现审人犯,除未结各案及监禁待质官常各犯均不准亲属探视外,其已结各案,许令犯人祖父母、父母、伯叔、兄弟、妻妾、子孙一月两次入视,其随从入视之使役人等不越两名。若有送饮食者,提牢官验明,禁子转送。至各直省司府州县监狱,责成司狱、吏目、典史专管。于未经结案并待质监犯,严禁不许亲属探视。其已结各案,犯属入监探视,亦逐一登记号簿,一体详密稽查。如有奸徒捏名入监舞弊,即据实分别拿究参处。其盗犯妻子家口均不许放入监门探视,违者,妻子家口枷号两个月,责四十板,妇女照例收赎。提牢、司狱等官吏参处。

一,内外问刑衙门收禁人犯,如有禁卒人等私行传递或代买鸦片烟与犯人吸食者,发极边烟瘴充军。其奉官解递看守之犯,解役看役人等有犯前项情弊,发近边充军。赃重者,计赃以枉法从重论。失察之该管各官交部议处。

功臣应禁亲人入视

凡功臣及五品以上(文武)官犯罪应禁者,许令(服属)亲人入视。(犯)徒流(应发配)者,并听亲人随行。若在禁及(徒流已)至配所,或中途病死者,在京原问官,在外随处官司开具(在禁、在配、在途)致死缘由,差人引领(其入视随行之)亲人诣阙奏请发放,违者杖六十。

此仍《明律》,雍正三年修定,其小注系顺治三年增入。《唐律》无此专条。盖言优恤之典及于罪人也。功臣著有勋劳者,五品以上官,亦班联之贵者,或犯罪应禁,许令亲人入监看视。或犯徒流罪应发配,并听亲人随行。若因病而死,在京则原问官,在外则所在有司开具因病致死缘由奏闻,差人引其亲人奏请发放,违者处杖。恐有别故而死非其所也,虽已死而犹矜悯之,皆格外宽恤之意。上条言狱囚患病始听亲人入视,此不患病亦许入视,则优贵之典也。

死囚令人自杀

凡死罪囚已招服罪而囚(畏惧刑戮)使令亲戚故旧自杀,或令(亲故)雇倩(他)人杀之者,亲故及(雇倩)下手之人各依(亲属凡人斗殴)本杀罪减二等。若囚虽已招服罪,不曾令亲故自杀及虽曾令(亲故)自杀而未招服罪,(其亲故)辄(自)杀讫,或雇倩人杀之者,(不令自杀,已有幸生之心,未招服罪,或无可杀之罪),亲故及下手之人各以(亲属凡人)斗杀伤论(不减等)。○若(死囚)虽已招服罪,而囚之子孙为祖父母父母及奴婢雇工人为家长(听令自下手或令雇倩他人杀之)者,皆斩(监候。雇倩之人仍依本杀罪减二等。)

此仍《明律》,顺治三年添入小注。盖言囚虽坐死而不应私杀也。《唐律》谓之死罪囚辞穷竟:"诸死罪囚辞穷竟,而囚之亲故为囚所遣,雇倩人杀之及杀之者,各依本杀罪减二等。囚若不遣雇倩,及辞未穷竟而杀,各以斗杀罪论,至死者加役流。辞虽穷竟,而子孙于祖父母、父母、[部曲]奴婢于主者,皆以故杀罪论云云。"与《明律》大致相同。首节言囚之亲故及雇倩他人下手之罪。囚已服罪而令亲故自杀或令雇倩他人杀之者,各依凡人斗杀罪减二等。若囚虽已招服罪,不曾令亲故自杀及虽令亲故自杀而尚未招服,其亲故辄自杀讫,或倩他人杀之者,则亲故及下手之人各依亲属、凡人斗杀本律,不在减等之限。末节言囚之子孙及奴婢、雇工人下手或雇人下手之罪。盖囚虽招服死罪,令其自杀,但子孙于祖父母、父母伦常(自)[至]重,奴婢、雇工于家长名分攸关,岂得忍心擅杀,故皆坐斩。受雇者如系他人,仍依本杀罪减二等。盖子孙杀祖父母、父母,奴婢杀家长,皆应凌迟,而此止斩者,因父母家长已犯死罪,自畏刑戮而使令之,则与恶逆有间,故虽坐皆斩,犹得监候也。至于前条子孙以可解脱之物与父母或有自杀,与常人同,止比狱卒减一等拟徒,与此不同者,盖与解脱之物有望其生之心,是可原也。听令而杀,有速其死之意,不可逭也。三项合参,均系致亲于死,而科罪各有不同,律理之精微如此,善读者当自知之。

老幼不拷讯

凡应八议之人(礼所当优)及年七十以上(老所当恤),十五以下(幼所当慈),若废疾(疾所当矜)者,(如有犯罪官司)并不合(用刑)拷讯,皆据众证定罪。违者以故失入人罪论。(故入抵全罪,失入减三等。)其于律得相容隐之人,(以其情亲有所讳)及年八十以上,十岁以下,若笃疾(以其免罪有所恃)皆不得令其为证。违者笞五十(皆以吏为首递减科罪)。

此仍《明律》,顺治三年添入小注。盖于刑讯中存优恤之仁也。大致原本《唐律》。惟《唐律》尚有若证不足告不反坐一句,谓证不满三人,告不反坐,被告之人亦不合入罪。《明律》删去此句,又改《唐律》末句有"违者减罪人罪三等"为笞五十,其余俱与《唐律》相同。凡七十以上,十五以下及废疾之人,理当优恤,非但不合用刑拷讯,而亦不胜刑讯,故皆据众证定罪。若官司不加体恤而加拷讯,分别故误,以故失出入人罪论。其于律得容隐之人,如同居及大功亲各项并年八十以上、十岁以下,若笃疾皆不得令其为证。盖以容隐之人当为亲讳,老幼笃疾法所难加,皆不足以为据,且恐恃此以罔人,故违律而令其为证者治以笞罪。此与亲属相为容隐一条皆教人亲厚之意。中律之精萃全在于是,非外国所可及矣。律内凡涉老幼疾者皆得宽恤,如老幼疾犯罪者散禁见《狱囚衣食门》内,老幼疾不得告举见《禁囚不得告举他事门》内,故令老幼疾及妇人代告见《越诉门》内,老幼疾收赎后再犯见《名例》,皆与此律互相发明,须并参之。

鞫狱停囚待对

凡鞫狱官推问(当处)罪囚,有(同)起内(犯罪)人伴见在他处官司(当处)停囚专待(其人)对(问)者,(虽彼此)职分不相统摄,皆听直行(文书)勾取,(他处官司于)文书到后,限三日内(即将所勾待问人犯)发遣。违限不发者,一日笞二十,每一日加一等,罪止杖六十(当处鞫狱者,无以其不发而中止),仍行移(他处)本管上司问(违限之)罪,督(令将所取犯人解)发。若起内应合对问同伴罪囚已在他处州县事发见问者,(是彼此俱属应鞫)听轻囚(移)就重囚,(若囚罪相等者,听)少囚从多囚,若囚数相等者以后发之囚送先发官司并问。若两县相去三百里之外者(往返移就,恐致疏虞),各从事发处归断,(移文知会如)违(轻不就重,少不移多,后不送先,远不各断)者笞五十。若违法(反)将重囚移就轻囚,多囚移就少囚者,当处官司随即收问,(不得互相推避)仍申达(彼处)所管上司,究问所属违法移囚(笞五十)之罪。若(当处官司)囚到不受者,一日笞二十,每一日加一等,罪止杖六十。

此仍《明律》,顺治三年添入小注。盖立拘提就审之法以速结案件也。《唐律》亦有此条,分作两门,一为:**诸鞫狱官,停囚待对问者,虽职不相管,皆听直牒追摄。牒至不即遣者,笞五十;三日以上,杖一百。**一为:**诸鞫狱官,囚徒伴在他所者,听移送先系处并论之。违者,杖一百。若违法移囚,即令当处受而推之,申所管属推劾。若囚至不受及受而不申者,亦与移囚罪同云云。**明合为一条,而文加详,罪亦稍轻。人犯尚未定罪,故曰人伴。勾取,即关提之意。所谓起内者,即同起事内之说也。前节言一事人在两处而事发于一处,若本处官司停囚待对,而彼处官司违限不发遣之罪。后节亦是一事人在两处,而先后同发,若彼处官司违法移囚及当处官司囚到不受理之罪。总之恐案久悬,不令稽迟迁延,使受拖累也。《诉讼门》内告状不受理条有原告就被告论归结之法,当与此参看。律外又有在京衙门行移条例,以补律所未及,择其要者以备参考。

一,刑部行文八旗内务府、五城顺天府提人,限文到三日内即行查送过部,或人犯有他故不到,即将情由报明,如违,将该管官参处。倘人犯已至而胥役勒索不行放入,经司务厅查出,照例严加治罪。如徇隐不究,察出或被首告,将该司务一并参处。

一,凡在京衙门承审事件限一个月完结。刑部现审事件,杖、笞等罪限十日完结,遣军流徒等罪应入汇奏者限二十日完结,命盗等案应会三法司者限一个月完结。其斗殴杀伤之犯到案后,以伤经平复及因伤身死之日为始,内外移咨行察及提质并案犯患病,以查覆及提到并病愈之日为始,接审者以接审之日为始,仍将应行扣限及三法司会审日期并于科道衙门注销内声明。倘该司员任意因循,或三法司不即会审,以致逾限,书役得以乘机作弊者,将书役严加治罪,承审司员及会审迟延之堂司官交部分别议处。若内外移咨行察,催文至三次无回文者,题参。行文八旗内务府、五城顺天府提人,于文到三日内无故不行送部者,亦照例参处。

依告状鞫狱

凡鞫狱须依(原告人)所告本状推问。若于(本)状外别求他事,摭拾(被告)人罪者,以故入人罪论。(或以全罪科,或以增轻作重科。)同僚不署文案者不坐。若因其(所)告(本)状(事情)或(法)应掩捕搜检,因(掩捕)而检得(被犯)别罪,事合推理者(非状外摭拾者比),不在此(故入同论之)限。

此仍《明律》,顺治三年添入小注。盖禁问刑官不得事外吹求也。《唐律》亦有此条:"诸鞫囚[狱]者,皆须依所告状鞫之。**若于本状之外别求他事[罪]者,以故入人罪论云云。**"《明律》即本于此而末后一段则系采《疏议》之说纂入。凡鞫狱当依原告本状内事情推问虚实以定招案,若于本状外别求他事,摭拾被告人之罪者,是罗织文致,有意为之,故随其轻重以故入人罪论。若所告本状事情,或法应搜检,因而检得被告别项情罪,事合推理者,则非状外摭拾可比。如被告藏匿罪人而掩捕时又得窝藏强盗,又如被告收买盗赃而搜检时又得伪造印信,皆合推理者,故曰不在故入之限,当分别观之。

一,凡鞫狱,只将状内有名人犯审拟,如光棍案件伙党人多,仍行严拿究审。

原告人事毕不放回

凡告词讼对问得实,被告已招服罪,原告人别无待对事理,(鞫狱官司当)随即放回。若无(待对事)故稽留三日不放者笞二十,每三日加一等,罪止笞四十。

此仍《明律》,顺治三年添入小注。盖严禁稽留无罪之人,以安民生也。一应词讼,原被对问得实,被告已经招承服罪,则原告即为无罪之人,如无别项待对事理,自当即放回家。如无故稽留在官者,分别按日治罪。律意重在"得实"二字,若不得实,则原告不能无罪而被告亦未必招服也。《强盗门》内有事主不许往返拖累之例,与此互参。

一,凡内外题奏案件,内有拟以杖笞人犯,审结日即先行责释,仍于题奏之日声明。

狱囚诬指平人

凡囚在禁诬指平人者,以诬告人(加三等)论。其本犯罪重(于加诬之罪)者,从(原)重(者)论。○若(本囚无诬指平人之意)官吏鞫问狱囚非法拷讯,故行教令诬指平人者,以故入人(全)罪论。○若(官司)追征(逋欠)钱粮逼令(欠户)诬指平人代纳者,计所枉征财物坐赃论。(罪止杖一百徒三年,以赃不入己也。)其物给(代纳本)主。其被(囚)诬(指)之(平)人无故稽留三日不放(回)者,笞二十,每三日加一等,罪止杖六十。○若(官司)鞫囚而证佐之人(有所偏徇)不言实情故行诬证,及化外人有罪通事传译番语(有所偏私)不以实对,致(断)罪有出入者,证佐人减罪人罪二等。(证佐不说实情,出脱犯人全罪者减犯人全罪二等。若增减其罪者,亦减犯人所得增减之罪二等之类。)通事与同罪。(谓化外人本有罪,通事扶同传说出脱全罪者,通事与犯人同得全罪。若将化外人罪名增减,传说者以所增减之罪坐通事。谓如化外人本招承杖六十,通事传译增作杖一百,即坐通事杖四十。又如化外人本招承杖一百,通事传译减作笞五十,即坐通事笞五十之类。)

此仍《明律》,原有小注,顺治三年增修。盖禁囚之诬陷而因及证佐通事人之罪也。《唐律》谓之囚引人为徒侣:"诸囚在禁,妄引人为徒侣者,以诬告罪论。即本犯虽死,仍准流、徒加杖及赎法云云。"《明律》即本于此,而添入后三段,更为详密。首节言囚诬指平人之罪。二节言官吏非法拷讯故行教令诬指之罪。三节言官司追征钱粮逼令欠户诬指代纳之罪。不以诬告论而以故入论者,以其讬于狱囚之口而非自诬之也。四节言前项被诬之人已经问明,无故稽留不放之罪。末节言证人扶同偏庇,故行诬证及通事传译番语欺瞒问官不以实对之罪。二者坐罪不同。盖证佐之人难以尽欺,通事之语易于全罔,故罪分轻重也。前《诉讼门》内既有诬告之条,又有禁囚不得告举他事之条,而又设此条者,盖《诬告门》并无犯罪囚诬指平人,至于不得告举他事,止禁其告举而未著罪名,故复增此条以补二律之阙,当合参之。

官司出入人罪

凡官司故出入人罪,全出全入者(徒不折杖,流不折徒)以全罪论。(谓官吏因受人财及法外用刑,而故加以罪,故出脱之者,并坐官吏以全罪。)○若(于罪不至全入,但)增轻作重,(于罪不至全出,但)减重作轻,以所增减论。致死者坐以死罪。(若增轻作重,入至徒罪者,每徒一等折杖二十。入至流罪者,每流一等折徒半年。入至死罪已决者,坐以死罪。若减重作轻者,罪亦如之)○若断罪失于入者各减三等,失于出者各减五等,并以吏典为首,首领官减吏典一等,佐贰官减首领官一等,长官减佐贰官一等科罪。(坐以所减三等、五等)○若囚未决放及放而还获,若囚自死,(故出入,失出入)各听减一等。(其减一等与上减三等、五等,并先减而后算,折其剩罪以坐,不然,则其失增、失减、剩杖、剩徒之罪反有重于全出全入者矣。)

此仍《明律》,原有小注,顺治三年删定。《唐律》不用折杖之法。盖言官司科断宜当也。《唐律》:"诸官司入人罪者,若入全罪,以全罪论;从轻入重,以所剩论;刑名易者:从笞入杖、从徒入流亦以所剩论。从徒入流者,三流同比徒一年为剩;即从近流而入远流者,同比徒半年为剩;从笞杖入徒流、从徒流入死罪,亦以全罪论。其出罪者,各如之。即断罪失于入者,各减三等;失于出者,各减五等。若未决放及放而还获,若囚自死,各听减一等。即别使推事通状失情者,各又减二等;所司已承误断讫,即从失出入法。虽有出入,于决罚不异者,勿论云云。"《明律》虽稍有变易,而大致则同。首节言鞫狱故全入、故全出之罪,或受财枉法,或法外用刑而故加无罪之人,出脱有罪之犯,则官吏并抵全罪。次节言故增轻作重,减重为轻之罪,各以所增减之剩罪坐之。三节言失入、失出之罪。断罪之时,非出有心,因所见错误失于入者,或于失人全罪上及失入增轻作重之剩罪上各减三等。失于出者各减五等,并以承办吏典为首,承审首领官次之,佐贰官又次之,覆核长官又次之,递减科罪,减尽无科者不坐。若故失出入而因未决并放而还获及自死者,各于因罪上减一等。小注云:并先减而后折算剩罪以坐。可见,先折算剩罪而后减者,其法必至不得其平也。律文后另有注释,逐条详解,可取全书查阅,兹不细赘。又查阅《辑注》有云:故出入罪,注谓因受人财及法外用刑,盖举受财以例一切徇私曲法之故者,举法外用刑以例一切残暴曲法之故者。每有酷虐之吏任意立威,明知非法以锻炼而周内之,虽无受财等情,亦是故也。法外用刑,旧注谓如用火烧烙铁烙人,或冬月用冰水浇身体之类。夫用刑有法,法所不当用即非刑也。五刑之外,古之拷问惟用讯杖。今之定例,所用者夹棍、桉指、竹板三项。然亦有定制,如夹桉太短,竹板太大,而叠夹、套桉责过四十以外,均属违制,亦皆非法也。凡受财者当参用枉法律,法外用刑者当参用故勘平人律,各从其重者论之。此段议论详明,凡有审判之责者,均当奉为圭臬。律外又有详例,择要附录以备参考。

一,知府直隶州有将各州县审拟错误关系生死出入大案虚公研鞫,究出实情,改拟得当,经上司核定题达部议准行者,交与吏部查明,奏请送部引见。

一,承审官改造口供,故行出入者革职。故入死罪已决者,抵以死罪。其草率定案,证据无凭,枉坐人罪者亦革职。

一,凡初次供招,不许擅自删改,俱应详载揭帖。若承问官增减原供,希图结案,按察使依样转详该督抚严察题参,不行察参,将督抚交部一并议处。按察使亦不得借简招之名故为删改。倘遇有意义不明,序次不顺,与情罪并无干碍,既就近核正申转,将改本备案,不得发换销毁。违者,依改造口供故行出入例议处。

一,凡驳饬改正之案,刑部即检查该府州县原详据实核办。如原详本无错误,经上司饬驳致错拟罪名者,将该上司议处。如原详未奉饬驳,该上司代为承当,除原拟之员仍按例处分外,将该管上司照徇庇例严议。

辩明冤枉

凡内外问刑衙门辩明冤枉,须要开具(本囚)所枉事迹实封奏闻,委官追问(其冤情)得实,被诬之人依律改正。(所枉之)罪坐原告(诬告)原问官吏(以故失入罪论)。○若(罪囚)事(本)无冤枉,朦胧辩明者,杖一百徒三年。(既曰朦胧,则原告、原问官为其诬矣。)若所诬罪重(于杖一百徒三年)者,以故出入人罪论。所辩之(罪)人知情,与(朦辩)同罪(如原犯重,止从重论)。不知者不坐。

　　此仍《明律》,雍正三年改定。其小注系顺治三年添入。盖言断罪之当慎,而冤抑之宜伸也。《唐律》无此专条。凡内外问刑衙门,皆有辩明冤枉之责,于审录时如有冤枉,须开具事迹奏闻,候委员追问得实,依律改正。若事情本无冤枉,而问官为之朦辩,即是奏事诈不以实也,应坐满徒。若所辩之罪人与问刑官和同朦辩者,同坐应得之罪。如问刑官自行奏辩而本犯不知者不坐,止坐原犯罪名。前节是辩其冤枉者,故曰被诬之人。后节是辩其不冤枉者,故曰所辩之人。义各有别,故文法不同。律外又有条例,当并参之。

　　一,凡处决人犯有临刑时呼冤者,奏闻覆鞫。如审明实有冤抑,立为申雪,将原审官参奏,照例惩治。如系妄行翻异,冀延显戮,除原犯斩罪仍即处斩外,如原犯绞罪者亦改为斩罪,即行正法。

　　一,各省督抚,除重大案件或奉旨发交以及控告官员枉法滥刑各案,俱令率同司道等亲行研审,并司道等官接受所属控词遇有前项各情,或经上司批发之案亦即亲提审办,间有户婚、田土案件头绪纷繁,必须酌派委员代为查审者,于结案时仍由该司道等官覆勘定拟具详,不得仅委属员承审外,其余上控之件讯系原问各官业经定案,或案虽未定而有抑勒画供滥行羁押及延不讯结,并书役诈赃舞弊情事,如在督抚处具控,即发交司道审办。或距省较远,即发交该管守巡道审办。如在司道处具控,即分别发交本属知府,或邻近府州县审办。如在府州处具控,即由该府州亲提审办,概不准覆交原问官并会同原问官办理。审明后按其罪名,系例应招解者仍照旧招解,系例不招解者即由委审之员详结。其有委审之后覆经上控者,即令各上司衙门亲提研鞫,不得复行委审。若命盗等案尚未成招,寻常案件尚无堂断,而上控呈词内又无抑勒画供,滥行羁押及延不讯结,并书吏诈赃舞弊各等情,应即照本宗公事未结绝者发当该官司追问,仍令原问官审理。该管上司仍照律取具归结缘由勾销。傥有应亲提而委审,或应亲提委审而发交原问衙门者,即令该督抚指名严参,交部照例议处。其所委之员若有瞻徇听嘱等弊,亦即严参治罪。该督抚有违例委审者,亦照例议处。至于刁健之徒本无冤抑,或因负罪受惩,掩饰己非,捏款诬控,或因斗殴、婚姻、田宅等事不赴本管官控理,辄赴上司衙门架词妄控者,仍按律治罪。

有司决囚等第

凡(有司于)狱囚(始而)鞫问明白,(继而)追勘完备,军流徒罪各从府州县决配。至死罪者,在内法司定议,在外听督抚审录,无冤依律议拟(斩绞情罪),法司覆勘定议奏闻(候有)回报(应立决者),委官处决。故延不决者杖六十。○(其公同审录之际)若犯人(自行)反异(原招或)家属(代诉)称冤,(审录官)即便(再与)推鞫,事果违枉,(即公)同将原问原审官吏通问改正(同将原问原审之官吏通行提问,改正其罪)。○若(囚犯)明称冤抑,(审录官)不为申理(改正)者,以入人罪故(或受赃挟私)失(或一时不及参究)论。

此仍《明律》,雍正三年改定,其小注系顺治三年添入。盖言决囚宜详慎也。《唐律》无此名目,此门专载秋审各例。秋审始于康熙年间,从前无此名目,是以律无明文。至于死罪因过限不决杖六十,见《死囚覆奏待报门》内,与此重复。其律末一段,与前条辩明冤枉条参看。凡狱囚招状已明,应行追勘,事理已完,遣流徒罪详明上司,定地发配报部。惟死罪至重,在内应听法司会勘,在外听督抚具报拟罪,法司覆勘核实,定拟奏闻,请旨定夺。其应立决者,即行委官处决。故延不决者杖六十。至朝审秋审之时,若犯人反异原招,或家属称冤,即便详鞫,其事果有违枉,将初鞫及勘录之原审官吏提问,公同改正其罪名。若囚犯称冤而审录官不为辩理者,以入人分别故失论。律文略举大义,例更详细无遗,须合参之。

一,秋审时,督抚将重犯审拟情实、缓决、可矜具题,限五月内到部。刑部将原案及法司看语并督抚看语,刊刷招册送九卿、詹事、科道各一册,八月内在金水桥西会同详核情实、缓决、可矜,分拟具题请旨定夺。至于秋审具题后,如有新结重案,俱入次年秋审。

一,刑部现监重犯每年一次朝审,刑部堂议后即奏请特派大臣复核,俟核定具奏后,摘紧要情节刊刷招册送九卿、詹事、科道各一册,于八月初间在金水桥西会同详审,拟定情实、缓决、可矜具题,请旨定夺。其情实者与各省秋审情实人犯,刑科皆于本省勾到,前五日覆奏一次,经御笔勾除者正法,其余仍监固。

一,凡遇南郊北郊大祀之期前五日、后五日,刑部及顺天府衙门,凡在京立决重犯俱停止题奏。其核覆外省速议及立决本章,仍止迴避斋戒日期。

一,各省官犯,如系贪酷败检,侵亏狼籍及有心巧诈不尽臣职,罪应斩绞之员,其审题结案在行刑之日以前者，著皆补疏题请。情实予勾者，即行刑之日已过，亦著行刑。在行刑以后审结者，入下年新事册内，刑部仍粘签声明。其寻常私罪案犯无前项情节者，著牢固监候，俟次年秋审办理，不得概请补入本年情实。

一，各省秋审本揭，如系新事初次入秋审者，照旧备叙案由，确加看语以凭会核。

一，刑部奉交事件即审明无罪可科，应具折覆奏。如罪至斩绞，仍会同三法司核拟特题完结。其它案件除杖枷等罪竟行发落外，犯该遣军流徒折枷等罪，傥非寻常经见之事及酌重酌轻之案，并犯罪文自监生以上，武自骁骑校以上，或本身虽白丁，系现任大员子弟犯该断决者，俱详叙供招，不拘件数、时日，随结随题。内有酌重酌轻案件，仍于改拟之处粘贴黄签恭呈御览，俟奉旨之日发落。寻常徒流军遣等罪，于审结之日先行发落，按季汇题。

一，秋审可矜人犯内如子妇不孝、詈殴翁姑，其夫忿激致毙，或因该犯之母素有奸夫，已经拒绝后复登门寻衅以致拒殴致毙者，此等情切天伦，一时义激，与寻常斗狠之事不同，刑部会同九卿，遇有似此罪犯，案情既确，俱量为区别，照免死减等例再减一等发落，仍逐案随本声明请旨。

一，凡审办逆伦重案，除子孙殴伤、误伤、误杀及过失杀祖父母、父母仍各照定例办理外，其子孙殴杀祖父母、父母之案，无论是否因疯，悉照本律问拟。如距省在三百里以内无江河阻隔者，均于审明后即恭请王命，委员会同该地方官押赴犯事地方即行正法。若距省在三百里以外，即在省垣正法，仍将首级解回犯事地方枭示。

一，应行立决人犯应在京处决者，如适当雨泽愆期、清理刑狱之时，并祈雨、祈雪期内，刑部将此等应结案牍暂行停止题奏，俟雨泽沾足再行请旨。如系应在外处决者，俱照常题奏。

一，凡祖父母、父母因子孙触犯呈送发遣之案，该州县于讯明后，不必解勘，止详府司核明，转详督抚核咨，俟部覆准，即定地起解。若系嫡母、继母及嗣父母呈送发遣，仍照旧解勘。

一，凡凶盗逆犯干涉军机应行立决及须刑鞫者，均随时办理声明咨部，毋庸拘泥停刑旧例。其寻常案件仍照定例日月停刑。

一，秋、朝审情实官常犯有经十次未勾者，刑部查明奏闻，下次改入缓决，不得擅改可矜。其官犯已改缓决后，如遇查办缓决三次以上时，不得与常犯一例减等，其中或有应行宽宥者，恭候谕旨办理。

一，外省徒罪案件，如有关系人命者，均照军流人犯解司审转，督抚专案咨部核覆，仍令年终汇题。其寻常徒罪，各督抚批结后即详叙供招，按季报部查核。

一，秋、朝审处决重囚及一应立决人犯，如遇冬至以前十日为限，夏至以前五日为限，俱停止行刑。若文到正值冬至、夏至斋戒日期及已过冬至、夏至者，于冬至七日，夏至三日以后照例处决。

一，凡绿营兵丁因事斥革后，即移明地方官另记年貌册档，严加管束。若有作奸犯科，除实犯死罪外，犯军流以下俱照凡人加一等治罪。

一，凡各省州县招解逆匪凶盗罪应斩枭立决人犯，该督抚于各州县解犯到省审明题奏后，即留禁按察使监及首府县监，牢固监禁。俟奉到部文，按察使会同督抚标中军督率府县亲提各犯验明，绑赴市曹，监视处决。应枭示者仍传首犯事地方示众。

一，凡官犯及常犯罪干服制由立决改为监候者，又卑幼听从尊长主使殴死本宗小功、大功兄姊及尊属例应斩候者，刑部于秋审时俱列入情实，各另缮一册，列于各该省常犯情实黄册之前进呈候勾。官犯俟十次免勾之后，服制常犯俟两次免勾之后，大学士会同刑部堂官将人犯招册复加详勘，其有实在情节可宽者摘叙案情，确加看语，请旨改入缓决。

一，凡命盗案内本例系由死罪减为发遣军流者，定案时仍专本具题，不得同寻常军遣等案咨部汇题完结。其罪应斩绞凌迟人犯，在监病故者，随案咨部完结，毋庸具题。

一，五城及步军统领衙门审理案件，如户婚、田土、钱债细事并拿获窃盗、斗殴、赌博以及一切寻常讼案，审明罪止枷杖笞责者，照例自行完结。其旗民词讼，各该衙门均先详审确情，如按律罪名在徒流以上者，方准送部审办，不得以情节介在疑似滥行送部。若例不应送部之案率意送部者，刑部将原案驳回，仍据实奏参。如例应送部之案而自行审结，亦即查参核办。至查拿要犯必须赃证确凿，方可分别奏咨交部审鞫。若将案外无辜之人率行拿送，一经刑部审明并非正犯，即将该管官员参奏，番捕人等照例治罪。其斗殴养伤者务当依限报痊，验明传讯，毋许藉伤延宕。饬坊查拘人证要犯，限一两日送部，若逾限，催至三次不到者，即将司坊官参处。

一，凡应拟斩绞人犯染患重病，该督抚接到州县通详，即先具文报部，仍责成该督抚详加查核，如有假捏情事，立将承审及核转各员严行参处。倘督抚不行详察，经部核对原咨查出弊窦，将该督抚一并严参。其前项人犯遇有在监病故，无论曾否结案及已未入秋审情实缓决,该州县立时详报,该督抚据详派员前往相验。若时逢盛暑,或离省窎远之各厅州县,该管道府据报即派邻近之员往验。如病故系新旧事情实人犯,该督抚于接到详文之日先行题报,总不得过十日之限。其派员相验及研讯刑禁人等有无凌虐情弊,除去程限日期,以一月为限,具文报部。若系缓决及应入次年秋审情实人犯,仍照向例办理。如验报迟逾,分别交部议处。

检验尸伤不以实

凡（官司初）检验尸伤,若（承委）牒到托故（迁延）不即检验,致令尸变及（虽即检验）不亲临（尸所）监视转委吏卒（凭臆增减伤痕）,若初（检与）复检官吏相见扶同尸状及（虽亲临监视）不为用心检验,移易（如移脑作头之类）轻重（如本轻报重,本重报轻之类）,增减（如少增作多,如有减作无之类）尸伤不实,定执（要害）致死根因不明者,正官杖六十,（同检）首领官杖七十,吏典杖八十,仵作、行人检验不实,扶同尸状者罪亦如（吏典以杖八十坐）之。（其官吏仵作）因（检验不实）而罪有增加者,以失出入人罪论（失出减五等,失入减三等）。○若（官吏仵作）受财故检验不以实（致罪有增减）者,以故出入人罪论。赃重（于故出、故入之罪）者计赃以枉法各从重论。（止坐受财检验不实之人,其余不知情者,仍以失出入人罪论。）

此仍《明律》,顺治三年添入小注。盖言检验不可迟缓疏忽也。《唐律》亦无此名目。凡人命牒到不即检验,致令尸变及检验而不亲临监视,转委吏卒致有增减伤痕,或初检与复检官吏扶同尸状及虽亲临监视不细心查勘,或将伤痕移易其处,或以轻作重、以重作轻,又或增少为多、减有作无以致伤痕不实,与所执致死根因不明,如先勒后缢、先伤后病及伤杖不符之类,正官以下至吏典递加罚罪,仵作扶同捏报亦如吏典之罪。其因检验不实而罪有增减者,以失出入人罪论。若官吏仵作人等受财故作检验不实致罪有增减,以故出入人罪论。受财之赃重于故出入人罪者,计赃以枉法各从重论。若一人受财,其余不知情者仍依失出入人罪论。查验尸之法,详载《洗冤录》一书,凡有检验之责者均当研究。此律所云不过略举大要,《辑注》有云:人命事情报到州县,印官即先检验,然后申报,不待委牒也。人命非身首异处者,究抵全凭尸伤,报到即验,其尸未变,其伤易见。验时仵作报一伤痕,必须与凶器符合,听尸亲看验,取凶犯认供,令干证质证,再查果无遗漏,然后填注尸状,即之尸格也。初检的确,可免日后复检蒸骨之惨然。血肉之伤一至发变即易游移,是伤非伤,与颜色深浅、长阔分寸便难辨别，仵作因而作弊，妄报不实之故往往在此，故此律首言迟延之罪。凡不论初检、复检，古人皆称检验。今人以验尸为相验，以折蒸为检验。又以初视皮肉为验，复行折蒸为检，皆非古法。律外条例甚繁，当合参之。

一，遇告讼人命有自缢、自残及病死而妄称身死不明意在图赖诈财者，究问明确，不得一概发检以启弊窦。其果系斗杀、故杀、谋杀等项当检验者，在京委刑部司官及五城兵马司、京县知县，在外委州县正印官，务须于未检验之先即详鞫尸亲、证佐、凶犯人等令其实招以何物伤何致命之处，立为一案，随即亲诣尸所，督令仵作如法检报，定执要害致命去处，细验其圆长、斜正、青赤、分寸，果否系某物所伤，公同一干人众质对明白，各情输服然后成招。或尸久发变青赤颜色，亦须详辨，不许听凭仵作混报拟抵。其仵作受财增减伤痕，扶同尸状以成冤狱，审实赃至满数者，依律从重科断。（不先究致死根因明确概行检验者，官吏以违制论。）

一，诸人自缢、溺水身死别无他故，亲属情愿安葬，官司详审明白，准告免检。若事主被强盗杀死，苦主自告免检者，官与相视伤损，将尸给亲埋葬。其狱囚患病责保看治而死者情无可疑，亦许亲属告免覆检。若据杀伤而死者，亲属虽告不听免检。

一，凡人命重案必检验尸伤，注明致命伤痕，一经检明即应定拟。若尸亲控告伤痕互异者，许再行覆检，勿得违例三检，致滋拖累。如有疑似之处委别官审理者，所委之官带同仵作亲诣尸所，不得吊尸检验。

一，凡人命系自尽者，检验时尸亲远居别属一时不能到案，该地方官应即验明，立案殓埋。

一，差役奉官暂行看押人犯有在押身死者，无论有无陵虐，均令禀明本管官传到尸亲眼同验明，不得任听私埋。如有私埋情事，经尸亲控告破案者，官为究明致死根由，详请开检，无庸取具尸亲甘结。检明后除讯系差役索诈陵虐致毙者，仍照各本律例从重治罪外，若止系因病身死，即将私埋之差役杖七十徒一年半。控告之尸亲讯无挟雠情节，仍按诬告各本律分别科断。地方官有任听私埋及庇护差役不即开检者，交部分别严加议处。至差役私押毙命之案，应令禀请邻封州县传到尸亲，眼同验明究办。若有私埋匿报以及一切凶徒挟雠谋财，致毙人命，私埋灭迹者，经尸亲告发之后，如业将致死根由究问明白，毫无疑义，而尸伤非检不明者，亦即详请开检，按例惩办，均无庸取具尸亲甘结。

此仍《明律》，原有小注，顺治三年修改。盖言决罚不得任一己之私也。《唐律》

原系两条,一为决罚不如法:诸决罚不如法者,笞三十;以故致死者,徒一年。即杖粗长短不依法者,罪亦如之。一为监临以杖捶人:诸监临之官因公事,自以杖捶人致死及恐迫人致死者,各从过失杀人法;若以大杖及手足殴击,折伤以上,减斗杀伤罪二等。虽是监临主司,于法不合行罚及前人不合捶拷,而捶拷者,以斗杀伤论,至死者加役流。即用刃者,各从斗杀伤法云云。明合为一条,而轻重详略亦有互易。凡官司决人,或笞或杖,皆有定刑,或臀或腿,皆有定处,不得妄用重刑混决。前节言决不如法及行杖人徇私决不及肤之罪。若受财而决不如法,决不及肤者,计赃以枉法从重论。后节定监临官于人虚怯之处,如脊背、腰胁等部非法酷虐,殴人至折伤或至死与听使下手人之罪。若于人臀骸受刑去处依法决打,而其人邂逅致死及决打之后怀愤自尽者各勿论。与前故勘故禁平人不同者条合参。凡有听讼之责者,各宜书之座右以自警省。此与前条故勘平人不同者,故勘是借公法以行私意,即依法拷讯而故勘之罪不可逭也,故治罪重。此因暴怒而致过差,虽非法殴打,而因公之情犹可原也,故治罪轻。**须细分之。**再,上节官司谓之不如法,于法稍有不依,而所决又已经定罪之人也。下节监临谓之非法者,于法全然不依,而所打者又止为公事之人,故重轻不同,亦当详辨。律法之细如此,可以类推。又,《日本刑法》:裁判官欲令被告人陈述罪状而加暴行,或有凌虐之所为者,处重禁锢四月以上四年以下,附加罚金。因而致死伤者,照殴打创伤各本条加一等云云。**与中律情节相类,而中律照凡斗减一等,彼照凡斗加一等,则不同耳。**

长官使人有犯

凡在外各衙门长官及(在内奉制)出使人员于所在去处,有犯(一应公私等罪)者,所部属官等(流罪以下)不得(越分)辄便推问,皆须(开具所犯事由)申覆(本管)上司区处。若犯死罪,(先行)收管听候(上司)回报。所掌(本衙门)印信(及仓库牢狱)锁钥,发付次官收掌。若无长官,次官掌印(有犯)者,亦同长官,违者(部属官吏)笞四十。

此仍《明律》,顺治三年添入小注。盖言印官命使之体宜存也。《唐律》亦无文。凡在外各衙门长官及在京奉命出使人员于所在去处有犯一应公私等罪者,所部属官等不得越分辄便推问,皆须申覆上司,听其区处。若犯该死罪者,许所在官司先行收管,听候上司回报施行。其所掌印信并仓库牢狱锁钥发付以次佐贰官收掌。若本衙无长官而次官掌印,有犯者亦照长官一体申覆上司区处,不得辄行推问,违者所部属官拟笞。总之,犯罪固不可纵,而体统亦所当存。汉贾谊有言,大臣犯奸犯赃不便明言,而曰帷薄不修,篡篡不饰即此意。《名例》已有官员犯罪不许擅勾之条,此专言掌印官与出使人员,故较一切官员特为从重。盖长官有犯,属官不得推问。若使人有犯,虽长官亦不得擅问,当如属官申覆收管而已。此系律外之意,说见《辑注》。

断罪引律令

凡(官司)断罪皆须具引律例,违者(如不具引)笞三十。若(律有)数事共(一)条,(官司)止引所犯(本)罪者听。(所犯之罪止合一事,听其摘引一事以断之。)○其特旨断罪,临时处治不为定律者,不得引比为律。若辄引(比)致断罪有出入者以故失论。(故行引比者,以故出入人全罪及所增减坐之。失于引比者以失出入人罪,减等坐之。)

此仍《明律》,顺治三年添入小注。盖言律令宜详引也。《唐律》原系两条,一系断罪引律令:诸断罪皆须具引律、令、格、式正文,违者笞三十。若数事共条,止引所犯罪者,听。一系制敕断罪:诸制敕断罪,临时处分,不为永格者,不得引为后比。若辄引,致罪有出入者,以故失论云云。明合为一条,而文字略为改易。凡科断罪因皆须具引律例,如摘用其文不合本意者笞三十,若律有数事共在一条,所犯之罪止合一事,则听其摘引,不在具引之限。如一人犯两事,则全引之,若事不共条,自依二罪俱发以重论。如云除其事轻罪不议外,合依某律是也。其有特旨裁断罪名轻重,出于临时处治不为定律者,用法之权也,官司辄引比拟断以致罪有出入者,以故出故入、失出失入科断。《据会》云:引律可摘字,不可增字,即是此意。此与《名例》断罪引新颁律及断狱无正条两门合参,则于引律之道思过半矣。**再者,断罪有例不引律,而有章程亦不引例,必章程与例均无明文,乃始引律,此亦问案者所当知也。**律外有例,当并参之。

一,承问各官审明定案务须援引一定律例者,先引一例,复云不便照此例治罪,更引重例及加"情罪可恶"字样坐人罪者,以故入人罪论。

一,例载比照光棍条款仍照例斟酌定拟外,其余情罪相仿尚非实在光棍者,不得一概照光棍例定拟。

一，除正律正例而外，凡属成案未经通行著为定例，一概严禁，毋得混行牵引，致罪有出入。如督抚办理案件，果有与旧案相合可援为例者，许于本内声明，刑部详加查核，附请著为定例。

狱囚取服辩

（服者心服。辩者辩理。不当则辩，当则服，或服或辩，故曰服辩。）

凡狱囚（有犯）徒流死罪，（鞫狱官司）各唤（本）囚及其家属（到官）具告所断罪名，仍（责）取囚服辩文状（以服其心）。若不服者，听其（文状）自（行辩）理，更为详审。违者，徒流罪笞四十，死罪杖六十。〇其囚家属（远）在三百里之外（不及唤告者），止取（本）囚服辩文状，不在具告家属罪名之限。

此仍《明律》，顺治三年添入小注。盖欲断狱无冤而使囚心服也。《唐律》谓之狱结竟取服辩："诸狱结竟，徒以上，各呼囚及其家属，具告罪名，仍取囚服辩。若不服者，听其自理，更为审详。违者，笞五十；死罪，杖一百云云。"《明律》即本于此，而文较加详，更添末后数语。[分]为两节。前节言断徒流死罪，不取狱囚及家属服辩之罪。后节言家属有在三百里外者，止取本囚服辩文状，不在具告家属罪名之限。盖刑名一成不变，必究得真情，使人心服无辞，方可结案，《大学》所谓无情者不得尽其辞也。若囚犯及亲属妄诉冤枉，则又以诬告之罪见《诉讼门》内，与此对参。现在竞言变法，拟仿外国问案重证而不重供，则此律亦将成虚设，然又不可不知。

赦前断罪不当

凡（官司遇赦但经）赦前处断刑名，罪有不当，若处轻为重（其情本系赦所必原）者，当（依律）改正从轻，（以就恩宥。若）处重为轻，其（情本系）常赦所不免者，（当）依律贴断（以杜幸免）。若（处轻为重，处重为轻，系）官吏（于赦前）故出入（而非失出入）者，虽会赦，并不原宥。（其故出入之罪，若系失出入者，仍从赦宥之。）

此仍《明律》，顺治三年添入小注。盖专言赦前枉断之罪，遇赦宜更正也。《唐律》亦有此条："诸赦前断罪不当者，若处轻为重，宜改从轻；处重为轻，即依轻法。其常赦所不免者，依常律。即赦书定罪名，合从轻者，又不得引律比附入重，违者各以故、失论云云。"《明律》大致相同，惟删去后数句。凡官司于赦前处断刑名事件罪有不当，一经遇赦，即须详察原案，若情轻应宥而处作重罪，致遇赦不得免者，则当改从轻,使得原宥。若其情本重却作轻罪,则察其原犯之罪系赦款所不免者,当依律贴断,不使罪人幸免。如系失出失入,则原问官吏免科。若故出故入,则官吏赦前处断之罪虽会赦,并不原宥,盖犹是出入人罪。失者无心枉法,不妨原免。故者有意枉法,仍依法惩治。盖本犯遇赦得免,而官司故出入不得原免者,以出入人罪原在《名例》常赦所不免之内也,须与《名例》常赦不原一条互相参看。律外又有二例,亦可合参。

一,遇直省特差恤刑之时,有审豁者,原问官俱不追究。(恐官虑罪及己不肯辩明冤枉也,则会赦可以类推。)

一,承问官审理事件错拟罪名者,不拘犯罪轻重,错拟官员遇赦免议。

闻有恩赦而故犯

凡闻知(将)有恩赦而故犯罪(以觊幸免)者,加常犯一等(其故犯至死者仍依常律),虽会赦并不原宥。〇若官司闻知(将)有恩赦,而故论决囚罪者,以故入人罪论。(若常赦所不原而论决者不坐。)

此仍《明律》,顺治三年添入小注。原律加常犯一等下系加入于死,雍正三年删去,乾隆五年增入现注。盖言有心倖赦者不可轻宥也。《唐律》亦有此名目:"诸闻知有恩赦而故犯,及犯恶逆,若部曲、奴婢殴及谋杀若强奸主者,皆不得以赦原。即杀小功尊属、从父兄姊及谋反大逆者,身虽会赦,犹流二千里云云。"《明律》删去犯恶逆数项,而添入官司闻赦故论决一段。又《唐律》闻赦故犯皆不得赦,《明律》改为加常犯一等,则较为严厉。至恶逆、谋反等项不得赦,原已另有赦款章程,故律文不言。亦分两节。前节言闻赦故犯,是使法无所施也。故凡闻知有赦而故犯加常犯之罪一等,虽所犯之事例当赦原,亦不准援赦。盖恶其有心故犯,希图倖免也。其故犯罪至死者,自依常律。后节言官司闻赦故决,是使恩无所逮也。闻将有赦而故决囚罪,不特深刻残忍,其中亦恐有他故,或受财,或受嘱,或衔私,或挟仇,俱不可知,故严其法,以故入人罪科断,不在原宥之限。若常赦所不原者,原不禁其论决也。至官司故将现监不应赦之囚指赦而放免者,亦依故出入人罪论。

徒囚不应役

凡盐场、铁冶拘役徒囚应入役而不入役及徒囚因病给假,病已痊可,不令计日贴

（补假）役者，（其徒囚与监守者各）过三日笞二十，每三日加一等，罪止杖一百。○若徒囚年限未满，监守之人故纵逃回及容令雇人代替者，照依囚人应役（未满）月日抵数徒役，（其监守虽多）并罪坐所由。（纵容之人）受财者计赃以枉法从重论，仍拘徒囚（之逃回雇替者）依律论罪（计日论其逃雇之罪。）贴役（贴补其逃雇之役）。

此仍《明律》，顺治三年添入小注。盖言徒囚不容避役也。《唐律》谓之领徒囚应役不役："诸领徒应役而不役，及徒囚病愈不计日（领贴）[令陪]役者，过三日笞三十，三日加一等；过杖一百，十日加一等，罪止徒二年云云。"《明律》改为罪止杖一百，则较《唐律》为轻，又添入后一段，更为详备。前后分两节。前节言纵容徒囚不应役之罪。凡囚应入役而无故不入役及徒囚因病给假，病已痊愈而监守之人不计给假之日，令其贴役，各计日科断。每三日加一等，罪止杖一百。后节言纵逃容替之罪徒囚年限未满，监守之人故纵逃回及容令雇人代替者，监守之人照依囚人应役月日抵充徒役。如受财纵容及不令贴役者计赃以枉法论，从重科断。仍拘徒囚依本律论其避役之罪，令计日贴补徒役。现在新章虽停止充徒，改为作工，而犯罪习艺所一切监守之人，如有以上情节仍当依此律科断，以杜徇私纵放之弊。盖徒罪虽废，而此律要不可废也。《捕亡门》内徒流人逃律，故纵者同罪，此亦故纵，而科罪不同。盖彼曰逃，是纵之使去而不返也。此曰逃回，是纵之回家以歇役耳。彼之逃者，则曰限日追捕。此之逃回，则曰仍拘徒囚。字义分别甚明。盖其初之故纵虽同，而逃与逃回各异，故监守止抵充徒役，而逃回之囚止合贴役而不从新拘役也。所谓本罪轻而故纵之罪亦轻。律文之细如此，读者不可忽过。

妇人犯罪

凡妇人犯罪，除犯奸及死罪收禁外，其余杂犯责付本夫收管，如无夫者责付有服亲属、邻里保管，随衙听候，不许一概监禁。违者笞四十。○若妇人怀孕犯罪应拷决者，依上保管，皆待产后一百日拷决。若未产而拷决因而堕胎者，官吏减凡斗伤罪三等。致死者杖一百徒三年。产限未满而拷决（致死）者减一等。○若（孕妇）犯死罪，听令稳婆入禁看视，亦听产后百日乃行刑，未产而决者杖八十，产讫限未满而决者杖七十。其过限不决者杖六十。○失者（失于详审而犯者）各减三等。（兼上文诸款而言，如不应禁而禁笞一十。怀孕不应拷决而拷决堕胎杖七十。致死者杖七十徒一年半。产限未满而拷决致死者杖六十徒一年。及犯死罪不应刑而刑，未产而决者笞五十。未满限而决者笞四十。过限不决者笞三十。）

此仍《明律》，顺治三年添入小注。盖养犯罪妇人之廉耻而恤其生育也。《唐律》分作两门，一为妇人怀孕犯死罪："诸妇人犯死罪，怀孕，当决者，听产后一百日乃行刑。若未产而决者，徒二年；产讫，限未满而决者，徒一年。失者，各减二等。其过限不决者，依奏报不决法。"一为拷决孕妇："诸妇人怀孕，犯罪应拷及决杖笞，若未产而拷、决者，杖一百；伤重者，依前人不合捶拷法；产后未满百日而拷决者，减一等。失者，各减二等云云。"《明律》合为一条，又增入前一段收禁管保数语。再《唐律》未产而决徒二年，产讫未满而决徒一年，明改为杖八十、杖七十，则轻数等。通篇共分三节。首节言妇人不得滥禁，除犯奸死罪外，其余杂犯责付本夫或亲属或邻里保管，在外随衙听候，不许滥禁，违者处罚。二节言妇人怀孕不可拷决，如有应拷讯应决杖之事，亦依上保管在外，俟产后百日方许拷决。若未产拷决而致堕胎者满杖，因而致死者满徒，已产之后未满百日而拷决致死者减一等。三节言妇人犯死罪，产后方决。凡孕妇犯死罪者，须产后一百以外方许行刑。盖孕妇虽应死而所孕之子无罪，必产后百日，待儿可以哺食存活，然后行刑，仁之至也。若未产而决，产未满限而决，与过限不决者各坐杖有差。四节统承以上诸款而言，凡非故意而失于详审者各减三等。再，未产拷决而不堕胎，产限未满拷决不致死，律无明文，当坐不应笞罪。现已纂为通例，《名例》亦有妇人犯罪与此不同者，彼条专言问结断决之事，此条则事犯到官，乃收问犯罪妇人之通例，须合参之。律外更有详例，当并参考。

一，未产拷决不堕胎及产限未满拷决不致死者，依不应轻律。

一，妇女有犯奸盗人命等重情及别案牵连身系正犯仍行提审，其余小事牵连，提子侄兄弟代审。如遇亏空、累赔、追赃、搜查家产杂犯等案，将妇女提审永行禁止。违者以违制治罪。

一，妇女除实犯死罪例应收禁者另设女监羁禁外，其非实犯死罪者，承审官拘提录供，即交亲属保领，听候发落，不得一概羁禁。

一，犯妇怀孕律应凌迟斩决者，除初审证据未确，案涉疑似，必须拷讯者，仍俟产后百日限满审鞫。若初审证据已明，供认确凿者，于产后一月起限审解。其罪应凌迟处死者，产后一月期满即按律正法。

一，妇女犯该斩枭者即拟斩立决，免其枭示。

死囚覆奏待报

凡死罪囚不待覆奏回报而辄处决者杖八十。若已覆奏回报应决者,听三日乃行刑,若限未满而刑及过(三日之)限不行刑者各杖六十。○其犯十恶之罪应死及强盗者虽决不待时,若于禁刑日而决者笞四十。

此仍《明律》,顺治三年删改,并添小注。盖于应死之中而寓缓刑之意也。《唐律》:"诸死罪囚,不待覆奏报下而决者,流二千里。即奏报应决者,听三日乃行刑,若限未满而行刑者,徒一年;即过限,违一日杖一百,二日加一等云云。"《明律》改徒为杖,则较轻数等矣。其律末一段则系明代采《唐令》续纂为律。首节言应死罪囚不待奏报而即行刑及未限满而行刑与已过限不行刑之罪。末节言犯十恶应死及强盗决不待时之因而于禁刑日而处决之罪。现在凡一切应决之囚系在京者奉旨即日处决,在外省者奉到钉封亦即日处决,并不拘此听候三日然后行刑之律。又强盗会匪等重罪,现章亦有先行正法,然后奏报者,此律必侍覆奏回报而后处决,乃通常之法。若先行正法,后始汇奏,乃特别之法,二者原并行不悖,未可执一而论也。又考《唐律》有立春后不决死刑一条:"诸立春以后、秋分以前决死刑者,徒一年。其所犯虽不待时,若于断屠月及禁杀日而决者,各杖六十。待时而违者,加二等。"又《唐令》:立春至秋分,不得奏决死刑。若犯恶逆以上及奴婢杀主者,不拘此令。其大祭祀及致斋、朔望、上下弦、二十四气、雨未晴、夜未明、断屠月日及假日,并不得奏决死刑。《疏议》云:断屠月,谓正月、五月、九月。禁杀日,谓每月十直日,如初一日、初八、十四、十五、十八、二十三、二十四、二十八、二十九、三十等日。其正月、五月、九月有闰者各同正月,亦不得奏决死刑云云。解释刑禁至为详细,现律末段犯十恶等项于禁刑日而决者一条即本于此,特不如《唐律》明晰,故国朝又纂有条例,虽与《唐律》不甚相同,要皆由《唐律》变通而来,当并参之。

一,凡遇庆贺穿朝服及祭享、斋戒、封印、上元、端午、中秋、重阳等节,每月初一、初二并穿素服日期,俱不理刑名,四月初八日不宰牲,亦不理刑名,内外一体遵行。

断罪不当

凡断罪应决配而收赎,应收赎而决配,各依出入人罪,减故失一等。○若应绞而斩,应斩而绞者杖六十,(此指故者言也,若系)失者减三等。其已处决讫,别加残毁死尸者笞五十（雠人砍毁其尸，依别加残毁）。○若反逆缘坐人口，应入官而放免及非应入官而入官者，各以出入人流罪故失论。（若系有故则以故出入流罪论，无故而失于详审者，以失出入流罪论。）

　　此仍《明律》，顺治三年添入小注。盖言断罪之失宜，以补官司出入人罪条所未尽也。《唐律》分作三条，一为断罪决配而收赎：**诸断罪应决配之而听收赎，应收赎而决配之，若应官当而不以官当及不应官当而以官当者，各依本罪，减故、失一等**。一为断罪应绞而斩：**诸断罪应绞而斩，应斩而绞，徒一年；自尽亦如之。失者，减二等。即绞讫，别加害者，处十等罚**。《疏议》云：依令："五品以上，犯非恶逆以上，听自尽于家。"若应自尽而绞、斩，应绞、斩而[令]自尽，[亦合徒一年，]故云"亦如之"。一为缘坐没官放之：**诸缘坐应没官而放之，及非应没官而没之者，各以流罪故、失论云云**。明合为一条，统谓之断罪不当，而罪名亦稍有变易。首节言应决配而收赎，应收赎而决配之罪，出于有意则减故出入律一等，出于无意则减失出入律一等。二节言应绞而斩，应斩而绞之罪，故者杖六十，失者减三等，其已处决，若无亲族收掩而将死尸别加残毁或纵令牲畜残毁者，坐以满笞。末节言反逆缘坐人口应入官而免放及不应入官而入官之罪，亦分有意、无意以出入人流罪照或失或故本律科断。与前因应禁而不禁及官司出入人罪各条参考互证，然后临事方有把握。律后又有条例以补未尽之义，当并究之。

　　一，凡斩绞案件，如督抚拟罪过轻而部议从重者，应驳令再审。如拟罪过重而部议从轻，其中尚有疑窦者亦当驳令妥拟。倘刑部所见既确，改拟题覆，不必展转驳审，致滋拖累。

　　一，外省题本案件，遇有不引本律定拟，妄行援照别条减等者，刑部即将本案改正，并将该督抚臬司参奏，毋庸再行驳令另拟。

　　一，卑幼殴死期功尊长之案务令承审各员严究确情，按律定拟，仍将是否有心干犯之处于疏内声明，不准稍涉含混，其有声叙未确，经刑部核覆时改正具题，即将承审之员随本附参，交吏部分别从重议处。

吏典代写招草

　　凡诸衙门鞫问刑名等项（必据犯者招草以定其罪），若吏典人等为人改写及代写招草，增减（其正实）情节，致（官司断）罪有出入者，以故出入人罪论。若犯人果不识字,许令(在官)不干碍之人(依其亲具招情)代写(若吏典代写,即罪无出入,亦以违制论)。

此仍《明律》,顺治三年添入小注。**盖防奸吏出入人罪之弊也。**《唐律》无此名目。凡鞫问刑名,必凭犯人亲笔招草以定罪名,其书吏等系在官承行案件之人,不得干预。若有为犯人改写及代写招草而增减其亲供正实情节,致令问官断罪有出入者,随其所增减事情以故出入人罪论。若犯人系属愚民不识字义,不能亲写,亦当令觅在官不干碍之人代为书写,**即俗所谓代书也。**若吏典代写,即罪无出入,亦当治以违制满杖之罪。**总是防其作奸舞弊之意。**《官司出入人罪门》有改造口供及增减原供治罪之条,又有改本备案不得改换销毁之条,皆与此律相辅而行。**现在内外衙门革除书吏,而审案亦拟用证而不重供,果能实行,则此弊亦可不禁而息矣。**

一,各有司谳狱时,令招房书吏照供录写,当堂读与两造共听,果与所供无异,方令该犯画供,该有司亲自定稿,不得假手胥吏,致滋出入情弊。如有司将供词辄交经承,致有增删改易者,许被害人首告,督抚察实题参,将有司官照失出入律议处,经承、书吏照故出入律治罪,受财者计赃以枉法从重论。

大清律讲义卷十五

吏律职制

《唐律疏议》曰:《职制律》者,起自于晋,名《违制律》。爰至高齐,此名不改。隋改为《职制律》,言职司法制,备在此篇云云。按:《唐律》凡事涉官吏及公务者均入此门,今则只有三分之一。唐律目十有二篇,最为赅括。明洪武六年,刑部尚书刘惟谦详定《大明律》,篇目一准于唐,曰《名例》,曰《卫禁》,曰《职制》,曰《户婚》,曰《厩库》,曰《擅兴》,曰《贼盗》,曰《斗讼》,曰《诈伪》,曰《杂犯》,曰《捕亡》,曰《断狱》。至二十四年,始改为《吏》、《户》、《礼》、《工》、《兵》、《刑》六门,全非旧律面目矣。国朝因仍不改,《吏律》仍首《职制》,而以官员袭廕一条移之篇首,又移《公式》信牌一条入于《职制》,并删去选用军职与官吏给田二条。篇中共分十四条,与《明律》稍有不同。现在吏部既另有则例,与此律亦稍有参差,读此律者须与《吏部则例》合参,庶不至顾此而失彼矣。再,现章删除缘坐、凌迟、枭示,而斩决均改绞决,斩候均改绞候,五军分别改流,改安置,笞杖一律改为罚金,故现在法律馆修定新律,律文一并照此改定,刻虽尚未出版,而草稿已成,不日即行出奏,故此门讲义所录律文系照改定之本,与前《名例律》照录旧文者不同,盖欲学者先睹新律而快也。

官员袭廕

凡文武官员应合袭廕者,并令嫡长子孙袭廕。如嫡长子孙有故(或有亡殁、疾病、奸盗之类),嫡次子孙袭廕。若无嫡次子孙,方许庶长子孙袭廕。如无庶出子孙,许令弟侄应合承继者袭廕。若庶出子孙及弟侄不依次序搀越袭廕者徒一年。(仍依次袭廕。)○其子孙应承袭者,(本宗及本管衙门保勘明白)移文(该部)奏请承袭支俸。如所袭子孙年幼,候年十八岁方预朝参公役。如委绝嗣无可承袭者,准令本人妻小依例关请俸给，养赡终身。若将异姓外人乞养为子瞒昧官府诈冒承袭者，乞养子流二千里。本家所关俸给（事发）截日住罢。他人教令（搀越、诈冒）者，并与犯人同罪。○若当该官司知（其搀越、诈冒）而听行，与同罪。不知者不坐。（若受财扶同保勘，以枉法从重论。）

此仍《明律》，雍正三年修改，顺治初年添入小注，乾隆五年修改。盖言爵禄不可假借，亦即古者世官世禄之遗意也。《明律》列于《职制门》第四条，国朝冠于篇首，最为得体。《唐律》谓之非正嫡诈承袭，载于《诈伪门》：**诸非正嫡，不应袭爵，而诈承袭者，徒二年；非子孙而诈承袭者，从诈假官法，流二千里。若无官廕，诈承他廕而得官者，徒三年**云云。本系三层，《明律》并作二层，袭与廕并列，与《唐律》不同而罪名亦轻重互异。袭谓祖、父有功于国，锡以世职，子孙依次承袭。廕有二：特恩廕其子孙曰恩廕。祖父殁于王事，优恤其后曰难廕。袭者承其官也，廕者承其余廕也。此与立嫡违法条参看。通篇分三段，首言搀越，次言诈冒，末言官司听行，盖总承上二段也。于嫡子中分长幼，如嫡长子有故，则令嫡长孙袭廕，不及嫡次子也。凡称孙，曾、元同。如嫡长孙有故，乃次嫡次子。如亦有故，则令嫡次孙袭廕，不及庶长子也。无嫡子嫡孙，然后及庶子。而庶子之中又分长幼。如庶长子有故，则令庶长孙袭廕，不及庶次子。如庶长孙有故，乃及庶次子。如无庶次子孙，许令弟姪应承袭者承袭，如族中无可另继之人，将世职注销。**总之，立嫡不立庶，立长不立贤，立长孙不立次子，此立子之法，亦即袭廕之法**。但袭廕与立子亦稍有不同者。按立嫡子违法条，立嗣虽系同宗，而尊卑失序者，罪如异姓乱宗。盖无子者，许令同宗昭穆相当之姪承继，而弟无继兄之礼。此律曰许令弟姪者，盖无昭穆相当之姪，即应以亲弟承袭，诚以祖父勋爵不当舍亲弟而及远宗之人，弟仍继父，非继兄也。其相同中仍有不同之处，细参自知其妙。又《会典》载：子孙应袭年未及而给俸，曰优给。绝嗣无袭，止遗母妻若女而给俸者，曰优养。此更格外报功延赏之意。故现例补出世职官亡故，户无承袭，其父母给半俸终身。如无父母，其妻亦给半俸终身。无妻者，查原立职之官有亲生母者，亦俻半俸，皆足补律所未及。再，律文"有故"二字，注止言亡殁、疾病、奸盗之类，例又补出武职守城失机临阵退怯者，俱不准承袭。有犯不孝致典刑者，取祖、父次子孙袭职，本犯子孙不许。又世职有犯人命、失机、强盗实犯死罪及免死充军者，本犯子孙俱不准袭云云，均与律相辅而行，须并参之。

大臣专擅选官

凡除授官员（兼文武应选者），须从朝廷选用。若大臣专擅选用者绞（监候）。〇若大臣亲戚（非科贡应选等项系不应选者）非奉特旨不许除授官职，违者罪亦如之。（受选除者俱免坐。）〇其见任在朝官员，面谕差遣及改除（外职），不问远近，托故不行者罢职不叙。

此仍《明律》，顺治三年添入小注。盖防擅权而重选用也。《唐律》无此明文，当系明所纂造。分三节，首节言大臣专擅选用之罪。二节言大臣私自铨除亲戚之罪。所谓爵赏出自天子也。末节言官员差遣改除托故不行之罪。所谓君言不宿于家也。盖大臣本掌铨选之司，但不请旨辄自擅用，即系专擅。既已侵君之权，即有无君之心，至大臣亲戚例当迴避，必奉朝廷特除恩旨方得除授，如违例而选，必有徇私之心，恐致植党之弊，故均拟重辟。若在朝官员，东西南北惟君所使，事不避难，臣之节也。如托故不行，既有畏难之心，即非人臣之节，故以[拟]满杖罢职，此与刑律诈称避难情事相同，而彼仅拟笞四十者，以君命为重，故拟罪从严。律外又有条例，凡职官不由铨选，径自朦胧奏请希求进用，拟满杖。如夤缘奔竞阻坏选法者，亦依违制满杖。又，《吏部则例》：凡父兄现任三品京堂及督抚者，其子弟不准保举御史云云。均与此律相辅而行，即此可见先王定制之严，所以杜人臣树党营私之渐者，用意最为深远。现在藉口变法，内外大臣纷纷调用私人破格录用，若以此律绳之，皆不合也。骤阅此律，一专擅之咎即拟以骈诛，似乎过重。及历观往事，大凡奸雄谋为不轨，必先网罗人才以为党援，操莽懿昭之尾大不掉，其初无不自专擅起也。汉魏以至六朝篡弒之祸相寻，唐宋而后不多见有此事者，此律有以过[遏]其萌也。重法足以止乱，观于此而益可信。

文官不许封公侯

凡文官非有大功勋于国家，而所司朦胧奏请辄封公侯爵者，当该官吏及受封之人皆绞（监候）。其生前出将入相，能除大患，尽忠报国者，同开国功勋一体封侯谥公，不用此律。（生受爵禄曰封，死赐褒赠曰谥。）

此仍《明律》，顺治三年添入小注。盖言封爵不可滥予也。古者非军功不候，即是此意。《唐律》无文，亦系明代专条。后以此律过严，凡文臣有功勋者皆封伯爵。

其实侯与伯有何分别？《周礼》：王功曰勋，谓辅成王业也。国功曰功，谓安定国家也。出将必能禦寇，入相必能经邦，必事关宗社方为大患，必生死以之方为尽忠，非徒有将相之位而偶得徽倖之功者所可比也。三者皆有，方合此律。如近来曾左诸人，始可当此而无愧色。

滥设官吏

凡内外各衙门官有额定员数而多添设者，当该官吏（指典选者）一人杖一百，每三人加一等，罪止徒三年。（若受赃，计赃以枉法从重论。）○若吏典书役人等额外滥充者徒二年。容留一人，正官笞二十，首领及吏递加一等，每三人各加一等，并罪止杖一百，罪坐所由。○其罢闲官吏在外干预官事，结揽写发文案，把持官府，蠹政害民者并处杖八十，于犯人名下追银二十两付告人充赏。有所规避者从重论。○若官府税粮由帖户口籍册雇募攒写者勿论。

此仍《明律》，原律三段充赏下尚有"仍于门首书写过名三年不犯，官为除去，再犯加二等迁徙"云云。顺治三年删去，添入小注。乾隆五年修改。盖禁冒滥以绝弊源，严侵揽以除民害也。《唐律》："诸官有员数，而署置过限及不应置而置，一人杖一百，三人加一等，十人徒二年；后人知而听者，减前人［署置］一等；规求者为从坐，被征须者勿论。即军务要速，量事权置者，不用此律云云。"《明律》删去后数层而添入吏典知印人等一段。且《唐律》十人徒二年，此罪止徒三年，亦有不同。盖设官分职，内外皆有定额，额外添设，是为冗员，而吏典承差人等役多则弊生。额外滥充，是谓冗役。吏轻于官，故滥设官之罪重于滥设吏也。前专擅选官，恶其窃权行私，故坐重辟。此律多余添设，乃曾经题请应授之人，特员缺非旧制耳，故罪止城旦。若现在变法增减官制，则又系奉特旨变通之事，不得以此律绳之。后例又有考取吏典不照缺补用，而旧吏索顶头钱者，计赃以不枉法论。又，书吏悬挂空名，不亲身著役及一身充两三役治罪各条，当与律文合参。考之《笺释》：凡内外二品以上衙门有知印，在外都、（本）［布］、按三司有承差、只候以听役使，禁子看囚徒，弓兵所以勾追逃逋者也。凡律内称各项名色者准此。

信牌

凡府州县置立信牌（拘提人犯、催督公事），量地远近定立程限，随事销缴，违者

（指差人违牌限），一日处笞十，每一日加一等，罪止笞四十。○若府厅州县官遇有催办事务，不行依律发遣信牌，辄（亲）下所属（坐）守（催）并者杖一百。（所属指州县乡村言。）其点视桥梁圩岸、驿传递铺，踏勘灾伤、检尸捕贼、钞札之类不在此限。

此仍《明律》，原在《公式门》，本有小注，顺治三年移此，并将小注修改。盖惩怠玩而杜扰害也。《唐律》无文。《元律》：诸管民官以公事摄所部并用信牌，其差人授众者禁之云云。《明律》即本于此。凡自上行下，以牌为信，故曰信牌。今之白牌、纸牌皆是。首节言差役违限销牌之罪，是谓玩公。后节言府州县官不依律发牌，借公亲下所属之罪，是谓扰民。扰民之罪甚于玩公，故罪有（笞杖）[轻重]之别。违限专指差人，不言官吏者，自有官文稽程本律也。律外又有条例：凡道府以上官除关系叛逆、军需重大事情照例差人外，其余细事止许行牌催提。如违例差遣人役者题参。督抚以细事差役害民者亦议处。又，州县差票须随时缴销，如遇封印而案未完结，仍将票暂行缴销，俟开印另行给票。违者议处云云，系防卧票暗地索诈之意，皆足补律之缺，当并参之。《日本诉讼法》：差票分为三种，曰传票，曰提票，曰管押票。传票用公差递送，提票、管押票令巡查兵卒办理。凡差票，当载明被告事件及发票之年月日时，及审判官、书吏签名差押云云。较中律更为详细，亦可互参。

贡举非其人

凡贡举非其人及才堪时用、应贡举而不贡举者，（计其妄举与不举人数）一人杖八十，每二人加一等，罪止杖一百。所举之人知情与同罪，不知者不坐。○若主司考试艺业技能而（取）不以实者，（可取者置之下等，不可取者反置之上等）减二等。（若贡举考试）失者各减三等。（受赃俱以枉法从重论。）

此仍《明律》，顺治三年添入小注。盖严贡举不当之罚，以务得真才也。《唐律》："诸贡举非其人及应贡举而不贡举者，一人徒一年，二人加一等，罪止徒三年。若考校、课试而不以实及选官乖于举状，以故不称职者，减一等。失者，各减三等。知而听行，与同罪。注：非其人，谓德行乖僻，不如举状者。若试不及第，减二等。率五分得三分及第者，不坐云云。"《明律》悉用《唐律》之原文而治罪较轻。首节言贡举不当之罪，二节言考试不公之罪，三节总承上贡举考试而原其过误之罪。贡即今科贡之类，举如举孝廉方正之类，贡举为朝廷用人大典。知才不堪用而妄贡举，是谓滥举。知才堪时用而不贡举，是谓蔽贤。其罪惟均，此皆欺蔽在国家，故法不得不严。若考试艺业技能较贡举稍轻，故治罪从减。总之，贡举者，取贤才而贡于朝，乃多士出身登进之阶。考试者，考其学而试其才，如今观风课士之类。权事之轻重以定罪之等差，其宽严得中如此。律外又有条例，如乡会试，考官及举子有交通嘱托贿买关节等弊者斩决。又应试举监，有怀挟文字银两当场搜出者，枷号一月，满杖革职。其越舍换写文字或临时换卷，并用财雇倩夹带传递者，发近边充军。又考试官毫无情弊，下第诸生混行搅闹者发附近充军。又，考职贡监生，如有包揽、代作、假冒顶替者，照诈假官律治罪，出结官议处云云。可见科场条例之严。现虽停止科举，而各学堂考试如有以上情弊者，亦可比照此例办理。此皆应试之人所当知者，故择要节录。

举用有过官吏

凡官吏曾经断罪罢职役不叙者，诸衙门不许朦胧保举。违者，举官及匿过之人各杖一百。（受赃俱以枉法从重论。若将帅异才，不系贪污、规避而罢闲者，有司保勘明白，亦得举用。）

此仍《明律》，顺治三年添入小注。盖慎保举以重名器也。《唐律》："（诸）[其于]法不应为官（其有罪谴，未合仕之类）而诈求得官者，徒二年。若诈增减功过年限而预选举，因之以得官者，徒一年；流外官，各减一等；求而未得者，又各减二等云云。"《明律》虽本于此而稍有不同，《唐律》专指不应为官诈求得官及诈增减功过年限者而言，故载《诈伪门》内，此则兼言举官，并添入书吏一层，而罪止于杖而亦较《唐律》为轻。所谓罢职役不叙者，如文武官犯私罪杖一百以上，未入流品官及典吏犯私罪杖六十以上是也。如果其才可用，亦当视其所犯原案，据实开具明白，若朦胧保举，不特阿其所好，而隐匿过犯，百弊丛生，故杖而罢之，所以绝其原而清其流也。然此不过徇私交通情面，若受赃则为卖法矣，故注补出从重以枉法论。律外又有条例：凡奉旨不准保升及获咎不准捐复，并奉特旨永不叙用之员暨贡监吏员人等曾经罢黜者，倪改名弊混，改洗文卷隐匿过名，或诈作丁忧起复以图选用，俱枷号一月，充军。又，衙役犯侵害贪赃遇赦豁免，覆入衙门应役者徒三年。又，革监冒名复捐者，照违制治罪云云。均当与律互相参考。

擅离职役

凡官（内外文武）吏（典吏）无（患病公差之）故擅离职役者笞四十。（各留职役。）若避难（如避难解之钱粮，难捕之盗贼，有干系者）因而在逃者杖一百，罢职役不叙。所避事重者各从重论。（如文官随军供给粮饷，避难在逃，以致临敌缺乏。武官已承调遣，避难在逃，以致失误军机。若无所避而弃印在逃则止罢职。）○其在官（如巡风官吏、火夫之类）应直不直，应宿不宿各笞二十。若主守（常川看守）仓库、务场、狱囚、杂物之类，应直不直、应宿不宿者各笞四十。（俱就无失事者言耳。若仓吏不直宿而失火，库子不直宿而失盗，禁子不直宿而失囚之类，自有本律科罪。）

此仍《明律》，顺治三年添入小注。盖言职役所关，当惩旷废而严规避也。《唐律》："诸刺史、县令、折冲、果毅，私自出界者，杖一百。经宿乃坐。诸在官应直不直，应宿不宿，各笞二十；通昼夜者，笞三十。若点不到者，一点笞十。诸官人无故不上及当番不到，若因暇而违者，一日笞二十，三日加一等；过杖一百，十日加一等，罪止徒一年半。边要之官，加一等。诸在官无故亡者，一日笞五十，三日加一等；过杖一百，五日加一等。边要之官，加一等。至五十六日流三千里云云。"《明律》虽本于唐，似不如《唐律》详备，而罪止于杖，亦较《唐律》为轻。但《唐律》有官当赎法，明则实徒实降，其名虽轻，其实则仍无甚轩轾，须善会之。律外又有条例，凡监生在监肄业及各衙门办事，官吏皆不许倩人代替，违者杖一百，黜革。代替者系有职役，一体问革云云，可补律所未备。再，此律擅离职拟笞四十，系统括文武大小官员而言，而《吏部则例》则有分别，凡教职官擅离，可照此律拟笞四十，罚俸九月。若州县等官擅离职守，则从重降二级调用，以州县等官责任较重故也。与此不同，当并参之。

官员赴任过限

凡已除官员在京者以除授日为始，在外者以领（该部所给）文凭限票日为始，各依已定程限赴任。若无故过限者，一日笞十，每十日加一等，罪止杖八十，并留任。○若代官已到，旧官各照已定限期交割户口、钱粮、刑名等项及应有卷宗籍册完备，无故十日之外不离任所者，依赴任过限论减二等（亦留任）。○其中途阻风、被盗、患病、丧事不能前进者，听于所在官司（告明）给（印信结）状以备（后日违限将结状送官）照勘。若有规避诈冒不实者从重论。当该官司扶同保勘者罪同。

此仍《明律》，顺治三年添入小注。盖严赴任离任延迟之罚以警旷官也。《唐律》："诸之官限满不赴者，一日笞一十，十日加一等，罪止徒一年。即代到不还，减二等云云。"词意简该，《明律》添入后段，而罪止杖八十，亦较《唐律》稍轻。首节言赴任无故过限之罪。次节言离任无故过限之罪。末节言规避诈冒扶同之罪。律外又有条例：凡文职升除出外已领敕、领凭，延至半年之上不辞朝出城者，问以违制。已出覆入潜住者议处。又，汉官革职离任，交代完日，若过五个月之限不起程回籍者，照旧官十日之外不离任所律治罪。又，外任旗员遇有事故应归旗者，若无故不起程，或中途逗遛过半年者，亦照违制治罪。又，京官革职，曾经问有罪名者，限一个月起程。违者治罪。其因公罣误革职者，听其自便云云。与律相辅而行。查此门条例甚繁，与《吏部则例》互有异同。缘此门各例均系雍正年间纂定，《吏部则例》则系乾隆年间所定。上年已将此门例文多半删除，现在法律馆修订律例，更拟将此律亦行删除，以此项均系官吏所犯应行议处之事，均无甚重罪名。《刑律》可以不载，而《讲义》仍行列入者，盖缘《吏部则例》更为居官应知之事，故凡有关切要者均行采入。

无故不朝参公座

凡大小官员无故，在内不朝参，（在内不言公座署事，重朝参也。并论。）在外不公座署事及官吏给假限满，无故不还职役者，一日笞一十。每三日加一等，各罪止杖八十，并留职役。

此仍《明律》，顺治三年添入小注。雍正三年删改。盖戒失礼而警怠缓也。《唐律》："诸官人无故不上及当番不到，若因暇而违者，一日笞二十，三日加一等；过杖一百，十日加一等，罪止徒一年半。边要之官，加一等云云。"此律上二层即《唐律》之无故不上及当番不到也，下层即《唐律》之因暇而违者，惟删去边要加等一层，而罪止杖八十亦较《唐律》稍轻。盖计日加罪者，惩其怠缓之失而仍留职役者，又原其并无规避之私也。凡差委（哀）[衰]病之类皆谓之故，此曰无故，则有故者自勿论矣。上条赴任过限，每十日加一等，此给假过限三日即加一等，同一违限而轻重不同者，盖赴任违限虽为怠缓，而事体尚有主守，未至失误。若给假过限，则事体未免停搁，故均系计日定罪，而轻重各有不同。律意之细如此。

擅勾属官

凡上司催会公事立(文)案定(期)限,或遣牌,或差人行移所属衙门督并(完报),如有迟错,依律论(其稽迟违错之)罪。若擅勾属官、勾唤吏典听事及差占司狱,各州县首领官因而妨废公务者,(上司官吏)笞四十。若属官承顺逢迎及差拨吏典赴上司听事者,罪亦如之。其有必合追对刑名、查勘钱粮、监督造作重事方许勾问,事毕随即发落。无故稽留三日者笞三十,每三日加一等,罪止笞五十。(勾问谓勾问其事情,非勾拘问罪也。若问罪,则《名例》明开上司不许径自勾问矣。)

此仍《明律》,顺治三年添入小注。原律差占之下有"推官"二字,雍正三年以本朝并无推官之名,因而删去。盖禁止上司擅扰下属并属官之迎合上司也。《唐律》无文,当是明代所创始。催是催促,会是会计。督并者,督责而追并也。迟错二字平看,稽迟依稽程之律,违错依失错之律。自上行下谓之问,自下承上谓之听。上司有统下之权,若许其勾唤差占,则下司恐无办事之日。下司有承上之分,若听其逢迎拨差,则上司益无忌惮之心,故各坐笞罪。曰重事方许勾问,斯法不废而事功集。曰无故不许稽留,则官不扰而职业修。律意之周悉如此。

奸党

凡奸邪(将不该死之人)进谗言左使杀人(不由正理,借引别事以激怒人主杀其人以快己意)者绞(监候)。○若犯罪律该处死,其大臣小官巧言谏免,暗邀(市恩以结)人心者亦绞(监候)。○若在朝官员交结朋党,紊乱朝政者,(凡朋党官员)皆绞(监候)。○若大小各衙门官吏不执法律,听从上司(指奸臣)主使,出入(已决放)人罪者,罪亦如之。若有不避权势,明具实迹,亲赴御前执法陈诉者,罪坐奸臣。言告之人(虽业已听从致罪有出入,亦得)与免本罪。有官者升二等,无官者量与一官。或(不愿官者)赏银二千两。

此仍《明律》,顺治三年添入小注。乾隆五年改定。盖指人臣欺罔乱政者而言也。与下交结近侍,上言德政二条,《唐律》均无明文,均系明洪武初年所增定。明太祖猜忌臣下,所定律文苛刻显著,于《唐律》迥不相同。孙氏星衍序《唐律》有云:唐自永徽定律,宋元皆因其故,惟明代多有更改,又增奸党一章以陷正士,而轻其轻罪,重其重罪,非善政也云云。盖早以此律为不然矣。国朝于前明弊政革除殆尽,而此律犹因仍未改，然亦徒为厉禁，而引用者绝少。按：刑部以上并无上司，此律所谓刑部上司即指宰执大臣，国初六部皆属中书省故也。"左使"二字所包甚广，或借人主忌讳之事以动之，或发人主隐微之私以怒之，或阳为解之而实阴为中之，或正言救之而实反言激之，皆左使之事。此等奸邪害人不独挟仇己也，或嫉其宠眷，或妬其贤能，或畏其持正执法，或怒其奉公碍己，皆奸邪之所欲杀者。上节是杀人以快己意，下节是活人以市己恩。怨归于君，德归于己，假公济私，虽皆不忠之臣，而生杀犹在人主，故较上节罪分首从而免其缘坐。三节重听从之罪者，所以惩奸臣之党。赏陈诉之人者，所以离奸臣之党也。陈诉人内有不避权势而执法者，亦有先畏权势不敢执法后乃惧祸而陈诉者，律意则予其首发，故一体赏之。《刑律》有附合结党妄预官事，而治罪较轻者，盖指民人而言，与此不同，当分别观之。

交结近侍官员

凡诸衙门官吏若与内官及近侍人员互相交结，漏泄（机密）事情，夤缘作弊（内外交通，泄漏事情）而扶同奏启（以图乘机迎合）者，皆绞（监候。若止以亲故往来，无夤缘等弊者不用此律。）

此仍《明律》，顺治三年添入小注，原律官员下有小注云：近侍包宰执、六科、尚宝、銮仪卫等衙门而言，雍正三年删去。盖严交结营私之罪以示惩也。内官指各监内有职者。近侍包宰执、部科等衙门。夤缘谓倚托牵引。因交结而漏泄事情，因作弊而扶同奏启，罔上行私亦奸党之徒也，故重其罪。旧例有上司属员不许结亲之条，亦即此意。律后有例：凡罢职官吏在京潜住，有擅出入禁门交结者，烟瘴充军。又，各旗王公所属人员，其现居外任因事来京者，不许于本管王公处谒见通问，违者满杖。如有夤缘馈送者，计赃从重治罪。该管王公容令谒见者，照违制律议处。若私通书信求索借贷及先自馈遗希图厚报者，交宗人府计赃治罪。又，乾隆三十九年上谕：大臣官员等不得与太监交谈。违者，从重治罪。又，嘉庆六年上谕：凡有奏事之责者，陈奏事件俱应直达朕前，不许另用副封关会军机处各部院，亦不得将所奏之事预先告知军机大臣，致启通同扶饰之弊。又，道光十九年上谕：乡会试考官，感其识拔，谊等师生，尚属礼缘义起，然在官言官，在朝言朝，断不可以私废公。至殿试朝考一经馆选，与阅卷官认师生已属非是，若京察一等，大计卓异者，概予堂官上司认师生，是身荷简拔之恩，心感保举之力，受爵公廷，拜恩私室，甚非国家考绩求贤之意。

至外省风气,州县辄与府道认师生,府道辄与督抚认师生,种种夤缘皆由此起,安望持正秉公,各尽职守。嗣后内外臣工不准藉师生称谓以为攀援上进之阶,钦此云云!近来风气日坏,反以拜门为得计,一若此事为可行者,故附录于此篇以备参考,是亦砥砺廉隅者所当知也。

上言大臣德政

凡诸衙门官吏及士庶人等,若有上言宰执(执政)大臣美政才德者(非图引用,便系报私),即是奸党,务要鞠问穷究(所以阿附大臣)来历明白,犯人(连名上言止坐为首者)处绞(监候)。若宰执大臣知情与同罪,不知者不坐。(大臣知情与同罪,亦依《名例》致死减一等法,流三千里。)

此亦《明律》,顺治三年添入小注。盖严禁阿附大臣以杜朋党之萌也。宰执大臣,参赞密务,以宣上德意,善则归君,过则归己者也。凡官吏士庶上书铺张美政,表扬才德,非逢迎以图引用,即献媚以报私恩,既非公心,即是奸邪朋党,故重禁之。前奸党律不分首从,此律止坐为首。前之交结朋党,恶其同于乱政,此止诧于空言,所以坐罪稍异,然其严阿附之门,所以重绝朋党之祸者意深远矣。立法如此严密,而后来犹有称干儿、认义子者,更有建生祠、称九千岁者,徒法果可自行乎哉?律后又有条例:督抚等官升任、更调、降谪、丁忧、离任而百姓赴京保留控告者,不准行。仍将来告之人治罪。若下属交结上官派敛资斧,驱民献媚,或本官留恋地方,授意藉公行私者,亦从重治罪。又《礼律》:现任官实无政绩,辄自立碑建祠者满杖。若遣人妄称己善申请于上者杖八十。又,《刑(部)[律]·杂犯门》载降调革黜之员贿嘱百姓保留者,将与受官民照枉法治罪云云。又,乾隆四十九年上谕章程:德政碑、万民衣伞、脱靴等事一概禁饬云云。均系严惩阿附结党之意。虽情节轻重不同,而其为献媚则同。备录于此,当与律文一并参究。

大清律讲义卷十六

吏律公式

古律无此名目，凡本门各条均统在《职制门》内，明始分出此篇，称为《公式》，以其可为公共之体式也。原律十八条，国朝将信牌一条移入《职制门》，又将泄漏军情一条移入《兵律·军政门》，又并弃毁印信二条为一，而删去漏用钞印一条，现共存十四条，而体例益为明晰。此门与《吏部则例》歧出互见，凡止关处分者载在《则例》，而有关《罪名》者载入此篇。修书之体例如此，而讲义则不拘此者，无论处分、罪名，均为仕宦所当考求研究，故有关引用者一并采入。

讲读律令

凡国家律令参酌事情轻重定立罪名，颁行天下永为遵守。百司官吏务要熟读，讲明律意，剖决事务。每遇年终，在内在外各从上司官考校，若有不能讲解、不晓律意者，官罚俸一月，吏笞四十。○其百工技艺诸色人等有能熟读讲解通晓律意者，若犯过失及因人连累致罪，不问轻重应免一次。其事干谋反叛逆，不用此律。○若官吏人等挟诈欺公，妄生异议，擅为更改变乱成法（即律令）者绞（监候）。

此仍《明律》，雍正三年修改，其小注系顺治三年添入。（益）[盖]欲人知法律而遵守也。《唐律》："**诸称律、令、式不便于事者，皆须申尚书省议定奏闻。若不申议，辄奏改行者，徒二年云云。**"此律末节即本《唐律》之意而特峻其法，所以严纷更乱政之防也。《唐书》有四，曰律、令、格、式。格者，百官所常行之事。式者，常守之法。明代止有律、令而无格、式，国朝律外有例而令久不设矣。盖律令者，乃治狱之规矩准绳也。百官有司讲明律意，然后引断不谬，而刑罚可得其中，故《吏部则例》又载有各衙门吏典，令该管各官年底考校，有能通晓律例者，于役满咨部文内声明，至考职时于卷面印一"通晓律例"字样,酌量优取以示鼓励。如不能讲解,照律笞四十。又乾隆七年上谕:朕思律例有关政法,即以司官而论,若谓各部则例未尽行通晓则可,若于本部本司律例茫然不知,办理事件徒委书吏之手,有是理乎?又,《礼部则例》载:凡直省州县乡堡设立讲约处,拣选老成者一人、朴实谨守者三四人,每月朔望宣读《圣谕广训》及《钦定律条》,明白讲解,家喻户晓,州县教官仍不时巡行宣导。又,同治五年上谕:律例有关政治,庶司百职均应加意讲求,精思熟习,近来内外臣工于律例漫不经心,以致刁幕奸胥得以把持朦蔽,吏治废驰率由于此,著部院堂官于学习人员奏留时,考以本部《则例》,必条对详明者方准奏留。外省试用人员亦于期满时考以《大清律例》,其不晓律意者严加甄核,钦此。综观以上各条,而律例之当讲求可无赘言矣。现在各学堂功课均设《大清律》一科,愿我同人加意研求,他日为名臣、为良吏,其根基全在于此,非但可以束身寡过已也。

制书有违

(天子之言曰制,书则载其言者,如诏赦、谕敕之类。若奏准施行者不在此内。)

凡奉制书有所施行而(故)违(不行)者杖一百。违皇太子令旨者同罪。失错旨意者各减三等。○其稽缓制书及皇太子令,一日笞五十,每一日加一等,罪止杖一百。

此仍《明律》,原律上节同罪下有"违亲王令旨者杖九十"九字,下节杖一百下有"稽缓亲王令旨者各减一等"十一字。原律末句下有小注云:有御宝方是,制书若誊黄翻刻,依官文书论。国朝初年间尚仍其旧,雍正以后删此数语。盖言人臣当遵君命而速奉行者也。《唐律》:"诸稽缓制书者,一日笞五十,一日加一等,十日徒一年。诸被制书,有所施行而违者,徒二年。失错者,杖一百。诸受制忘误及写制书误者,事若未失,笞五十;已失,杖七十。转受者,减一等。诸制书有误,不即奏闻,辄改定者,杖八十;官文书误,不请官司而改定者,笞四十。知误,不奏请而行者,亦如之。辄饰文者,各加二等云云。"较此律详备。《唐律》分作三层,此律有违制,有稽缓而无制书有误一层,罪名亦较《唐律》为轻。按,《刑律》诈为制书条:传写失错者杖一百,此失错旨意者减三等。同一失错而罪名轻重不同者,盖彼之传写失错是错写制书之词而误传之,所误者众,故其罪重;此之失错意旨是错解制书之意而误用之,误止一处,故其罪轻。且错写多因率忽疏略,系由于不敬慎;错解多因识见愚蒙,尚非有意慢忽。情节亦有不同,故彼满杖,而此得减三等也。律文之细如此,至于令旨有皇太子而无后宫者,《辑注》有云:母后之旨不传于外也。《刑律·杂犯》又有违令笞五十一项,与此参看。

弃毁制书印信

凡(故意)弃毁制书及各衙门印信者绞(监候)。若弃毁官文书者杖一百。有所规避者从重论。事干军机钱粮者绞(监候。事干军机恐致失误,故虽无钱粮亦绞。若侵欺钱粮、弃毁欲图规避,以致临敌告乏,故罪亦同科。)当该官吏知而不举,与犯人同罪。(至死减一等。)不知者不坐。误毁者各减三等。其因水火、盗贼毁失有显迹者不坐。○若遗失制书、圣旨印信者徒二年半。若官文书,杖七十。事干军机钱粮者徒二年半。俱停俸责寻,三十日得见者免罪。(限外不获,依上科罪。)○若主守官物遗失簿书以致钱粮数目错乱者杖八十。(亦停俸责寻。)限内得见者亦免罪。○其各衙门吏典役满替代者,明立案验,将原管文卷交付接管之人,违(而不立案交付)者(旧吏)杖八十。首领官吏不候(吏典)交割,扶同给照(起送离役)者罪亦如之。

此仍《明律》,雍正三年删改,小注系顺治三年添入。盖重王言而昭信守,谨文案而杜欺弊也。《唐律》:"弃毁制书及官文书者,准盗论;亡失及误毁者,各减二等。其误毁失符、移、解牒者,杖六十。诸主守官物而亡失簿书,致数有乖错者,计所错数,以主守不觉盗论。其主典替代者,文案皆立正案,分付后人,违者杖一百。诸亡失器物、符、印之类,应坐者皆听三十日求访,不得,然后决罪。若限内能自访得及他人得者免其罪;限后得者,追减三等。官文书、制书,程限内求访得者亦如之。即虽故弃掷,限内访得,听减一等。诸弃毁、亡失及误毁官私器物者,各备偿。若被强盗者各不坐不偿。即虽在仓库故弃毁者,征偿如法。其非可偿者,坐而不备云云。"《明律》即本于此,而罪名轻重不同。《唐律》弃毁制书准盗论,只徒二年,与违制书者罪名相等。此律违制仅拟满杖,而弃毁即拟斩罪,轻重大相悬绝。再,此律亡失簿书及役满代替不明立案,科罪俱轻于《唐律》,而限后得者并无追减之法,故弃掷者,限内访得亦无减等之文,则又重于《唐律》。两者合参,虽各有深意,似乎《唐律》较为平允。制书印信出自朝廷,弃是弃掷不存,毁是毁坏不全,无所忌惮,故拟重辟。然制书必是原颁有御宝者方坐,若誊黄翻刻则止作官文书论也。首节弃毁皆属故犯,而误毁则减三等。次节言遗失之罪,与误毁相同,俱属无心之过,故有停俸责寻之法。

三节簿书亦官文书也,以其关系钱粮,故比他文书加一等,然必数目错乱,无文案可考者方坐。四节言吏典役满交代不清,官吏扶同之罪。故律后条例备载州县臬司离任交代文卷,书吏乘机隐匿、添改作弊及遗漏各项罪名,又有售卖诰轴照违制治罪之例,当并参之。

上书奏事犯讳

凡上书若奏事误犯御名及庙讳者杖八十。余文书误犯者处四等罚。若为名字触犯者(误非一时,且为人唤)杖一百。其所犯御名及庙讳声音相似字样各别及有二字止犯一字者皆不坐罪。○若上书及奏事错误,当言原免而言不免(相反之甚),当言千石而言十石(相悬之甚)之类,有害于事者杖六十。申六部错误有害于事者笞四十。其余衙门文书错误者笞二十。若所申虽有错误而文案可行,不害于事者勿论。

按:此仍《明律》,原律六部下有"都察院等衙门"数字,乾隆五年删定,其余小注系顺治初年添入。盖惩不敬而儆错误也。《唐律》:诸上书若奏事,误犯宗庙讳者,杖八十;口误及余文书误犯者,笞五十。即为名字触犯者,徒三年。若嫌名及二名偏犯者,不坐。[诸]上书若奏事而误,杖六十;口误,减二等。上尚书省而误,笞四十。余文书误,笞三十。即误有害者,各加三等。若误可行,非上书、奏事者,勿论云云。《明律》即本于此,而删去口误一层。再,《唐律》上书若奏事而误杖八[六]十,误有害者加三等杖九十,本系两层,《明律》并作一层,盖不论有害无害,均杖六十矣。古人重讳,非但庙讳御名也,即祖、父之讳亦然,《唐律》又有府号、官称犯祖父名而冒荣居之者徒一年之文,较故犯庙讳者加重三(年)[等]。当时忌讳最严,虽嫌名亦为之讳,故韩昌黎作《辩讳》以驳之,后世此风稍减,故为名触犯罪止满杖,并无徒罪,古今风气不同如此。此外,《户部则例》载:捐纳贡监有名涉谬妄及袭前代圣贤名臣大儒姓名,或与本朝大臣姓名全同者,统饬更改。又乾隆四十一年例:官员同名,令官小者改避。又康熙三十九年例文:揭内银数月日俱用大写。又,《吏部则例》:本内抬头错误者,司官罚俸二个月,堂官罚俸一个月。又,本内挖补年月者罚俸六个月,以上各项皆居官者所当知也,故附录之。现在法部又有应避字样格式,凡犯人死者之名有徽号、国号、庙号、年号、陵名,一切天、清、龙、朝、隆、福、元、官等字样者,均以他字代之,是亦司法官吏所当留意也。

事应奏不奏

　　凡应议之人有犯应请旨而不请旨及应论功上议而不上议(即便拿问发落者)，当该官吏(照杂犯律)处绞。○若文武职官有犯应奏请而不奏请者杖一百。有所规避(如怀挟故勘出入人罪之类)从重论。若军务钱粮、选法制度、刑名死罪、灾异及事应奏而不奏者杖八十。应申上而不申上者笞四十。○若(应议之人及文武官犯罪并军务等事)已奏已申不待回报而辄施行者，并同不奏不申之罪。(至死减一等)。○其(各衙门)合奏公事须要依律定拟(罪名)，具写奏本，其奏事及当该官吏佥书姓名(现今奏本吏不佥名)明白奏闻，若(官吏)有规避(将所奏内)增减紧关情节，朦胧奏准(未行者以奏事不实论)，施行以后因事发露，虽经年远，鞫问明白绞(监候。非军务钱粮酌情减等)。○若于亲临上司官处禀议公事，必先随事详陈可否，定拟禀说。若准拟者，(方行)上司置立印署文簿，附写(所议之事)略节缘由，令首领官吏书名画字以凭稽考。若将不合行事务(不曾禀上司)妄作禀准及窥伺(上司)公务冗并乘时朦胧禀说(致官不及详察误准)施行者，依诈传各衙门官员言语律科罪。有所规避者从重论(诈传官员言语，本罪详见《诈伪律》)。

　　此仍《明律》，顺治三年添入小注。原律第一节专指军官，第二节专指文职，雍正三年改为应议之人及文武职官。乾隆五年，又添吏不签名小注。盖禁专擅而防欺罔也。《唐律》："诸事应奏而不奏，不应奏而奏者，杖八十。应言上而不言上，虽奏上，不待报而行，亦同。不应言上而言上及不由所管而越言上，应行下而不行下及不应行下而行下者，各杖六十。又，[诸]断罪应言上而不言上，应待报而不待报，辄自决断者，各减故失三等云云。"《明律》只应奏不奏、应申不申等等语与《唐律》相同，删去不应奏而奏、不应申而申两层，其余均非《唐律》所有而拟罪亦为过重。前四节是禁止专擅，后二节是防欺罔。首节言应议人有犯不奏请上议之罪。次节言文武职官有犯应奏请不奏请之罪。三节言军务等事应奏申不奏申之罪。四节言已奏申不待回报辄施行之罪。五节言合奏公事有规避朦胧奏准事后发露之罪。六节言下属官将不合行事务妄禀混禀以致误准施行之罪。若未施行而先奏者，则依奏事诈不以实论也。上议谓奏上请议军务如调发兵马之类，钱粮如出纳征收之类，选法及兵吏二部选官等第也，制度如制礼作乐之类，刑名则问拟至死之罪，水旱为灾、妖怪为异之类是也。此与《名例》应议者犯罪条参看。彼条言八议之人犯罪应请旨上请，此条言不请旨不上议之处分也。律后又有条例：凡州县官将小民疾苦不行详报上司，使民无可控诉者革职，永不叙用。上司不接准题达者革职。又，文自知县以上，武自守备以上，如有自尽，专折奏闻云云。可与律一并参考。

再查通政司旧制，雍正三年定议：凡地方公事皆用题本，本身私事皆用奏本，奏本概不用印，此从前题奏之界限也。以后凡特别重案用奏本，寻常命盗各案用题本，不以事之公私分题奏而以案之大小分题奏，近则一概改题为奏，惟每年秋审、朝审尚系照旧用题，此亦刑政中一大关键也。故附录于此，以备考核。

出使不复命

凡奉制敕出使（使事已完）不复命，干预他事者（与使事绝无关涉）处十等罚。各衙门出使（题奉精微批文及札付者使事已完）不复命，干预他事者，（所干预系）常事杖七十，军情重事杖一百。若（使事未完）越理（理不当为）犯分（分不得为）侵人职掌行事者处五等罚。○若回还后三日不缴纳圣旨（制敕）者杖六十。每二日加一等，罪止杖一百。不缴纳符验者处四等罚，每三日加一等，罪止杖八十。○若（或使事有乖、或圣旨制勒符验有损失之类）有所规避（不复命、不缴纳）者各从重论。

此仍《明律》，顺治三年添入小注。盖言奉使之当慎也。《唐律》："诸受制出使，不返制令[命]，辄干他事者，徒一年半；以故有所废阙者，徒三年。余使妄干他事者，杖九十；以故有所废阙者，徒一年。越司侵职者，杖七十。[诸]用符节，事讫应输纳而稽留者，一日笞五十，二日加一等，十日徒一年云云。"《明律》即本于此，而治罪较轻，亦无以故有废阙之文，似不详备。制、敕是两项，大事用制，次用敕，皆圣旨也。各衙门出使，或题准给有剳付，或领精微批者皆是。他事是与使事绝不相干者，如接受词讼、审理狱囚之类。后节圣旨即是上之制敕也。符验所以起船起马者，凡精微批文、剳付、勘合、火牌均是。律文上曰干预他事，下曰侵人职掌，均是越理犯分，而罪名轻重不同者，全在使事已完未完上分别。上项是使事已完，乃干预地方他事，显有要求陵犯滋扰之弊。盖不即复命已自有罪，又干他事，故其法重。下项是使事未完，本有切己应为之事，乃越理犯分侵人职掌，不过出位非分之所为，故其罪稍轻。律义细微如此，非躁心人得以领会焉耳！

又考律注：精微批文系明之旧称，国初尚有，乾隆三十八年户部奏请侍郎蒋赐棨阅差赴任，而在户部请领精微批文一道，由户部挂号请用（国）[御宝]以杜假冒。此条系沿明旧法，无裨实用，宜删去以符体制。从之，近来绝不经见。此注人多不解，故附记于此，是亦考古者之一助耳。

官文书稽程

凡官文书稽程者，一日，吏典笞十，三日加一等，罪止笞四十。首领官各减一等。（首领官，吏典之头目。凡言首领，正官、佐贰不坐。）○若各衙门（上司）遇有所属申禀公事，随即详议可否，明白定夺（批示）回报。若当该（上司）官吏不与果决，含糊行移，（上下）互相推调以致躭误公事者，（上司官吏）杖八十。其所属（下司）将可行事件不行区处（无疑）而作疑申禀者，（下司官吏）罪亦如之。

此仍《明律》，（御宝）[国]初删去末后数语，并添小注。盖指违限而误公者言也。《唐律》："（诸）**官文书稽程者，一日笞十，三日加一等，罪杖八十。**"《明律》上节原本于唐而添入下节一段，罪名亦较《唐律》为轻。稽程者稽迟程限也。程限如后例小事五日，中事十日，大事二十日是也。含糊行移，是应断不断，责在上官。设作疑难申报，是应行不行，责在下属。总以严定限而重公事也。上节止是稽程，尚未躭误公事，故罪轻。下节躭误由于推诿，故罪重。律后又有例条，均切实用，择要节录于后以备参考。

一，部院衙门应行事件俱于到司五日之内行文，其有讹误舛错及遗漏未行，或迟延日久，将专管官、值日司员议处。

一，刑部应会三法司题稿，用印文移送，限八日内用印文送回。如有酌议改易之处，亦于八日内送回刑部查核。如必须查核，刑部仍用印文将应否改易之处声明，再送法司。

一，刑部移咨外省案件，俱以文到之日为始依限查覆。如必须辗转咨查，不能依限查者，声请展限。如逾限不完，又不声明缘由，行催之后即行查参。

一，各部事件在本部题结者，吏、礼、兵、工等部及各衙门限二十日，户、刑二部限三十日。行查会稿，系吏、礼、兵、工及各衙门主稿者，限四十日，户、刑二部限五十日。所会各衙门定限五日，户、刑二部定限十日，逾限即行参处。

一，刑部议覆监候本章限八十日内。立决本限七十日内具题。其有行查会议，亦照例扣限。每日进决本不得过八件。其科抄到部月日、并是否依限具题，统于本尾逐一声明。

一，各处专咨报部，由刑部改题之案，如系汉字到部，以到部日为始，监候之案限九十日，立决限八十日具题。系清文咨部者，监候案加译限二十日，立决案加译限十日。有行查会议，亦照例扣限，仍将科抄到部月日及是否依限，于本尾声明。逾限附参。

一，州县审案正犯、或证佐患病沉重者，均准扣病限一月。若带病起解以致病毙者议处。倘捏病籍延，立即揭参。审转之府州司道捏报患病希图扣限者，一并议处。

又，刑部案件，笞杖限十日，徒流限二十日，死罪限三十日。又，《中枢政考》：各部行查外省事件，以文到日为始，除扣去属员查覆往返程途外，统限二十日出文咨部。其有必须辗转行查以及款项过多应行造册咨覆者，限一个月出咨。又，《处分则例》：在京各衙门行查事件应用片文声覆者，统限五日查覆。应办稿呈堂声覆者，吏礼兵工四部限十日查覆。户刑二部限十五日查覆。又，《处分则例》：查缉等事不扣封印公出日期。又上例载日进立决本不得过八件，寻常不得过若干件未经载入。查《读例存疑》有云现在办法，日进寻常本总不过三十三件之说，亦可备参。

照刷文卷

凡照刷有司有印信衙门文卷（可完不完）迟一宗二宗，吏典笞十。三宗至五宗笞二十。每五宗加一等，罪止笞四十。府州县首领官及仓库、务场、局所、河泊等官（非吏典之比）各减一等。〇失错（漏使印信，不佥姓名之类）及漏报（卷宗本多而不送照刷）一宗，吏典笞二十。二宗、三宗笞三十。每三宗加一等，罪止笞五十。府州县首领官及仓库、务场、局所、河泊等官各减一等。其府州县正官、巡检（非首领官之比），一宗至五宗罚俸一月，每五宗加一等，罪止三月。〇若（文卷刷出）钱粮埋没、刑名违枉等事有所规避者各从重论。

此仍《明律》，顺治三年添入小注。原律罚俸一月系罚俸钱一十日，罚止三月，系罚止一月。雍正三年改为一月、三月。又原律末节钱粮下有"不见下落"四字小注，刑名下有"不依正律"四字小注，乾隆五年删去此律。盖剔厘在外有司卷宗之法也。与下磨勘卷宗律均系前明一代典章，而《唐律》并无此条，总系防其弊混之法。照者，明参之意。刷者，刮扫寻究之意。事可完而不完曰迟。漏使印信，不签姓名曰失错。卷宗本多而不送照刷曰漏。钱粮不见下落曰埋没。刑名不依正律曰违枉。首节言稽迟之罪。次节言失错漏报之罪。末节言规避之罪。《辑注》：照刷之制由布、按二司于巡历去处提取印官各衙门文卷照刷。如刷出卷内事无违枉，俱已完结，则批照过。若事已施行，别无违枉，未可完结，则批通照。若事已行，可完而不完，则批稽迟。若事已行，虽有违枉，而无规避，则批失错。若事当行不行，有所规避，如钱粮侵挪、刑名出入之类，则批埋没违枉。现今在京科道此法尚行，外省布按二司及府虽设有照磨厅官，俱属具文，殆所谓实去而名存者欤！现例载各部院每月将已结未结科抄事件造册分送六科，科抄并见理事件造册分送各道勘对限期。其各部注销会稿事件，即于注销册内将会稿衙门定议日期逐一详开，移会科道查（覆）[核]。倘有迟延违误者察参。又，在京各衙门，凡关钱粮、刑名案件，每年八月内汇造印册送京畿道刷卷，有迟误者察参。二条尚存照刷旧制，但近来衙署官制一概变乱，非但律为具文，而此例亦成虚设矣。古法荡然，可胜感慨！

磨勘卷宗

凡（照磨所官）磨勘出各衙门未完文卷，曾经布政司、按察司照刷，驳问迟错，经隔一季之后，钱粮不行追征足备者，提调（掌印）官吏以未足之数十分为率，一分笞五十，每一分加一等，罪止杖一百。刑名、造作等事可完而不完，应改正而不改正者（过一季）处笞十四，（一季后）每一月加一等，罪止杖八十。受财者计赃以枉法从重论。〇若有隐漏（已照刷过卷宗）不报磨勘者一宗处笞四十，每一宗加一等，罪止杖八十。事干钱粮者一宗杖八十，每一宗加一等，罪止杖一百。有所规避者从重论。〇若官吏（文书内或有稽迟未行，或有差错未改）闻知事发，（将吊查）旋补文案（未完捏作已完，未改正捏作已改正）以避迟错者，钱粮计所增数，以虚出通关论。刑名等以增减官文书论。同僚若本管上司知而不举及扶同（旋补）作弊者同罪。不知情及不同署文案者不坐。

此仍《明律》，顺治三年添入小注。原律有监查[察]御史而无布政司，以本系御史臬司专职也。雍正三年删去监察御史，增入布政司，以当时不设巡察御史之职，而钱粮系布政司专管也。此律承上照刷之后磨勘未完卷宗也。与上条相为表里。《琐言》曰：照刷者，将各衙门已行文卷而照刷之，以发其弊之所在也。磨勘者，将各衙门已刷文卷而磨勘之以观其事之所改也。首节按卷宗之事，磨勘是严怠惰迟延之戒。次节按卷宗之数，磨勘是严瞒官作弊之戒。末节发其隐漏之弊，是欲人互相觉察之意。盖前之照刷者,察查行过事件之卷宗而发其迟错之处,故其法重在当案吏典。此之磨勘者,考核刷后驳问之卷宗而稽其改正与否,故其罪重在提调官吏。现在此律已成具文,而各馆修书修律则例,凡纂修官文理错谬者,罚俸三月,总裁罚俸一月,校对官不能对出错字,校刊官板笔画错误不能查出者,罚俸一月。又《大清会典》载有乡会试磨勘之例,尚得此律遗意。而近来停止科试,此律亦俱废矣。录此以见饩羊告朔之犹存尔!

同僚代判署文案

凡应行(上下)官文书而同僚官代判(判日)署(书名画押)者杖八十。若因遗失(同僚经手)文案而代为(判署以补卷宗)者加一等。若(于内事情)有增减出入,罪重者从重论。

此仍《明律》,顺治三年添入小注。盖严诈冒而防奸弊也。《唐律》:"诸公文有**本案,事直而代官司署者,杖八十;代判者,徒一年。亡失案而代者,各加一等云云。**"均指非应判署之人而言。《明律》改为同僚,与《唐律》义有不同。且《唐律》代判重于代署,《明律》判、署并无分别,又添末后规避从重论一语。应行官文书者,如咨、申、照会、牒、劄之类。判谓判日,署谓书名。文书须各官亲笔判日书名,则一人有私不得独行,如有故不与者,阙之。则意见不合,众人难强,正以别嫌而防奸也。如同僚代判代署,虽无奸弊,亦属诈冒,故拟以杖。若遗失文案,而代为判署以补卷宗者,既已遗失,又复作伪,故加一等。此皆指无私弊者,苟于事情或有增减,罪名或有出入,是有私弊,自各从所增减出入之罪从重论。此律不分正官佐贰,即正官代佐贰判署,亦同此罪。后例载各部司员有偷安、偏执、故意推诿不行画押者,堂官题参。其实有患病事故告假者免议。若堂官徇情枉法,逼勒画押,司员参揭都察院,将堂官指参。如有挟嫌诬告情弊,将司员照例治罪。又,各省承审参案,无论侵贪挪移、滥刑枉法,俱由臬司主稿,会同藩司招解督抚覆审。倘藩司以事非己责,并不实心会鞫,或臬司因主稿在己,偏执自是者,督抚查参云云。皆足补律末备,当并参之。

增减官文书

凡增减官文书(内情节字样)者杖六十。若有所规避(而增减者),笞罪以上(至徒流)各加(规避)本罪二等,罪止流三千里。未施行者(于加罪上)各减一等。规避死罪者依常律。其当该官吏自有所避(之罪),增减(原定)文案者罪(与规避)同。若增减以避迟错者处四等罚。○若行移文书,误将军马、钱粮、刑名重事紧关字样传写失错而洗补改正者,吏典笞三十,首领官员失于对,同减一等。(若洗改更正而有)干碍调拨军马及供给边方军需钱粮数目者,首领官、吏典皆杖八十。若有规避故改补者,以增减官文书论。(各加本罪二等。)未施行者各(于规避加罪上)减一等。(若因改补而官司涉疑,有碍应付,或至调拨军马不敷供给,钱粮不足)因而失误军机者,无问过失,并绞(监候。以该吏为首。若首领及承发吏流三千里。)若(非军马、钱粮、刑名等事文书而)无规避及常行字样偶然误写者皆勿论。

此仍《明律》,顺治三年添入小注。盖严文书增减之罪以防私弊也。《唐律》:"诸诈为官文书及增减者,杖一百;准所规避,徒罪以上,各加本罪二等;未施行,各减一等。即主司自有所避,违式造立及增减文案,杖罪以下,杖一百;徒罪以上,各加所避罪一等;造立即坐。若增减以避稽者,杖八十云云。"盖合诈伪、增减同言。《明律》诈为官文书另入《刑律·诈伪门》,此律止言增减之罪,而治罪亦较《唐律》为轻,后更添入失错洗补之罪,亦较《唐律》详备。首节以增减言,分三项:一凡人增减,一有所规避而增减,一官吏自有规避而增减。次即以改补言,分五项:一改补军马等项重事之关紧字样,一干碍调拨军马供给边防军需,一有规避故改补,一因而失误军机,一无规避误写常行字样。盖常行字样正对上"紧关"二字,偶然误写,不问其罪,正于明罚敕法之中寓以恕求情之意。此律专指失错而洗补者,如失错而不改补,则依上奏事犯讳条内申给各部失错律也。

封掌印信

凡内外各衙门印信,长官收掌,同僚佐贰官用纸于印面上封记,俱各画字。若同僚佐贰官(公)差(事)故许首领官封印,违者杖一百。

此仍《明律》,顺治三年添入小注。盖言印信关系甚重,宜互相觉察也。此与下二条,《唐律》均无明文。查《元律》:诸官府印章,长官掌收,次官封之。差故即以牒发次官,次其下者第封之,不得付其私人云云。《明律》即本于此。印信乃官司公器,须彼此互相关防,正以杜私用之弊。《礼部则例》载佐杂等官应用木(铃)[钤]记,由布政司发官匠刻给。僧道及医等官,由官匠镌刻给发云云。可见此律所谓印信,乃部颁发之铜印、银印,若系木钤记,则不得同律矣。

漏使印信

凡各衙门行移出外文书漏使印信者,当该吏典对同首领官并承发各笞六十。全不用印者各笞八十。(若漏印及全不用印之公文)关系调拨军马供给边方军需钱粮者各杖一百。因(其漏使、不用,所司疑虑不即调拨供给)而失误军机者绞(监候。亦以当该吏为首,经管首领官并承发止流三千里。若倒用印信者照漏用律。)

此仍《明律》,顺治三年添入小注。盖言用印宜加详慎也。"出外"二字最重,与《刑律·诈伪门》盗用印及空纸用印并《礼律·上书陈言门》借用印信封皮等条互相参看。凡文书内钱粮数目与圈涂旁注、接缝粘连俱当用印钤盖,漏使及全不用则无以徵信,必且误公事而滋奸弊。但漏使究较全不用者为轻,故罪有分别,吏典系用印之人,首领官系对同之人,承发吏系掌管发行之人,故拟罪惟均。《明律备考》有倒用印信者照漏用杖六十之条。现例又有:奏销册内钱粮总数遗漏印信及有洗补添注字样,造册之员议处,书吏按律治罪。又,各部院稿案有应行添改之处,俱用印钤盖。如有疏忽者参处。及《处分则例》:在京各衙门应用堂印事件误用司印,应用司印误用堂印,罚俸三月。倒用者同云云,均可与此律合参。《明律》此后尚有漏用钞印一条:凡印钞不行仔细,致有漏印及倒用者,一张笞一十,每三张加一等,罪止杖一百云云。本朝停用宝钞,故删除之。现在官银行纸币均用官印,此律即在所应用,故附录之。

擅用调兵印信

凡统兵将军及各处提督总兵官印信,除调度军马、办集军务行移公文使用外,若擅出批帖,假公营私(及为凭)照(防)送物货(图免税)者,首领官罢职役不叙,吏杖一百,(罪其不能禀阻),正官奏闻区处。

此仍《明律》,顺治三年添入小注,原律系总兵将军及各处都指挥使,雍正三年改易今名。盖专为掌兵权而用印营私者言也。假公营私,所包甚广,照送货物则指一事言耳。统兵大员印信原用以调度军马,办集军务,若以之擅出批帖,则是以调兵之公器为自便之私图,故均为有罪,而治首领以满杖者,以其赞佐无补而不行禀阻也。正官奏闻区处者,以其为应议之人也。然曰处区,则罪不罪,惟上所裁矣。后例有:凡大小官员以官印用于私书者,照违制(法)[治]罪一条,可与律文参看。

律学馆季考拟作

法部郎中、京察一等承政厅会办、法律馆总纂兼法律学堂、法政学堂、法部律学馆、大理院讲习所各处教习韩城吉同钧纂辑

问：五刑之属著于律，律不尽者著于例，有例则不引律，其大较也。按：律自颁降日为始，若犯在已前者并依新律拟断，注云：例应轻者，即照新例遵行，而新例严者未经议及，能推阐其义否？定加减之法，加则笞杖徒流凡十八等各以次递加，不得加入于死。然本律有加至死者，果系何条？减则二死三流合为一减，徒以下乃别其等焉，然有所谓累减、听减者，果系何说？至自首有免科、有减科，累犯者有并科、再科，义类甚繁，皆不可不加研究也。其各条举所知以对。

教员吉同钧拟作

古无所谓例，亦无所谓律也。战国时李悝作《法经》六章，商鞅改名为律，萧何益以三章，名为《九章律》，此律之根荄也。其后叔孙通、张汤、赵禹迭有著述，马季长、郑康成又为之章句，降及六朝，刘劭、贾充等更加增益，颇伤繁重，唐太宗命房元龄等删烦就简，约为五百条，高宗又命长孙无忌等为之《疏议》，而律遂集大成。宋元因之，至明增为六百六条，国朝沿明旧律，重加删定，共为四百三十六条，即今之《大清律》是也。汉律而外，有令有故事，唐律外亦有令有格有式，宋有敕令格式，明初有《大明律》，又有《大明令》，以补律之未备，尚无所谓例也。中叶而后，部臣始奏设条例，万历时奏定条例三百八十二条，国朝因之不废，又参以国制，合为一千四百九条，其后节次增修。同治九年修定条例，共计一千八百九十二条，上年删去三百三十八条，现余一千五百五十四条，即今之《大清律例也》。盖律者，千古不易之法，例者，因时变通之制。昔人谓律如日星，悬诸天壤而不变，例则如缠度次舍之运行，或日易焉，或岁易焉，天道五岁而一旋，故条例五年而一修。律较例为简括，而例较律为切要，此判案所以有例不引律也。然同一例也，有各省通行之例，又有一省专设之例，例外又有通行章程，以为将来待修之例。人但知有例不引律，而不知有章程并不引例，有专例亦不引通例也。律例既有修改之期，即不能无新旧之别，新列一颁，旧例即废，以示整齐划一之规，此定法也。但解人用法须得法外之意，其新例轻者固当舍旧图新以从宽典，而新例严者究不可执新舍旧以滋重罪。《虞书》云：罪疑惟轻。《汉书》云：比勿从重，律注虽未明言，其义自可类断。观于《名例》，犯时不知本罪轻

者听从轻，本罪重者不可从重，即此意也。加等之法，五笞、五杖、五徒、三流共十八等，此律法也。若律外用例，流之上又有五军，军之上尚有二遣，合之共二十五等，尚不止十八等也。引律则加至满流而止，引例则加之外遣而止，如由遣再加，尚加酌加枷号，均不得加入于死，诚以人命至重，非实犯应死外，不容臣下擅自拟死，所以防滥刑之渐者，意至深矣！然亦有加至死者，律内止奴婢殴家长缌亲及妾殴夫两项可以加至于死，亦止绞而不斩。例则不一而足，有由徒流加死者，如罪囚结伙越狱之类，有由遣军加死者，遣犯在配行凶之类，要皆特别办法，不在常律之例。夫用法固贵持平，而定罪尤戒深刻，非但死罪不可轻加，即遣罪亦不可擅拟。伏读嘉庆四年上谕：向来刑部断狱多有用不足蔽辜，无以示惩，从重加等者，均非执法之官所宜，嗣后俱宜专引本律，不得于律外从重加等及加数等，擅拟改发新疆等处，钦此！煌煌天语，现已恭纂为例，此可见加等之罪必须慎之又慎，除律例载明加二等如罪人拒捕之类，加三等如牙行侵欠不完之类外，其余一切案件止可酌加一等，虽二等亦不容擅加，况可加入于死，致干重咎乎？若夫由重减轻，则大有不然者，加不可以递加，减则可以累减，但使情可原宥，直可减尽。不料有所谓递减者，如殴伤人后下手理直减二等，限内平复又减二等，可通减四等矣。如失出减五等，首领减吏典一等，佐贰减首领一等，长官又减佐贰一等，放而还获又减一等，可通减九等矣！又有所谓听减者，本无可减，因人而减，如官司出入人罪，囚自死听减一等。又如犯罪共逃，罪人自死者，连累人听减二等之类。递减有三义：有因服制亲疏递减者，有因名分尊卑递减者，又有因人数多寡递减者。听减亦有三义：待时而动，听审而减之也。又，听者听候之意，不可必得之谓也。又听为视听之听，详审密察，然后减之也。此外又有得减、累减之说，《读律佩觿》解之綦详，不必赘也。至于二死一同减流，三流一同减律，此律法也。例则尚不尽然，有由凌迟减为斩决者，如误杀父母之类是也，有由斩决减为斩候者，如殴杀期功尊长情轻之类是也，也有斩决减为绞决者，如殴杀期亲尊长，父母因而自戕是也。也有绞决减为绞候者，如刃伤期亲尊长情轻之类是也。也有斩决减为外遣者，如强盗情有可原之类是也。也有由绞候减为充军者，如窃盗图脱用刃误伤事主之类是也。此外减法甚多，不拘一格，皆与二死三流同减之法不同，当分别观之，不可拘拘以律绳矣！《经传》重改过，法律贵自首，其义一也。但自首有缓急直伪之分，即宥罪有免科、减科之别，如事未发而自首，其悔罪出于诚心，除损伤犯奸不可赔偿等项外，俱准免科其罪，所以开人自新之门也。但必情尽事实，若不实不尽，则仍以不实不尽科之，至死者减一等，此所谓减科也。同一减科，而减之中又不一致，如闻拏自首则减一等，知人欲告而自首则减二等，缌麻亲代首则减三等，他如强盗自首，减科又有专条，有由斩决减斩候者，有减遣军者，有减流徒者，其情节轻重不齐，故减法等差各异耳！累犯罪者一时俱发，其罪相等从一科断，不相等者从重定拟，此断罪一定之法。惟亦有并科、再科者，如窃盗本以一主为重，计赃论罪，然连窃八次则并科以积匪猾贼之军罪，累犯三次，则并科以军流绞候之重辟，其他偷窃坟树、发掘坟冢均有计次并科之法，其类甚繁，非止一端，此并科之说也。又有徒流在配又犯，则再科后犯之罪，有加徒年限者，有加等调发者，有酌加枷号者，种类亦多，不可枚举，此再科之说也。盖并科、再科与从一重科断，初看似乎相背，其实义各不同，如数罪一时俱发，则用从一从重之法论决。又发重罪，则用通计贴补之法。要皆指到官以前所犯之罪，故罪不重科，所以示宽厚也。若到官治罪以后不知悛改，复犯他罪，则情近怙恶，故不用贴补之法，致滋轻纵，必科再犯之罪，以警怙终，所以杜倖免也。其中各有精义，不相含混。总之，律者有定而无定，无定而仍有定，善读者始则逐条分观以研其义，继则统参各条以会其通，於法学其庶几乎！

阅此次课卷，虽不乏明白晓畅之作，而风檐寸晷无暇翻阅，求其原原本本、贯通全体者，尚难其选，不揣固陋走笔为此，虽未尽合律义，惟条分缕析，较为详备，老马识途，藉作先导，当亦究心衔勒之，学者所不弃也。自记

提纲挈领，断制老成，非深通法学者不办，允堪楷模后学。弟鸿慈拜读！

条分缕析，断制精严，视见题，思之至再，未得真解，及读大著，不禁豁然快心之至。弟绍昌拜读

源源本本，曲证旁通，是之谓善读律，佩服佩服！年患弟王垿拜读

条理分明，引断精碻，作者于《大清律》一书翻阅经七十余徧，故能撷精吸髓，融会贯通，此作其见端也。同事秋官历十余寒暑，交最契，知之亦最深，愿与馆中同人共以作者所学为法。篇中起处略叙律学源流，结尾切示读律门径，允足为后学津梁。其逐条实对，推阐无遗，乃作者惯技，尚不足奇！弟善佺拜读

作者于律学博综古今，旁贯中外，在我西曹名宿中久踞首席。擔任我律学馆及法律、法政两学堂，大理院讲习所四处主讲，著述颇富，其《大清律讲义》日向各校络绎颁发，乃至远而北洋而东三省，亦复争来徵取，是作特全豹之一斑耳！然逐条疏对，如数家珍，片鳞只爪，正可想见全龙，窃谓讲律学者，非于全律有揉得碎团得整本

领,未容轻下断语,大著于下语如铸中,时露霭然仁厚之旨,殆合孔孟申韩为一家矣。方今法律待修,外书纷集,折衷中学,任非异人。噫!关中自云阶尚书故后,先生其嗣音乎?后学崇芳拜识

入手探源星宿海,博古通今,胸罗万有。后路条分缕析,元元本本,如数家珍,不难于题中之义应有尽有,实难于题外之义推阐无穷,而尤能处处发明意旨,俾学者晓然于用法之精严,仍不失存心之忠厚,是作虽属全豹一班,而律例之模范精神浑然具体。谨初亦拟作,展读大文,颓瞻美富,深愧从游多日,于先生所学仍未得其毫末也。录置案头,不厌百回熟读。后学刘敦谨拜识

逐条还出实据,并能淋漓尽致,补题所无,由其积之有素也。同官十数年,沾溉磋磨久,已多所获益,兹复在馆同襄校阅,诸学员其奉兹篇为圭臬可也。将付蠟印,补数语以代景仰。弟方连轸拜读

上修律大臣酌除重法说帖

为敬陈管见事。窃维《大清律例》一书,折衷至当,尽美尽善。惟近来风会所趋,交涉日繁,既奉谕旨参酌各国法律,自应因时制宜,酌中定制,以期推行无阻。然其变法之初,事同草创,办理为难。现在调查东西各国律例,参考互证,核其轻重异同之致有与中律不甚悬殊者,有与中律大相迳庭者,有中律详而西律从略者,更有东西各国互相参差者,均须一一比较,然后取其所长,弃其所短,立定宗旨,期归允当。

尝考欧西各国刑律,其先严酷特甚,近世均归宽厚。西律出于罗马,法最严厉,当时有碎身投兽之刑。此外,法国立抉眼之刑及铁衣束囚之法。英国法,伤人者割其臂,殴人者浸于海,与俄国之犁舌刳腹,其残忍皆中国所未有也。近来渐次消除死刑,只留斩绞二条,亦有用枪毙者,乃特别之法。其余俱监禁作苦工而已。虽各国不必一律,要皆大同小异,试即英美德俄法日诸国较之。

英之刑罚分七等:一曰绞,二曰禁锢终身,三曰禁锢作工,四曰鞭朴,五曰禁锢不作工,六曰罚学,七曰罚锾。美则绞死、监禁、罚赎与英相同,而无鞭朴、罚学二条。德之刑罚分斩首、惩役、禁锢、罚金、拘留数项。法之刑法,初分十等,曰斩,曰绞,曰终身缧绁作苦工,曰限年月缧绁作苦工,曰军,曰流,曰徒,曰监禁,曰监收,曰罚银,近改从简易,但有死刑、徒流、囚禁、罚金而已。俄初则有支解、斩首、劓、刵、火灼、镕铜罐口、藉家、罚银等刑,近亦改从宽简,止留死刑、发遣作苦工、监禁数项。日本始

用唐明诸律,而参以中国法例,明治变法以后改用西律,参考法德各国而定一王之制,其现行之刑分重罪、轻罪、违警罪为三等共十四条。重罪有九:曰绞首,曰无期徒刑,曰有期徒刑,曰无期流刑,曰有期流刑,曰重惩役,曰轻惩役,曰重禁狱,曰轻禁狱。轻刑有三:曰重禁锢,曰轻禁锢,曰罚金。违警刑有二:曰拘留,曰科料。以上十四条谓之主刑,此外又有附加刑五条:曰剥夺公权,曰停止公权,曰监视,曰罚金,曰没收。改正刑法止留绞刑、惩役、禁锢、罚金、拘留、科料六项而已。此各国刑法之大较也。至其定讼费,重律师,凭见证,设陪审,除刑讯,洁囚服,教工艺,则各国无不相同,而中国向无此例。总之,就现在而论,死刑,则中国重于外国;生刑,则外国严于中国。今欲酌中外而定一通行之法,其中有可尽用西法者,有可参用西法者,亦有绳以西法万不能行、仍宜遵守中法者,更有中律过重、亟应改易者。谨就管见所及,略陈如左:

一,缘坐之法宜酌改也。夫"罚弗及嗣",载之《虞书》。"罪人不孥",见诸周制。自汉唐以来,定有缘坐之律,一案株连,动辄数十人。然考之《唐律》,惟谋反、谋叛及造畜蛊毒、杀一家三人、采生折割人等项,制有缘坐之律。近例更加烦密,凡反狱、倡立邪教、奸党结交近侍诸项俱缘坐妻孥。按之西国各律均无此例,今欲酌中定制,此项似应修改。除谋反大逆外,余俱免其缘坐。即反逆一项,亦止可缘坐男犯,其母女妻妾姊妹等项似可概免缘生[坐],以昭宽大。

一,凌迟、枭示、剉尸、戮尸诸刑宜删除也。凌迟之法,寸而磔之,支分节解,其刑最为严酷。考之汉唐律书,俱未载及,其法创之于辽,元明至今相沿不废。枭示虽创始于周,悬首白旄,以枭示天下,然考之《唐律》,不载此刑,宋元以后始采用其法。至于剉尸、戮尸,以其倖逃显戮而法仍不容尽,故复剉戮其尸以昭炯戒,无非"辟以上辟"之义。但现今欧西各国刑律俱以残酷为戒,俄用折解之刑,群相议为野蛮,我若仍沿旧制,用此重典,不特外人诽笑,即考之中国汉唐律书,亦多不经见,似应概从删除。如案关逆伦,处以骈首极刑,正法于市,不用秘密之法,仍仿用西法,用黑绢罩头,以示暗无天日之意,庶几众人睹之,亦可以为炯戒。

一,死刑宜酌减也。斩刑始向轩辕,绞刑创于周代,此二刑者相传最古。外国旧律亦均有斩刑,近来从宽,除俄法德国外,其余各国刑止于绞,俱无骈首之刑。中国地广人多,犯法者众,若遽废斩刑,非但轻法易犯,且无以处穷凶极恶之辈,是以凌迟、枭示可除,斩刑不可骤废也。若现在外国法律止用绞刑,且拟绞之条亦不多。睹日本取法欧西,试以现行法律而论,惟危害皇族、变乱国宪、叛入敌国以害本国、谋杀人、毒药杀人、支解人、犯罪杀人、殴死父母、强盗杀人、毁害船舶火车、杀人烧人房屋方拟死罪,除此二十余项外,不特中国例内之故杀、殴杀、戏杀、误杀、擅杀、伪造印信、私铸制钱、抢夺窃赃满贯、强奸略诱、调奸逼命、讹诈逼命、刃伤期亲尊长以上各项不科死刑,即如盗大祀御物、强盗伤人、强奸致死、殴死本管官期亲尊长、伙强妇女、捉人勒赎、发冢见尸等项在中国决不待时之犯,彼国法律亦不处死,如此之类,中外大相悬绝。若必尽师彼法,不特风俗民情势难强合,抑且水懦民玩、启乱萌!然仍照旧不变,则彼轻我重、彼宽我严,于收回治外法权宗旨亦殊多窒碍。似应酌量变通,将死刑递次末减。凡中律所拟斩绞监候,核其情节,秋审应入缓决者,均分别改为遣流;如情罪较重应入情实者,无论斩绞,一律改为绞罪。至律例内应拟凌迟、斩枭、斩决之犯,一律改为斩罪。嗣后应拟斩绞各案,即照外国法律实予处决。如有按秋审情实应声叙免勾者,一律拟罪监禁,贷其一死。其秋审分别实缓之法,概从删除,以归简易,似此酌中量减,庶与西法不相悬殊,而按之中例,亦不过去其虚拟死罪诸条,而于生死究无关出入也。

　　一,笞杖之刑宜酌改也。考笞杖即《虞书》"鞭朴",不过以示薄惩,厥后渐加淫虐,汉宣帝以笞者已死而笞未毕,改三百为二百,二百为一百。隋时以杖易鞭,唐承汉制,累决笞杖不得过一百,国朝定制杖止一百,后复以十折四,去其零数,无非矜恤宽厚之意,但行之日久,流弊滋多。凡军流徒罪犯例应到配决杖,及罪止笞杖之犯结案发落,此项笞杖尚有定数。若州县审理案件,往往任意酷虐,笞杖盈千累百,血肉横飞,惨不忍言。且民人用杖,旗人复易以鞭,办理亦不画一。考东西各国,惟英国有鞭朴之刑,余均无之。如中律应拟笞杖者罪名者,外国或处以监禁,或限令作工,或酌加罚锾,立法且较中国为重。即如窃盗一项,赃物无多之犯,法国律监禁一年,罚银多至五百佛郎;日本处以重禁锢二月以上、四年以下;而在中律计赃一两以下仅杖六十,实折二十板。又殴人成伤一项,英律监禁一月,俄律入监日饮冷水三碗,德律罚锾一千马克,日本处以重禁锢十一日以上、一月以下,而在中律仅拟笞三四十,实折十余板。如此之类,东西各国皆比中国为严,今一切死罪既参用彼法酌量改轻,其一切生罪亦应参用彼法酌改从重。所有中国笞杖之刑,除死罪狱供不招应拷讯者,准其酌用外,一切军流徒罪应加杖者概予删除。罪止笞杖之犯,即做照东西各国工作罚金之法而变通之,有力者罚金,无力者工作,仍按其笞杖之等级以定工作之时日与罚金之多寡，以昭平允。

一，关涉服制名分及职官，宜另分门类也。中外风俗不能强同，考各国通例，如干犯祖父母、父母者，较凡人仅加一二等，若期亲以下尊属尊长与凡人一律同科，并无加重之文；危害皇族者，始较凡人加重拟死，其余无论大小官长均同凡论，虽殴死亦不拟抵。夫妻平权，并无名分，其夫殴死妻，妻殴死夫，均一律治罪，无轻重之分。此等法律在外洋习为风气，若以施之中国，必至举国哗然，且于世道人心大有关系。中律于服制等项，析及毫芒，不稍合混，虽其中不无繁琐之处，然大纲严正，究不可稍为迁就，拟请将服制分为一门，如亲属相殴、相奸、相盗及一切干犯，概行彚入此门。其殴骂官长及职官有犯奸盗斗殴等项之类，亦如服制，另分一门，国粹所在，万古不废，故他律可议变通，此二项则宜谨守不移，以为纲常名教之助。

一，刺字之条宜删减也。考墨刑始于上古，逮及汉文废之，至六朝宋梁间复采用之，隋唐划除其弊，故《唐律》无刺字之条，五代石晋制有刺配之法，而刺字复兴。宋承其制，增至五百七十条，元明沿之，至国朝而其法加详，近日逐渐繁琐，既有刺臂、刺面之分，又刺臂、刺面复有左右之别，既刺事由，又刺地名，又刺改发，律外有例，例外有案，日益增多，办理反不能画一，立法之初，原欲使知警戒，而岂知反以丧其廉耻。马氏《文献通考》、邱氏《大学衍义补》均言其失，《宋志》有言"面目一坏，谁复顾籍？强民适长威力，有过无由自新"。昔人久已讥之，长安薛氏《读例存疑》论及此事，亦欲厘正其失，可见法久弊生，亟宜变革。考查东西各国，并无刺字之法，现在皇上锐意举行新政，修订新例，自应将刺字一项扫而除之，拟请除窃盗应并计科罪及逃人应按次加等二项仍旧刺字外，其余例内所载刺字各条尽行删除，以归简易。

一，监禁之制宜推广也。考监禁之法，既足戢其桀骜，又可免其逃亡，是以外国此法最重。英美分为三等：曰禁锢终身，曰禁锢作苦工，曰禁锢不作苦工。法国则有监禁、监收之别。日本此制更详，曰重禁，曰轻禁狱，曰重禁锢，曰轻禁锢，曰拘留，共五等。禁狱以九年至十五年、六年至八年，分别轻重，均不服役。禁锢均自十一日以上至五年以下，而以服役不服役分别轻重。拘留则自一日至五日，总不过七日，此外国监禁之大略也。中国例内亦有永远监禁、并监候待质及妇女翻控等项酌加监禁之条，历年奏定章程：军流脱逃被获，分别监禁十年、五年；京城棍徒、天津锅伙监禁十年。又上年本部议覆山西巡抚折内定有：强盗、抢夺、会匪、棍徒四项到配，分别监禁十年五年，是监禁一项近年渐次加增，现在变通旧例，拟将监禁列为正刑，似宜大加推广。如死罪人犯应入缓决者,既拟改为遣流,而案情轻重究有不同,未便毫无区别,似应酌加监禁以分等差,在寻常命案及一切情节较轻之案,既经改流,自可毋庸监禁。若强盗、抢夺、窃盗、诱拐、盗墓、挟嫌放火、捉人勒赎、抢夺妇女、诬告致毙人命、差役诈赃酿命、伪造印信、夺犯伤差、奸盗拒捕及原犯斩罪人犯、虽秋审应入缓决,然仅拟遣流不足蔽辜,拟将以上十三项案内由死罪改为遣流、并凡由斩罪改为遣流者到配均加监禁五年。其以上强盗抢夺等十三项内旧例罪不至死、并会匪邪教、棍徒盐枭、强奸轮奸、蠹役诈赃、图财害命、采生折割、缘坐各案内应发遣流者,到配监禁三年,应拟流者监禁二年。新例既定之后,所有旧章强盗、抢夺、会匪、棍徒四项分别监禁一条应即删除。若遣流脱逃并京城棍徒、天津锅伙仍照旧章监禁十年、五年。此外,如死罪人犯秋审应入情实,核其情节应声叙免勾者一律拟以遣流,酌加监禁,十年期满再行发配,似此酌量变通,庶於刑法减轻之中而仍寓分别等差之意。一俟各省监狱内通设习艺所,再行做照东西各国办法,分别作工不作工,以昭周密。此后如遇有恩诏查办减等,临时酌议条款,减其监禁年限以广皇仁。

一,罪犯作工宜做行也。考诸《周礼》,"纳之圜土,役诸司空",是即作工所肇始,厥后又有城旦、鬼薪之名,皆作工也。现在外洋各国,此法最为详备,英美俱曰作苦工,法则分别终身作苦工及限年月作苦工二项,日本变其名曰惩役而以十一年至九年、八年至六年分别轻重。中国军流徒犯亦有发驿摆站、拘役充夫之制,无如日久弊生,虚循故事。上年议覆山西巡抚奏请各省通设习艺所折内,经本部奏定章程:徒罪免其发配,即在本省收入艺所,按照应徒年限分别作工;军流人犯如系常赦所不原者,仍行发配于配所收入习艺所之流,分别六年、八年、十年工作,军犯即照满流年限,其为常赦所不原者,毋庸发配,即在本省收入习艺所,照前定年限工作,立法已极详备。其新例由死罪改流者,即照旧章分别六年、八年、十年工作期限科断。如强盗等十三项及原犯斩罪人犯、由死罪改为遣流酌加监禁者,以及强盗等十三项暨会匪邪教、棍徒强奸轮奸、差役诈赃、图财害命、采生折割、并缘坐案内罪不至死、原犯遣流酌加监禁者,俟监禁限满后即行收入习艺所,流罪以十年为限,遣罪以二十年为限,内强盗、抢夺、会匪、棍徒四项,仍令身带重镣,充当折磨苦差,以示严惩,俟工作限满后,分别安置。至于罪应笞杖之犯,似应一律改为工作。调查日本刑法,无论轻罪重罪,俱令作工,不过有年月多寡之殊,现在参酌各国法律,拟废笞杖之刑,自应酌定轻罪作工之例。凡犯笞一十者,拟令作工二日,每一等加二日,以次递加,至笞五十者作工十日。杖六十者作工二十日，每十日加一等，亦以次递加，至杖一百者作工六十日。至徒一年者即照章作工一年，如有力者即照下条罚赎。

一，罚锾宜推广也。《虞书》有"金作赎刑"之文，《周礼》有罚入职金之说，《吕刑》自墨辟以至大辟，均有罚锾。《唐律》五刑俱准纳铜赎罪，由来已久，非但东西法律盛行此法也。英曰罚学、罚锾，法曰罚银，日本有罚金科料之分，罚金以二元以上至二百元以下，科料自五钱以上至一百九十五钱以下。中国律例本亦有纳赎、收赎、捐赎之法，惟纳赎止施诸职官及官员正妻，收赎止施诸妇女、老幼、残疾之人，且银数甚微，无关惩诫。其捐赎一项，银数又复过多，累岁不获一见。上年本部议覆晋抚折内奏定章程，凡官员赎罪毋庸议减外，其贡监平人照旧例减半赎罪，贡监犯笞二十者，旧例赎银二十两，减半改为十两。至杖一百者赎银一百两，满徒赎银四百两，满流赎银六百两，平人照贡监减半计算，立法已为详备。惟定章已历年余，曾未见一收赎之案，可见中国民生穷乏。与其虚悬一赎罪之典，仍属有名无实，不知[如]再行变通量减。现拟流徒杖笞，俱改为作工。即照作工时日折算罚金，不分贡监平人，凡应作工一日者，折银二钱五分，如笞一十应作工二日者，折罚银五钱，以次递加，至杖一百应作工六十日者，折罚银十五两。徒一年应作工一年者，折罚银三十六两，以十八两为一等，以次递加。至徒三年应作工三年者，折罚银一百零八两。至于遣流，如为常赦所不原者，不准罚赎。其非常赦所不原者，流二千里应作工六年者，折罚银一百八十两。流二千五百里，应作工八年者，折罚银二百四十两。流三千里应作工十年者，折罚银三百两。遣犯改照满流计算，其无力出银，情愿作工者听。妇女有犯，照此减半计算，或罚三分之一。惟老幼残废不胜工作而又无力出银者，准照旧律银数收赎。至例内纳赎、赎罪诸条，诸多繁琐，应即一概删除。其一切官员犯罪，仍照旧章分别等级捐赎，以符定制。

一，钱债宜增修也。钱债一项，外国最详，中国多略，自通商埠头日辟，交涉日繁，贸易日盛，近年外省倒骗之案层见累出，于商务大有关系，未事之先应如何杜渐防微，到官之后应如何严追重究，均应详究例章，俾昭遵守，一俟美律师创成初稿，再行按照中例逐一酌定，知照政务处会议后即行奏请钦定，颁发通行各省遵照。

以上十条，略举大纲，参酌各国法律，按照中律损益增删，并拟将正刑名目分为斩、绞、遣、流、监禁、作工、罚锾共七等，是否之处，统候大人详细批示，指定办法，俾创稿有所遵循，此外尚有应整顿者二条：曰审判，曰监狱，容俟考查明确，编纂成书，再行绩[续]呈，理合附陈。

再，此事重大，非尅期计日所能蒇事，必参稽互证而后有成。职等现在分纂《中外刑律比较表》，东西俱有成书，列表尚不为难，惟西律浩繁，除法国旧例外，其余各国法律俱无译本，似应广为译出，以备采择。惟领款无多，译费尚无所出，不得不暂从缓议。事关变法，必立定初基，此后方有条不紊。正在调查讨论，以后如有管见所及，当随时续禀。兹谨缮具说帖，伏乞钧鉴。光绪三十年五月上

请减轻刑法说帖

为敬陈管见事。近年中外交通，外人入我中国者，均不受我范围，以为中国刑法过于严酷。初闻是言，疑其无理取闹，及详考历代刑章、博览外国律书，始知其言非尽无理，而中现今中国法网之密，刑罚之重，诚为历代所未有也。按：历代律法以《唐律》最为完善，《大清律例》大半取法是书。惟细按唐律，死罪不过斩绞，而现律加以枭示、凌迟、戮尸，是较《唐律》为重矣。《唐律》死罪不过四百余项，凡误杀、戏杀、擅杀、窃盗、强奸、私造印信均不拟死，而现例死罪多至一千五六百项，是较《唐律》为繁矣。然犹可曰：今与古异，例缘时定，不得不与时为变通。若共列环球之上，同生一千九百世纪之间，而以中律与外国相较，其多寡轻重，更有相去悬绝者。西洋俄、法、英、德诸国死刑，亦止於斩，均无縲首、凌迟、戮尸之制。且斩首之刑，英、法不过十余项，德、俄仅止二三项，较中国减少百倍。此犹可曰：欧亚相去数万里，风俗民情不同，未可以彼例此也。日本与我同洲，迩在东陲，较之新疆、云贵，距京尚近，且昔年亦用唐明刑律，则其风俗民情与我当无大异，乃彼此相较，彼之新订刑法仅四百三十余条，死罪不过二十项，且止（较）绞而不斩，虽以故杀与强盗之犯亦不处死，以视中例多至二千数百条、死罪一千五六百项者，其轻重繁简讵可以道里计哉！然彼之国势日进强盛，而民之犯法者逐年减少，中国反是，此可见严威之不可止乱，而史迁所谓"法令滋章，盗贼多有"者非虚语也。

夫《大清律例》大纲严正而节目不免繁多，近年更加琐碎，尤可议者，莫如强盗一项。强盗之犯，《唐律》非赃至五疋、十疋及伤人，不至于死，宋元刑法均本于唐，强盗亦非伤人、赃多不拟死罪。惟五代石晋天福十二年定为不分首从皆斩之律，明代采用其法，不计赃数，不问伤人，如一人而刦千金、伤及事主，固当拟以骈诛。若十人止刦一金，并未伤人，乃亦不分首从，均拟斩决，是因一金而杀十人，岂不苛哉！我朝康

熙年间，因明律过重，于首从皆斩之中，分别"法无可贷"、"情有可原"二项，无可贷者方斩，有可原者贷其一死减遣，行之百年，政简刑清。自咸同军兴以来，仍复明律。同治九年，更定新例，凡强盗不论把风、接赃，一律斩决，现章又改一人持枪，十人皆枭，而又创为就地正法，或先斩后奏，或按季汇奏，其法愈加愈重，而其民日犯日多。强盗如是，而私铸、发塚、捉人勒赎、抢夺妇女各项皆然，诚如前明《大诰》所云："弃市之尸未移，新犯大辟者复至也。"然则如之何而可？夫律设大法，一王之制固不敢遽议变更，亦在司法者善为调剂而已。《书》曰"罪疑惟轻"，《传》曰"宽以济猛"，汉陈咸曰："为人议法，当其从轻"。伏读嘉庆四年上谕："嗣后问刑衙门专引本律，不得用从重加等字样。"现已恭纂为例，永远遵行，当此新例未修之际，虽不能於法外减轻，惟既见旧律繁重之弊，亦不可於例外加重。职观近来各处所办案件多有涉于严厉者，无怪外人藉为口实，不肯收回治外法权也。大人久长法曹，兼膺修律重任，似应酌古准今，折衷至当，先行告谕各司，一切案件宁从宽恕，勿任苛刻，然后徐议变通旧法，于以除繁重而归简易，则大局幸甚。职一隅之见，是否有当，即请钧裁。甲辰八月上。

奉堂批：论强盗，所见甚是。

《乐素堂文集》有下面一段：

最难解者，莫如定张氏之监禁一案，查妇人有犯，罪坐夫男，未闻其子有犯，坐罪其母。夫命妇非寻常之人，监禁为至重之刑，子处以监禁，其余无不收赎，况定张氏系三品命妇，例应奏闻请旨，即该氏亲犯窃盗，拟军亦止照律收赎，今以其子犯军，反将其母收监，且不照旧例奏请定夺，追夺诰轴，擅行监禁，不如所据何律而所引何例也。此案犯父定昌，既以收禁拖累死于看所，而其母定张氏复以监禁频至於死。职每入监察囚，睹其冤苦呻吟之状，不禁心焉伤之。若谓定张氏一案系都察院所议，只好迁就，则亦何贵交刑部覆审乎？以上各案在堂宪或别具惩诫深意，但职一孔之见，拘泥例文，蓄疑于心，用敢冒昧上陈。考之史册，法官如执见不同，得为异议相争。大夫有诤臣三人，则身不失令名。职虽不才，既任法官，以附骥尾，更愿作诤臣以犯龙鳞，我堂宪不以为我狂妄而赐教焉，则幸甚矣。

请减轻窃盗死罪说帖

今律窃盗一百二十两以上拟绞，秋审时五百两者入实，未至五百两者入缓；若盗仓库官银一百两以上,例即拟绞,秋审虽未至五百两亦入情实等因。窃思圣王贵人贱物,似不应以财物断人生命,及遍考古今中外刑法,仍知此法特一时救弊之策,而至于今正当亟筹变通者也。《汉书》云"皋陶不为盗制死罪",是唐虞之时盗无死罪也。《孔丛子》引孔子之言曰:"饥寒切身而不为盗者鲜矣"。古之于盗,恶之而不杀也,是春秋之时,盗无死罪也。汉祖约法三章,"杀人者死,伤人及盗抵罪",是汉时盗亦无死罪也。然此犹征诸一二古籍,尚非通行之典。查《唐律》,窃盗**五十疋以上,罪止加役流**。宋元刑法,窃盗罪止于徒,即明律最为严厉,然窃盗罪止流三千里。至于常人盗官银,系属杂犯死罪,虽赃至盈千累百,不过总徒五年而止,不但并无死罪,即流罪亦不轻加。又考之外国,《德律》,窃盗处以禁锢;《法兰西律》,窃盗止于有期徒刑;《俄律》,窃盗止于四年以下习艺;《和兰律》,窃盗处以禁锢加罚金;英国二十世纪以前盗罪最严,凡偷取一树一木者即处死;日本维新以前,凡偷折民间一樱花树者亦处死,当时禁令愈严而盗风日甚,近均改从轻典,不计赃之多少,罪不过四年以下禁锢而止。此可见不以民人之生命而为财物抵偿,非但东西各国法学家所共论,亦中国数千年来自唐虞以至元明相传不易之定法也。我朝开国之初,大乱初平,盗风未戢,不得不暂设重法,是以顺治三年修律,遂于窃盗律后添入一百二十两绞监候一节,康熙年间复改为一百二十两以上,从此窃盗始有死罪;后又于常人盗仓库杂犯外另立一百两以上实绞之例,从此常人盗亦有死罪;要皆一时权宜之计,并非百代不易之法。今虽相沿不改,然前人已有议者,特未值其时,未敢轻言改易耳!现逢变法立宪,既已明诏修改律例,此等窃盗死罪,正可趁此机会奏明删除,采日本欧美之法以尊重人格,复三代唐明之规以洗涤积弊,是亦司法大臣应尽之义务也。司官不揣固陋,因论秋谳类及于此,伏乞采纳是幸。

右堂沈批:原原本本,所论极是,修律时当采入之。

左堂绍批:援古不易,确当不易。

正堂戴批:考之古悉合,验诸今而适宜。

请照覆吴御史规覆强盗旧例说帖

窃维强盗之名创自西晋张裴注律:若加威势下手取财者为强盗,弃市。此强盗处死之根荄也。降及唐宋以至于元,虽均有拟死之条,然其中情节轻者仍分别量减流徒,从无一概拟死之律。查《唐律》:强盗赃一匹,徒三年,二匹加一等,至十匹及伤人者绞,杀人者斩。其持械者五匹绞,伤人者斩云云。是以计赃十匹五匹上下及是否持械伤人为生死关键,若赃未至十匹,并未伤人,从不拟以死刑也。查《宋刑统》载:强盗一贯,徒三年;十贯及伤人者绞,杀人者斩云云。大致一本于唐,惟止论赃之多少及有无伤人、杀人,初不以是否持械分别轻重,较唐律为简。又查《元典章》载:强盗持械伤人者,无论得财与否皆死,若持械而未伤人、不得财,徒二年半,得财徒三年;至三十贯,为首处死,余人流远;其不持械伤人者,惟造意及下手者死;若不持械,又不伤人,十贯以下徒三年,至四十贯为首死,余人各徒三年云云。既分是否持械,又分是否伤人,而持械未伤人及不持械未伤人二项,又以赃至二十贯、四十贯为生死出入,虽赃多拟死,亦止处为首一人,其余罪止流徒,则较唐律更轻,此历代强盗不皆处死之明征也。惟五代石晋天福十二年敕:天下强盗捉获,不计赃物多少,并宜处死。前明采用其法,始著有但得财者不分首从皆斩之律。我朝入关之初,沿用前明旧律,康熙年间以此律过严,奉上谕:强盗重案,著大学士会同三法司将为首及杀伤人者正法一二人,余俱减等发遣。雍正年间经九卿议定,分晰"法无可宥"、"情有可原"二项,无可宥者照律斩决,有可原者减为发遣,乾隆八年修纂为例,此可见列圣立法俱尚宽仁,上与唐宋创业诸帝用心若合符节,视明祖以严酷立法者度量相去远矣。至咸丰初年,发捻诸逆逢起,盗贼充斥,迹遍天下,不得不用严刑诛锄强梗,当时建议强盗仍用旧律,不分首从皆处斩决,虽在外把风接赃,均照为首一律问拟,随即纂为定例,此皆迫于军兴,时势使然,与国初之时,反侧未定,一时权用重典之意先后同揆。自有新例而后,法令森严,往往有强盗一案计赃不满千钱而斩决十余命者,刑律之惨,莫此为甚。是以光绪二十四年九月钦奉孝钦显皇后懿旨:中外办理强盗,俱不分首从,虽同一犯法,究属稍有区别,应如何网开一面之处,令大学士会同三法司妥议具奏等因。此可见圣人仁民恤罪之心与天同量,上下百年如出一辙,虽偶尔暂用严法,并非谓可永远遵行也。现在军务敉平,言官奏请规复旧制,正当准如所请,以彰圣朝宽仁之治,而论者谓非计,虽持论不为无见,要皆未达时务,请为堂台详悉陈之。

有谓法轻则民生玩,骤将为从减遣,恐盗风逾不可遏,其说是也。岂知弭盗之方,在教养之普兴,不在刑法之严峻。唐宋治盗以宽,似可盗不可止,然当时民物康阜,其后亡国或以藩镇,或以夷狄,均未受盗之祸。明之盗律改用严厉而盗风愈炽,卒以流寇盗贼亡其国祚,此往事也。即以我朝而论,康雍乾嘉百有余年,法令宽驰,天下晏然，从无盗贼窃发。咸同而后改用严律，从此强盗愈杀愈多，几有遍地皆盗之势。上年吉林一省年终汇奏就地正法者几有二千余起，近来京师每年处决不下百人，而强盗几居十分之八。观于重法不可止盗，即可知法轻不至长盗矣。老子所谓"法令滋章，盗贼多有"，太史公所谓"法网之密，奸伪萌起"者即此意也。

有谓光绪初年言官孙诒经等屡请规复旧例，均经本部议格不行，今若议准，岂不先后两歧，其说亦是殊不知刑罚之用，世轻世重。毋论尔时军务甫平，余孽未靖，未可骤复宽典，即专以刑典论，光绪二十六年前为刑章加重之世，抢夺窃盗、捉人勒赎重案均分别加斩枭，抢夺妇女、发冢，秋审从严，多入情实，似不应于强盗一项独从宽宥，而言官不揣时势，徒博宽厚，当时实有不得不驳之势。今则兵气潜消，海宇无事，而庚子以后颁逆新政，刑法迭次减轻，谋反大逆均除缘坐，逆伦枭獍均免凌迟，戏误擅杀分减流徒，强奸盗墓遇赦酌缓，各项俱从宽宥，若强盗一项仍旧从严，岂不失轻重缓急之宜？是揆诸现今时会，实有可以规复之势。夫不可规复宽典之时而强复与可规复宽典之时而不复，其失一也。

有谓现在新订刑律草案，诸从轻减，外省纷纷指驳，今于强盗亦准减轻，岂不复蹈草案之辙。不知草案之从轻，系摹仿外国之法，与中国情形习惯格格不入，是以群相诟病。强盗之从轻，并非参用西法，近以复列祖仁厚之制，远则绍唐宋盛明之规，而与近今上谕减轻刑章之意亦复情事符合。况草案轻减，非但贼盗一项，并关于礼教纲常服制者而亦减之，用意不同，未可因彼之噎而并废此之食也。

又有谓现闻法律馆修律，拟将强盗把风一项改为监候，今若遽减发遣，似乎彼此歧异，不知修律与议奏责任不同，修律职在纂述已经谕旨通行者不妨纂入，未经谕旨通行者必须详慎。若关于生死出入亦未奏准，即不敢遽行改易，稍有不慎，即招他人指摘，是以难也。若法部奉旨核议事件，因人所请，照议而行，既非自我发端，无所用其顾忌，故法律馆之不遽改遣者非不可改也，无人奏请不敢擅为之改也。法部之不妨改遣者非由我改也，因人请改而改之出自公共，非执己见也。一经部议奏准，修律即可遵纂为例。况乎同一改遣，而昔之遣罪与今之遣罪名同而实异，昔之遣罪仍改为军到配，止带铁杆石墩二年，今之遣罪到配，监禁十年，满日身带重镣作苦工二十年，名虽为遣，永无生还之期，实与监候缓决同一处置，与其虚拟死罪，久系囹圄，何如径发殊方，俾受折磨，事有机不可失，义所当行，革一时严厉之法，复历朝宽仁之典，按之新政而不悖，揆诸旧章而适合者，此项是也。司官不揣固陋，谨具说帖，恳祈采择是幸。

宣统元年闰二月上

论大清律与刑律草案并行不悖①

窃谓刑法之用，因地而异，因人而异，兼之因时而异。时未至而强变与时既至而不变，其失均也。

何谓因地而异也？夫治蜀用严，治吴用宽，见于史册，彰彰可考。试以现今而论，《大清律例》通行二十行省，然以治外藩蒙古，则格格不入，而必另设《理藩院则例》者，地不同也。如《大清律》严惩奸匪以端礼俗，而《蒙古例》奸不科罪，且因黄教盛行，生齿稀少，反有导之使奸之法，如各旗之麻哈拉庙是也。大清律用笞杖徒流，而蒙古例易以鞭责，折罚三九畜牲，且有对神发誓之律，为中律所未经见，然此犹论边外也。即以内地言之，犹是强盗而京城加枭，犹是窃盗而直隶加枷、两广加带铁杆，犹是斗殴而沿江滨海加重拟军，犹是秋审斗杀而颖属、汝属加严，地有不同，刑即各异。孟子所谓"易地皆然者"，此也。

何谓因人而异也？《礼记》称"五方之民各有性也，不可转移"，《周礼》称"山林之民宅而方，川泽之民黑而津"，皆其明证。试仍以《大清律》论之，旗蒙、回汉、苗猺、蛮獞，种类不一，刑法各殊。民人用笞杖者，旗蒙以鞭代之；民人用徒流者，旗蒙以枷号折之。至于苗猺蛮獞，轻则折枷，重则迁徙，均无实流实徒之法。非但此也，同一犯罪，民人用笞杖者，职官代以罚俸降级；民人用流徒者，职官发往军台新疆；民人死罪分实缓者，职官一概入实，而书吏革兵有加等之例，差役有不准留养之例，僧尼道冠有纳赎还俗之例，老幼妇女有收赎之例，宗室省折罚钱粮圈禁之例，种种刑法，因人而异，《中庸》所谓"以人治人者"，此也。

若夫因时之说更为修订刑法一大原因，尝览古今雄略之主，莫如汉、明二祖。汉高祖约法三章，节目阔疏者，继始皇虐戾之后也；明祖《大诰》一书法令森严者，承顺帝宽纵之余也。他如汉宣继文帝仁柔之后而刑用猛，宋祖承五代残酷之余而政尚

---

① ，此文以《论旧律与新刑律草案、中律与外律可并行不悖》为题，收入《乐素堂文集》卷七，文字稍有不同。

宽,皆时为之也。即如我朝顺治初年为反侧未靖之时,利用明之严刑。康雍而后,为天下太平之时,随即改尚宽典,如叛逆缘坐之决斩改为阉割发遣,强盗之不分首从皆斩改为法无可贷、情有可原,其大端也。咸同以来,发逆起事,其时盗贼充斥,故复改宽为严,强盗仍用明律抢夺,窃盗持枪加枭,捉人发塚重案均照强盗决斩,一切重法相因而起。迄至庚子而后,其时和局已定,新政迭兴,故删除缘坐、凌迟、枭示各项酷刑以迄于今,不但枷号、笞杖、刺字废除,即徒流军遣诸刑与旧律办法均不相同。更可异者,昔年闭关之时,违禁下海、传习天主诸教者均处死罪,现在出洋视为坦途,习教听其自便,非但不以为罪,并且视为固然,是知时之所趋,虽圣人不得不受其转移,时哉时哉,孔子所以再三兴叹也。

　　明乎以上三端,乃可决定《大清律》与《新刑律草案》之从违。夫《大清律》者,乃历代相传之法典,斟酌乎天理人情,以治中华礼教之民,犹外国之有习惯法、普通法也。《刑律草案》者,乃预备外人收回治外法权、办理华洋交涉之案,犹外国之有特别法及成文法也。医家之用药也,寒热燥湿,因人而施。华洋交涉案件而绳以《大清律》,使强就我服制礼教之范围之中,是犹以参附治实热之证,必益其疾。若审理内地人民而骤用草案之法,强奸强盗不处死罪,弑父弑母等诸凡人,是犹以硝黄治虚寒之人,反速其毙。再者,《刑律草案》与宪法相为附丽者也,《大清律例》与经传相为附丽者也,宪法成立之后,官民知识均换新理,国家制度顿改旧规,逆计彼时经传且为陈迹,遑论旧律。故必以草案继之,非此则宪法不能完备,若尚在立宪甫萌之时,搢绅心胸犹有旧书余味,草茅传诵尚知儒术为高,则我《大清律》者仍在,当可谓时之列,即骤施以《草案》之法,鲜不群相非笑矣。当此新旧交讧之际,旧学以《草案》为败俗、为斁伦,新学又以《大清律》为严酷、为迂腐,虽持论不为无理,而其拘于一偏则一也。苟用当其可,二书皆不可废,**盖治内地可用《大清律》而租界华洋杂处之地则宜《草案》;治国人可用《大清律》,而对旅居中国之外人则宜《草案》。且现时可遵用《大清律》,而数十年后宪法完备之时,则可参用《草案》**。然其用《草案》也,立法之权归诸议院,须经上下议院公同认可,否则仍无效力,此其所以为宪法也。夫《易》卦之《噬嗑》、《丰》、《旅》均言刑法,而其中仍寓变动不居之妙,如《丰》之"折狱致刑"则曰:"与时消息";《旅》之"明慎用刑"则曰:"时之义大"。经训昭然显示准绳,故曰:知乎此义,乃可决定大清律与刑律草案之从违也。

　　《乐素堂文集》此文后附以下文字:

审时度势,虽变而不离宗,是有功世道之文,旧学新学一齐俯首。

前法部尚书升任大学士戴文诚公鸿慈评

萃荟古今法典,熟悉中外习俗。宿儒逊其开通,时髦无此根柢。煌煌大文可名世,亦可传世。

前吏部侍郎修律大臣于公式枚评

石翁为愚同司老友,榜下分刑部,三年未入署供职,在家埋头读律,手抄《大清律》全部,皆能成诵。旁搜律例根源数千卷,并远绍汉唐元明诸律,参考互证,必求融会贯通而后已。学成入署,即越级派充正主稿,从此名重一时,部中疑难案件及秋审实缓皆待君审定,虽职属候补主政而事权则驾实缺员郎之上。惟性情耿直,遇事抗言驳辩,虽长官前亦不稍阿附,尝作说帖,历指堂官定案用人之失。某堂官阅之不喜,诸事掣肘,沈滞郎署数年。然公道未泯,某正堂被裁后,即蒙继任保列京察一等记名道府,又保记名参议。时愚由大理院长派充考试法官总裁,君任襄校君,试题均有拟作。愚逐篇详加评注,又于阅卷之暇,彼此和诗一韵,叠至十余首,足征气味之相投。国变后,君闭门谢客,惟与愚时通款洽,当时愚任东陵马兰总兵,兼八旗都统,时人颇有责言。然愚行其心之所安,不为稍动,惟君知愚衷曲,适值贱辰,为愚作寿文,历述出仕苦心,至以柳惠比拟。嗟呼!愚与君异苔同岑,非君莫能知愚,亦非愚莫能知君也。君精于律学,近年变法,新学几欲尽铲旧律,君先之以苦口,继之以笔墨,几经争论,卒不可得,不但视为一己毕生之遗憾,亦即天下后世民生之隐忧。此篇乃委曲从权,欲以保存国粹。当时示愚,愚慨然曰:三纲沦,九法斁,乃天运使然,非人力所能补救。君所著述,名论不刊,将来有王者起,必可见诸实行。若当天未欲平治天下之时,只可藏之名山,以待后世之学者而已。

前法部大臣愚弟定成书后

上修律大臣说帖

请轻减强奸罪名以重人命事。尝考自古刑法,非杀人不加死刑,即间有不关人命而拟死罪者,大抵皆关系国家社会及纲常服制之大者,若强奸一项,其情虽为凶恶,然止关一人之名节,究无人命之可言,无论东西各国俱无死刑,即我中国历代刑章,自汉唐以迄宋元,虽间亦处死,要皆特别之法。若以通例而论,不过罪止徒杖,非但不入于死,并流罪亦不轻加。按古无奸罪之名,《尚书大传》云:"男女不以义交者,其刑宫",是即奸罪所由昉,汉律谓之淫佚,列于《杂律》,虽有强奸弃市之说,多为王侯贵人立法,如庸厘侯端坐奸人妻应死,而会赦仍得免罪。又《三国吴书》载:"吕壹以奸人妻应拟死罪,阚泽上书曰:盛明之世不应有此。权遂赦之。"此皆见于史传者。又查《唐律》:诸奸者徒一年半,强者加一等,止徒二年。宋仍唐律,无大增损。元律:惟强奸有夫之妇或十岁以下幼女者死,若强奸无夫之妇或强奸十岁以上女者,均杖一百七,即叔强奸寡嫂及继父强奸妻前夫之女亦止于杖而已,无概拟死罪之法。惟《金志》有"强奸者斩"一语,明代采用其法,始将凡人强奸概拟绞罪,其后亦因罪名太重,不敢轻于引用,故万历十五年刑部题律应讲究十六条而奸居其一,内载律称:和奸者杖,强奸者绞,轻重悬绝,最宜分别,今后审究强奸,果以凶器恐吓而成、威力制缚而成,虽欲挣脱而不可得及本妇曾有叫骂之声、裂衣破肤之迹者,方坐以绞;其或强来和应,或始强终和,或因人见而反和以为强,或惧事露而诈强以饰和,及获非奸所,奸由指摘者,毋得概坐以强云云。国朝采其论说,入于律注,并添"以强合以和成者犹非强也"数语,反覆告诫,何等详慎?

今人未知沿革,未玩律注,遇有告到强奸之案,不审有无实迹,仅据妇女亲属一面之词,率以强奸定案,因此柱杀人命,其冤多矣,而论者辄谓此等恶徒,坏人名节,罪不胜诛,不知名节诚重,然以人命较之,究未可相提并论。古有杀人以偿人命者矣,若杀人之命以偿名节,未免视人命太贱而伤天地好生之德,此强奸绞罪之可减者一也。

现奉明诏减轻刑律,反叛免其缘坐,恶逆不予寸磔,杀人系戏误擅者不处死罪,强盗情有可原者得以减遣,一切穷凶极恶均得邀其宽典,未便于强奸一项仍旧处以严刑。况和奸之罪,唐律本徒一年半,今例止杖一百加枷,已较唐律为轻,现又删除枷号,而杖罪并准折为罚金,则更轻矣。夫和奸之罪本轻,现在益从其轻,强奸之罪本重,现在不去其重,揆之情法,殊失平允,此强奸绞罪之可减者二也。

罪犯有轻重之分,刑罚即因之而异,若刑罚不得其平,则奸徒益无所忌。试以现在奸律论之,强奸缌麻以上亲者律处斩候,既章改绞候矣,若强奸凡人亦拟绞候,则是与亲属无分别也。强奸十二岁以下幼女者例处斩候,现章亦改绞候,若强奸妇人亦拟绞候,则是幼女与妇人无分别也。又强奸妇女致本妇及亲属自尽者例本斩候,现章亦改绞候,若止强奸未致自尽亦拟绞候,则是酿命与未酿命无分别也。又强奸已成、执持金刃戳伤本妇者例本斩候,现章亦改绞候,若止强奸未伤本妇亦拟绞候,则是刃伤与未伤无分别也。又奴仆强奸良人妇女及奴雇强奸家长亲属者律均斩候，现章亦改绞候，若凡人强奸凡人亦拟绞候，则是奴雇与平人无分别，家长之亲属与凡人亦无分别也。如此窒碍之类，不可枚举，若非量为轻减，则异罪同罚，轻重必致失平，此强奸绞罪之可减者三也。

新订刑律草案已将强奸死罪减轻拟徒，而外省多不谓然者，盖以中国礼教之邦不可以外律杂糅其间，岂知强奸不处死刑是即我中国唐宋盛时成法，并非取资外洋，曲士一孔之见昧于考古，并昧于观今，无怪有此议论耳！今若仿唐律以为轻减，则在我确有根据，即人言在所不恤。

以职愚见，似应将强奸一项分别情节轻重，其因强奸已成致本妇羞愧轻生者仍拟绞罪，若止强奸未酿命者量减满流，未成者减徒，庶与别项强奸之罪不致牴牾。即因骤减为流，恐招俗人之议，或另纂条款，凡强奸已成，虽均拟以绞候，惟致酿命者秋审始入情实，若未酿命者入于缓决办理，似此变通，仍存绞罪之名而无勾决之实，在凶徒仍知畏忌，而多留一人生命，即少伤一分元气，是亦强国之一端也。职不揣愚妄，甘冒不韪，谨具说帖，伏乞采纳是幸。